JN215092

戦後日本の
地域政策と
新たな潮流

分権と自治が拓く包摂社会

Suzuki Makoto

鈴木 誠

自治体研究社

はじめに

　本書の目的は、わが国における地域政策の実態を第二次大戦直後から現代に至る時間軸に沿って多角的に検証し、従来の地域政策の限界を明らかにするとともに、今後わが国が直面していく多様な地域課題を想定し、地域課題に対峙する上で必要不可欠な新たな地域政策の諸条件を探ることにある。

　地域政策は曖昧な概念である。この概念を使用する個人や組織によって定義が異なるからである。その理由は、地域政策が特定の法制度によって規定され特定の定義を備えた概念ではないことにある。そのため、第二次大戦前、大戦中、大戦後の復興段階や高度経済成長期、そして今日にいたるまで地域政策という概念はさまざまな意味を込めて用いられてきたといえる。

　そうした中で、地域政策という概念を最も明確な意思をもって用いてきたのは政府であろう。地域政策は、国土の基本的課題として描かれた「地域格差」を是正するためのさまざまな国土計画的施策の総称として用いられてきたといえる。つまり、地域政策という概念は、時代ごとの国土計画が目指した目標を達成する目的で、国土の特定地域を対象に政府が予算措置をし、産業・社会資本・エネルギー・医療福祉などさまざまな分野の行政施策を行っていく際に利用されてきたといえる。一言でいえば「政府による地域統治の概念」であった。

　例えば、本文で詳述する大規模な水資源開発政策、都市化による地域共同体の空洞化を補完するためのコミュニティ政策、地域産業の高度化を促すための重化学工業化政策・先端技術産業政策・リゾート開発政策などをあげることができる。

　だが、地域政策という概念は、中央政府による地域統治のための国土

計画的施策の段階から、次第に大きく変容していく。その重大な転機となったのが、2000 年 4 月の地方分権一括法（正式名称は「地方分権の推進を図るための関係法律の整備等に関する法律」）の施行にある。地方自治法をはじめとする 475 件の法律が地方分権を推進する方針に従い改正され、中央集権型社会から分権型社会への移行が本格化するようになる。その結果、地域政策という概念は、地方自治体が市民参加を得て地域の諸課題を解決するための「地域公共政策概念」として用いられるようになった。

　しかし、地域政策をめぐる概念を、より一層大きく変容させたのは、国土計画的施策の実施が地域社会にもたらした矛盾にある。この矛盾を克服するために地域の多様な主体が協力し合い、行政の支援協力も得ながら地域課題の解決を果たしていく実践が、地域政策の新たな枠組みの構築に寄与するようになっていく。本文で詳細に分析している公害や環境破壊に対して失われた健康の回復を要求する住民運動をはじめ、良好な地域居住環境を再生するための都市環境再生運動などはその一例である。

　地域政策という概念は、地方分権改革と住民自治活動を梃子に、政府が主導して地域課題の解決を図り、経済社会の安定や国際協調を目指す「地域統治のための概念」から、分権と自治を通じ地域の多様な主体が協働して地域課題の解決を果たし、社会目標の達成を目指す「地域協治（ガバナンス）の概念」へと大きく変容しつつあるということができる。

　本書では、以上で述べたような戦後わが国における地域政策概念の大きな変容過程に着眼し、少子高齢化や人口減少、経済のグローバル化や多発する自然災害の影響に遭遇しても、その事態にいつまでも翻弄されない地域社会をめざした地域政策とその諸条件を探求していく。

本書の展開

　第 1 部では、わが国における地域政策の目標や機能、主体や政策方法をめぐる検証を行い、まず、従来の地域政策が政府主導の多様な施策を通じて地域課題の解決を図り、経済社会の安定や国際協調を目指すとい

う意味で「地域統治のための地域政策」として展開されてきた歴史を明らかにする。次いで、その限界がどこにあるかを示した上で、これからの時代に求められる新たな地域政策、すなわち「地域協治（ガバナンス）による地域政策」の諸条件を明らかにする。

　まず第1章では、政府の行政行為として構想策定され、実施に移されてきた国土計画の目的や方法を中心に検証する。政府の国土計画は、戦前・戦時期、日本本土を離れ、中国・台湾・朝鮮半島など旧日本帝国が植民地化した広大な地域を対象として計画を構想策定し、政府によって取り組まれてきた。戦前・戦中期に構想策定された国土計画や国土計画的施策は、戦後復興を急ぐ政府の国土計画へと連続性をもって反映され、戦後の地域統治のための国土計画、そして国土計画的施策として機能した。この全体像を第1章で明らかにする。

　第2章では、国土計画を上位計画としてきた戦後日本の都市政策の課題・限界を検証する。とくにわが国の都市計画は、中央集権的な経済計画や国土計画を上位計画としながら国土計画の基本目標の実現、基本的課題の解決を目指す手段として機能してきた。その過程を大都市や地方都市のインフラ整備、産業再配置による工業都市化、地方都市整備、都市再開発を通して、都市計画論の実態と課題を示す。

　第3章では、国土計画や都市計画が地域社会にもたらした「社会的歪み」を検証し、まず「社会的歪み」を克服していく名目で政府が導入したコミュニティ政策を取り上げ、その限界を明らかにする。さらに、その限界を克服しつつ、地域の中から分権社会システムの構築と住民自治を柱としてコミュニティを再構築していく新たな地域政策の諸条件を究明する。

　第4章では、政府主導による国土計画や国土計画的施策の矛盾・限界を厳しく批判しつつ、中央集権体制下の地域統治による地域格差の是正と地域経済の構築を目指した地域政策の段階から、国土に広がる多様な地域特性を住民・企業・行政が協働して活かし、資本循環型の持続可能な地域経済の構築を目指した地域政策へと転換する意義を、地域経済学の先行研究を検証し明らかにしていく。

　第2部では、国土計画（全国総合開発計画及び国土形成計画）が掲げる基本的課題の克服と基本目標達成のための手段に位置付けられてきたさまざまな地域政策の実態を検証し、その限界を明らかにする。国土計画を上位計画とする多様な地域政策は、政策の展開を通じて地域社会に対して地域格差の是正ではなく、地域特性を支えてきた自然環境や居住環境の悪化、地域に暮らす人々の安全や健康を破壊し、その結果、上位計画である国土計画自体の根本的見直しを世論から強く求められてきた。

　そこで、第5章では、第二次大戦直後から現代に至る国土計画の政治経済的背景、計画目標、開発方式など国土計画の論点を示す。その上で、各国土計画が示す計画目標を達成する目的で導入された地域政策を地域産業政策として取り上げ、その特徴と限界を総括する。

　第6章では、第1次から第4次までの全国総合開発計画と連動し、地方公共団体が事業主体となって展開してきた地域産業政策を総括し、その矛盾点を示す。第4次までの国土計画では、都道府県間の経済力格差を是正することが国土の均衡ある発展に寄与すると謳い、国のマクロ経済政策が描く国家目標の達成を地方自治体に求め、地域産業政策を誘導してきた。だが、この地域産業政策は、格差縮小に寄与しないばかりか、政策を通じて新たな地域課題を生み出し、地域社会や地域経済の自立的発展を阻んできた。それゆえに、国土計画を上位計画とする地域産業政策に代わる、新たな地域産業政策の条件整備が求められるようになる。

　第7章では、国土計画を上位計画とした地域産業政策のモデル事例として、名古屋南部臨海部工業地帯の開発政策を取り上げる。戦後大都市圏における重化学工業化政策は、パックスアメリカーナと国民経済の自立をめざす政府および産業界にとって最優先課題であった。素材供給型重化学工業化政策を構想し、実施に移してきた愛知県及び中部政財界は、この国家的要請を地域の全体で受けとめ、地域経済の高度化を通じて貢献を果たす。だが、この地方政財官一体による地域統治の政策は、地域の中に多様な矛盾を生み出していくことになる。

　第8章では、名古屋都市圏が重化学工業化政策によって地域産業構造を著しく高度化させていく過程で顕在化した諸矛盾を、沿岸漁業および

漁場環境の変容過程に見出す。名古屋臨海工業地帯の地先海域に広く展開する伊勢湾と、伊勢湾につながる閉鎖性海域の三河湾の沿岸地域には、わが国有数の優良漁場が集積し、漁業・水産業をはじめ観光産業や港湾産業の一大集積地域を形成してきた。だが、急速な重化学工業化投資や港湾開発の中で、多様性に富んだ漁場環境と沿岸産業は姿を消し、沿岸地域の産業空洞化が進行するようになる。

　第3部では、国土計画を通じた地域政策の諸矛盾が、地域政策の目標と方法において新たな潮流を呼び起こしていることを指摘する。政府主導による地域政策の矛盾は、地域において、その矛盾を克服しようとする新たな主体や方法を生み出し、地域政策のあり方や社会目標を作りかえる原動力となってきた。そこで、第3部では、少子高齢化や人口減少が加速するなかで、経済のグローバル化や自然災害の影響に翻弄されやすい地域社会を今後迎えることを想定し、新たな時代潮流にふさわしい地域政策の諸条件を探る。

　国土総合開発法に代わり制定された国土形成計画法と国土形成計画は、資本の移動を世界市場に向けて積極的に後押しするビジョンと方法を初めて提示した国土計画である。このことは何を意味するのだろうか。つまり、国土総合開発法に基づく国土計画が大型公共事業や優遇税制を呼び水にして大都市圏から地方圏へと産業の再配置を進め、「地域格差の是正」を図ろうとした時代そのものが終焉を迎えたことを意味しているといえよう。国土計画の課題は、地域格差是正の時代を終えて、本社機能の東京集中や海外資本の東京集中を認め、地方以上に世界の生産市場・消費市場とのネットワークによって利益を吸収し成長する多国籍資本の投資戦略を支えていく国土構造の強化へ移行しつつある。

　その結果、国土形成計画の全国計画や広域地方計画は、国総法時代の都道府県間の地域格差是正、均衡ある国土の発展という基本目標を掲げて大都市圏から地方圏へと産業の再配置・資本の投資交流を促す開発構想を放棄したものとなっている。そして、新たに都道府県を越えた広域経済圏を設定し、広域経済圏に対応した広域行政圏の設計を求め、広域的地域経済の確立の必要性を強調する。東京圏、名古屋圏、大阪圏をリ

7

ニア中央新幹線の移動で一体化可能な広域地域経済圏へと組み換え、巨大都市経済圏（スーパーメガリージョン）化を促して海外直接投資を呼び込み、国際投資国家をめざす考え方が貫かれている。この国土計画と地域再編の方針は、2013年に誕生した第2次安倍政権による経済政策（アベノミクス）の成果を国土全域に浸透させることで実現化を図ろうとしてきた。そのために、先の新国土ビジョンと新法制定が強力に推し進められてきた。新国土ビジョンとは2015年から2025年を計画期間とする新国土形成計画が掲げる基本構想「対流促進型国土」の形成を意味し、それを推進する根拠法が、2014年12月制定の「まち・ひと・しごと創生法（通称・地方創生法）」である。

　新たな国土ビジョンおよび新法によって、全国の市町村及び都道府県が2015年度中に地方創生総合戦略の策定を義務付けられ、地域版アベノミクスの始動による政府主導の地域経済成長戦略が着手された。この評価は、本文に譲るとして、今後のわが国における地域政策は、少子高齢化や人口減少など国内の趨勢に加え、世界・アジアの国々との覇権競争をも意識し、地域の未来を考えなくてはならない時代を迎えている。

　第3部では、こうした時代認識の中で、新たな地域政策の枠組みをどのように準備し、運用すべきかを探る。第9章では、新たな地域政策の基本的考え方や政策条件を提起する。とくに、中小企業家・同団体、協同組合、NPOなど地域の産業主体が互いに積極的に協力連携し、地域の公共的課題の解決に参加し、地域の将来像の実現に責任を果たす重要性と方法に言及する。

　第10章では、地域の自立的発展を促すための地域政策的条件に言及する。モデル事例として、深刻な水質汚濁による漁場環境の悪化、漁場環境の悪化に伴う漁業資源の枯渇、漁業資源の枯渇による沿岸漁業・水産業の衰退が激しい愛知県三河湾を取り上げる。その上で、環境再生と産業振興を両立させた総合的な地域政策の理念と方法について提案する。

　第11章では、リニア中央新幹線開発計画が地域社会に与える負の効果を社会的経済的観点から予測し、地域社会の自立的発展の枠組みの中でリニア開発計画のあり方を提示するための地域政策の諸条件を示す。

本章では、長野県下伊那郡阿智村でJR東海（東海旅客鉄道）が開発準備を進めるリニア中央新幹線開発計画を事例に取り上げ、阿智村の自立的発展の枠組みの中で見直すべきリニア開発計画を、筆者らが行った社会環境アセスメント政策の成果をもとに示す。それと同時に社会環境アセスメント政策の地域政策的意義についても論じる。

　第12章では、分権と自治の論理が貫く新たな地域政策の主体として、地域自治区を取り上げる。平成の合併を推し進める政府の方策として地方自治法に位置づけられた地域自治区が、都市内分権と分散型地域自治を原理とする地域政策の経験を経て、新たな時代の地域政策主体として可能性を持ち始めている。地域自治区の運営と事業を経験した住民が地域自治組織をつくり、持続的・自律的な経済の形成を導きつつある。地域では少子高齢化、人口減少社会、産業空洞化が加速し、国土計画的には格差で疲弊し消滅の危険性をもつ。しかし、この社会状況下における地域自治区の地域政策は、地域政策が目指すべき社会目標、政策主体と方法を探る上で重要なヒントを与えてくれる。

地域政策の意義を問い直す時代へ

　本書は、3部12章から構成されている。以上で紹介した各章の考察を通して、新たな時代にふさわしい地域政策の社会目標と政策条件を中心に提案する。そのために、本書では、新たな時代の地域政策が目指すべき基本的社会目標概念を「包摂社会」と仮定した。今後、国土の隅々にまで広がることが危惧される地域課題を考えてみよう。例えば、少子高齢化と労働力不足による企業撤退と若者の流出、人口減少による公共交通の縮小と学校・公立病院の閉鎖、自然災害の多発による災害弱者の増加と地域コミュニティの分断、ガソリンスタンドや食料品店の閉鎖による生活難民の増加などをあげることができる。

　地域社会が直面する可能性のある社会現象をこのように描くことができるとすれば、こうした事態から排除される可能性のある人々をなくさなければならない。排除される可能性を持つ人々は、一般的には社会的弱者である場合が多い。したがって、たとえ地域が企業の撤退、学校の

統廃合、高齢独居世帯の急増、公共交通の廃止などさまざまな事態に直面しても、地域での生活をあきらめず、だれもが人間らしい暮らしを続けていける社会の仕組みへと現在の仕組みをつくり直さなくてはならない。

　そのためには、こうした事態に直面する前に、あるいは直面しながらも、社会的弱者であるかもしれない「普通の人々」の潜在能力を導き出し、その能力を生かす仕組みを地域の中に設けなければならない。そして、地域のこのような人々の能力を活かし、だれもが排除されることのない地域社会につくり直すことが必要である。

　だれもが地域から排除されることなく暮らし続けられるには住宅、職場、学校や図書館、医療福祉、公共交通、日用品の購入店舗などが必要である。この生活基盤をだれが提供すべきか。どのように提供すべきか。今後重要なのは、サービスの受け手と担い手を固定化することなく、地域の住民、コミュニティ組織、中小企業や大手企業（支店を含む）、NPOや協同組合なども、地域の自治を担う主体となって必要なサービスの提供者になることである。

　地域がどのような事態に直面しようとも、だれも孤立せず排除されない包摂社会を築くことがさまざまな分野での地域政策に共通する社会目標となるべきである。そのためには地域に暮らす多様な人々が可能な限り協議に参加し、地域政策の先に描く社会目標を決め、担い手となることが重要である。さらに、政府から市町村への権限委譲をはじめ、市町村から地域の住民自治組織への権限委譲も進め、地域が主体となって必要なサービスや社会目標の実現にむけ行動することが期待される。

　地域があらゆる人々を排除することなく包摂し、地域を担う主体として活かし、公共的な活動と社会サービスを生み出し続け、人間らしい暮らしを続けられる社会として維持されること、そして、その社会を支え続ける経済を構築することが、地域政策の新たな課題であり目標でもある。

戦後日本の地域政策と新たな潮流
―分権と自治が拓く包摂社会―

目　次

目 次

第 1 部　地域政策論をめぐる課題と方法

　戦後日本の地域政策に関する研究をふり返ると、地域政策のあり方を論じた研究は、都市計画論、地域社会学、財政学・地方財政論、経済地理学、地域経済学などを中心に活発に取り組まれてきたことがわかる。その多角的な研究は、互いに影響を及ぼしながら、国レベルの経済成長を促進するための地域政策だけでなく、むしろ地域経済や地域社会の自律的な発展に向けた政策科学としての諸条件を提起することにも大きく貢献もしてきたといえる。とくに後者を通じ、さまざまな地域問題の根本原因が明らかにされ、地域問題の解決を喫緊の課題とする地方自治体では自治事務として地域問題を解決するための独自の施策化を進めてきた。

　多角的かつ実践的な地域政策研究は、共通の接近方法によって地域の諸課題を解決するための政策条件を究明することに貢献してきた。それは、政府の行政行為としての国土計画または国土計画的施策として展開されてきた諸施策の検証を通して、地域の諸課題を解決する総合的な地域科学の諸課題を解明しようとしてきた点である。本書が目指す地域政策論は、政府の国土計画や国土計画的施策を多角的な学問領域から検証し、そこから得られた知見に基づき地域の政策科学を新たにつくることを目標としている。

　わが国では、日本の地域社会における産業や生活に関わる諸問題と国の対策を求める要望・要求は、明治政府による富国強兵・殖産興業政策が資本主義の発展と構造矛盾を深めるなかで全国の都市や農村社会を舞台に繰り広げられてきた。半封建的資本主義体制下で起こる地域固有の課題と思われていた地域の生活・産業問題が、近代化に伴う産業資本主義、独占資本主義の形成と確立を背景に全国的・普遍的な矛盾として政府の認識に至ると状況は一変する。地域問題は体制を揺るがす地域内及び地域間の政治課題としてとらえられ、国家政策的位置づけのもと国土計画的施策としての都市計画や公共事業、重化学工業化や産業再配置等の政策課題に据えられてきた。

　したがって、今日の多様な地域問題に対峙する地域政策論は、先に述べたように政府の行政行為としての国土計画論や国土計画的施策の検証

から生まれてきたといえる。とくに政府の国土計画論が政策目標に掲げた地域格差の是正をめぐる評価と批判、政府や地方自治体の政策決定過程の民主化を前提とする地域づくりの住民自治的運動を通じて、現代の地域政策論は組み立てられてきたといえる。とりわけ前者の地域格差の是正を掲げた国土計画論である第一次全国総合開発計画の拠点開発構想、新全国総合開発計画の大規模開発プロジェクト構想、第三次全国総合開発計画の定住構想までの福祉国家的地域政策の検証過程から、地域を自律的に共同管理するための、「地域公共政策としての地域政策論」が試みられてきた。ただし、戦後の国土計画論はまったく白紙の状態から策定されたわけではなく、戦前・戦時期の国土計画構想の策定や国土計画的施策の積み重ねを通して誕生したものと考えなくてはならない。

　そこで、第１部では、はじめに戦前・戦時期の国土計画論の生成並びに方法、戦後は高度成長によって顕著になった地域格差の是正を最大の計画課題に置いた三全総までの国土計画の展開過程を検証する。その上で、国土計画及び国土計画的施策の検証を、都市計画論、コミュニティ政策論、地域経済学の諸領域から行い、これまでの地域政策の限界を踏まえつつ、これからの地域政策が描くべき社会目標とその実現に向けた政策条件について探ることとする。

第1章

国土計画論における地域政策の位置と課題

1　大東亜と国防国家の建設

　国土計画の必要性は、1920年代から政府において言及されている。その主な視点は、東京や大阪、地方の軍事工業都市に集積集中した資本や人口を、劣悪な生活環境対策と工業生産の隘路打開を目的に、既存都市以外の地方都市や農村地域へと分散させる点に集約できる。この国土計画論は、内務省官僚や首長による過大都市論として世論を形成しつつあった*1。しかし、「上からの資本主義」の矛盾として深刻化した都市問題が国家的な緊急課題として取り上げられ国土計画方針として政府内で論議を高めるのは、1940年7月の第二次近衛文麿内閣の誕生を待たなくてはならない。

　近衛内閣により同年9月24日に発表された「国土計画設定要綱」が、日本の国土計画の出発点をなした国土計画方針であることは周知の通りである。同要綱を通じて示された政府の国土計画方針は、次の三つの前提条件を得ながら形成されてきた。

　第一は、満州国における国土計画の先行的策定と実施があげられる。満州国では1940年2月満州国国務院会議において「総合立地計画策定要綱」が決定されている。同要綱は、日華事変を契機に日本政府が傀儡政権を擁立し誕生させた満州国を主な舞台として、日本政府の統制下での豊富な天然資源の開発と重化学工業化の促進、広大な土地での食糧増産計画と日本本土への輸出、開拓移民の定住や企業の進出などを計画的に実施するための基本方針でもあった。

　第二に、満州国での総合立地計画策定要綱を指揮した専門官僚の国内

招聘と政府内での国土計画推進体制の整備があげられる。満州国におい
て同要綱を策定した同国国務院国務長官で同計画委員長を務めた星野直
樹が、国土計画設定要綱を策定した国土計画担当局の企画院総裁に招聘
され、満州国での経験を活かして国土計画的施策の実務を担当するよう
になる。

　すでに政府では、1920 年代以降、内務省の都市計画官僚を欧米に派
遣し、ナチス・ドイツの国土計画をはじめソ連、アメリカ、イギリス、
フランスなど各国の先行的国土計画情報を積極的に入手分析し、日本の
国土計画等への応用策を検討していた*2。その上で、満州国での豊富
な経験を持つ星野を頂点とする企画院が主導して、1940 年 8 月「基本
国策要綱」が策定された。これは第二次近衛内閣の国土づくりのための
基本方針といえるもので、日本の総合国力の発展をめざして国土計画を
確立する方針が示され、同年 9 月 24 日の「国土計画設定要綱」策定へ
の道を切りひらく役割をはたしたといえる。

　第三に、近衛内閣の国土計画的指針策定に内閣外部から働きかけた
「昭和研究会」の存在が重要である。昭和研究会の中に、国土計画策定
を政府に要請する目的で、1939 年国土計画研究会が設けられた。国土
計画研究会は、戦後日本の資源開発や奥地山村整備を中心に地域開発を
主導する後藤文夫が委員長を務めた。「国土計画策定要綱」の閣議決定
を目前に控えた 1940 年 9 月 19 日、後藤らは政府に対して緊急意見書
「国土計画促進に関する意見書」を提出している。

　この緊急意見書で後藤らは、日満支ブロックでの総合的な計画を立て
推進するために、日満支ブロックの中心として日本の国土計画策定を急
ぐ必要性を強調した。国土計画策定に際しては、①南方地域を含めて東
亜経済圏を考慮すること、②人口の大都市集中を打破し、北海道、東北、
東海、北陸、中国、四国、九州など国内各ブロックに人口を配置する一
方、満州国にも相当数の移住を図ること、③バランスのとれた人口配分
のために産業を分散すること、④食糧の自給計画を立てること、⑤陸
運・海運・空運・通信施設の有機的整備を図ること、等が方針として国
土計画の柱に据えられるべきことを強調した。

　国土計画研究会では、この5方針に基づき三つの具体的施策を国土計画に盛り込む必要性を強く説いていく。すなわち、①土地及び資源の保全並びに合理的な利用計画を設定すること、②工業の過度な集中地域での新工場設置の禁止や許可制の実施とともに、新たな工業基地を選び工業再配置計画を実施すること、③空襲からの防衛、都市と農村あるいは都市相互間の不均衡の是正、人口の都市集中による弊害の除去を目的に工場の設置統制のほか、文化教育機関の再配置を促し、都市の過度膨張を抑制すること、等である*3。

　国土計画の意義、目標及び方法が政府内外で激しく論議される中で、1940年9月24日、わが国初の国土計画方針となる「国土計画設定要綱」が閣議決定された。同要綱の「国土計画設定の趣旨」から国土計画の目標や意義が読み取れる。まず同趣旨では、政府の責務が示される。すなわち政府には、国土計画を通じて地域的には新東亜の建設を日本の国策の基本とし、満支を含めて国防国家態勢の確立に沿うよう、100年という長期の将来目標を立てることが求められた。その上で国土計画の意義が、産業立地、交通文化施設の配置、人口の地域配分、国土の総合的保全及び利用と開発の計画を立て、国家の諸政策を統制しつつ推進することにあることが強調された。

　日本政府が満支統治をはじめ東南アジアの覇権を柱に据えた日本帝国主義の確立を強力に推し進めたこの時期、政府の国土計画は、国防国家構築を基本目標に据えながら、強大な帝国日本を長期的・総合的・空間的な領域から整備していくために準備されていったのである*4。

2　過大都市抑制と地方工業立地政策

　国土計画策定要綱の制定後、政府がまず着手した国土計画的施策が、工業集中地域での工業新増設の統制と工業建設地域の新設定による重要工業地帯の全国的配備である。この重要工業地帯の全国的配置計画は、戦時防空対策に基づく「過大都市抑制策・地方都市工業化」という目標を名目にして検討が進められた*5。

　その主な検討課題とされたのが、①四大工業地域の工業規制とこれに伴う新工業建設地域の設定、②学校規制に関する暫定措置、である。企画院が、このうちの①を可及的速やかに進めるべきことを主張したことから、第二次大戦下の東条英機内閣によって、1942年6月2日「工業規制地域及び工業建設地域に関する暫定措置」が閣議決定された*6。

　同暫定措置では、国内の工業立地が近年の生産力拡充計画のもとで既成四大工業地帯やその周辺地域に集中し、工場労働者や一般住民の居住環境を著しく悪化させ、工場の生産効率を著しく低下させる要因になっていることを指摘する。だが、それ以上に連合軍の日本本土空襲に対する防衛を一層困難にするなど弊害が極めて大きいという防空上の見解が強調された。そこで、戦時経済下で急速に生産力の充実を図ってきた金属工業、機械器具工業及び化学工業を、既成工業地帯から地方の建設候補地へ移転させ、国力を増強させるための合理的な工業再配置計画が企図されたのである*7。

　結局、戦時防空と国力増強のための工業再配置は、防空法、都市計画法、市街地建設物法、臨時資金調整法、諸事業法、企業許可令、臨時農地等管理令に従って実行された。国土計画の基本的目標である「生産力の拡充」「過大都市抑制」「農工調整」は、こうして実施に移されていったのである*8。

　その後、先の国土計画設定要綱に基づき、1942年10月10日には大東亜共栄圏の中核的地域とされた日鮮満支（北支）地域を対象とする「黄海渤海地域国土計画要綱案」や国土計画設定要綱の最重要課題ともいうべき「中央計画」の策定作業が開始された。同年まず「中央計画素案・同要綱案」が発表され、ここに大東亜共栄圏の確立を目標に置いた戦時日本の国土計画に関する基本的考え方が明示されたのである*9。

　この中央計画素案・同要綱案は、日本本土の各地域の整備方針とともに全国土へ生産力増強に必要な各種工業の立地を促す観点から工業地区表を掲げ、工業開発地区と地区内に配置すべき工業の種類を詳細に示すなど本格的な全国的工業立地計画であった。そのため、同計画は、肥料等の欠如や兵員・工業従事者として労働力を供給し疲弊を続ける地方農

山村対策や、既成工業地域とその他の地方都市との格差是正を意図し策定されたわけではなく、あくまで国土防衛と国力増強の見地からの政策であったことは論を待たない。

　すでに日本の植民地として併合していた台湾や朝鮮での稲作強要、土地の収奪による現地住民の小作化を通じて、海外植民地から内地へ米穀などの食糧輸入が続けられた結果、本土では国防上並びに生産力増強の観点からのみ日本全土の都市化や重化学工業化を進めるための国土計画を策定することが可能となったのである*10。

　しかし、第一次近衛文麿内閣によって1937年10月に設立されて以降、政府の国土計画的施策の策定を強力に推進してきた企画院が、1943年11月1日廃止に至ると、国土計画の本格的な策定作業は厳しい戦況に影響されて大幅に遅れ、もはや国土計画的施策の実行自体が困難に陥っていった。その結果、1945年8月15日の敗戦まで、国土計画の策定や国土計画的施策の実施は凍結され、国土計画は「冬眠時代」を迎えていく*11。東条英機、小磯国昭、鈴木貫太郎と続く戦時内閣の下、「戦時地方計画の課題」（1944年11月）や「戦時地方計画素案」（1944年11月）が策定されたものの、日本の大都市や軍事工業都市を中心に全土で連合軍による空襲が激しさを増し、何れの施策も実施に移されることはなかった。

　結局、戦前並びに戦時期に、国土計画が法制度をもって体系化されることはなかった。しかし、先に述べたとおり、国防的観点から諸法制定とその運用により、実際には「工業生産力の増強」「過大都市抑制」「農工調整」を目標とする国土計画的諸施策が全国土を対象として実施されたことで、戦後復興時に工業資本が既存の工業都市から地方へと外延的膨張を果たす際の工業立地誘導政策の方法（例えば、農地の転用や価格を統制する戦時農地立法、土地収用法の強化などの土地政策、大規模重工業都市の基盤整備政策など）が形成されることとなった。敗戦を機に政府の国土計画は、その目標を国防から戦後復興へと変えながら、本土内の資源開発と戦災都市復興のための都市計画事業の実施、社会的生産基盤の整備等を主たる国家目標に置き、長期的・総合的・空間的プラン

ニング技法に基づきながら策定されていくのである*12。

3　GHQ 及び経済安定本部主導による国土計画の策定

　戦後日本の国土計画は、連合国軍最高司令官総司令部（以下、GHQ
と略す）主導の資源開発政策として始動する。戦前・戦時の国土計画的
施策は、内務省と企画院が表面的には競合しつつも、帝国日本の政治体
制下で国防国家の確立、大東亜の建設を目標に結束した政府のもとで実
施されていく。敗戦後は、一転して軍事体制から GHQ の指揮統制の下、
米国のアジア覇権戦略の一環として日本の国土計画の策定と具体的事業
が開始された。

　GHQ の統治下、内務省国土局は、戦災で荒廃した都市を復興するた
めの計画として国土計画の策定に着手する。敗戦から間もない 1945 年
9 月 27 日、戦前・戦時期の大東亜共栄圏での自給自足的、アウタルキ
ー的国土の利用と開発の方針から一転して、まずは本土での食糧生産と
平和産業の維持発展を基本内容とする国土計画基本方針が政府から発表
された。その後、海外の戦地から帰還する兵士や民間人を含め約 8000
万人の衣食住を、植民地を失った後の狭隘な国土の中で充足するため、
「復興国土計画素案」を策定して農業及び工業の開発方針を示した*13。

　ところが、GHQ の指揮で第一次吉田茂内閣の下、1946 年 8 月経済安
定本部（以下、安本と略す）が発足すると、国土計画的な施策の主導権
は内務省から安本へと移されるようになる。その結果として、内務省は
1947 年 3 月「地方計画策定基本要綱」の作成や、府県計画及び地方計
画の策定に向け各府県との調整事務を任され、府県総合計画の基礎づく
りを推進する立場へと退いた*14。結局、1947 年 12 月内務省は解体され、
内務省国土局の事務は 1948 年に戦災復興院と合体して誕生した建設院
（後の建設省）へと引き継がれていく。1949 年には国土計画法作成気運
の再興から安本に総合国土開発審議会が設置され、以後は安本主導で国
土計画の検討が進められた。

　本格的な国土計画関連法案や計画案は、こうした中で検討がはじめら

れた。安本と建設省とが各々の案を出し合いながらの検討も、結局は米国の影響を強く受けた安本の国土計画案が取り上げられていく。例えば、復興に不可欠な食糧や天然資源の開発と生産を河川流域に求める TVA 構想は、わが国の特定地域における総合開発に応用されていく。したがって、そこにはまだ全国計画の意思はなく、都道府県総合開発計画、地方総合開発計画とともに、とくに特定地域の総合開発計画を策定することに主眼が置かれ検討が進められた。その後、便宜的な措置として全国計画を加えた全国土を 4 区分する総合計画の根拠法として、1950 年に国土総合開発法が制定される。わが国ではじめて全国土を対象とする長期的・総合的な国土計画体系が、ここに成立する。

4　地域的不均等発展と国土計画

　戦前・戦時期の日本経済の地域構造は、財閥系資本の大陸進出や貿易の拠点形成、金融や工業資本の大都市圏への集積集中、生産工場や港湾、鉄道等への集中投資が進む一方で、地方に広大な後進地帯を形成したことに特徴がある。この過程で、日本経済の地域的不均等発展は著しく進展した。

　しかし、戦後改革の一環として農地改革が行われ地主制が取り除かれると、工業生産が既成工業地帯から後進地域へと外延的に膨張する条件が整ようになる。後進地域への工業再配置には、輸送基盤や電力など生産手段と労働力が不可欠となる。1950 年わが国で初となる国土総合開発計画が制定されると、真っ先に後進地域の府県や市町村の期待を背負って、「特定地域総合開発計画」の指定競争が開始された。

　指定競争の頂点は、1951 年 3 月 16 日の「特定地域指定の基準」の公表によって訪れる。地域指定をめぐる競争は、その後の大型プロジェクト誘致型地域政策に共通するものといえ、それゆえ、その原点ともいえる。激しい地域指定競争の背景には、1947 年の日本国憲法並びに地方自治法の制定により府県が初めて自治体の性格を与えられたこともあった。

　さて、特定地域指定の基準とは、①特定地域は資源開発、産業振興、国土保全、災害防除など総合的な施策をもち、経済の自立に効果の大きい地域であること、②資源開発地域、国土保全・災害防除地域、都市および周辺整備地域のいずれかに合致する地域であること、③市町村を最小単位とし、複数の行政区域にまたがる地域であることが、求められた。この基準を満たす全国の府県や市町村が地域指定に強い関心を示し、42都府県から51候補地が建設省に提出された[*15]。

　結局、最終的な指定地域は21地域に絞られ、岩手県北上地域を皮切りに特定地域総合開発事業が着手されていった。地域指定に際しては、国家はもとより府県や市町村にとっても緊急を要しないような施策案件までが一括申請されるなど混乱した状況が生じた。その状況下で、電力開発・石炭採掘・食糧増産など国家的要請を事業に掲げた「資源開発地域」、及び人口収容力・雇用の増大など社会政策上の要請を事業に掲げた「未開発地域」の選定が優先された。そこには、「当面は既存の生産設備の全面稼働に寄与するように電源開発計画の促進に重点を置き、資本の蓄積と過剰人口の収容力の波及的な拡大に力を注ぎ、国力の充実を待って漸次後進性の強い地域の整備と開発に重点を移していくことが経済発展にとってふさわしい」という地域選定上示された付帯意見の通り、日本経済の復興と自立促進の観点が特定地域開発の論理を支配した[*16]。

　1950年6月25日に勃発した朝鮮戦争やアジア・極東地域における共産主義・社会主義の脅威を背景に、日本経済の復興によるアジア地域の政治的安定こそ、米国など資本主義陣営にとって焦眉の課題でもあったのである。

　特定地域総合開発計画は、電源開発や多目的ダムの整備を県営事業として着手し運営することで地域の総合開発に資する計画となるよう策定された。ところが、その実現には戦前の県営事業の形態、つまり発電と配電の電力一貫事業の運営形態を復元しなければならない。しかし、この要望はGHQによって認められることはなかった。その結果、後進県では水力発電事業が着手されたものの、生産された電力は9電力（北海道電力、東北電力、東京電力、中部電力、北陸電力、関西電力、中国電

力、四国電力、九州電力の9電力会社体制）による電力の地域独占的な「発電・送電・配電」原則によって、戦後復興を牽引した四大工業地帯の素材供給型重化学工業や大都市へと配電されていったのである[17]。

特定地域から電力・石炭・労働力の供給を受けた既存の四大工業地帯など太平洋ベルト地帯では、工業生産力を著しく回復し、都市化と人口増加に潤う大都市や工業都市を多数誕生させた。しかし、その一方で急激な過密化による住宅や学校の不足など社会的生活基盤の著しい不足や既存施設の劣悪化を生み、公害問題が労働者やその家族の生活を苦しめた。

労働者やその家族までもが流出し続けた東北地方や北陸地方、西南地帯の農山村では過疎化の進行で農林水産業の担い手を失い、地域医療や学校教育の機会が損なわれるなど深刻な地域問題に直面するようにもなる。また太平洋ベルト地帯全体が都市化・工業化を遂げた訳ではなく、財政金融の集中している東京や臨海工業地帯を持つ少数の大都市圏、大都市圏と東海道線で結ばれた工業都市以外の地域では、多数の後進地域を生み出し、太平洋ベルト地帯内の地域格差も顕在化させていったのである。

戦後日本の国土は、アジア極東地域の政治的安定化を急務とした戦後復興策のもと、過密地域（京浜、阪神、名古屋）、整備地域（関東、東海、近畿、北陸）、開発地域（北海道、東北、中国、四国、九州）の区分が必要なまでの地域的不均等を、すでに1950年代に顕在化したのである[18]。

こうした地域格差の発生は、日本経済の自立発展を第一義として太平洋ベルト地帯の既存工業地帯へと集中的な公共投資を目指した政府の国土計画のあり方に修正を迫るようになる。ここに成長型地域政策を既成の大都市や工業地帯から後進地域へと拡大し、全国規模の工業立地政策を国土計画の主要命題にする全国総合開発計画が誕生することとなる。

5　地域格差の是正を目標とした戦後の全国総合開発計画

　1950 年 6 月 25 日の朝鮮戦争勃発は、特需効果により日本の工業再建を加速したことでも知られている。1952 年 4 月 28 日第 3 次吉田茂内閣は、米国との間で講和条約・日米安全保障条約を発効させ、沖縄を除く日本を連合軍占領行政から表面的に解放させた。しかし、1960 年 6 月 19 日の新日米安全保障条約の調印によって、日本経済の復興と成長は一国の政治的自立と経済の安定・地域の再生のための国家形成の論理にとどまることを許さず、資本主義陣営の一員としての責務、対共産主義・対社会主義同盟国としての役割を背負わされることになる。まさしく、対米協調下での傾斜生産方式による経済成長と政治の「安定」「自立」こそが、政府の経済計画と国土計画にとって最も重要な命題となったのである。

　その経済計画として池田勇人内閣が 1960 年 12 月 27 日閣議決定したのが「国民所得倍増計画」である。すでに 1950 年代後半からは北海道や東北、北九州など地方の炭坑閉山と原油輸入・精製、火力発電と鉄鋼業や石油化学工業など素材供給型重化学工業の急成長を受けて、既存の臨海工業地帯では生産の隘路打開が喫緊の課題ともなっていたのである。

　国民所得倍増計画は、こうした変革の初期の設備投資ブームに際して公表されたこともあり、経済団体から大歓迎を受けた[19]。所得倍増計画は、国民一人当たり国民所得を基準年次の 1961-63 年の平均 8 万 7736 円から目標年次の 1970 年に 20 万 8601 円に引き上げ、年率 7.6% の上昇で 2.38 倍にすることを掲げた。そのためには工業生産の水準を 4.3 倍に引き上げる必要があり、工業の地域的投資では投資効率の高い太平洋ベルト地域の工業開発を当面重視する計画であった。この計画は日本経済全体の成長にとどまらず、むしろ積極的に地域計画に言及した戦後初の経済計画でもあったのである[20]。

　所得倍増計画では、国土を「既成工業地域」「ベルト地域」「開発地域」「その他の地域」の 4 地域に分けて整備の方針を謳っている。しか

し、1961 年から 65 年までの計画前半期の公共投資実績は 69.6％が「既成工業地域」「ベルト地域」に集中し、「開発地域」へは 10.9％にとどまった。そのため「開発地域」や「その他の地域」から政府に対する政治的圧力が急速に高まり、公共投資の地域配分の偏りを是正する方策が国会の大論戦として注目を集めるまでになったのである。

　地方政財界による公共投資の地域的配分の是正論はすぐさま政府を動かすことになる。1961 年 6 月通産省が工業適正配置構想を発表し、同年 7 月には全国総合開発計画の草案が公表されることになる。1962 年 10 月には国土総合開発法の施行から 12 年を経て、所得倍増計画の是正を求める地方政財界の圧力の中で、太平洋ベルト地帯以外に新工業地帯を分散整備することを謳った第一次全国総合開発計画（全総と略す）が閣議決定された。

　1963 年 7 月には全総に従い全国 11 カ所（後に全 15 カ所）が新産業都市の、さらに 6 カ所が工業整備特別地域の指定を受けた。また建設省でも広域都市建設構想として 54 候補地を選定し、自治省でも 49 の地方基幹都市候補地を、さらに通産省でも工業適正配置構想により全国を 17 地区に分けて工業分散政策を発表するなど、格差是正を求める地方政財界への政治的配慮が政府によって示された。

　戦後初の国土計画である全総は、既成工業地帯や工業地帯と道路・鉄道で結ばれた周辺工業地域を優先的に開発すべく、産業基盤投資を集中投資し、工業生産の隘路打開と貿易の自由化を強く求める政府や中央経済界の論理とは全く別の形で動き始めたのである[21]。

　国内後進地域の開発政策は、工業立地に終わることなく、過疎化で地域の産業や行政運営に影響が出はじめていた農山村地域に対して、多数の議員立法による地域振興策をもって進められていく。その主な地域振興関連法には、1953 年の離島振興法をはじめ、61 年の産炭地域振興臨時措置法、64 年の奥地等産業開発道路整備臨時措置法、65 年の山村振興法、70 年の過疎地域対策緊急措置法があげられる。

　しかし、地域的集中と外延的膨張を通じて資本の蓄積を続ける重化学工業が、輸出や輸送に不便で大都市圏消費地や部材取引の強い中小製造

業集積地域からも遠い後進地域へ立地することはあり得ない。したがっ
て、議員立法による地域振興策も、道路の整備や公共施設の建設など公
共投資を通じて建設産業や農林業の育成を図り、森林資源の開発や搬出、
農山村の雇用を一時的・季節的に確保するにとどまるものであったこと
はいうまでもない[22]。

　なお、こうした後進地域開発戦略は、戦前・戦時の国土計画的施策の
実現を政府外から強く要請し続けた「昭和研究会」をはじめ国土計画的
施策に参画した多くの人材が活かされたことで実施に移されてきたこと
が知られている[23]。1964年11月9日「社会開発の基本構想」を掲げて
登場した佐藤栄作内閣の影響も、格差是正を掲げる後進地域の開発にと
って追い風になったといえる。佐藤内閣の基本構想では、奥地山村や過
疎地域における公共施設の整備改善が重視されたからである。

　しかし、現実の経済成長は政府の予想をはるかに超え、工業立地の地
方分散や公共投資の地方配分を許す状況には到底至らず、1969年5月
30日には新全国総合開発計画（以下、新全総）が閣議決定された。新
全総は、所得倍増計画以来の高度成長を再び遵奉し、大規模開発プロジ
ェクトを掲げた点に特徴がある。当時、日本は国際収支の黒字を抱え財
政規模も巨大化し、第3セクターなど新たな都市再開発主体を立ち上げ
て民間資金を地域開発政策に導入しながら大規模開発に着手可能な財政
基盤を有していた。

　1972年7月7日誕生の第一次田中角栄内閣が通産省の産業立地政策を
大転換し、首都圏、近畿圏などの既成都市市街地での工場規制を講じ、
地方移転を促したことも手伝い、多様な地域開発主体による産業基盤整
備のための公共投資や工業配置計画が、太平洋ベルト地帯とその他の全
国の後進地域との地域間格差の是正を名目に、全国へと拡大されていっ
た。

　田中内閣の日本列島改造論の支柱は、田中角栄が通産大臣時代に発表
した『日本列島改造論』（1972年6月刊行）に記されている。同書で田
中は、①過大都市化した大都市地域から工業等の産業施設を地方へ移転
する、②地方ではその中核になる人口規模25万人の都市を60〜80カ

所建設する、③このため大都市と地方を接続する高速交通通信ネットワークを全国土に整備する、という構想を柱に日本列島の隅々まで開発する構想を描いていたのである*24。

　1973 年予算編成時には新たに国土総合開発庁構想も示され、国土総合開発法の改正とともに 73 年と 74 年の国土審議会でも扱われた。改造論に押されて生じた土地投機に対する規制措置の必要性と、そのための首相の権限強化や住民参加の保障も課題としてあげられたが、それらは大きく後退している。結局、74 年の通常国会では国土利用計画法が成立するとともに国土庁が誕生し、国土計画を主導する政府組織が日本の国土計画史上はじめて誕生した。だが、国土庁は、長期的な国土形成のビジョンを掲げて政府の諸施策を集権的に調整したり、大都市圏への資本と人口の集積集中を是正する機能・権限を持つことが許されない政府内調整組織に押しとどめられたといわなくてはならない。

　1973 年 10 月に発生した第一次石油危機で、大規模開発プロジェクトを掲げた新全総は見直しを迫られるとともに、首都圏に集積する大企業等の業績が著しく悪化し雇用吸収力が低下して、地方圏から大都市圏への人口移動・東京一極集中が減速した。そこで、生産年齢人口を地方定住へと導く誘導策が、地方政財界から強く求められるようになる。1977 年 11 月、福田赳夫内閣で閣議決定された第三次全国総合開発計画（1977 年）は、地方に定住するための自然・生活・生産環境を総合的に整備することで人口流出と過疎高齢化による農林水産業や中小企業のさらなる衰退をとどめようとした。そのため、三全総は、新全総ではじめて言及された「広域生活圏」構想を利用し、人々の日常的な生活行動範囲を生活圏として定義し、それを基本単位として人々の「定住圏」をめざす「定住構想」を開発方式として導入した。

　三全総策定後初めての国勢調査（1980 年）で、前回調査の 1975 年から唯一東京都だけが人口減少県となったことからも、確かに地方回帰が期待できる兆候が認められた。そのため三全総は、「地方の時代」の道標として扱われたことは記憶に新しい。1978 年 12 月発足の大平正芳内閣の政権構想に掲げられた「田園都市国家構想」は、本来の地域づくり、

定住圏づくりは地方・地域が主体的に行うものであるという発想に基づいた。したがって、国は干渉しないが、先導的な44カ所のモデル定住圏を整備することで、大都市の成長抑制と地方定住を促進するという独自の国土形成論を展開したのである。

しかし、1979年2月の第二次石油危機下で、これまで積極的な生産投資を続けてきた鉄鋼・造船・アルミ・化学・石油精製が構造不況業種へと転じ、地方都市の企業城下町や工業都市で労働力の余剰化と失業が続くようになる。そして、1982年以降地方から東京都へと再び流入人口が増加し、地方の自治体財政が赤字に転じることで、三全総の定住構想は形骸化し85年には見直しを迫られることになったのである。

6 国土計画論にみる課題と方法

三全総までの国土計画を検証しながら、計画に貫かれてきた国土計画思想について言及しておこう。

日本における国土計画策定のための組織体制の構築作業は、既述の通り1937年の企画院誕生をもってはじまる。だが、国土計画策定のための組織体制の必要性は、すでに企画院誕生以前に始まっていたといえる。それは企画院誕生より10年ほど早い1926年の内務省都市計画局事務官・飯沼一省らの指摘から察することができる。飯沼は自身の論文「国土計画論」で、土地の最適用途を基礎とする国土計画を、政府の責任において早急に立案する必要性を力説していた。だが、政府として本格的に全国土を視野に置く国土計画策定に関心を示すのは、内務省技師・北村徳太郎が1935年から36年にかけて、国家社会主義ドイツ労働者党（ナチス党）のヒトラー政権による国土計画を調査報告して以降である。

従来の日本の国土計画論は、内務省官僚の飯沼のように都市の土地利用を計画的に施す観点からその必要性を指摘する声が挙げられるか、もしくは欧米の国土計画・地方計画の紹介にとどまっていた。ところが、北村徳太郎が日本国内にドイツ国土計画の理念や方法を持ち込んだことを契機に、満州国での経験も取り入れ、企画院をはじめ組織体制を確立

して国防国家構築を目標とする国土計画策定への実務が進行することになったのである。

　ただ、大東亜・国防国家の構築に向けた国土計画的施策の策定と実施が進む一方で、日本の国土計画思想は統一されたものにはならなかった。つまり、国家全体の統制から地域のあり方を考えていく企画院と、部分である地域から国土全体へという広がりの中で国土の調和を保とうとする内務省が並立するように、二つの系統が存在した。どちらかといえば、戦前・戦時期の国土計画への要請は、「私的利潤の追求を事とする自由主義経済体制を止揚」するため、企画院主導で進められる。だが、その企画院が廃止されて、戦争中の一時わずかな期間、国土計画の系統が内務省に一本化される＊25。

　内務省が廃止され、政治体制が全く異なった戦後にも、特定地域の総合開発をめぐり国土全体を視野にして開発をめざす経済安定本部と、個々地域の要請をもとに個別ダム開発や道路整備など地域振興の実践から国土的広がりを目指す建設省という二つの系統が並立する。

　その後の所得倍増計画、新全総では、既存工業地帯の拠点整備などの開発を優先し、太平洋ベルト地帯の経済成長を図った上で、その波及効果を通じて後進地域の経済成長を促し、地域格差を是正する国土計画思想が貫かれた。

　それに対し、全総や三全総では、大都市圏における工業生産の隘路打開とともに地方の振興が喫緊の課題であることを掲げる。両全総では、大都市圏内での住宅や学校など生活基盤の極度の不足や劣悪な居住環境を改善する重要性を指摘する一方で、地方都市や農山村へ公共投資を再分配し、工業再配置を急ぎ、均衡ある国土の発展を求める国土計画思想に貫かれてきた。

　こうした相違からも、日本の国土計画思想には、とくに「機能的・効率的」対「空間的・衡平的」という二分法的構図、すなわち国土計画思想をめぐる「効率主義」と「衡平主義」が、交互に国土計画に貫かれてきたということができる＊26。この観点は、戦前の国土計画論を主導した一人である内務省技師の石川栄耀が、各国の国土計画思想の分析を通

して、国土計画論には「統制主義」と「調整主義」、「振興主義」と「再編主義」があることを証明していることからも、日本にとどまらず国土計画をもつ国々に共通の思想的特徴とでもいうことができる*27。

　しかしながら、たとえ思想・課題・方法に同様の特徴が見られたとしても、政府による国土計画は、戦前は帝国主義体制の維持と発展に帰結するものであり、戦後は一貫して資本主義陣営の枠組み、とくに対米協調型国際政治の枠組みの維持と発展へ貢献するものであった。方法は違えど、国際協調下で政府が目指す国家ビジョンの実現に都市や農山漁村などさまざまな地域はどう貢献するか、国家ビジョンの実現に向けて地域の諸問題をどう解決するか、が国土計画の課題であり続けたといえる。

　そのため、国土計画の方法にしても、国際協調下での日本の政治経済の発展と貢献を図るという枠組みの中で、「大都市圏や既成工業地帯を優先し、波及効果で後進地域を潤すのか」または「国内政治の安定に配慮して社会政策的観点から生活基盤や環境対策を進め、当初から後進地域の振興策に目を向けていくのか」の違いに過ぎなかったといわなくてはならない。

　したがって、現代の地域政策の目標や方法は、国際協調や国家統治の枠組みを維持発展しようとする政府の視点から地域問題を捉える従来の国土計画の限界に着眼し、その批判的検証を通じて形成されてきた。すなわち、人々がいかなる環境下であろうと、人間らしい生活と労働の機会を得られる地域社会を構築する観点から地域格差の意味を問い直し、その是正条件を検討する中で、地域政策の現代的意義と方法を究明してきたのである。

　ただし、従来の国土計画を検証する地域科学は実に多様である。そこで、次章以降では、現代の地域政策の目標と方法を探究する観点に立ち、従来の国土計画に対する批判的検証とあるべき地域政策の諸条件を追究してきた代表的学問領域として都市計画論、コミュニティ政策論、地域経済学を取り上げる。この3領域での国土計画及び国土計画的施策の批判的検証を通して、現代社会が求める地域政策の目標と方法を究明するためのヒントを得たいと思う。

注

＊1　西水孜郎（1975）『国土計画の経過と課題』大明堂、1-2 頁、岡田知弘「重化
　　学工業と都市の膨張」成田龍一編（1993）『近代日本の軌跡 9、都市と民衆』吉
　　川弘文堂、213 頁。

＊2　西水孜郎、同上、7-8 頁、ロンドンの国際都市計画会議出席を名目に、1935 年
　　7 月から 36 年 3 月まで、欧州を歴訪した内務省技師の北村徳太郎によるナチ
　　ス・ドイツの国土計画の紹介が、その後の積極的な欧米都市計画の情報収集と
　　研究に大きな影響を及ぼしたことは間違いない。ナチスの国土計画の詳細は、
　　祖田修（1984）『西ドイツの地域計画』大明堂、同（1997）『都市と農村の結合』
　　大明堂に詳しくまとめられている。

＊3　岡田知弘（1989）『日本資本主義と農村開発』法律文化社、183-184 頁。

＊4　西水孜郎、前掲書、7 頁。

＊5　企画院（1941）「過大都市ノ弊害」西水孜郎編（1975）『資料・国土計画』大明
　　堂、26 頁。

＊6　企画院（1942）「工業規制地域及工業建設地域ニ関スル暫定措置要綱」西水孜
　　郎編（1975）『資料・国土計画』大明堂、31 頁。

＊7　同上。

＊8　企画院・内田源兵衛他（1947）『事変新法令の解説』1-8 頁。

＊9　企画院（1943）「黄海渤海地域国土計画要綱案」西水孜郎編（1975）『資料・国
　　土計画』大明堂、同（1975）『資料・国土計画』大明堂、74 頁、企画院（1943）
　　「中央計画素案・同要綱案」同上、86 頁。

＊10　西水孜郎（1975）『国土計画の経過と課題』大明堂、11-12 頁、例えば、1920
　　年に始まる朝鮮の産米増殖計画は、日本国内の急速な重化学工業化と都市化に
　　伴う米不足を解消し、政治的安定のための低米価政策維持を目的に実施された。
　　こうした植民地政策に伴う植民地農民の階層分化と貧困化は、小松裕（2009）
　　『日本の歴史 14　「いのち」と帝国日本』小学館を参照。

＊11　川上征雄（2008）『国土計画の変遷』鹿島出版会、20-21 頁。

＊12　岡田知弘「重化学工業と都市の膨張」成田龍一編（1993）『近代日本の軌跡 9
　　都市と民衆』吉川弘文堂、214 頁、同（1989）『日本資本主義と農村開発』法律
　　文化社、188 頁。

＊13　川上征雄、前掲書、37 頁。

＊14　詳細は、佐藤竺（1965）『日本の地域開発』未来社を参照。

＊15　国土計画協会（1963）『日本の国土総合開発計画』東洋経済新報社、73-75 頁。
　　なお、特定地域選定に際しての資源情報提供の役割を負ったものとして、連合
　　国軍最高司令官総司令部・経済安定本部資源調査会訳（1949）『日本の天然資源
　　―包括的な調査―』がある。

＊16　付帯意見に記された特定地域選定の選定順位の基準及び考え方の詳細は、国土計画協会（1963）『日本の国土総合開発計画』東洋経済新報社、82頁を参照。

＊17　島恭彦「地域開発の現代的意義」島恭彦著作集編集委員会編（1993）『地域論』有斐閣、247頁。

＊18　同上、237頁。

＊19　経済審議会編（1935）『国民所得倍増計画』を参照。また、地方政財界の受け止め方をめぐっては、西水孜郎（1975）『国土計画の経過と課題』大明堂、40-42頁に詳しい。

＊20　既存の四大工業地帯へのさらなる投資集中を避けるため、経済審議会産業立地小委員会では四大工業地帯に連なる太平洋臨海地帯へ工業立地の分散化を図る案を主張した。この詳細は、経済審議会産業立地小委員会の収録資料を参照。収録資料は、総合研究開発機構（NIRA）戦後経済政策資料研究会編（2000）『国民所得倍増計画資料』第26巻、日本経済評論社による。

＊21　西水孜郎（1975）『国土計画の経過と課題』大明堂、43-44頁。池田内閣の倍増計画の正当性を根拠付け、高度成長の実現に向けた公共投資を強く求める経済政策も打ち出された。詳細は下村治（2009）『日本経済成長論』中公クラシックス、及び上久保敏（2008）『評伝・日本の経済思想、下村治』日本経済評論社を参照。

＊22　戦後の資源開発を産業発展に結びつけるためには国土の70%を占める山間僻地への道路建設が必要であるとして、奥地産業道路開発に代表される後進地域の積極的開発推進論が展開された。その中心人物が、戦前の昭和研究会の国土計画研究会委員長を務めた後藤文夫である。その思想、政治活動等は、中村宗悦（2008）『評伝・日本の経済思想、後藤文夫』217-222頁に詳しい。

＊23　昭和研究会による国土計画促進活動に関しては、酒井三郎（1992）『昭和研究会―ある知識人集団の軌跡―』中公文庫、に詳しい。

＊24　改造論の骨格的構想は、日本全体をひとつの都市圏に見立てた田中が通産大臣時代にまとめた国土総合改造大綱とも自称する『都市政策大綱』（1968）に詳しい。田中角栄（1972）『日本列島改造論』日刊工業新聞社、2-24頁。

＊25　川上征雄、前掲書、15頁。

＊26　同上、45頁。

＊27　石川栄耀（1942）『国土計画―生活圏の設計―』河出書房。石川は同書を通じて国民の生活圏（消費の場）を重層的に積み上げることによって国土の形成を説いた。他方、商工省技師の吉田秀夫は、地域を国家の産業統治の場と捉え国家のあり方によって地域は規定されることを説き、対立の構図が国土計画論をめぐり表出した。この点は吉田秀夫（1940）『国土計画論』河出書房を参照。しかし、方法論の相違は、農村地帯への急激な工場分散（防空対策）による農家

労働力の収奪に伴う食糧生産力の減退＝国力の低下が顕著になる中で、工業の
みではなく農業も含めた地域計画の重要性が吉田にも認識され、両者の対立の
構図は薄められていく。この点は、中島直人他（2009）『都市計画家・石川栄耀
―都市探究の軌跡―』鹿島出版会、168 頁を参照のこと。

第 2 章

都市計画論における地域政策の課題

　本章では、都市計画論から見た地域政策の課題と方法を探る。戦後、政府は前章で言及したように、国際協調や国家統治の観点から日本経済の競争力の飛躍的向上を図るために、生産の隘路打開をめざして既成工業地帯から地方へ工業再配置を進めようとした。その呼び水として道路・港湾・鉄道・工業用地や工業用水・電力など産業基盤の重点投資が行われ、地方税制上の優遇措置と豊富な労働者の供給が行われてきた。

　この工業再配置政策は、既成工業地帯以外に多くの工業都市機能を形成したが、その端緒となる産業基盤などインフラ整備や工場操業は第二次大戦前及び戦時期の国防都市建設政策にまで遡る。当初、工業再配置や国防都市の建設は、政府による国土計画の策定を通じて着手することが重要であると考えられてきたものの計画策定には至らず、そのため国土計画的施策として都市計画事業の下で着手されてきた。この経験は、戦後の高度経済成長期、全総や新全総など国土計画の都市的施策として機能し、国土計画を上位計画とする都市計画制度を確立させた。

　しかし、この過程は、同時に都市住民の生活環境を著しく悪化させ、安全で快適な暮らしの要求運動を各地の都市で噴出させることになる。住民自らが都市計画制度に参加し、人間らしい暮らしを保障できる「生活都市の建設」を強く求めた住民自治に基づく都市計画制度への改変が起きる。しかし、それは都市計画制度の改変に終わらず、政府の国土計画自体にも修正を迫った点を見逃してはならない。

　本章では、以上の過程を検証し、都市計画論から導かれた地域政策の課題と方法を明らかにする。

1　国土計画に先行する都市計画の誕生

　明治政府の富国強兵・殖産興業政策による産業資本の形成と確立、その後の独占資本の形成は、日清戦争（1894-95）や日露戦争（1904-05）による海外植民地と利権の獲得によって進む。これは、財閥系独占資本の外延的膨張そのものであったが、国内では大都市圏を中心にして近代的大工場群を建設し、その後の第一次世界大戦を契機に軍需工業を中心に重化学工業の飛躍的発展を導いた[1]。

　その結果、工業化の著しい大都市や軍事工業都市では労働力人口の急増により、既成市街地での木造家屋の密集建設、不衛生な上下水環境の拡大、狭隘な道路・通路の放置、乱雑な住工商混在地区の形成等を許し、総じて劣悪な生活環境を生み出してきたのである[2]。

　また、市街地の郊外に広がる農地では、農道以外に通行用の道路がないにも関わらず家屋が次々と建ち並び、都市郊外への市街地の無秩序な外延的膨張を許してきた。その結果、大都市郊外に生まれつつあった中小都市や地方工業都市は「乱雑無秩序な迷路型」都市と呼ばれるほど劣悪な居住環境を形成していったのである。そのため、都市にとって1920年代は「都市計画の暗黒時代」とまで揶揄され、都市の居住環境は工場のばい煙で汚れた大気で満ち、工場排水や生活排水で中小河川が汚れ、上下水道はないに等しく、木造長屋は火災に弱いなど、劣悪な状態に置かれていたのである[3]。

　劣悪な居住環境など都市の深刻な都市問題を前にして、都府県や市町村も無策であったわけではない。一部の都市では、市域・市街地の郊外膨張を規制し劣悪な居住環境の誕生を抑制するなど先駆的な都市計画行政も試みられていた[4]。しかし、中国や朝鮮半島など海外へと国土の膨張を推し進める目的で都市の工業化・軍事化を政府として最優先する時代の中で、都市住民の生活環境を改善する措置や良好な都市的生活環境の実現に向けた都市計画が実施されることはなかったのである。

　都市問題の深刻化に追い付かないという課題を抱えていたものの、都

市計画制度自体は徐々に整備が進み、1918 年 7 月内務省都市計画調査委員会が誕生し、1920 年 1 月 1 日には都市計画法が施行され、同年 12 月 1 日には市街地建築物法が施行されるなど都市計画制度の整備は進められていった。

　しかし、都市計画制度が整っても、大都市の膨張と郊外化による劣悪な都市環境の形成は進み、後追い的な都市計画は次第に無力化していく。

　劣悪なままの都市環境は人心の荒廃を生み、財閥系資本に関わる富裕層や政治家への不満が都市内に渦巻いていった。そのため、劣悪な環境下に生活し働く労働者階層の政治的不満を抑えながら、国力増強のために労働を惜しませないという論理の範囲内で、都市基盤整備は着手されていった。

　帝国主義国家として大陸進出など対外政策に政府支出を膨張させる一方で、本土の都市環境は劣悪な状態が続く。政府内では、こうした事態を直視しながら、具体的な対策を探る専門家集団も現れていた。その代表例というべきものが、後藤新平を会長とし内務省都市計画課長の地位にあった池田宏らを中心にして 1917 年に組織された「都市研究会」である。

　都市研究会では、欧米諸国の都市計画情報を積極的に入手し、実際の都市整備事業では府県や都市の都市計画に携わる内務官僚や技術者の経験交流を行った。1920 年代日本が「国際都市計画会議」など国際会議に代表を送り、欧米の都市計画情報を入手し視察させ欧米の専門家と交流経験を積ませたのもその一つである[5]。

　1924 年のオランダのアムステルダム国際都市計画会議（会長はEbenezer Howard）は、日本の地域計画・都市計画に多大な影響を与えたことで知られている。アムステルダム国際都市計画会議において満場一致で採択された過大化する都市を制御するための 7 原則は、戦前・戦時・戦後復興期、さらに以後の日本の都市計画制度や諸事業に大きな刺激を与えたといわれている[6]。その 7 原則は、以下の通りである。

　①都市の無限の膨張は好ましくない。過大都市の状態を見て、一般の都市は大いに警める所がなければならない。

②過大都市の発生を予防する一つの方法は、衛星都市を作って人口をここに分散させることである。

③無限の瓦の海を現出することを予防するがために、都市の建物部分が、農耕地、牧場等の緑地帯をもって囲繞されることは望ましいことである。

④自動車、バス等交通の極めて急激な発達は、将来の交通問題について、都市の局部的問題であるか都市間の問題であるかに関係なく、特別な注意を払う必要がある。

⑤地方計画を準備することは、大都市の将来の発展のために必要である。（準備が必要な地方計画とは）数個の大都市が相互に接近する場合、または数個の小都市が大都市の周辺に隣接する場合がそれに当たる。この地方計画を準備するに当たっては、前述②、③、④については、とくに注意を払わなければならない。したがって、この地方計画は、単純な都市拡張計画であってはならない。むしろ、その区域全体が連続的にどこまでも開発されることを予防するような設計でなければならない。

⑥地方計画は弾力性を有し、事情の変化に応じて変更できるものでなくてはならない。ただし、この変更は、公益上の理由がある場合に限り行われるべきである。

⑦都市計画または地方計画で、一定の目的をもち用途を定められた土地は、必ずその用途のために用いられるよう（都市等に）権限を与えられなければならない。

とくに、母都市の市街地を緑地帯で取り囲むことによってその膨張を抑制し、その外側に衛星都市を配置するという大都市圏計画の策定は、1936 年の関東国土計画、1939 年の東京緑地計画、1939 年から 41 年の関東地方計画大東京地区計画、1943 年の大都市疎開計画等として実現した。同様に、近畿でも 1936 年近畿地方計画、その他には北九州地方計画、名古屋地方計画が策定されている。

　しかし、いずれの計画も、市街地の膨張抑制というアムステルダム国際都市計画会議の趣旨にそって立案されたものではなかった。むしろ、

戦時国家体制の下で、「帝都防備と空地」を緊急に整備するという防空都市建設の一環で策定された都市計画や地方計画であった。1937 年日本の中国侵略、同年防空法の制定、1940 年都市計画法改訂による「防空」都市計画の施行等が、これら計画策定の法的根拠をなしたのである＊7。

2　GHQ の対日政策と地方の窮乏化、都市計画の国家事業化

　戦災都市の復興事業として始まった戦後日本の都市計画事業は、GHQ の対日政策を色濃く反映しながら着手されていった。1945 年 12 月 30 日、政府は「戦災地復興計画基本方針」を閣議決定するが、この基本目標は「過大都市の抑制」「地方中小都市の復興」「農業及び農村工業の振興」に置かれた。そこには、日本の生産水準及び生活水準を 1930 年代前半の低い水準にあえて置くことによって、帝国主義的復興の機会を与えないようにするという GHQ の方針が強く反映していたのである＊8。

　1947 年 12 月、戦前・戦時の帝国主義政策を国土計画的施策や都市計画を通じ担ってきた内務省が解体されたことで、新たに建設省が府県や市町村との協議を通じて都市計画を担当するようになる。しかし、1949 年 8 月「シャウプ勧告」では、都市計画の諸権限を戦前・戦時の帝国主義に走った政府から引き離すべきことを提言するとともに、新憲法で初めて謳われた地方自治の本旨を担うべき市町村へと全面的に移譲すべきことを政府に勧告していた。

　さらに、同勧告に従って 1949 年 12 月に設置された「地方行政調査委員会議」や 1950 年「行政事務再配分に関する勧告」でも、「都市計画および都市計画事業は、市町村の事務とし、市町村が自主的に決定し、執行する」という勧告が下されていた。内務省や建設省、公選知事下の府県が都市計画の諸権限を維持すべきではなく、市町村に移譲されるべきとするシャウプ勧告等の主張の背景には、1919 年制定の都市計画法や

それに基づく都市計画が全権を掌握した国防国家による防空都市・軍港都市等の建設に向かったことの反省と、新憲法において初めて認めた地方自治の実行者である市町村の自主性を政府に阻害させないようにしたいとする GHQ の日本統治の認識が含まれていたからである。したがって、建設省でも、市町村優先の原則を掲げるシャウプ勧告の意図を受け止める形で改正都市計画法の検討が進められていた。

　ところが、肝心の市町村側の反応は、GHQ が求めた都市計画をめぐる市町村優先の原則とは異なっていた。多くの市町村議会では、都市計画・都市整備を自らの事業ではなく、政府が予算を投入し国家の過大都市防止・地方都市振興策として推進することを強く望む意見が出されていたのである。市町村主体の都市計画にはむしろ異議を唱える姿勢が強く見受けられたといえる *9。

　敗戦直後の日本では、旧植民地や戦地から国内に帰還する国民を含め 8000 万人の人口を、戦災で荒廃した大都市や地方都市で受け止めなければならず、不安定な食糧生産基盤のもとで食糧の増産と供給が喫緊の課題に置かれていた。そのような中で、莫大なインフラ整備の予算を必要とされながら専門的人材にも乏しい市町村が、都市計画や実際の都市インフラ整備に着手することは到底困難であったのである。したがって、市町村は自らが都市計画を推進する立場にはなく、都市計画は政府が責任を持って行い、市町村は国家目的と一致する範囲内で住民生活に必要な公共施設やインフラの整備促進、雇用の場となる工場誘致に着手すべきであるとの姿勢が貫かれていたのである。

　実際、1950 年の朝鮮特需で日本経済が復興を遂げる中、道路や工業用地、住宅や上下水道など産業並びに生活基盤の隘路が深刻な状況下にあった大都市圏では、政府によって首都圏整備法（1956）、近畿圏整備法（1963）、中部圏整備法（1966）が制定され、国家予算で大都市圏の産業及び生活基盤を緊急整備し、民間の生産及び設備投資需要等に追随していったのである。こうして三大都市圏や既存工業地帯を一体的に連ねた広域連坦型の経済圏・都市圏「東海道メガロポリス」が、旺盛な設備投資と集積利益を求めて三大都市圏に集中する重化学工業関連資本と

人口のもと建設されていった。

　GHQや日米講和後の米国による対日方針は、生産力並びに生活水準の抑制から政治的安定と経済の自由化をめざして自立的経済成長へと転換する。それを受けて国民所得倍増計画に代表される経済計画でも、大都市圏や既存工業地帯での成長を優先するようになる。そのため農山村地域を抱える地方経済圏の道府県や市町村、地方政財界に対しては、大都市圏や既存工業地帯の成長が徐々に地方へと浸透することで地方の工業化を促進し、雇用促進や所得向上を実現し総合的な地方産業構造の高度化を図っていく政策方針（= Trickling-Down Effect）が示されることになった。

　しかし、対連合国・対米協調下での日本経済の自立・自由化政策では、過大都市の抑制と地方都市の振興優先に結びつかないことは明白である。さらに、戦後都市計画の主体と期待された市町村でも、都市計画の責任を政府に求めたように、地方経済や都市インフラ等の再建を、大都市圏整備優先のもと、その波及効果を待って進めることには到底納得することはなかった。急ぐべきは、工業の地方分散による地方経済の振興と産業構造の高度化による過疎防止、インフラ整備にあったからである*10。

3　「多様な公的主体」による大規模都市開発のはじまり

　高度成長期の都市開発は、地方工業都市の重化学工業開発とともに、大都市圏内郊外へと膨張する生活基盤の整備や大都市と地方都市・工業地帯を結ぶ高速インフラの整備など、活発な社会資本整備需要に追従する形で取り組まれた。

　それらは、政府の外郭団体として設立された多数の公的団体を事業主体として大規模かつ迅速に行われたため、効率重視・企業性重視の都市計画的施策といわれてきた。それら社会資本の整備と運営を担う代表的事業団体として、日本住宅公団（1955）、日本道路公団（1956）、首都高速道路公団（1959）、阪神高速道路公団（1962）、大阪府企業局（1960）、新宿副都心開発公団（1960）等が設立された。

　政府や都道府県に代わって直接大規模な社会資本整備を担ったこれら事業団体は、組織内に多種多様な技術者・専門家を抱え、民間資金を含む莫大な開発資金を調達しながら都市化が激しさを増す中でインフラ供給を図っていった。代表的な事例として、住宅整備では千里ニュータウン（1958年）、高蔵寺ニュータウン（1965年）、多摩ニュータウン（1965年）、筑波研究学園都市（1963年）があげられる。これらは、大都市の外延的膨張を支える公営・分譲の住宅供給機能を果たしてきた。

　都市間高速道路では1965年に阪神高速道路が、都市内高速道路では1959年に首都高速道路が開通し、大都市圏内及び太平洋ベルト地帯間の都市間ネットワークが、輸送時間の短縮と輸送費用の削減要求のもとで整備された。さらに高度成長期には、東京オリンピック（1964年10月）、大阪万国博覧会（1970年3月〜9月）、札幌冬季オリンピック（1972年2月）など国家プロジェクトを梃子にして大規模な都市交通・住宅等のインフラ整備が重点的に進められた。こうして日本の大都市圏は、短期間に資本と人口の集中を導くオフィスビルや都市内交通基盤を、さらに市街地外延部には多数の公営住宅や都市間交通基盤を形成していったのである。

　大規模で急速な都市開発が繰り広げられた結果、大都市圏では住民生活の視点から見て深刻な都市問題を生じさせた。都市郊外では無秩序な住宅開発、都市内では民間木造賃貸アパートの密集地域の形成、都市間を結ぶ高速道路や幹線道路の沿線では自動車交通の激増による排気ガス・大気汚染・騒音など健康被害の発生、路面電車の撤去やバス輸送の減少による公共交通利用者の移動困難、中高層建築物の急増による低層良好な住宅の日照阻害、宅地不適地での住宅開発による河川の水害・崖崩れ危険増大など多くの問題があげられる*11。

　こうした問題に対して住民運動も活発に展開され、都市計画を政府の事業から市町村の事業へと転換を迫る契機ともなった。その意味で高度成長期は、戦後都市計画の転換点ともいえる。

4　過大都市対策の論理とコミュニティ論の登場

　政府は太平洋ベルト地帯構想に対する地方政財界の厳しい批判を受けて、全総など国土計画の基本目標に地域格差の是正を掲げ、過大都市の抑制と地方経済の振興を余儀なくされていく。政府の過大都市対策論としては、東京を中心とする首都圏、首都圏との二眼レフ構造をなす関西圏、第三の都市圏である名古屋圏の膨張抑制策を含んだ次の三施策が注目を集めたといえる。

　第一は、過大都市抑制の立場に立った地方都市圏育成論である。1960年建設省の広域都市計画構想、自治省の地方基幹都市構想、1962年の新産業都市建設促進法による新産業都市指定等が代表的施策としてあげられる。さらに、1969年の広域市町村圏構想・地方生活圏構想は、地方都市の産業基盤や住民の生活基盤整備を通じて地方都市での定住条件の総合的向上を図り、大都市圏への産業や人口の流出を抑制しようとした過大都市対策でもあった。

　第二は、都市機能を分散することで過大都市の抑制を図ろうとする首都機能移転論である。その後の地方政財界の首都誘致運動の引き金となる施策である*12。国民所得倍増計画で首都機能移転の「可否を検討する」と述べられてから、首都機能移転論は過大都市抑制と地方振興のための政治戦略に利用されるようになった。だが、結局のところ本格的な首都機能移転は議論倒れに終わる。しかし、地方政財界にとってこの問題は、単なる政治機能の移設で終わらず、実際の需要とは無関係に、空港や高速道路など高速交通情報インフラの整備へと姿を変えていくことになった。さらに、その後の道州制論の呼び水ともなっていったのである。

　第三は、巨大都市肯定論・都市再開発整備論である。つまり、過大都市問題とは、都市の規模に対して施設が過小なために起こる問題であり、その解決には大都市化の需要を将来にわたり超える規模の公共施設の供給が必要であるという都市論である。1961年3月、建築家の丹下健三

東京大学教授による「都市計画1960」では、東京の性格を政治・企業・生産・消費・文明・文化の管理中枢であるとし、新たに1000万人が集中可能な居住機能や業務機能をもった都市を東京湾上に建設することで管理中枢機能が求める需要を満たし、都市過大化に伴う都市問題を解消できるという過大都市対策案が示された。1965年経済同友会が発表した「東京によせる期待と提言—東京再開発の基本方向—」も、東京の過大都市問題に関する見方では丹下「都市計画1960」と一致し、全総など国土計画が目標に掲げた過大都市抑制論、地方工業再配置論などには真っ向から対立する過大都市対策論を展開したのである*13。

　しかし、過大都市は、高度経済成長が生み出した地域経済の不均等発展の所産である。実際に着手された第一や第二の諸施策によって、東京を中心とする大都市圏から生産機能を地方へと分散し、地方都市での工業生産額を増大しようとしても、その地域の住民の所得や経済波及効果による資本の蓄積に結びつくことはなかった。高度経済成長を前提としながら首都圏など大都市圏の開発利益をいかにして地方へと分散させるか、産業基盤整備や生活基盤整備、人材育成のための教育機関を地方に整備し、地域格差の是正をめざすべきか。都市政策は高度経済成長の必然であった地域経済の不均等発展の是正、すなわち地域の所得格差の是正を掲げるという矛盾の中で、当面の都市問題対策に矮小化されながら取り組まれていったのである。

　当面する都市問題の一つであり、高度成長下の過大都市問題として無視できない課題が表出するようになった。その一つが、大気汚染による都市住民の健康被害や住宅環境の極度な不足による居住条件の悪化である。こうした住民生活と健康を脅かす都市問題が深刻さを増すにつれ、住民運動による国土計画や都市開発への批判は激しさを増し、地方の政治課題（首長の責任論）となって革新自治体の誕生と都市政策の変更、とくに大都市の都市問題を解決することを国土計画や都市計画の最重要課題にさせていった。その代表的対策が、革新都政によるシビル・ミニマム論に依拠した都市生活権の保障を公準とする生活基盤の充実や公害対策、居住環境の再生策である*14。

だが、この過大都市対策は、政府が進める高度経済成長のための国土計画や都市計画の変更を導くような「革新的」都市政策あるいは「革新的」都市計画プロジェクトを生み出したわけではない。むしろ、政府の都市計画に修正を求め国土改良・都市改良を進めていくための「民主的」な視点、生活権の保障を図るための「民主的」な手続きを都市政策的に導入させるという点で意義を持つものであったということができる*15。

とりわけ1968年都市計画法改正によって、都市計画の決定権限が市町村へ移譲され、住民参加が制度化されると、市町村の中から住民参加を推進して市町村独自の都市計画行政を試みるといった形で具体化が進んだ。都市計画研究者の石田頼房は、その方法を次のように分類する。

第一は、都市計画行政を市町村のコミュニティ計画行政の一環として位置づける動きが多くなったことである。高知市のコミュニティ・カルテを用いた住民参加の地区整備計画の策定などである。第二は、市街地開発事業に際して、「協議会方式」すなわち国の法制度にはないが行政と住民による任意の「協議会」を設け、実質的に計画を策定していく方法である。第三は、スプロールやミニ開発問題に対する都市対策である。横浜市等による建築協定の締結がある*16。

以上の経験は、都市問題の原因である高度経済成長政策に見直しを迫ることなく都市政策の改良・民主化にとどまるなど、シビル・ミニマム型都市政策としての限界を露呈したものの、大都市圏はもとより地方都市の生活環境の改善要求を住民自治の観点から大きく育てる契機となったことは間違いない。その成果として誕生したのが、1980年都市計画法と建築基準法の改正による「地区計画制度」の導入である。

同制度の創設は、新基本法体系成立以後、最も重要な都市計画制度改革を意味し、土地利用規制の詳細化・強化を一層進めた制度として高く評価されなくてはならない。具体的には、地区の街路・小公園の計画、建築物の位置・用途・形態等に関する詳細な制限を設け、ある種の土地利用に関する社会的制限を総合的・統一的に計画する制度ともいうことができる*17。あらためて、その意義と課題は、次のように指摘するこ

とができる。

　まず評価できる点としては、地区計画が市町村の策定による都市計画となった点である。1968年都市計画法改正による都市計画決定権限の市町村への移譲をさらに一歩進め、都市計画を市町村の業務であるという原則に立ち返らせた点にある。シャウプ勧告をはじめ戦後の民主化政策が求めた施策が、戦後35年目にして実現したことになる。これによって、都市計画が住民にとって極めて身近な制度となり、住民生活に最も近接した近隣社会の共同管理能力（コミュニティの自治力）が発揮できる道筋が整えられたといえる*18。

　他方、課題も存在した。地区計画を作らないと土地の開発や建築的利用ができないという「必修科目」的計画としては制度化されず、生活しやすい街区をつくりたいという場合に使ってみる「選択科目」的都市計画にとどまってしまったという問題である。「計画なきところ開発なし」の原則が実現しなかったといえる。さらに、地区計画の実現の手段が規制的手法に限定された点である。そのため、計画対象に一定の限界を与え、例えば、小公園のように特定の土地所有者だけに制限がかかるような地区施設を規制的手法で実現することは困難で、「計画しにくい制度」という限界を抱かれるようになった*19。

　結果的に、1981年地区計画施行後、多数の事例が市町村で生まれるものの、この制度自体は80年代の新自由主義的規制緩和の中で形骸化し、その意義を失っていく。しかし、住民参加によって快適な都市街区の形成が可能であるという住民自治の萌芽を産業主義的都市計画が主流の時代に育んだ意義は、極めて大きいと評価できよう。

5　政府・産業界の投資がつくる「都市」と 住民自治の「まち」

　1980年代は、都市計画をめぐる政府・産業界の大規模・広域的な民間活力主導型の都市再開発の潮流と、住民の自治的運動による都市保全事業の潮流が対抗し、都市問題をめぐる地域政策の課題と方法が明らか

となる時期である。

　政府・産業界による都市再開発を象徴するのが、1979 年 11 月の「日本プロジェクト産業協議会」の設立である。同協議会は、重厚長大産業分野を中心とした産業界が結集し、民間投資による新たな開発市場を都市に結集させるための組織であった。同協議会では、大都市圏内に官民共同の巨大プロジェクト構想を次々と打ち立て、需要創造を目指し開発投資に着手した。

　首都圏では、旧国鉄用地の活用・都心再開発・外郭環状高速道路・東京湾横断道路等、関西では関西新空港・関西研究学園都市等、中部では中部国際空港等があげられる。都市内の土地利用に関しては、政府与党による市街化調整区域に関する規制緩和の実施、都市計画・建築規制の緩和を建設省に要請し、都市再開発市場の新たな形成を政府に対し強力に働きかけた[20]。

　当時の中曽根内閣による都市再開発の特徴は、民間活力を投入して大都市インフラや高層住宅建設を一層促進する目的で、都市計画・建築規制の緩和と「国公有地」の活用を図るなど、地方自治体の都市再開発に過剰なまでの介入を図ろうとした点にある。

　そのため、土地バブルが東京副都心や郊外住宅地域に波及し、住民の住宅取得を困難にする一方、産業界に対しては東京湾横断道路・首都圏中央連絡道・外郭環状高速道路・首都高速中央環状線など従来凍結されていた大規模幹線道路計画を次々と着工させ、赤坂六本木再開発やMM21（横浜みなとみらい 21 地区）、OBP（大阪ビジネスパーク）等の新規大規模再開発プロジェクトの着工も促し、大規模な建設市場を新たに供給した[21]。

　1987 年の第四次全国総合開発計画を上位計画とする都市再開発は、多極分散型国土を形成するための世界都市を東京、大阪、名古屋に誕生させるべく、官民合同の開発主体と民間資金を活用して、90 年代以後の大規模再開発を一層推し進めた。だが、官民とはいえ、公共投資額は630 兆円にも膨張し、巨額の公共投資が内需拡大策として大都市圏のみならず地方都市圏での民間再開発投資を誘導したことはよく知られてい

る。

　しかし、産業界の建設市場を刺激する開発需要創造型の都市開発・再開発事業は、地価の高騰を生み、住民の住宅取得を困難にしながら、市街地の空洞化、スプロール化を加速した。こうした開発優先の都市計画行政に対して住民の反発は強く、開発・再開発地域での激しい住民運動を引き起こしたこともすでに触れた通りである。重要な点は、その反対運動を通じて、「まちづくり」という運動概念を定着させた点にある。

　都市計画への対抗概念とでもいうべき「まちづくり」概念の誕生は、1960年代まで遡る。その歴史は、都市計画の専門家である広原盛明の研究に詳しい。広原は、神戸市真野地区のまちづくり活動の歴史を検証し、1950年代から60年代末に至る都市公害問題を契機に、住民が公害の実態調査や発生源企業に対する改善要求及び予防活動を展開し、被害者を超えた幅広い地域の住民との学習と交流を積み重ねてきた過程に注目する。すなわち、健康な生活都市の実現にとって、神戸市の開発主義的都市計画事業や開発企業のための建築・市街地開発事業は相容れないものであることを気づかせ、人間生活にふさわしい都市の姿を求めた運動の中に「まちづくり」概念を抽出してきたのである*22。

　同時期、三重県四日市では石油化学コンビナートの操業による戦後最大規模の大気汚染が生じ、汚染者負担による公害の撲滅と健康被害の補償、疲弊した都市生活環境の再生に向けた住民主導のまちづくりが生まれていく*23。静岡県の三島市や沼津市では、四日市の公害被害住民との交流や学習を通してコンビナート開発自体の阻止を実現し、その上で住民と行政が一体となって都市の将来像とまちづくりの行程を掲げた総合計画の策定に向かっていった*24。

　以上のように、まちづくりという表現は、戦前・戦時・戦後を通じて「国家高権」「計画専権」の思想のもと政府が主導してきた都市計画との「対抗（conflict）」概念としての性格を含んでいたといえる。それは、開発主義に向かう都市計画や都市再開発のみならず自治体運営のあり方そのものに修正を迫る力を含んでいたことにも注目する必要がある。しかしながら、この住民自治的な概念であるまちづくりが、政府の開発政

策にとって代わることはなかった。

　国土計画に依拠した都市計画や都市再開発、地域産業振興策に依存して公共投資や企業誘致を図り、地域格差の是正をめざそうと試みた地方都市の多くは、企業誘致に成功した都市では公害問題に直面し、企業誘致に失敗した都市では人口流出に歯止めをかけられない状況を迎えるに至った。革新自治体の台頭の中で、地方都市や農山村の過疎化、工業都市の公害問題、大都市の生活基盤の貧困問題は、政府としても無視できない政治不安となっていく。

　自治省のコミュニティ対策要綱（1971）やそれに基づくモデル・コミュニティ事業、コミュニティ・カルテを使った自治体計画行政への住民参加を通じた特定地区内の詳細な住環境計画は、中央集権的な開発行財政の矛盾として生み出された先の地域問題や住民運動から住民の目をそらすことに成功する。過疎過密問題や公害問題を一刻も早く解決することを望む住民は、町内会・自治会など地縁型住民組織のもとで住民相互の助け合い活動を繰り広げ、まずは「住民自身でできることは住民自身の手で」地域問題を解決していくことに重きを置いた表面的・改良主義的なまちづくり、あるいは地域コミュニティ活動へと誘導されていった。

　その証左として 1980 年創設の地区計画制度は、住民のまちづくり活動やコミュニティ計画を持ってしても、決定済みの幹線道路計画など都市計画決定事業を変えることは難しく、政府の都市計画の枠内にとどめられてきた。その意味で、政府の都市計画と住民のまちづくり活動は、「併存（juxtaposition）」の時期を長く維持してきたということができる[25]。

　都市計画とまちづくりの関係が、「併存」関係に置かれていることを象徴したのが 1995 年の阪神・淡路大震災の復興政策である。多くの都市計画専門家が被災地住民のまちづくり支援に取り組み、住民とともに復興計画を策定し、政府や自治体に都市計画事業を提案した。しかし、都市計画事業の提案は取り上げられることなく、震災復興は政府主導の都市計画事業によって進められ、被災地に長く培われてきた住民自治を活かした地域社会が再生されることはなかった。被災地住民が願う復興

は、結局、政府や神戸市が掲げた創造的復興という新たな都市再開発構想の「枠内に併存」する事業に限り許されたのである＊26。

　住民の暮らしに接近してきたとはいえ、都市計画は依然として中央集権的な経済計画や国土計画を上位計画として着手される都市基盤整備を効率的に誘導する行政計画であり続けた。他方、都市計画への対抗概念として生まれたはずのまちづくりは、「都市計画の枠組みの範囲」でのみ許可される部分的な住民活動・コミュニティ活動へと変質を強いられ続けてきたのである。

　この併存状態は、世論の高まりを受けて見直しの好機を得ることになる。2000 年 4 月に施行された地方分権一括法によって、都市計画は政府の機関委任事務から地方自治体の自治事務へと切り替えられたのである。しかし、都市計画の財源には目的税である都市計画税以外に国庫補助金が充当され、財源を通じた政府によるコントロールの仕組みは見直されないまま残ることになり、併存状態が見直されることはなかった＊27。

　中央集権的な都市計画への逆走は、2002 年制定の都市再生特別措置法によって決定づけられたともいえる。同法に基づいて都市再生緊急整備地域に指定された地域で大規模開発を進める民間事業者は、自治体ではなく国土交通大臣の認定さえ受ければ、都市計画法や建築基準法に基づく規制はすべて適用除外となり、民間開発事業者が描く都市像が主に大都市圏内で実現を見てきた。さらに、同地域以外でも容積率は緩和され、建築無制限を許容する高層開発・再開発を可能にしてきたのである＊28。

　その結果、大都市中心地区では国内外の資本を投入した業務ビル群や外資系ホテルなどを集積した高層商業開発が着手され、地方都市では広域商圏をもつ複合型商業ビル開発が進展を見せてきた。この開発主義の潮流は、2020 年の東京五輪開催や全国新幹線計画及びリニア中央新幹線計画の進展に伴って強くなる傾向にあるといわなければならない。

　しかし、東京では首都直下型地震の発生による老朽ビルの倒壊・火災や交通麻痺等で都市住民の生命の危険が叫ばれ、大阪及び名古屋都市圏

では南海トラフを震源とする東海・東南海・南海地震で同様の都市災害
発生と多数の被災住民の発生予測が公表される事態に至っている。中央
集権的な都市計画行政のもとでは、都市に集中する住民の生命を不測の
事態＝震災等の災害から護ることは困難であろう。さらに、急速に進む
大都市の高齢化も、災害による生命の危機とともに復興災害の被災住民
を増大させることも危惧されている。

　現代の都市計画論＝官民及び国内外の資本を誘導して巨大な開発・再
開発を志向する大都市開発や地方中心都市開発は、「国家高権」「計画専
権」に基づく都市計画行政を一層強固なものとしている。しかしながら、
危機管理の視点から求められる都市計画は、その潮流とは一線を画すも
のとならなければならないであろう。それには、都市計画権限の分権化
が地方自治体に保障され、「対抗（conflict）」概念に依拠したまちづく
りが都市再生のビジョンを貫き、都市再生の政策手法に具体化されなく
てはならない*29。

　その上で、グローバル競争や開発原理に翻弄されることなく、都市経
済を自立化させることが必要不可欠となるであろう。都市経済の自立化
を通じ地方分権的な都市経営とまちづくりが、危機管理の観点からも、
また人間らしい生活都市の実現からも求められているとするならば、そ
のための課題や条件とは何なのか。この点が、現代の都市計画論の限界
から導かれる地域政策の課題であるといえる。

注
＊1　柴田徳衛（1985）『現代都市論（第二版）』東京大学出版会、111-117 頁。
＊2　宮本憲一（1980）『都市経済論』筑摩書房、176-185 頁。
＊3　飯沼一省（1927）『都市計画の理論と法制』良書普及会、同（1969）『都市の理
　　念』都市計画法制 50 年・新法施行記念事業委員会を参照のこと。なお、関一は、
　　この理由として、日本と異なり欧米の地方計画は、都市の膨張を容認せず、大
　　都市そのものの分散立地を促し、地方での都市生活と田園生活の調和をめざし
　　ていたことを説明する。関一（1936）『都市政策の理論と実際』三省堂に詳しい。
＊4　池田宏（1925）『改訂　都市経営論』（地方自治個展叢書）学陽書房、152-172
　　頁。

＊5　石田頼房（2004）『日本近代都市計画の展開』自治体研究社、145-147 頁。

＊6　飯沼一省（1969）『都市の理念』都市計画法制 50 年・新法施行記念事業委員会、2-3 頁。

＊7　石田、前掲書、148-150 頁。

＊8　石田、同上、177 頁。

＊9　石田、同上、192 頁。

＊10　石田、同上、226-229 頁。

＊11　村田喜代治（1979）『地域開発と社会的費用』東洋経済新報社、217-249 頁。

＊12　石田、前掲書、230-232 頁。

＊13　丹下健三「大都市開発のビジョン」日本地域開発センター編（1965）『日本の地域開発』東洋経済新報社、232-238 頁。

＊14　松下圭一（1971）『シビル・ミニマムの思想』東京大学出版会、270-302 頁。

＊15　石田、前掲書、232 頁。

＊16　石田、同上、233 頁。

＊17　日端康雄（2008）『都市計画の世界史』講談社現代新書、293-298 頁。

＊18　大田直史「土地利用規制・まちづくり行政と住民参加」室井力編（2003）『住民参加のシステム改革』日本評論社、121-122 頁。

＊19　石田、前掲書、267-269 頁。

＊20　建設省（1983 年 7 月）「規制緩和策による都市再開発の促進方策」に詳しい。また、プロジェクト産業協議会の戦略に関しては（社）日本プロジェクト産業協議会編（1984）「公共的事業分野への民間活力導入方策」（経済企画庁の受託調査研究）を参照。

＊21　石田、前掲書、272-276 頁。

＊22　広原盛明編著（2001）『開発主義神戸の思想と経営』日本経済評論社、36-48 頁。また、広原盛明「まちづくりの歴史とパラダイム転換」広原盛明他（2002）『現代のまちづくりと地域社会の変革』学芸出版社、81 頁を参照。

＊23　宮本憲一（1973）『地域開発はこれでよいか』岩波新書、53-91 頁。

＊24　荒川章二（2009）『豊かさへの渇望』小学館、147-162 頁。

＊25　石田、前掲書、330-331 頁。

＊26　広原盛明「まちづくりの歴史とパラダイム転換」広原盛明他（2002）『現代のまちづくりと地域社会の変革』学芸出版社、69-75 頁。

＊27　川瀬光義「地域づくりをどう進めるか」岡田知弘他（2007）『第 3 版、国際化時代の地域経済学』有斐閣、221-222 頁。

＊28　同上、222 頁。

＊29　室地隆彦「都市計画とまちづくり」武智秀之編著（2004）『都市政府とガバナンス』中央大学出版会、192-203 頁。

第３章

コミュニティの制度化にみる地域政策の課題

　既述の通り、国土計画や都市計画は、国家の行政行為として、第二次大戦前及び戦時期には東アジアおよび東南アジアにおける日本の植民地政策を担いつつ、日本国内では防空等に備えた産業再配置や防空都市建設を推進してきた。

　しかし、1945 年 8 月 15 日の敗戦を機に GHQ の対日政策（実質は対共産圏政策）が強力に推し進められる中で、国土計画や都市計画の主要な役割は、炭坑やダムなど電源開発を通じた電力自給を始動させ、寄生地主制崩壊後の農地開拓と食糧生産の増強、都市インフラの復興と重化学工業の再興へと向けられた。だが、国土計画や都市計画の主要な役割は、高度成長政策にとどまらなかった。

　戦後復興から高度経済成長を経て、わが国は GDP 世界第二位の経済大国へと成長を遂げたことは周知の通りである。だが、その原動力をなした経済活動は、東京・大阪・名古屋の三大都市圏や地方工業都市に労働の機会を求めた住民の生活環境の中にさまざまな社会的歪みを生み出していく。大気汚染や水質汚濁など産業公害の激増は公害病やアメニティの破壊を生み、核家族化や共働き化は近隣関係の希薄化や街頭犯罪の急増、老人の孤独死など人心の荒廃を促し、社会的歪みを顕在化していった。

　地域社会における社会的歪みは「政府の政策として揺るがすことのできない必要不可欠な体制維持」のための政策を政府に迫るまでになっていたのである。ここに国土計画や都市計画は、もう一つの重要な役割として「社会開発」を掲げることとなった。そこには当時の佐藤栄作内閣の「社会開発」路線があり、その具体的施策として開始されたのが政府のコミュニティ政策である。政府のコミュニティ政策は、1970 年代以降、

自治省が中心となり都道府県及び市町村を巻き込みながら展開されてきた*1。

　地域社会学は、戦後復興期から高度経済成長を経て80年代初頭までの国土計画に基づく集権的な地域開発政策が、都市化と地域社会の荒廃を生み出してきたことを明らかにしてきた。それにとどまらず、その現実を現象として解明しながら、開発に伴う社会的歪みを検証し、それを克服するためのコミュニティ政策の必要性と方法を提示してきた。本章では、政府による地域政策の諸矛盾を、実際に生活の中で受けとめ、その解決を求める住民、地域団体が担い手となってきた地域からのコミュニティ政策を取り上げる。さらに、住民、地域団体が行政の支援を得て能動的に学習を重ね、自らの地域を豊かにしていくための自治的な地域自治組織の設立や活動へとつなげ、地域ガバナンスによるコミュニティ制度へと進化させていく過程を検証する。

1　地域の変化と地域開発政策への期待

　蓮見音彦は、国土計画による地域開発政策を「政府の政策として揺るがすことのできない必要不可欠な体制維持装置」であったと結論づけている。蓮見は、その理由を以下のように説明する*2。

　第一は、戦後資本主義の展開過程で深まった地域的不均等発展に対する国民的批判を前にして、中央政府は国家統治のために地域開発政策を実施せざるを得なくなっていたことがあげられる。とくに戦災復興の過程とともに、1960年代から70年代初頭までの高度経済成長期にかけて、農業と工業、軽工業と重化学工業、中小企業と大企業の間には二重構造が顕在化し、生産力と所得額の両面で大きな格差を生み出すようになっていた。

　この矛盾に耐えられず、仕事と所得を求めて地方から大都市圏へと労働力の流出が顕著になっていくことに、地方の政財界や自治体の不満は年を追って大きくなる。その結果、若者等の労働力を地方圏にとどめ、定住化を促すためにも雇用吸収力の大きな企業の誘致や、そのための産

業基盤及び生活基盤を公共事業によって整備することに大きな期待が寄せられた。他方、大都市では公営住宅・学校・病院等の生活基盤が極度に不足するとともに、工場のばい煙や自動車の排気ガスなどを原因とした乳幼児童や生徒、高齢者の健康被害、自然環境の破壊などが深刻の度を増していくようになる。

1960年代から70年代半ばには、都市の生活環境の悪化や自然環境の破壊は、四大公害裁判の被告・国の責任が確定するとともに世論の関心を高めていく。しかし、地方では、依然として重化学工業の誘致によって地域経済の成長を実現し、自治体財政収入の増大を通じて、福祉・医療、教育などの施設やサービスの充実を図っていこうとする拠点開発の論理に依拠する地域政策に大きな期待が寄せられていた。劣悪な居住環境や労働環境の改善、雇用機会の獲得を求める国民的運動が激しさを増す中で、中央政府は生活及び産業インフラの充足とともに、工場分散計画を地域開発政策の目玉として掲げざるを得なくなる。蓮見は、政府の地域開発政策の根拠を、地域経済の不均等発展に伴う地方からの政治的圧力の強化に求めていく。

第二は、技術革新や経済成長の帰結としての生産力の拡大が、住民に対し生活様式の変化を要求し、「生活の社会化」を促してきた点である。資本や人口が集積集中する大都市では、夫婦の共働き化や核家族化によって、保育、託児、介護等を家庭内労働で賄うことをやめ、行政サービスや民間サービスに切り替えるなど「生活の社会化」を著しく進行させてきた。同様の傾向は、多世代同居世帯が減り、農林業から第二次産業や第三次産業へ就業構造が変わりつつあった地方農山村でも見られるようになる。

とくに大都市では、改善が見えない居住環境や労働環境にもかかわらず、大企業や中小企業の積極的な設備投資による雇用吸収力の増強によって、労働力はますます集中し、集中する労働者に所得を生み、消費を促し、医療福祉・教育サービスへの需要を著しく高めることになった。それは、家族による相互扶助、近隣の世帯関係や町内会・自治会による助け合いによって無償で賄われてきた保育や介護等の地域福祉を、利用

者負担を伴う福祉行政の有償化、民間福祉事業所による有償サービスの供給などへの切り替えを迫る過程でもあった。

こうして大都市や地方中枢都市では、保育、託児、介護等の福祉需要の高まり、農山村では過疎化による世帯や集落内での相互扶助の希薄化が加速していく。高度成長に伴う大都市・地方工業都市での雇用と所得の拡大、それに伴う生活の社会化の加速、地方農山村における過疎化の加速と家族内の相互扶助や地域の共同管理機能の形骸化が加速度的に進んでいく。

その結果として、新たに過密に伴う居住環境や労働環境の改善、過疎による相互扶助や地域共同管理の形骸化を改善緩和することを目的にすえた地域開発政策が求められていくようになる。政府が地域開発の目的に、新たに「社会開発の推進」を掲げるようになった背景には、資本蓄積と産業基盤優先を主軸に置いた地域政策の矛盾が、住民生活と地域社会に浸透し、社会の不安と不満が強力な政治的要求となって世論を形成しはじめていたことがあげられる。

2　経済的側面からみた地域の自治と自立論

だが、蓮見は、政府による地域開発政策の過程で、「開発と自立との関係」をめぐって従来とは異なる視点が生まれてきたことに着目する*3。

既述の通り、戦後復興から高度成長期に至る地方政財界の姿勢は、一貫してGHQや政府が主導する地域開発政策に連動して地域の自立を進めようとするものであった。この期待は、農地解放のもと寄生地主制が撤廃され、土地の流動化と土地利用の自由度が高まるにつれ、過剰労働力の受け皿となる雇用先がなく災害にも脆弱な農山村社会を中心に強くなる。

そのため、地方自治体では、労働生産性の低い農林水産業など地場産業の振興にとどまらず、雇用吸収力と自治体財政の両面から貢献度の高い重化学工業を誘致し、地域の農林水産業や関連加工業への需要増大、地元中小企業との取引始動などへと繋げていくことに期待を寄せ、政府

への政治的要求を強めていくようになった。

　この政治的要求は、第２部で詳述する「拠点開発構想」として高度成長期の地域振興を象徴する「開発と自立の関係」をいいあらわしていた。だが、新たな視点から「開発と自立の関係」を問い直す主張が、次第に地域社会の中から表出するようになる。誘致を目指す重化学工業や開発をめざす臨海コンビナートは、地域経済に寄与すること以上に、住民生活の社会化と家計負担の増加、さらには地域コミュニティの空洞化を生み、公害や環境破壊によって住民の健康や環境・文化を奪い、自立性が乏しく政府依存を強める地域社会を築いてきたのである。これまで、政府による産業基盤の整備と重化学工業の地方進出は、企業の生産活動や労働者の消費支出、租税負担等によって地域経済や自治体経営、地域の医療・福祉・教育の原資となる自治体税収に大きく寄与するとの政治的・行政的判断から、地方政財界や地方行政は大きな期待を寄せ続けてきた。

　しかし、政府の公共事業によって産業基盤は整備できても、それを利用する民間の大企業の誘致や操業、工業地帯としての稼働に結びつけた自治体ばかりではなかった。むしろ、進出企業数、雇用者数、生産額、地元企業との取引率などでは当初計画を大きく下回り、企業進出を見込んだ産業基盤整備に関する財政負担増に苦しむ自治体が多数生まれることになった。

　さらに企業進出が実現しても、公害の発生や交通事故の頻発によって平穏な地域生活環境を破壊するに至るなど社会的な費用を生み出すようになる。

　この事態に直面するにつれ、地域の発展と住民生活の向上を、自治体税制上の優遇措置や従業員の福利厚生の支援、公害規制がまだない中で誘致企業の操業に丸投げするのではなく、住民や市町村行政が地域の発展や住民生活の向上に責任を持ち、地域資源や地場産業の価値を再発見し、活用する中で地域経済の発展をめざすようになる。

　すなわち、中央集権的な政府の政策を前提としたまま「社会開発」を要求し、環境や福祉を視野に入れた政府の地域開発を受け入れようとす

るのではなく、むしろ、都市では民間・公務各々の職場における学習、農村では公民館での社会教育・生涯学習を通じ形成された多様な主体が、地域社会という共同の空間を場としてガバナンス（協治）を始めたといえる*4。

　地域社会学の貢献とは、政府の地域開発政策の展開過程に潜む矛盾を、国土計画や都市計画など政府の地域政策の批判的検証を通して明らかにしつつ、その矛盾を克服しようとする地域の主体と場（仕組み）の形成に焦点を当て、主体である住民の学習と連携による住民自治によってコミュニティの形成、さらにコミュニティの制度化を図ってきたことを明示した点にある*5。

3　住民自治による地域ガバナンスの始動

　田中重好は、戦前・戦時そして戦後の高度成長期を中心とする従来の地域開発政策を「国家による地域政策」と表現する。田中によれば、とくに戦後の全国総合開発計画は、政府が開発計画と財源を地方に示し、地方が国によって用意された企業誘致計画や公共事業計画を実施していく国土政策であるとした。

　政府が政策立案・決定の主体であり、地方自治体は政策対象の「フィールド」であり、政策がもたらす利益の「受益者」と位置づけられてきたに過ぎないと指摘する*6。

　だが、「国家による地域政策」は、フィールドを提供した自治体に開発利益を還元するばかりではなかった。むしろ、不利益ともいえる公害問題、自然環境の破壊、企業誘致の失敗、生活基盤の不足、農水産業の衰退や破壊などの負担を自治体行財政や住民個々人の健康状態へ転嫁する面も生んだのである。こうして、開発受入地域は、「不利益の受益者」へと固定されていった。この矛盾と闘い、克服するための住民運動・公害反対運動の中から、地域の側が将来を構想・計画・方法を決定する政策主体が形成されるようになった。

　その際、田中は、政府主導の「国家による地域政策」を離れ、地域を

構成する多様な住民が政策の企画立案とともに、決定後には自ら地域づくりに関わってきたことを重視する。

開発対象の地域は、地域政策がもたらす利益の一方的受益者であるとする論理を離れ、実際には不利益の転嫁を受けながらも、新たに利益の内発的創出者へと転換してきたことに注目する。つまり、地域政策の主体は、政府から地域の多様な主体による協働体へと転換し、その協働体が意思決定機能をもちながら地域の経済循環構造を築いたことに、地域政策の新たな可能性が見出されている。

もちろんこの論理は、戦後のシャウプ勧告に基づく諸提案の柱であった「国家よりも市町村を優先する原則」や、高度成長期の革新自治体が唱えたシビル・ミニマム論とも共通の「手続きのみの革新性」にとどまる面をあわせもつ。地域に影響を及ぼす諸権限や財源は中央が掌握したままで、地域偏在度の高い地方税等の自主財源を中心とする自治体財政をもとに、「地域の創意工夫」とともに「地域のことは地域で」取り組むことを奨励する論理と変わらないという批判も見出せる。

1997年7月には475本の関連法案からなる地方分権一括法が成立（2000年4月施行）したものの、市町村合併の推進や地方交付税および補助金の削減など、小泉自民党内閣の三位一体改革下での地方の多様な主体の協働による地域政策は、「国家による地域政策」を代行もしくは補完したに過ぎないと考えることもできる。

しかし、全面的な行財政権限の地方移譲ではないものの、都道府県や市町村では地方分権一括法の趣旨を反映し、自治体運営の理念となる自治基本条例の制定や地域経済・地域環境保全・地域福祉など個別政策条例を地域主体で審議・制定し、また森林環境税など自主財源を設けるなどし、多様な地域問題の解決を視野にした地域独自の地域政策を展開してきたことも事実である。

玉野和志は、この変化の結果の評価以上に、変化のプロセスにこそ価値を見出すべきであるとする。すなわち「税源移譲のないままの権限移譲を受けた市町村や都道府県の側が、交付税や補助金を削減され、厳しい自主財源状態が続き行財政運営の効率化を余儀なくされる中で、合併

し、地方分権の受け皿をつくり、権限移譲を受け始めたことをもって、その権限を活かして唯一残った援軍である市民や住民の側に目を向け始めたという事実」に重要性を見出す*7。

　なぜならば、「それが協働とか地域ガバナンスという形で、行政の側から市民や住民に対して積極的に参加を求められている実情といえる。そうだからこそ、ガバメントではなく、また行政の都合によるガバナンスでもない、住民自治に基づくガバナンスの追求」に向かえる可能性を、地域の側が持ったからであると指摘する*8。

4　地域ガバナンスの主体形成とコミュニティ政策

　玉野は、住民自治による地域ガバナンスの意義を、地域社会に存在するさまざまな主体が絡み合って、地域ビジョンを策定し、合意のうえでビジョンの計画化や計画の具体化を進め、地域ビジョンに描かれた地域社会の達成に責任をもとうとする点に求める。

　そして、それが可能となった背景として、地域の生活課題の解決や豊かな暮らしの実現に向け、地域内の住民やNPO法人が高い専門性を発揮し、地域ビジョンの策定や計画化に貢献できるようになってきたことを指摘する。

　だが、地域ガバナンスの背景は、新たな主体の形成だけでは説明は難しい。もう一つ重要な点は、地域内で慣習的に世帯代表機関として行政から認知を受け、地域を統治してきた町内会・自治会・町会などの変化にも注目すべきである。つまり、町内会など地縁型住民組織が、直面する地域課題と向き合う中でNPO法人など専門的な市民団体の能力を受けとめ、連携を図りながら地縁型住民組織では人材や経験から対応が難しい地域課題の解決を任せ、地縁型住民組織と親和的な地域団体を新たに設立するなどして、地域社会の目標や計画の策定に取り組んできた点をあげることができる。

　町内会など地縁型住民組織が、親睦・親交的なコミュニティ活動の段階を超え、多様な主体の形成や新たな地域活動団体の設立など主体の形

成を促し、自治的なコミュニティへと進化を始めたことを意味するもの
でもあった。

2000 年以降の IT 景気の悪化と政府から地方への自治体行財政の合理
化要求が強まると、NPO 法人等の市民団体による公共サービスの提供
は、行政運営上も重要度を上げるようになる。その範囲は、介護保険に
よる福祉サービスの供給、小規模な公共施設（公民館・児童館など）の
指定管理事業、学校の課外活動を補完する総合型地域スポーツ事業、山
村留学など市町村外から児童生徒を迎えての教育事業、環境教育事業、
高齢者の IT 講習、防災士の人材養成など多方面に及ぶようになる。

しかも、多様なテーマの事業活動は受益者である住民から高い満足度
評価を得るようになり、さらに住民の中から NPO 法人へ就業しサービ
スの提供者となる者や、自らの技能・資格・意欲を NPO 法人の起業へ
と向ける者も現れるようになる。町内会など地縁に基づく人間関係以外
に関わり合う機会のなかった住民同士が、地縁に基づく地域社会を場と
して専門的な公共サービスの受益者となり、さらには供給者となって繋
がりを深め、地域の親睦・親交的な地域活動を住民の相互協力による自
治的なコミュニティ形成の場へと高めていくようになってきたのである。

こうした町内会など地縁型住民組織と NPO 法人など専門的市民団体
との交流や、NPO 法人への地域事業の委託、さらには町内会の信頼を
得ながらの住民による NPO 起業などは、市町村行政による仲介や財政
支援・起業支援などを柱とした自治体独自の構造改革によることが多い。
この行政支援事業への評価に関しては、自治体財政運営の緊縮と行政合
理化のつけを地域の地縁型住民組織や NPO 法人などに肩代わりさせて
きた「安上がりの政府論」であるとの批判が向けられてきたことも事実
である *9。

しかし、たとえ世論の評価がそう示されようと、自治体の下請機関と
も従属組織とも揶揄され、また実際の活動も自治体職員や自治体補助金
による運営支援がなければ維持できなかった地縁型住民組織が、地域課
題の重大さを直視し、自らの組織や活動を大きく転換してきたことは事
実である。つまり、さまざまな能力をもつ住民が誕生し、また地域外の

専門的技能や経験をもつ市民が地域との交流を始めるようになり、地縁型住民組織と専門的市民団体の相互補完関係が形成されるようになる。こうして政府や地方自治体が用意した「許された政策領域への許可された方法での参加」は徐々に変化する。むしろ、「あらゆる政策領域へ」「政策審議の初期段階からの市民発意の地域活動に至るまで」参加の機会は増えていく。さらに、参加の場は、町内会などの地理的区画から小中学区程度の区画へと拡大していくようになる。

　この展開が加速化する契機となったのが、平成の大合併による市町村削減や財政逼迫下での行政職員の削減・民営化など行財政運営の合理化過程である。自治体は、強力な市町村合併など政府による地方行財政合理化の断行に包含されていく。しかし、その一方で、合併後も旧町村時代の行政支援によって住民や市民団体が蓄積してきた文化活動・人材育成・収益事業の経験を継承し、その発展も視野に入れた新たな地域運営組織の設立を図るなど、「住民自治的な市町村構造改革」を推進してきたともいえる。

　その改革の一つとして、注目すべき事例が、新市誕生に伴い導入された地域自治区制度である。この地域自治区が注目を集めたのは、第一に地域自治区制度が、合併による旧町村からの行政組織撤収とは相反し矛盾する改革であった点にある。地域自治区を設置した市町村では、地域振興事務所などで行政組織・職員と事務を維持するだけでなく、ほぼ全職員を対象に地域担当制を導入して「職員が地域にかかわりやすくする」など、「きめ細かな関与」を制度化してきた。第二は、合併による旧町村の部分行政化を補完する形で、旧町村範囲の行政予算の審議権の住民付与、公共施設の維持・改廃も含めた方針決定と運営への住民参加など、従来以上に幅広い民意反映の制度化を進めた点である。

　地域自治区制度には、合併特例制度として一定期間に限り導入されたものもある。しかし、合併後、学区や旧町村を範囲とする住民自治と都市内分権改革を推進してきたのは、地方自治法に基づき地方自治制度として恒久的に設置することが許可された「一般制度としての地域自治区」である＊10。

　一般制度としての地域自治区は、平成の合併を遂げた自治体のうち、2016年3月末現在、全国15市町村が導入しているにすぎない。その点から、この制度・組織は政府による官製「地域ガバナンス」にすぎず、広域合併下で本庁行政機能・意思決定機能を補完する安上がりな地方自治制度にすぎないなどの批判があることも確かである。

　しかし、こうした批判は次の点を視野に置いていない。すなわち、地域自治区が、町内会など地縁型住民組織が加入世帯の高齢化・世帯退会などを理由に住民の参加機能を満たせなくなる現実を前に、住民・世帯以外の多様な市民団体の参加も促し、地縁型住民組織の活動を補完強化する役目を果たしている点である。さらに、行政の関心とは無関係に、「地域の生活や暮らしを守る」独自の観点から、地域課題の解決に向けた取り組みを持続的に実践するために、新たな市民団体（地域自治組織）を設立し、住民自治機能の強化を果たしている点である。

　確かに、地域自治区は平成の市町村合併の足かせを外す目的で政府により導入された地方自治制度である。しかし、その段階にとどまることなく、住民が自主的な学習・交流経験を重ね、政府や自治体の地域行政運営の合理化改革の意図とは無関係に、小中校区や旧町村など一定範囲の地域社会を統治する地域自治制度へと「進化」させてきている。住民意思の表明を担う代議制（市町村議会）が合併後の議会改革で弱まる中、議会と連動し「住民代表性」を担う制度・組織へと進化を遂げてきているともいえる。その意味では、自治体行政合理化改革下での二元代表制の補完強化を担ってきたと評価することもできる[11]。

　地域自治区制度は、地域自治の推進と住民代表性の強化を通じ二元代表制を補完強化することで、地方自治そのものの形骸化を防いできたのである。さらに、自治体の中には、この地域自治区をモデルとして、自治基本条例やまちづくり条例の制定と併せ、その条文上に自市にふさわしい地域自治組織（まちづくり協議会など）を明示・制度化し、小中学校区など住民の日常生活圏から地域ガバナンスの強化を図る制度設計に取り組んできた市町村もある。これも分権分散型の地域自治と住民代表性の強化、そのもとで二元代表性を補完強化する地域政策であるといえ

る*12。

　実は、地域自治区制度が設けられる前の 1980 年代末に、上記の地域
ガバナンスにつながる挑戦が行われている。その挑戦を、第四次全国総
合開発計画下のリゾート計画を拒否した自治体＝神奈川県真鶴町の取り
組みに見出しておこう。

5　地域ガバナンスによる地域政策の条件とは

　神奈川県真鶴町では、1987 年の第四次全国総合開発計画下で全国的
なリゾート開発ブームが同町にも多数押し寄せる中、リゾート開発企業
の要請を拒否する一方で、独自の地域政策指針の策定に取り組んできた。
土地の所有者・建築家・行政・一般住民など、真鶴町のまちづくりに長
く関わってきた多様な主体が協力連携し策定した「真鶴町まちづくり協
定」である。真鶴町の地域ガバナンスとは、政府から同町への垂直的統
治ともいえる全国一律の総合保養地域の整備開発（リゾート開発）と地
域振興を拒否し、地域の多様な資源を活用し、住民自治によるまちづく
りを選択して、同町固有の未来展望を描くための仕組みや方法を形成し
てきた点にある。

　この挑戦は、政府による地域政策体系を見直すことには至らないまで
も、リゾート開発という政府の全国画一的な地域政策を、地域ガバナン
スに基づき拒否し、独自の社会目標の実現に地域政策の仕組みを制度化
した点で評価しなければならない。とくに、真鶴町固有の地域政策に法
的根拠を与えたのが「美の条例」である*13。

　「美の条例」に根拠を置く真鶴町固有の地域政策の経験は、住民自治
による地域ガバナンス、そのもとでの地域政策の指針、使命を明らかに
するものでもあった。つまり、地域政策とは、政府が全国一律の地域ビ
ジョンを掲げ主導するための手段ではなく、地域を構成する住民・事業
者・行政が、地域の課題情報を共有・学習し、専門家・研究教育機関の
知見を能動的に活用しながら、社会目標に掲げる未来の姿を実現してい
く制度＝仕組みといえる。

　真鶴町の経験は、1990年代に本格化する地方分権改革の論議に反映されながら、同時に住民自治による地域ガバナンスと地域政策の政策条件を明瞭化することに大きく貢献したともいえる。この地域ガバナンスに基づく地域政策条件とは、次の三つの原則からなる。

　第一は、「公共的情報の公開原則」である。これは、地域ガバナンス構築の基底をなし住民相互の信頼醸成に不可欠な原則である。地域政策の策定と実行には多様な主体の相互信頼の熟成が不可欠である。相互信頼を図り、地域の多様な主体が互いの立場や経験の違いを受けとめ合えれば、地域の将来を探り合える。共有できた将来像を実現するには独自の計画策定が不可欠となるが、その計画と方法を、学習を重ね策定するために不可欠な条件が、ここでいう「公共的情報」である。

　そうした理解に立つならば、あらためて地域ガバナンスに基づく地域政策の意義が鮮明となる。地域ガバナンスに基づく地域政策を実現するには、住民同士、住民と行政職員、住民や行政と外部専門家とが信頼を築き、多様な課題解決の学習や独自の地域調査を重ね、有用な情報の作成と最適アクセスの方法を確立することが不可欠である。その上で、だれもが地域合意に役立つ情報内容を探りアクセス可能な条例等の制度整備が求められる。

　第二は、「住民参加・共同学習の原則」である。地域を構成する多様な主体には財産を所有する住民とともに、事業を営み住民を雇用する事業者、事業者の中にも大企業の本社・支社・支所・営業所や中小企業・小規模事業所が存在し、雇用や取引、販売や納税を通じ地域社会に影響を及ぼしている。協同組合、学校法人、医療法人、社会福祉法人やNPO法人など非営利組織も地域経済活動を営み地域社会に影響を与えてきた。

　住民の公益的意識は、多様な主体とともに、政策形成に参加する過程で形成される。中央集権下の地域政策では、地域を構成する多様な主体は従属的地位に置かれ、政策の受益者の一部になる以外になかった。しかし、この従属的関係においては開発不利益を被ることも多く、それが真鶴町の経験につながっていったといえる。

　地域ガバナンスに基づく地域政策では、中央集権による官主導の全国画一的な地域振興や、グローバル資本の市場原理主義に翻弄された不安定な地域振興のいずれの論理をも乗り越えた地域発展の論理に期待がかかる。その地域独自の地域発展のための政策形成に不可欠なのが、住民の公益的意識と住民自治活動である。そして、学習を重ねた住民が、地域経済、環境保全、地域福祉など具体的な領域に集合し、地域の事業者や自治体と連携し、地域独自の地域政策を形成し執行する。

　第三は、「条例化・制度化の原則」である。地域社会の持続性や公益性は、自治体条例などの普遍的なルールの形を作り運用することによって実現をみる。とくに自治体条例は、地域において互いに異なる価値観や意見をもつ住民や企業などが、「地域社会の目標や目的を共有し、各々の責務や役割を認識し合い、地域をより良くしていくための活動指針」となる法制度である。地域における多様な主体が互いの責務や役割、相互関係の方針を理解し合い、地域課題の解決に持続的に取り組んでいくための「共通言語」の役割を果たすものともいえる。

　この「共通言語」の役割をはたす自治体条例は、2000年以降の地方分権改革と市町村合併を経て、政府が想定する以上に多様な領域で策定され、多様な住民が地域の特性を再発見し、地域ガバナンスを形成する契機ともなってきた。この自治体条例の中核となったのが、自治体の憲法といわれる自治基本条例である。1991年4月に北海道ニセコ町で施行されたのを皮切りに、2017年3月末現在全国365市町村が制定した自治基本条例は、住民をはじめ地域の多様な主体の参加と共同作業によって制定することを特徴とし、さらに施行後は、地域経済、中小企業、地域福祉、環境保全から近年では防災や防犯、若者政策、女性政策など自治体固有の新たな地域課題に即した地域政策条例や計画の策定へと道を拓いている *14。

　自治基本条例の策定は、地域課題の分野・領域の多様化を図り、主体の責務や主体間の関係を示すだけではない。既述のように、小中学区に設置したまちづくり協議会や地域自治区へと権限および財源を移譲する地域内分権（都市内分権）を進め、住民に身近な地域を起点とした「下

から」の地域政策の実施に貢献してきたといえる。この地域計画と有機的に接続した全市的まちづくりの計画（総合計画）の策定や、地域計画を実践する地域自治組織の設立、社会的事業の展開、それらを担う住民および地域団体による投資・再投資も呼び起こしつつある。

　しかしながら、地域自治による地域政策が真に自律したものとなるためには、さらなる市町村の分権分散型構造改革が不可欠となる。少子高齢社会、災害の時代、グローバル化に翻弄され、不安定化を増す地域では、安定した地域社会を形成するために、住民・中小企業・協同組合・大企業（その支店・分工場等）の参加と協働、さらに市町村との協働も強く求められる。そこで、次章では、住民自治による地域ガバナンスと、それを支える地域経済政策の基本原則を明らかにしてきた地域経済学の成果を検証する。次章での考察を通して、自治的・自立的コミュニティの構築に要する経済をいかにつくるかに関して考察しよう。

注

*1　中田實「自治省コミュニティ施策の到達点と新たな課題」山崎仁朗編著（2014）『日本コミュニティ政策の検証』東信堂、356-372頁、中田實「コミュニティ政策の到達点と展望」コミュニティ政策学会編（2007）『コミュニティ政策5』東信堂、83-88頁。

*2　蓮見音彦「地域政策と地域の自立」蓮見音彦、安原茂（1982）『地域生活の復権』有斐閣、22-27頁。さらに、新産業都市を素材に同様の視点から地域開発の実態を究明した研究成果として、福武直（1965）『地域開発の構想と現実Ⅰ』『同Ⅱ』『同Ⅲ』東京大学出版会を参照。

*3　蓮見、同上、15-16頁。

*4　田中重好「地域ガバナンスと地域社会学の技法、概観」玉野和志・三本松政之編（2006）『地域社会学講座3、地域社会のガバナンス』東信堂、133頁。

*5　中田實「都市開発の理念と現実」蓮見音彦、安原茂（1982）『地域生活の復権』有斐閣、101-103頁、中田實（1993）『地域共同管理の社会学』東信堂、4-35頁。

*6　田中重好、前掲書、167-168頁。

*7　玉野和志「90年代以降の分権改革と地域ガバナンス」玉野和志・三本松政之編（2006）『地域社会学講座3　地域社会のガバナンス』東信堂、148-149頁。

*8　玉野、同上、149-151頁。

*9　玉野、同上、153頁。

＊10　山崎仁朗編著（2014）『日本コミュニティ政策の検証―自治体内分権と地域自治へ向けて―』東信堂、380-385頁。

＊11　田中重好「地域政策策定過程と公共性担保の技法」玉野和志・三本松政之編（2006）『地域社会学講座3　地域社会のガバナンス』東信堂、167-168頁を参照しながら大幅に補足した。

＊12　中田實（2017）『新版　地域分権時代の町内会・自治会』自治体研究社、158-163頁。

＊13　五十嵐敬喜・野口和雄・池上修一（1996）『美の条例―いきづく町をつくる―』学芸出版社、15-35頁。

＊14　第12章で詳述する地域自治区制度を導入した自治体においては、この政策方向がほぼ共通し追求されている。最も体系的・総合的な自立的コミュニティの制度設計に取り組んできた都市の一つが愛知県新城市である。同市の市長を務める穂積亮次による著書［穂積亮次（2016）『自治する日本―地域起点の民主主義―』萌書房］に、地域自治区への権限と財源の移譲に基づく地域政策の理念と意義が明記されている。

第4章

地域経済学における地域政策の課題と方法

　本章では、地域経済学の領域からわが国の地域政策が何を課題とし、いかなる方法で地域の政策課題を扱ってきたのかを考察する。経済学の領域では、地域経済学以前に財政学・地方財政論や経済地理学から地域政策の本質規定をめぐる検討や協議が行われてきた。とくに 1960 年代、財政学者の島恭彦による「資本の投資戦略としての現代地域開発論」による問題提起は、学界に大きな影響を与えてきたといえる。

　島の研究は、第 1 章で扱った日本の戦前・戦時並びに戦後復興期から高度成長初期に至る一連の国土計画の分析を通じて、地域開発の本質と方法を究明したものである。その成果は、経済地理学など他の学問領域からの批判的評価を含めて地域政策研究の発展に大きく貢献してきたといえる。

　そこで、1960 年代初頭に島恭彦が提唱した「資本の投資戦略論」にはじまる戦後日本の地域開発論の系譜を検証し、今日の地域経済学の中で地域政策の課題と方法がどのように位置づけられ、新たな課題や方法を提起しているかを検討する。

1　資本の投資戦略と地域的不均等発展

　島恭彦は、戦前・戦時期から敗戦直後の混乱、戦後復興期から 1960 年代初頭までの国土計画・地域開発を通観し、その概念整理を以下のように行っている。はじめに、1950 年の国土総合開発法の制定によって本格化した国内後進地域の「特定地域総合開発計画」の特徴に関して言及する。島によれば、日本の地域開発を Regional Resource Development、すなわち 1930 年代アメリカの TVA を範とする国内後進地域

の資源開発政策として捉える。だが、その場合の地域開発は、高度な政治的・戦略的意義を含意し、政策概念が極めて曖昧なまま取り扱われてきたと指摘する。島は、その曖昧さを三点に集約して説明する。

　第一点目は、地域開発の「地域」概念が、資本の選択する世界のいたるところの「地域」として捉えることができるという点である。第二点目は、地域開発の計画主体や開発主体が多様であり、多数の都市や農村を含む「地域」では、その主体が地方自治体なのか中央政府なのかが不明確であるという点である。さらに第三点目は、地域開発の「開発」概念が曖昧な点である。資本主義的な地域開発の目的は地域経済の「発展」にあるが、地域開発の主体は事実上資本である。そのため、地域開発は資本の政治的判断や経営戦略に規定され、「発展」は事実上地域経済の不均等な発展とならざるを得ず、地域経済に一様の「発展」をもたらすものではない。したがって、地域開発が地域に対し、何をもたらすかは極めて曖昧であると指摘する*1。

　戦後復興の過程でGHQと経済安定本部（以下、安本と略す）が主導してきた地域開発は、島の指摘する三つの「曖昧さ」を内包しながら、現実には全国の河川上流域の農山村地域や既成工業地帯等の「特定地域」を対象に着手されていった。その過程では、GHQや安本によって、公共投資を呼び水とする拠点的・連鎖的な地域経済の発展の道筋が描かれ国民に示されていった。この地域経済の発展の道筋とは、ある特定地域への集中的な公共投資が民間設備投資を都市の既存集積地域から誘導し、特定地域の地域産業構造の高度化とともに農林水産物の生産市場の成長を促し、農林水産業や地場産業の発展、地域社会における教育や福祉の充実も図られるといった構図である。

　しかし、島は、国民経済的及び国際経済的規模での競争のもとで経済効率と利潤を追求する資本の生産立地を、地域開発政策による公共投資によって誘導し、地域経済の発展を図ることは実際には一様に可能となる保障はなく、地域経済の発展を図るとは一般的には言及できない現実を厳しく指摘する。むしろ、地域開発政策は、資本の論理に規定されつつ国民経済の地域的均衡を破壊し、国内的および国際的な地域経済の不

均等を作り出していく。この点にこそ、地域開発政策の特徴が存在すると指摘した。

　では、国内的及び国際的な地域経済の不均等はどのようにつくられるのか。島は、「資本の投資戦略」に基づき、高い投資効率を実現する地域開発によって生じる「資本の地域的集中と外延的膨張」のもとで形成されると指摘する。この場合の地域的集中とは、金融的集中と工業的集中からなる。両者は東京大都市圏では一致する現象であるが、地方の大都市圏や地方工業都市では工業的集中はあっても金融的集中が起こることは相対的に少ないと見なければならない。さらに後進地域の農業地帯では、その両者とも起こることはない。そのため、東京と他の大都市圏、地方工業都市や農山村との間には、地域経済の不均等な成長と経済的な地域格差が生じることになる。

　また、外延的膨張とは、国内の諸地域への工場の分散的立地を含む場合もあるが、正しくは交通輸送条件の発達によって資本の生産市場が拡大し、原料・エネルギー資源・労働力の調達範囲が都市から農村へ、国内から海外へと拡大する現象であるとする。この外延的膨張とは資本の支配圏の拡大を意味し、消費市場である大都市圏と生産市場である国内農村地域や国外資源供給地域との発展内容、とくに人々の社会的共同消費手段の充足内容に大きな格差をもたらす。こうして現代の資本主義は国内と国外とを問わず、地域経済の不均等発展をもたらし、地域格差を拡大する、と指摘した*2。

　一般的に政府が地域政策を実施する目的は、戦時中であれば工業の地域的分散による防空対策が第一義的な課題であった。ただし、その結果として大都市部と工業の分散立地した農村とでは、「地域格差」（住民一人当たりの平均的な所得水準の差）がわずかながら解消に向かうこともあり、「体制維持の見地からも看過できなくなる失業問題や労働力の流出問題」が克服される可能性に期待が寄せられたことも事実である。政府の地域政策の課題は、地域開発政策によって顕著となった国民経済の不均等発展による地域格差を解消すること、並びに資本の進出した海外植民地と日本国内との間の格差を解消し、「大東亜」の体制安定を図る

ことでもあったのである。

　しかしながら、大都市圏の既成工業地域から地方農山村や海外への工場分散は、進出資本による現地労働力や土地・用水等の生産手段を収奪し、地域の中小零細事業者が労働力や土地等の生産手段を用いて操業してきた地場産業や民族的産業を駆逐し、後進地域の地域経済の自立的発展の萌芽を摘み取ってしまう事態を生み出してきた。同時に、資本内部においても後進地域を地元の労働力と生産手段の地域独占を通じて地域経済の特化を推し進め、他方で大都市に本社業務管理機能を集中することによって企業内垂直的分業構造を強固にしてきた。海外植民地や国内農山村・地方工業地帯で生産を担う地域では、利潤最大化を目的として業務管理機能を発揮する本社が立地する大都市へと利益を吸い上げ、国内外の地域経済の階層構造を固定化してきた。

　島は、大都市中心の資本主義的経済変動が国内後進地域や国外の生産市場を巻き込み、資本の収益とともに自治体の財政収入や預貯金など財政・金融も大都市へと吸い上げ、大都市に集中する資本に対して後進地域への投資の場所を切り開く新たな動機を与えてきたとも指摘する。

　他方、後進地域では、新たな生産工場を地域内に持つようになっても、進出資本による地元労働力や生産手段の地域的独占によって、地域経済の自立的発展の道を閉ざし、国際的な経済変動の中で発生する失業多発地帯や衰退産業地帯という地域問題を地域社会内に生みだし、再び政府の福祉的財政支出の対象へと陥る悪循環を招いていることも、島は指摘する。

　政府による地域政策は、地域問題に直面する後進地域等の住民の生活願望（雇用の機会と所得の均等など）を取り上げ、民間投資と公共投資の不均衡から生ずる雇用機会や所得水準の格差に目を向け、生産工場の地方分散立地等にとって必要な範囲内での学校・上下水道・共同住宅など生活基盤の整備を促すなど改良主義的性格をもって取り組まれてきた。これは地域間均衡成長論に基づく政府の改良主義的地域政策でもあったが、他方の政府による地域開発政策の本質は、公共投資も民間投資も含めて「高度の投資効率を実現しようとする資本の投資戦略」に規定され

るものであることに大きな特徴があったといえる*3。

　繰り返しになるが、従来、地域開発政策は国内の地域格差の是正や地域問題の打開を政策課題に位置づけ、公共投資を積極的に行い民間投資の誘導を図り、地域経済の発展と地域間の不均衡の是正を導くものと説かれてきた。しかし、仮に一国内での地域格差が縮小に向かっても、政府や資本が生産市場を求めた後進諸国では、自立的発展の機会を失う地域社会が生まれることになる。島は、戦前・戦時期の日本資本主義や戦後復興過程でのGHQによる協調的特定地域開発の実態を直視してきた。そして、後進諸国の地域開発と経済発展が、地域的集中と外延的膨張という先進国の資本の国際的運動の下で行われていることを指摘する。さらに、後進国の農業であれ、工業であれ、国際的な金融支配と投資の対象となって国民経済の自立的発展を妨げ、国際的また国内的な地域経済の不均等発展を拡大することに繋がることを明らかにしてきた。

　こうした考察は、1960年代初頭でありながら、現代の多国籍企業立地に対応した地域政策の国際化の進展と世界的地域経済の不均等発展との関係を説明するに足る島の深い洞察力への評価に繋がる。ただし、資本の投資戦略が今日的には何を意味するものなのか、その結果として現代の地域経済の課題の抽出や地域政策を提起する際にどこまで適用できるのか等を明らかにしなければならないことは論を待たない。

2　経済の地域的分業と地域政策

　島の地域的不均等発展論は、高度経済成長初期までの日本資本主義の発展過程を分析し、資本の投資戦略に規定された地域開発政策によって、住民の雇用や所得の向上、生活基盤の整備による地域社会の発展が一様に実現するものではないことを明らかにした。地域経済は「頭脳的中枢地域と現場的周辺地域」に区分され、頭脳的中枢地域の大都市を司令塔とする垂直的国土構造を形成し、自律性を喪失した地方都市や農山村が増大することを指摘した*4。

　それゆえに、地域経済や地域社会の矛盾を克服するには、シャウプ勧

告が指摘したような国から地方への政策主体の変更論では困難であるとし、あくまで民主的意思決定の可能な中央政府の実現とそれを前提とする地方財政自主権の確立等のもとで、地域の自律的な発展を保障する地域政策が必要不可欠であることを強調する*5。

　ところが、1970 年代に入ると、島の地域的不均等発展論にはさまざまな批判が投げかけられる。とくに、経済地理学の領域からは、島批判を通じて地域政策の新たな課題と方法の提示が行われる。その最も体系的な指摘が地域構造論を通じて行われた。地域構造論は、経済地理学の方法論的枠組みとして最も体系的な理論と位置づけられる。その体系化を図ったのが経済地理学者の矢田俊文である。

　矢田が地域構造論を提唱した背景には、戦後日本の高度経済成長の歪みとして、過疎・過密問題、公害問題などの深刻な地域問題が表出し、その原因の分析とともに原因者としての政府の政策責任が厳しく問われ、政治問題ともなっていた時期と符合する。緊迫した社会経済情勢を背景に、矢田は、地域問題の発生メカニズムを国民経済の地域的分業体系から説き明かそうとした*6。

　地域構造論が他の地域研究と大きく異なる点に関して、松原宏は地域構造論の要が国民経済的視点からの地域的分業体系の解明にあることを指摘する。国民経済の地域的分業体系に迫る方法として、地域構造論は四つの分野を用意する。

　第一は産業配置論である。国民経済の再生産構造を担う資本の諸部門・諸機能の配置を解明することで、国民経済の地域的編成としての地域構造・地域的特性を明らかにする方法である。ただし、産業配置の論理では規定できない地域も国民経済には存在する。そこで第二の地域経済論では、資本の産業配置論に基本的に規定されながらも相対的に独自性を有した地域経済の構造を解き明かすことを目的として用意される。この点に関し、矢田は、社会的分業の発展に伴って、「特定の生産部門を一国の特定の地域にしばりつける地域的分業」も発展し、分業化された各地域が、一定の「産業地域」を形成して、産業立地にともなう財・サービス、所得・資金、労働力等を地域内で循環させ、空間的まとまり

をもつ重層的経済圏をつくりあげることを説明する。

　こうして形成された地域経済は、産業地域間の対立ないし支配・従属関係や経済圏相互の関係、産業地域と経済圏との整合性の問題などを内包する。そのため地域経済論では、地域間の関係や地域内部の経済構造を解明することも重要な課題としてきたことを説明する。

　第三は国土利用論である。人々の生活と産業の配置は「立地」という形でさまざまな「土地に固着」する。つまり地域構造は、生活や産業による土地への固着という国土の利用と密接不可分な関係の中で形成される。その場合の土地利用は都市的土地利用と農村的土地利用からなる。

　都市的土地利用は、過度な工業集積による外部不経済を生む。外部不経済は、住民の健康被害、自然環境や文化資源の破壊、地域共同体の空洞化、農地・漁場の汚染、耕作放棄や森林放棄による国土崩壊など公害問題や災害問題としてわれわれのもとに表出する。このメカニズムを解明し、公害や災害を引き起こさない国土利用の理念と方法の確立こそが、国土利用論の課題であると指摘した。

　以上の資本の産業配置と地域経済、国土利用の矛盾によって地域に内在する生活や産業構造上の課題を究明し、課題解明の方策を示す科学が第四の地域政策論として位置づけられた。地域政策論では、現代資本主義のもとでの産業配置の偏倚性とそれに基づく歪んだ地域構造の形成や各種の地域問題に対して、政府や地方自治体がいかなる地域政策によって対応し、結果をもたらしたかを解明し、未解決な課題の解明に向けて最善の方法を確立することを目標とする。地域構造論の特色は、以上の産業配置、地域経済、国土利用、地域政策の四つの視角から国民経済の地域構造と地域間の分業構造、それに伴う地域問題を解明し、課題解決の方法を提示してきた点にある*7。

　矢田の地域構造論は、資本主義の発展が国民経済の地域分業構造を形成する上で、地域経済が不均等発展することを必然的帰結として捉え、国土利用や地域政策を通して地域構造に内在する地域問題の解明と打開に取り組む必要性を提示したものである。そこには島の問題提起にはなかった国土利用の方向性や地域政策の役割を、具体の地域問題を直視し

ながら提示する積極性があり、時代背景を考えあわせれば評価すべき諸
点も多かったといえる。

　しかし、第一次石油危機後の低成長期に移り、重化学工業など大手資
本の設備投資の停滞と大都市圏や工業都市の人口吸引力が低下するなか
で、島の地域的不均等発展論や矢田の地域構造論では積極的に扱われる
ことのなかった視点、つまり地域固有の資源や人材を活かし公害や環境
破壊を生まない地域づくりをめざす地域政策論が登場する。それが地域
主義論に代表される地域政策論である。

3　地域主義論と生命系社会・産業の形成

　大都市や地方工業都市における公害問題の深刻化をはじめ、過密に伴
う都市生活基盤の量的・質的不足、地域コミュニティの空洞化が住民生
活を不安に陥れる。1970年代後半には国民的分業関係に規定された地
域づくりを脱し、あるがままの自然と共生し地域固有の資源を活かした
能動的な地域経済形成を唱える視点が地域政策論に登場する。それが、
玉野井芳郎を中心とする地域主義論である。

　玉野井によれば、地域主義とは「一定地域の住民が、その地域の風土
的個性を背景に、その共同体に対して一体感をもち、地域の行政的・経
済的自立性と文化的独立性とを追求すること」と規定する。玉野井は、
地域主義を通じて、人間と自然の共生による正常な物質代謝が営まれる
社会（＝生命重視社会）と、それを支える経済活動や産業を組み合わせ
た産業構造の確立、さらに生命系社会と共生する産業の担い手として女
性の参画と主体形成に基づく地域政策の必要性を説いた。

　重森暁は、玉野井の地域主義論の先駆性を、次の2点に求めている。
第一は、経済の高度成長を牽引した生産・流通・消費システムである大
量生産・大量消費の再生産構造そのものを批判し、生態系やエントロピ
ーといった視点から生産と生活のあり方を問い直した点である。第二は、
農林漁業の営まれる地域を人間と自然が交流する「生命系の世界」とし
て重視し、「農工構造」の一体的構築による都市と農村の融合を説いた

点である*8。

　丸山真人は、玉野井が地域からの内発的な経済発展を重視して、先の地域主義の定義を次のように言い換えている点を注視する。すなわち、「地域に生きる生活者たちが、その自然、歴史、風土を背景に、その地域社会または地域の共同体に対して一体感をもち、経済的自立性を踏まえて、自らの政治・行政的自立性と文化的独自性を追求する」点である。

　この中の経済的自立とは、「閉鎖的な経済自給を指しているのではなく、アウトプットよりもインプットの面で、とくに土地と水と労働について地域単位での共同性と自立性を確保し、その限りで市場の制御を企図しようとしている」として開放的で能動的な循環型経済構造であることを強調する。また、政治的・行政的自立に関しても「地域住民の自治が強調されている。そこでは政治と行政の連結が示すとおり、政治といっても国レベルの政党政治と混同されてはならない」ともする*9。

　玉野井は、地域主義の思想に基づき開放的ではあるが、資本の運動に左右されるだけではない柔軟な人間社会を構想し、自治的地域づくりの体系化こそ地域政策として試すべき課題であると指摘する。その場合、新しい地域共同体と既存の国家や社会組織との関係をめぐっては、「地域共同体をベースとして、そこから国家や社会システムを内的に再編成していく」ことを想定する。そのためにも自治の精神を根底に据えた地域共同体を再生させ、国家から「地域」に権限を移譲し、「小国家の理念」にしたがって地域から国家を再編成していく必要性と可能性を説く。

　また、資本と人口が集積集中する大都市に関しては言及がないものの、中小都市に関しては周辺農村地域と結びつくことで「農業・牧畜、林業、漁業・水産業を可能な限りワンセットにしたものを産業構造の基礎に据えることによって成り立つ技術」によって農工結合関係をつくりだし、人間都市としての地域主義的再生を図らなければならないという政策方向も提示している。

　玉野井の地域主義論の背景にも、1970年代後半に改善と解決が急がれた地域問題が横たわる。その地域問題とは、公害による人命の損失や大型公共事業による自然環境の喪失、自然と共生した文化的生活様式の

崩壊、職場や家庭での女性差別、互酬性を失った地域社会、さまざまな地域問題の発生と費用負担の社会化による地方財政の悪化、急激な過密化に伴う社会的共同消費手段の絶対的不足などがあげられる。

　こうした問題の解決に政府がほとんど無力な状況の中で、地域主義論は、実際に農山漁村地域や地方都市での住民運動による地域づくりの理論的原動力をなし、住民の主体形成とそのもとでの地域問題の改善・解決に寄与してきた。

　しかしながら、地域主義論では、玉野井が国家から権限の移譲先として扱う「地域」が何を指しているかが不明確であることにも通じる課題、すなわち、地域社会や地域経済の個性的・自立的発展を保障する上で必要となる共通の社会的諸条件（法的・物的・社会的インフラ）の整備をだれがどのように取り組むのかという意識的分析にも欠けるという問題を有していた。

　さらに、地域資源の活用と地域固有の発展に向けて、それに関心を持たない企業の論理と経済システムを都市化に際してどう変更させるのか、大企業や多国籍企業の圧力をいかに規制するかという政策課題に関しては、必要性の言及はあっても、具体的方法に関しては言及もないなど、限界を有していたといわざるを得ない*10。

　そこで、地域主義論の成果である住民自治に基づく地域発展の運動論を踏まえながらも、以上の限界を乗り越える地域政策論を提起したのが1970年代から80年代にかけて登場した宮本憲一の内発的発展論である。

4　内発的発展論と人間発達型地域づくり

　宮本憲一は、全総で指定された新産業都市地域等を建設するための産業基盤整備優先の公共投資や地域外本社資本の大型分工場誘致による地域開発方式を「外来型地域開発」と呼び、それに対抗する地域政策手法として内発的発展論を位置づけた。その内発的発展論は、次の４原則を重視した地域政策論である。

　第一の原則では、地域開発は大企業や政府の事業から始まるのではな

く、地域の技術・産業・文化を土台に開始される点を重視する。地域の技術・産業・文化を総合的に活かし、地域内市場を主な対象として、地域住民も学習・計画しながら、事業経営に参画することで、地域発展に寄与するという原則である。

　第二の原則では、環境保全の枠の中で開発を考えるという視点を重視する。本来地域開発では、開発以前からの自然を保全・再生するとともに、美しい街並みを保存・修復し、アメニティ（快適性）の実現を最大の目的とする。その結果、地域の福祉や文化が一層向上する。何よりも開発が、公害問題などを生み住民の人権を侵害することがあってはならない。その意味からも、開発地域のあらゆる人々の人権の確立を求めるという視点が重視される。

　第三の原則は、地域産業の開発を特定業種に限定するようなモノカルチャー型にしないという手法を重視する。そのため複雑な産業部門にわたる地域産業連関を実現し、再生産のあらゆる段階で付加価値が生じ、それが地元の事業者や生活者に帰属する仕組みを実現することが求められる。

　第四の原則は、地域開発に住民参加の制度をつくることを強く求める点である。市町村はまず地元住民の意思を尊重し、住民の参画を得て産業開発計画などを作成し、生産等に関わる資本や土地利用を規制することのできる自治権を持つという分権の視点が重視されている*11。

　重森暁は、この4原則の社会的背景を説明する。すなわち「第一原則は、大分県の湯布院町や大山町の地域づくりなどを事例とし、大分県の新産業都市開発に対抗する反体制的・反政府的な運動を動機として開始される地域づくりから導かれた視点である。第二原則は、神戸市真野地区のまちづくりを事例とし、臨海工業地帯を発生源とする公害への反対運動や環境再生を動機としたこと。つまり、公害反対や環境保全の住民運動を契機に都市コミュニティ形成をめざす地域活動から生まれた視点である。さらに第三原則は、金沢市での地元中小企業家による都市型工業の育成、ハイテク工作機械工業への発展、それとともにアメニティや文化、観光産業の育成などを事例とし、農村よりも都市の開発から導か

れた視点である。最後の第四原則は、福岡県柳川市の堀割再生、小樽市の小樽運河保存運動、宍道湖・中海干拓淡水化反対運動などを事例とし、住民自治を体現した地域づくり政策から導かれた視点である」ことを説明する*12。

　重森は、宮本の内発的発展論の展開が、地域問題の解決を地方の政財界による巨大公共投資や大企業の分工場誘致に求めるものではなく、地域に内在する諸条件・諸原則を活かし、地域問題の解決と地域の総合的な発展を主導する機能を内包した地域政策であることを高く評価する。その上で、内発的発展論の意義を、次の四つの原則によって説明する。

　第一は自治の原則である。地域づくりの当初から外部企業の誘致による波及効果に頼るのではなく、まずは地域の資源・技術・資本・人材等の潜在能力を活かすことに政策課題を置くことである。第二は自立の原則である。自治の原則と同様に当初から全国的・国際的市場を相手にするのでなく、まずは地域内の需給や、地域内の分業・協業の発展を重視することである。第三は共同の原則である。個々の経営努力を親企業との系列取引に依存するのではなく、地域内取引の重視や地域産業集積を活かした共同受注に結びつけ、地域全体の雇用力や生産力へと高めていくという点である。共同の範囲は都市・農村間など地域間の交流・共同へと発展させることも重視する。第四は人間発達の原則である。地域産業振興や雇用確保といった経済問題を、保育や教育、医療や福祉、環境や文化などの課題と結びつけ、地域に生活する人々の潜在能力の形成と発現に結びつけていくことを含意とする。

　以上の４原則にたった内発的発展の論理は、一面では経済成長優先の外来型開発への批判であり、他面では汎都市化を前提とし有効な地域産業政策の提起を欠いたシビルミニマム論の弱点を克服しようとするものでもあった*13。

　重森が総括するように、この内発的発展論にはいくつかの批判もある。例えば、①内発的発展論は、日本の農業と農村が置かれた厳しい現状を十分見ていないのではないか、②かつての農山村振興運動がファシズムによって統合されたように、内発的発展論も結局は上からの国家統合へ

の道を歩むのではないか、③大企業の行動を抜きに農業や中小企業だけで地域経済の発展を成し遂げられると考えているのではないか、④農村においては有効であっても、都市での実現は不可能なのではないか、⑤典型例として提起される地方都市モデル（金沢市）は、地域内の格差構造や大企業の浸透を無視した美化論にすぎないのではないか、などである＊14。

　中村剛治郎は、内発的発展論が日本国内のみならず成長著しいアジア諸国において必要性を高めている現実を踏まえ、国の近代化から経済成長に伴う諸矛盾の地域的表出に対する運動的対抗策として普遍的優位性があることを高く評価する。その一方で、経済のグローバル化のもとで、工業化からポスト工業化・知識経済化への移行が加速する現代的視点から、あらためて内発的発展論がいかなる意義を持つかを再検証していく必要性を強調する。

　中村は、内発的発展論の基本的特徴を主体論、目的論、方法論に分け、それぞれの現代的課題を指摘する。例えば、その主体論として「都市の内発的発展を構想する場合、その主体が住民であると言い置くわけにはいかない。企業を主体として入れる必要がある。『自己増殖する価値』を本質とする資本を、地域共同性の発展に貢献する企業へと導く、あるいは地域的な協力関係を競争力維持の推進力にし得る企業へと導く地域政治経済学的な論理とメカニズムを構築することが課題になる」とする＊15。

　その上で「どの都市にも他の地域に本拠をおく企業のブランチ（支店や工場）が進出しているが、内発的発展の主体として、……これらのブランチを排除して、もとからの地域住民や地元企業だけを想定すべきか、疑問なしとしない」との指摘は、支店経済が地域経済構造を形成し生産と生活の再生産を規定している地方都市圏や県庁所在都市の発展論を展望する上で不可欠な今日的視点といえる。

　中村は、さらに今日では内発的発展論が新自由主義的国家の立場から強く望まれ、多国籍企業時代の新自由主義的国家再編の一翼を担う地域政策へと位置づけられ固定化される危険性を内包することも指摘する。

　1990年代半ば以降、産業空洞化が顕著な地域では、地域経済の危機に直面しながら企業誘致など外来型地域開発や政府の三位一体改革論の影響で依存財源を期待できなくなった地方自治体が、市町村合併による行財政の合理化で「地域の危機」を乗り越える一方、「新たな公共」を担う主体としてNPO法人やコミュニティ・ビジネスなどの市民事業の起業に期待を寄せ、規制緩和や民間委託、指定管理者制度などを通じて営利企業や非営利団体に公共サービスを任せ、内発的発展を掲げた地域政策を強めている。

　したがって、地域からの内発的な取組みは、多国籍企業立地対応型の国際協調・経済構造調整を重視する国家のもとでは、失業対策や社会的弱者対策、地域経済の空洞化対策を軽視する国家再編を支援する役割すら果たす可能性を内包している。中村は、内発的発展論の現代的到達点を以上のように指摘した。その上で、現代社会を地方への工場進出をはじめ国家の公共事業や公共サービスを縮小させ、国家や経済界が社会改良的地域政策を放棄し、その代替策として、地方自治体やNPO、中小企業による内発的発展を求める時代であるとする。それだけに、中央集権的福祉国家政策（外来型地域開発とその結果としての垂直的国土構造に規定された地域経済構造）を批判するだけではなく、新自由主義的国家をも超える新しい第三の国家像を展望しうるような内発的発展論と市民運動が求められると総括する*16。

5　脱新自由主義的国家の地域政策と　　新たな地域経済システム

　中村剛治郎は、経済学にとっての地域政策を、地域と地域経済の発展を導く公共政策としてとらえ、その特徴を1950年の国土総合開発法に基づく戦後の国土計画を検証しながら総括する。その特徴とは、戦後の国土計画が、東京を頭脳（中枢都市）、地方を手足あるいは排泄器官（生産や営業の現場あるいは迷惑施設の立地）、地方中枢・中核都市を両者を媒介する中継器官（支店経済）と位置づけ、機能分担する有機的な

垂直的国土構造の構築を推し進めてきた点に求める。

　従来の国土計画を通じて確立した現代の垂直的国土構造は、独立型企業システムを基本として企業内垂直的分業の全国展開を特徴とする日本の大企業中心の産業システムに対応するものであった。しかも、それは欧米先進諸国へのキャッチアップのための日本独自の効率的な国土戦略に依拠して形成されてきたものでもあった*17。

　中村は、日本の企業が欧米企業と国際連携を強め、巨大なアジア市場経済圏内への投資を通じて多国籍企業として成長してきた過程を注視する。なぜなら、その過程こそが、地方の産業縮小・産業空洞化の過程でもあったからである。中村は、このような国際的空間統合と国内的空間非統合が表裏の関係で生じる新たな地域的不均等発展こそが、グローバル経済の時代の空間再編の特徴であることを強調した。

　グローバル経済下での国内外に及ぶ地域的不均等発展という空間再編のもとで、現代の地域政策は、いかなる視点に立ちながら何を課題とし、どのような政策手法をとりうるのだろうか。これは現代の地域経済学の重要な課題の一つといえるが、中村はこの点に関し、戦後日本の地域開発政策を検証した上で三つの課題を抽出しながら現代の地域政策の方法を探る。すなわち、①個々の地域経済の発展をどのように進めるか、②地域間の関係＝国土構造をどう考えるか、③地域政策の枠組みをなす基盤的ルールをどう位置づけるか、である。

　その上で中村は、日本の地域政策は、上記③の領域にかかわる環境保全計画や土地利用計画、条件不利地域への支援と成長地域の開発規制が、上記の①と②の開発計画の基礎をなすべきことを強調する。つまり、③は①と②の枠組みをなすべきであり、オランダ、ドイツ、イタリア等の計画体系がそうであるとする。したがって、「環境・景観保全計画−土地利用計画−地域開発計画・国土計画」という地域政策システムを確立することが、グローバル経済下の地域政策の方法として重要であることを強調する*18。

　しかしながら、グローバル経済下の日本の地域政策は、依然として以下の六つの課題を内包したままであり、この諸課題を克服することこそ、

先の地域政策システムを含む地域政治経済システムを確立する上で重要であるとも指摘する。

　第一の課題は、地域政策では開発志向が強く、③と①②の関係を重視する地域政策の枠組みや計画体系の問題意識が極めて弱い点である。日本では、②の国土計画が基本で、国土計画に描かれた政府や経済界の地域開発プロジェクトの下で①の地域計画が策定されてきた歴史を持つ。この検証・評価と見直しが求められている。

　第二の課題は、そのため地域政策では国土計画が絶対的に優位にあり、中央集権的性格が地域政策を貫いている点にある。地域政策は常に成長主義的発想のもとで策定され、大都市圏への産業や社会資本の集中のメリットを重視し、大都市圏（高次機能の集中）を頂点とする垂直的国土構造の構築を前提条件に置き、低次機能を地方分散することによって地方圏の開発を進めるという国土構造・国土計画中心の地域政策が実施されてきた。そのため地方圏の大部分を占める農山漁村では人口減少と高齢化による地域共同管理の困難・限界集落化を生んでいる。その影響は国外の食糧生産地域への依存による途上国産業のモノカルチャー化や文化・自然の破壊という形で途上国の人々の生活と環境を脅かす事態をも招いている。

　第三の課題は、地域政策が政府の補助金や地方債、地方交付税などの財源や許認可権限のもとで、地方自治体を巻き込んでのハードな公共事業中心の開発プロジェクトとして取り組まれてきたことにある。そこでは人々の雇用や地域内での経済循環の形成、さらに新たな地域経済の展望策は描かれることがなかった。

　第四の課題は、政府の地域政策では情報公開と学習を基礎として国土計画や地域計画への住民参加が重視されず実質的に進展もしていない。国土計画は閣議決定によるため国会審議もない。一般的に行政計画への参加制度や参加の技法は整ったにもかかわらず、国民・住民が地域政策について地域的・全国的な市民組織を育て、専門家集団を抱えて、下からのオルタナティブな計画づくりを進め、政策提案を行い実行していくという政策指向型の運動すら進展してこなかった。

　第五の課題は、政策転換の構想力が弱く、持続可能な発展を理念とする地域政策へ転換するという地球規模の視点に立つ大きな構想力を欠いている点である。高齢社会・少子化・低成長・公的支出削減の時代は、経済社会のあり方全体の改革を必至とし、新規開発・都市更新よりも、環境再生・都市再生・地域再生を重視する「生活領域からの地域政策」への転換が求められているはずである。

　第六の課題は、従来の地域政策が国際競争力強化のための国土計画に重点を置き続けてきた弊害をあげなければならない。国土計画はきわめて対米協調的であると同時に経済主義的なアジア市場への関心を色濃くしてきた。グローバル化時代の地域政策としては、アジアの都市・農村と日本の都市・農村が共生をめざす国際連帯の観点に立った地域政策（国際的地域政策）の確立という新たな基本原則が求められている。

6　地域内再投資力を形成する地域政策
―その主体と方法―

　中村は、多国籍企業立地対応型の地域政策が抱える六つの諸課題の克服を通じて、地域政策の新たな枠組みを見出そうとした。その新たな地域政策の枠組みのもとで描かれる地域経済とは、どのような構造的特徴をもつのか。多国籍企業対応型の従来の地域政策の矛盾を今日的に整理し、新たな地域政策が目標とすべき地域経済構造や再生産構造を現実の地域経済活動に即して明らかにし、現代の地域政策の課題と方法に言及したのが岡田知弘である。

　岡田は、地域経済の持続的発展を導く地域政策の目標を、地域内で繰り返し再投資する力＝地域内再投資力の再生産に置く。毎年、まとまった資金が地域内に投資されることで、地域内に雇用や原材料・部品・サービス等の調達など市場取引が生じ、その結果、地域内の勤労者・農家・商工業者等は「生活と生産」を分離することなく維持・拡大でき、住民の消費生活と住民・世帯相互の協力による生活共同体の維持が進む。地域では生産・所得・支出が繰り返され、経済活動の維持が可能となる。

　この場合の再投資する力は、モノを作る技術や技能の力量だけを意味するものではない。むしろ、再投資力には商品やサービスを販売するマーケティング力も含まれる。重要なことは、中村の指摘する地域政治経済システムの構築を含め、地域経済の持続的発展に向けた再生産構造を形成するためには、多様な業種業態の事業者がもつ優れた再投資力を見出し育成すると同時に、それらを投資へと導く地域政策の主体を確立することである。

　岡田は、前者の再投資主体の中心をまずは民間企業に求める。この企業には、地域外から進出してくる大企業や中小企業の分工場、店舗も含まれる。これら地域内外の経済主体が投資をすれば、労働力や生産手段が購入される。ただし、それらは地域内から購入される場合もあれば、地域外から調達されることもある。後者の場合には、投資された資金が地域外へと漏出する。その結果、地域の再投資力を高めることにつながらない。

　したがって、地域内の経済活動への波及効果を高め、持続的な地域社会の発展を促すためには、地域外から進出する民間企業に対しても、できる限り労働力や生産手段の域内調達率を高めるよう求めることが必要となる。域内の労働力や生産手段への投資活動を経て生産された商品やサービスは、域内の消費者・市町村行政・他の民間事業者に販売され、域外に販売されて価値を実現する。その実現された価値が、再び利潤や翌年の原材料費として民間企業に、また賃金として家計に、そして税金として市町村に還流する。還流された賃金部分で、住民は生活するための家計支出を行い、地域内で商品やサービスを購入し、大型店等の域外企業からも良質な消費財を購入する*19。また、フェアトレードを通じて発展途上国の環境保全型商品の生産市場の形成にも貢献する。

　しかし、資金循環だけではなく素材面にも着目するならば、地域の自然と共生する農林水産業や、街並み・生活と一体の小規模零細の町工場群、さらには民間非営利の協同組合やNPO、そして市町村や第三セクターも再投資の主体として捉えることが、大都市圏や農山村を含め、あらゆる地域経済の再生産構造を構築するためには重要であることを岡田

は指摘する。

　確かに、協同組合、NPO、市町村は「利潤」の獲得を目的とした組織ではない。したがって、本来の意味で投資を行っているわけではない。しかし、「利潤」部分を生んではいないものの、毎年、地域経済に対して資金循環の起点となる資金を投入し続ける主体となっており、その意味では「再投資主体」と位置づけることが重要であるとする指摘は、説得力を持つ[20]。

　以上の再投資の主体を地域経済の持続的発展方向へと導くことが、地域政策の目標であるとすれば、その政策主体として中心に位置づける必要のある機関が市町村自治体である。

　岡田は、地域政策の中心的主体を市町村など地方自治体に求めることは、再投資の対象である地域（地方農山村内の一定地域のみならず大都市の地域も含む）の持続的発展を質的側面から導く上で、極めて積極的な意義を持つことを強調する。とくに市町村行政は、住民への分権による住民自治、地域住民組織間の協働による地域自治、地域の中小企業や協同組合など経済主体による産業自治の影響を受けながら、従来の中央集権的な企業内垂直統合型の地域政策からの転換・見直しの機会を得て、地域内再投資の中心的政策主体へと転換していく[21]。

　とくに、投資をはじめ製品やサービスの消費に対する責任が、環境保護・貧困克服・地域再生等の社会公共的観点から問われる現代においては、地域内再投資と地域経済の持続的発展は、地域のグローバル競争や地域間競争よりも、地域の質的成長や発展を重視しなければならない。そのためには、責任ある投資や消費とともに、それらを導く法令や条例の制定等、中央・地方を通じた制度・政策の変革も重要な課題となる。

　地域内再投資力の主体には、民間の大企業をはじめ農林漁家や個人経営の民間企業、さらに営利を目的としない協同組合、地方自治体や公社等も含まれる。これら営利・非営利の多様な主体に責任ある投資や消費を求め、同時に投資や消費による資金が一定の地域内を循環し、雇用や所得、税を再生産する経済構造へと導くことが、現代の地域政策の課題であり、地方自治体の行財政に強く求められる役割ともいえる。

　地域外からの進出企業の場合、地域内で得た収益の多くを本社および同一企業グループの企業への所得移転、国や本社所在自治体への納税という形で域外流出させる傾向が強い。進出企業は、事業を行う地域内において雇用した労働者に対して賃金を支払い、下請企業への支払いや地方自治体への地方税という形で資金を循環させる。しかし、進出企業が海外にシフトしたり、リストラしたりすると、その資金循環はたちどころに縮小・喪失してしまう。経済のグローバル化は、これまで大企業を中心に垂直的に組織されてきた下請連関の切断過程を顕在化させてきた。そうなると、地域内には優れた技術や人材を持ちながらも取引先を失った民間企業などの事業所が多数残されることになる。

　地域経済の再生と発展を図るためには、取引先を失った民間企業等を生かして、新たなネットワークに組み直すことも求められる。地場産地の場合と同様、地域の企業が相互にネットワークを組み、「横請け関係」を創り出せば、相互取引の中で資金と仕事が回転し、雇用効果や税収効果も高まる。この税収の増加を、市町村が地域内で再投資すれば、地域内再投資力は一層高まることを、岡田は強調する[22]。

注

*1　島恭彦（1963）「地域開発の現代的意義—投資戦略としての地域開発—」島恭彦著作集編集委員会編（1993）『地域論』有斐閣、234-235頁。

*2　島、同上、246-267頁。

*3　島、同上、250頁。

*4　中村剛治郎（2004）『地域政治経済学』有斐閣、131-132頁。

*5　島恭彦（1951）「現代地方財政論—危機の地方財政—」島恭彦著作集編集委員会編（1993）『地域論』有斐閣、8-33頁。

*6　矢田俊文（1982）『産業配置と地域構造』大明堂、46-69頁。

*7　矢田、同上、226-264頁、松原宏（2003）「地域構造国際比較の視点と方法」『先進国経済の地域構造』東京大学出版会、1-15頁。

*8　玉野井芳郎（1979）『地域主義の思想』農山漁村文化協会、19-20頁。

*9　丸山真人「広義の経済学の方法—市場原理の相対化に向けて—」丸山真人・柴田徳太郎・杉浦克己編著（2001）『多元的経済社会の構想』日本評論社、148-157頁。

＊10　重森暁（2001）『分権社会の政策と財政—地域の世紀へ—』桜井書店、25頁。

＊11　宮本憲一（2007）『環境経済学（新版）』岩波書店、318-322頁。

＊12　宮本、同上、316-323頁、重森による論点の整理は、重森暁、前掲書、49-50頁。

＊13　重森、前掲書、48-50頁。

＊14　重森、前掲書、34-35頁。

＊15　中村剛治郎、前掲書、19頁。

＊16　中村、前掲書、21-24頁。

＊17　中村、前掲書、131-132頁。

＊18　中村、前掲書、135-136頁。

＊19　岡田知弘（2005）『地域づくりの経済学入門』自治体研究社、138-139頁。

＊20　岡田、同上、142頁。

＊21　岡田、同上、149-150頁。

＊22　岡田、同上、172-173頁。

小　括

　第1部では、第二次世界大戦前から戦後の現代に至るまでの地域政策を検証し、わが国の政府主導による地域政策に対し、どのような使命が課されてきたかを明らかにした。とくに戦後は、大都市圏から地方圏の臨海工業地帯へと重化学工業を誘致し、その成果に基づき社会保障の財源を確保し、中央・地方を通じ多様な公共サービスを供給しながら経済成長の矛盾、地域格差を是正することが、地域政策の使命とされてきた。

　町内会・自治会・公民館など本来住民の自主的な地域共同管理業務も、経済成長や経済のグローバル化に伴う諸矛盾に対応するため、自治省主導のコミュニティ政策へと包含され、そのもとでモデル・コミュニティへの指定等を通じ、制度や機能の充実強化が図られてきた。

　グローバル経済社会が加速する中で国家統治の手段として機能することを使命としてきた地域政策は、地震・風水害等からの復興に際しても、政治的安定とグローバル経済との協調を優先する国家的使命の観点から着手されてきた。そのため、復興事業の現場では、被災前とは非連続的であり、かつ経済合理的で生産機能に長けた都市空間が「創造的復興」事業の名のもと形成されてきた。しかし、新たな「復興都市」は、被災前の地域社会とは非連続的な場と機能に置き換えられたが故に、被災前の人間関係、コミュニティを再生することは視野に置かれることはない。

　つまり、第1部では、21世紀初頭までの地域政策が、国土を構成する地域の社会的・経済的・自然的多様性や特性とは連続性がないか希薄なままに、または第一義的な課題とすることを回避しながら、戦後復興、高度成長、グローバル経済など政府の安定装置・社会改良手段として、政策的使命を果たしてきたことを明らかにした。地域政策に付与されたこの基本条件は、人口減少対策、災害復興事業など日本の今日的社会構

造的ともいえる地域課題に対しても変わることはない。

　しかし、急激かつ多様に変容する地域経済や地域社会を前に、わが国の地域政策は、その使命や方法を含む基本条件を根本的に見直さなくてはならない状況にある。つまり、政策の目標や方法を含め枠組み自体の転換が、地域政策には求められている。

　地域が直面する課題は多様化・複雑化していることは論を待たない。少子高齢化と独居世帯の増加、労働市場の二極化と非正規雇用の増大は、実際、身近な地域社会で実感できるまでに年々顕在化している。その結果として、生活水準の格差拡大と生活困窮者の増加、子どもの貧困に見られる貧困の世代間連鎖、無縁化など社会的孤立の深化、町内会・自治会からの世帯脱会や NPO の人材不足・運営基盤の弱体化によるコミュニティ補完機能の形骸化など、さまざまな社会問題や地域課題が、地域社会の各所で表面化しつつある。

　多世代が同居し世帯当たりの家族構成者が多かった時代は過ぎ去り、世帯人数は年々少なくなり、その結果、住民各々の健康状態、働き方、家族のケアの有無までもが、直接、地域社会に露呈するようになる。非正規雇用や失業状態に転じても、家計所得を補う家族の存在がないことも近隣には知られるようになる。

　国民経済レベルでは所得水準の上昇や有効求人倍率の上昇、福祉施設の就業条件の改善等が謳われていても、地域で目にする人々の生活状態は異なったものが多い。生活にゆとりを失い災害や事件事故に脆弱な世帯、被災や被害から年月が経っても日常を取り戻せない個人や世帯、つまり日常生活を保てない世帯から構成された地域社会が構造化・固定化されていく現実が横たわる。

　地域政策が現在そして今後も向き合い続けるべき課題とは、国民経済レベルの指標からは測り知れないこうした現実の困難である。だからこそ、20 世紀型福祉国家の地域政策は、その枠組みの転換を必要としているのである。

　その枠組みの転換とは、中央政府が政策執行の権限および財源を持ったままの状態からの転換を意味する。すなわち、既述のさまざまな困難

を抱えた地域という多様な場・区画を共同管理してきた住民・住民組織・市民団体等からなる地域ガバナンスに主体を委ね、基礎的自治体が協働し地域政策に取り組むための自治制度・人材・資本の整備が急がれる。

　地域政策の新たな枠組みは、既述の時代認識のもとで、地域政策の使命、方法を組み立てることから始めなくてはならない。つまり、新たな地域政策は、地域に表出する多様で構造的な生活上の課題や不安、今後表出が危惧される雇用・環境・福祉・多文化・無縁化などの領域の諸課題と向き合うことから始まらなければならない。この向き合うべき地域課題は、人々が共同で生活する地域の規模、日常生活圏によって異なることはいうまでもない。その地域とは、隣人関係、単位町内会・自治会・町会、連合町内会等と類似する小学校区、人口減から旧町村と同規模にもなる中学校区、市町村規模、広域行政規模など、人々が自らのライフステージのどこかで関わりを持った経験のある場から構成される。

　その結果、地域課題の把握や政策内容も、実効性を高めることができる。共同の日常生活圏をもち社会関係を維持してきた地域では、人々が日常生活で不安に感じる生活課題の多くは、相互に関係性を持つことが多い。児童虐待と世帯の孤立、失業と犯罪、高齢独居世帯の増加と公共交通難などは因果関係の強い地域課題である。そして、その地域が広がるとともに、因果関係をもつ地域課題の数も増え、複雑な関係性が築かれるようになる。

　それだけに、小さな日常生活圏の地域レベルから、地域課題を把握すること、把握した課題を解決する政策力を維持すること、そのための人材育成を急ぐこと、小さな単位での課題解決が難しいことも想定して、大きな単位の住民組織、NPOなど市民団体、市町村行政や協同組合、教育機関との相互補完関係を維持強化していくこと、等が必要となろう。

　そして、支える人々や組織、支えられる世帯や集団、という関係が固定化されることなく、すべての人々や世帯が地域政策の対象であり、地域政策の担い手となることを認識しなくてはならない。

　地域政策の主体が多様である理由の一つは、地域課題の種類や活動す

る組織・団体によって、社会参加する人々、技能や能力を発揮する人々が異なってくるからである。障がい者、高齢者、女性、外国籍市民などは一般的に社会的弱者に含まれる。しかし、地域の課題解決に向け貴重な経験をもち能力を発揮できる人々でもあり得る。

　だからこそ、地域における政策は、政府主導の地域政策のようにバラバラであってはならない。介護支援と子育て支援が同時に必要なダブルケア、これに就業支援が加わるトリプルケア、複数のケア世帯を支援する空き家活用事業、複数のケア世帯を支える職場改革、森林・沿岸再生と里山・里海の地域産業活性化、老齢年金生活者が投資と労働で活躍できるコミュニティ・ビジネスの起業など、地域政策は地域の中小企業雇用問題、高齢者や子育て問題、環境エネルギー問題、地域経済問題など対象とする課題を解決するための政策を二つ、三つと連携させていく。

　異なる課題領域の連携は、小さな単位ほど扱いやすく、効果も大きい。他方、担い手が限られるがゆえに、市町村の住民、地縁組織、NPO法人など市民団体、協同組合、中小企業、大企業支店、市町村行政などあらゆる主体が地域ごと、課題ごとに連携し政策を展開していくことが必要なのである。

　そして、こうした地域政策の使命と方法を社会のルール・制度とし、だれの目にも留まるよう情報発信力を高めることが重要である。例えば、自治基本条例は自治体の憲法といわれる自治体運営の理念条例である。その地方自治理念に基づき、中小企業・地域経済振興条例、環境基本条例、地域福祉推進条例、多文化共生条例、地域自治区・コミュニティ振興条例、地域防災基本条例などを制定し、それらに基づき推進体制と多様な主体の社会参加を実現していく、またそのために多様な主体の相互信頼関係が築かれていくような交流と学び合いが不可欠となる。

　つまり、地域政策の新たな枠組みとは、重層的な地域ごとの、地域課題ごとの、さらに複数の課題の両立を視野に置いた住民自治活動、地域自治活動、産業自治活動を導き、市町村など地方自治体がそれら三つの自治の主体と協働するための仕組みでもある。

　そこで、第2部では、地域政策をめぐる新たな潮流が既述の通り生ま

れた背景や要因を、より深く具体的な事例を分析しながら明らかにする。そして、第3部では、地域政策の新たな枠組みとして重要な社会目標と方法を、どのように組み立てることが可能なのかについて考察する。そこでは、はじめに筆者自身の基本的考え方を示し、その上で、それに基づき筆者自身が取り組んできた地域政策の実践事例を紹介し、三つのケースごとに地域政策が目指すべき社会目標とその実現に向けた方法について言及したいと思う。

第2部　戦後地域政策の展開とその限界

　第2部では、戦後日本の地域政策を、国土開発・国土計画（全国総合開発計画及び国土形成計画）との関係から捉え直し、国土計画のもとで地域政策が果たしてきた役割、居住環境や自然環境を含め地域社会をどのように変容させてきたかを検証する。

　戦後の国土開発・国土計画のうち、戦後復興期から第四次全国総合開発計画までは、さまざまな地域開発政策が構想され、実施に移される一方で、計画の見直しや中止も繰り返してきた。現代を、地域の多様な主体が「自治」の視点から政策に参加し、地域社会を自治的に管理する「ガバナンスの時代」というならば、四全総までの時代は、政府・地方自治体が施策に関わる法令・条例を整備し、産業基盤整備、規制緩和、税制上の優遇措置を講じつつ国土施策を牽引し、国土計画の実現をめざす「ガバメントの時代」であったといえる。国土計画に基づく国土施策の枠組みが確立された時代であるともいえる。

　そして、この時代の国土開発・国土計画は、多様な地域開発政策を通して「地域格差の是正」「国土の均衡ある発展」を掲げつつも、さまざまな矛盾を生み出し、政策の転換を余儀なくされてきた。

　そこで、まず第5章では、第二次大戦後から七次にわたり展開されてきた日本の国土計画の全体像を振り返りつつ、国土計画に込められた国土開発の施策目標、施策方法と具体的な地域開発政策・地域産業政策の意味を明らかにする。

　第6章では、「ガバメントの時代」の国土施策とそのもとでの地域産業政策の構想並びに現実を検証する。具体的には、ダム開発を代表とする水資源開発政策の構想と方法、その限界をはじめ、全総下での重化学工業化政策と拠点都市開発、先端技術開発政策によるテクノポリス構想、四全総下でのリゾート開発構想を同様の視点から検証し、政府主導の地域産業政策の限界を明らかにする。

　第7章では、愛知県知事を6期24年努めた桑原幹根愛知県政による「名古屋南部重化学工業化」政策の構想と現実を検証する。関東と関西に挟まれる中で独自の都市経済圏の確立を模索し続けてきた中京工業地帯で、桑原幹根の地域計画構想に依拠し、独自の産業構造高度化論を構

築し、地域開発と地域産業政策を展開してきたのが愛知県である。そして、愛知県の産業構造高度化政策の中核的プロジェクトが「名古屋南部臨海工業地帯重化学工業化政策」であった。国の財政支援を受けつつ地元の産業界と行政が一体となって推し進めた名古屋南部臨海工業化政策に見る高度成長期の地域政策の本質について明らかにする。

　第 8 章では、重化学工業化政策を重視する地域政策の下で自然環境を大きく変容させてきたことが、沿岸地域の社会と産業をどのように変えてきたのか。この実態を正確に検証するために、筆者が愛知県内のほぼすべての沿岸漁業協同組合をたずね歩き、漁業協同組合関係者および漁業者に対して実施した調査の結果に分析し、戦後地域政策の限界を明らかにする。

第5章

戦後日本の国土開発・国土計画

1 水資源開発政策の構想と現実

戦後復興と特定地域開発構想

　1945年8月15日を境に、日本は第二次世界大戦の敗戦国として戦後復興への歩みをはじめる。敗戦からわずか5年後の1950年、日本の戦後復興が日本一国の政治課題では済まない事態を迎える。その事態とは、1950年6月にはじまった朝鮮戦争である。朝鮮戦争は、東西冷戦の舞台を欧州から東アジアへと移す契機となり、連合国傘下での占領政策や戦後処理を通じ政治経済の立て直しを急ぐ日本は、その戦後復興をめぐる政治的経済的重要性を一挙に高めることになる。

　ところが、敗戦後の日本の生産技術は、戦時統制下における技術革新の停滞も重なり当然のことながら欧米諸国に対して著しく立ち遅れ、生産技術の老朽化で精度も低く、朝鮮戦争下の特需景気で生じた繊維、鉄鋼、機械機器等の需要増にまったく対応できない事態にあった。しかし、その中でも電力・鉄鋼・海運・石炭など「四大重点産業」の生産力強化は急がれ、とくに生産力増強のための資源エネルギー開発は政府の最重要政策課題と位置づけられていたのである。

　朝鮮特需を契機に、工業生産力は急速に回復を遂げるものの、肝心の電力をはじめ道路、港湾、鉄道、用水など産業基盤の整備が大幅に遅れ、東京、大阪、名古屋など既成工業地帯では生産供給が滞る「生産の隘路」と呼ばれる事態を迎えていた。

　1950年制定の国土総合開発法は、この生産の隘路打開を目標に制定され、国土開発を支える基本法として機能していった。事実、国土総合

開発法は、その後の第一次全国総合開発計画（1962年）から、新たな全国総合開発計画（1998年）に至る国土開発を推進するための根拠法として活用されてきた。

　だが、法制当初の目標は必ずしもそうではなかった。当初は、特定地域の河川総合開発を重点的に進め、治山・治水、発電、食糧増産などをめざす戦後復興と国土保全のための基本法として制定された。同法の「開発」理念の根底には、米国のTVA（テネシー川流域開発公社）にならい、財政難のなかで河川流域へ効果的に国家資金を集中投入し、疲弊する流域の生活や産業を総合的に高度化させようとする政府の意図が存在していたのである*1。

　すなわち、京浜工業地帯への電力供給を期待された「奥只見地域」と、台風による水害で疲弊した国土の再生を期待された「北上地域」を「特定地域」とし、国家資金を集中投下した上で、当時の緊急課題であった電力開発と電力による山村集落の再建、流域の生活と産業の総合的発展を促進する構図が描かれていた。

特定地域から全国土へ

　ところが、この構図は、次の三つの政治的圧力のもとで脆くも崩れ去っていく*2。

　第一は、国土総合開発法にもとづき政策を推進する政府内部の力学が、重点的総合的な河川開発計画を形骸化していった点である。TVA方式による特定地域の総合開発を準備していた経済安定本部の意図は、旧内務省系官僚の巻き返しによって大きく崩れ、都府県計画や二府県以上にまたがる場合の地方計画、さらに全国を視野に入れた全国総合開発計画までが入ることによって、特定地域の総合開発を重点的に進めようとする同法の意図は希薄化されていく。第二は、地方の政財界から中央政府に対して巻き起こった圧力である。すなわち、（1）国土総合開発法の公布とともに、特定地域に関しては「国によって地域が指定され、開発計画が閣議で決定され、さらに実施に要する経費を政府が特別に措置する」との好条件が示され、荒廃が続く地方から異様なまでの関心と期待

を集めるようになる。地域指定を受けるため、地方から中央への政治的圧力は必然的に高まっていくことになる。さらに、(2) 内務省の事務を引き継いだ建設省が、1948年以降3年間にわたって「特定開発地域」と称し全国14地域の総合開発調査と5年計画の総合開発計画を作成していたことが重なり、特定地域への競争を促すことにもなった。全国42府県51地域が特定地域の指定争奪戦を演じたことこそ、その証左である。結局、国土面積の3分の1に及ぶ22もの地域が指定を受けることになり、「特定地域」の「重点的総合的」な開発という政府の理念は、荒廃が続く全国地方都市圏の経済復興事業へと変貌を遂げていくことになる。

第三は、日本の「経済的自立」をアジア戦略の要としたい米国の対日圧力である。1951年の対日講話・日米安保条約調印によって日本を同盟国とした米国政府の次なる課題は、米国のアジア戦略を担う経済力と政治的安定を日本に回復させることにあった。他方、国内に目を転じれば、電源開発への技術的・経済的支援、重化学工業化の促進、輸出競争力の回復、貿易の自由化等をめざした日本経済の「自立的発展」は、1945年の敗戦から復興過程にあった政財界の切実な要求でもあったのである。

日米の利害はこうして一致し、政治的安定と経済的自立を目標に、政府の経済政策は、石炭や鉄鋼を重点的に増産し、化学肥料や電力の生産を最優先する傾斜生産方式を導入していく。とくに電力生産のために巨大な最新鋭のダム開発が急がれた。そこで、GHQによる対日援助見返資金の投下（1949-52年度、631億円）、マッカーサー指令による電力事業再編成＝9電力会社体制の確立（1952年9月）、電源開発促進法の制定（1952年7月）、電源開発株式会社の設立（1952年9月）、さらに電力5カ年計画（1953-57年度）の策定が急ぎ着手されていく。こうして日本経済の重化学工業化が「経済的自立」体制を急ぐ米国のアジア戦略を受けて推進されていった。

国土総合開発法による特定地域の総合開発は、当初の理念を実現に結びつけることのないまま、傾斜生産と経済復興を支えるための電源開発

事業を突出させていく。したがって、発電された電力は、深刻な生活苦のなかで山村集落の水没と引き替えにダム誘致を決議した河川上流部の総合的発展には役立てられず、既成工業地帯の臨海工業地帯に集積する重化学工業へと送電されていった。また、ダム事業を受け入れた山村集落では水没や農地の喪失を生み、過剰な労働力を大都市部へと流出させる引き金となっていったのである*3。

　戦後復興下ではじまった地域開発は、国内の政治的安定と経済的自立を求める日米政府および中央財界、さらに戦後復興をいち早く求める地方政財界の利害が一致を見る中で着手されていく。

2　所得倍増と太平洋ベルト地帯構想

太平洋ベルト地帯構想の形骸化

　1960年代は、米国とソ連との冷戦状態が緊張の糸を緩める時代である。これを機に東側諸国と西側諸国の両陣営は、植民地統治から政治的に独立をはじめたアフリカなど南側諸国への援助競争にしのぎを削り、経済的同盟を強く求めるようになる。

　同時に米国は、1961年からベトナム戦争へも介入を開始し、この介入を経済的に支えるための直接間接の措置が日本政府に要求されるようになる。政府による貿易の自由化推進とアジア貿易の拡大・援助強化の背景には、このような事情があった。

　1959年、日本の対米貿易収支が黒字になると、米国の対日貿易自由化要求は一段と強くなる。そのため、1960年岸信介内閣が安保改定と同時に「貿易・為替自由化計画大綱」を決定したのを受けて、自動車や電算機を除く多くの商品の差別的対米輸入制限撤廃が進められた。さらに同年12月、池田内閣は国民所得倍増計画を決定するとともに、貿易の自由化に備えた生産設備の近代化投資・技術革新強化、産業構造の高度化を積極的に推進していく姿勢を国内外に発信した。

　こうした政治経済情勢のもと、日本の対アジア貿易は、1950年代に合理化投資など技術革新を遂げつつあった鉄鋼・電力・造船業界と、政

府の保護育成策下で生産を開始した石油化学工業が、大量輸出生産体制を確立したことで急速に拡大していく。それにともない電力需要も急増し、1960 年代に入ると最新鋭の火力発電所を隣接させた石油化学コンビナートが誕生するようになる。

石油化学コンビナートの建設は、港湾、鉄道、道路など海陸一体型の産業基盤が整い、かつ大消費地である大都市圏への輸送コストが低い大都市臨海部の既存工業地帯へと集中していく。そのため産業基盤の整備は著しく立ち遅れ、さらに労働者の住宅不足や上下水道など生活基盤の未整備も手伝って、生産の拡大に支障を生む事態をむかえていた。

こうして、生産の隘路打開をめざした海陸一体型産業基盤の整備拡充を中心に、素材供給型重化学工業の立地操業を満たす臨海工業地帯の開発需要が急速に高まりを見せるようになる。その開発可能性・立地条件は、三大都市圏を離れた場合でも、鉄道や道路で直結し、石油化学コンビナートの立地操業に必要な産業基盤をフルセットで用意できる太平洋ベルト地帯上であることが求められていた。

こうした産業界からの要求を満たした経済計画が、1960 年池田勇人内閣によって策定された国民所得倍増計画である。

国民所得倍増計画では、(1) 大消費地に近い太平洋ベルト地帯上で、かつ大消費地間の中間地点に新規コンビナートを造成する、(2) 四大工業地帯の密集部へは生産立地規制を課す一方、生産の隘路打開のためには産業基盤投資を急ぐ、(3) 他方、四大工業地帯の周辺地域へは鉄道や道路の輸送網を整備し、工場を分散立地させる、(4) 北海道、東北、裏日本など低開発地域は、所得倍増計画に支障を生じないよう倍増計画後に工業化を図る、といった経済合理性を最優先した社会資本投資戦略を表明した*4。

ところが、この所得倍増計画に盛り込まれた社会資本投資戦略は、開発から取り残されてきた太平洋ベルト地帯以外の府県や市町村、地方政財界から強い不満と批判を寄せられることになる。その結果、所得倍増計画は修正を余儀なくされ、結局、太平洋ベルト地帯から全国へと工業分散を図り、大都市圏と地方圏との経済力格差の是正に寄与する形で生

産の隘路打開を図る開発計画へと変更されることになる。それが、1962年策定の全国総合開発計画である。

全国総合開発計画と拠点開発の論理

　表5-1は、第一次の国土計画である全国総合開発計画（全総と略す）から第七次の国土計画である2015年策定の新国土形成計画（全国計画）までの国土計画一覧である。

　最初の国土計画である全総は、「国民所得倍増計画」および「国民所得倍増計画の構想」に即し、都市の過大化防止と地域格差の縮小に配慮しつつ、日本の自然資源を有効に活用し、資本、労働、技術等の諸資源の適切な地域配分によって、地域間の均衡ある発展を図ることを基本目標に据えた。そして、この目標を達成するために導入された開発方式が「拠点開発方式」である。

　拠点開発方式とは、東京、大阪、名古屋など既成大都市とその周辺部を含んだ大都市圏以外の地域を特性に応じて区分し、東京、大阪、名古屋など既成大都市圏と関連させながらそれぞれの地域に大規模な開発拠点を設定し、開発拠点との接続関係や周辺農林漁業との相互関係を考慮して、工業等の生産機能、流通、文化、教育、観光等の機能に特化するか、またはこれら機能を併有する中規模、小規模開発拠点を配置し、交通通信手段で有機的に連結させ、周辺農林漁業にも好影響を及ぼしながら連鎖反応的に発展させる開発方式である。

　この拠点開発方式によって、東京、大阪、名古屋の既成大都市圏と、それ以外に形成された大規模な外部経済の集積を利用して、中規模、小規模拠点の開発を進め、新たな経済圏を形成し、経済圏相互を連結させ、均衡のとれた地域的発展を図ろうとした。そして、この拠点開発構想を具現化するために設けられたのが、1962年制定の新産業都市建設促進法や1969年制定の工業整備特別地域整備促進法である*5。

　当時の基幹産業は、鉄鋼、石油等の重厚長大産業であり、これら重厚長大産業が立地することにより、相互関連性を持つ大規模コンビナートが形成され、さらにそれが核となって関連産業が立地し、相当規模の産

業都市を形成することが想定されていた。

　豊かな地域社会像を社会目標に掲げた拠点開発構想は、当初全国に10カ所程度の拠点都市地域を設け、効率的・合理的な産業基盤整備と大都市圏からの工業分散によって実現をめざしていた。

　ところが、拠点開発地域の指定によって工業誘致を強く望む全国39都県から44カ所が候補地域に名乗りをあげる事態を生み、熾烈な指定獲得競争が繰り広げられた結果、拠点開発地域は当初の10カ所を大きく上回り、表5-2のとおり、15の新産業都市地域が国の地方産業開発審議会で了承され、指定を受けることに成功した。

　しかし、新産業都市地域が地方圏に偏重したことから逆に大都市地域からの政治的圧力と批判が高まり、大都市近郊で投資効率の高いともくされた六つの工業整備特別地域も指定を受けることになった。拠点開発地域とはいえ新産業都市地域と工業整備特別地域とでは業種構成が大きく異なることが明らかである。表5-2から、新産業都市地域は太平洋ベルト地帯上の岡山県南と大分の2地区が鉄鋼や石油精製を軸に臨海工業地帯を目指すのに対して、他の地区は化学工業、機械工業、精密機械工業など既存の立地工業の成長をめざすほかは各地域の地場資源を活かした工業化を施策目標に置くにとどまっていることが分かる。

　他方、工業整備特別地域は、格差是正よりも重化学工業の新規集積を促進し高度経済成長の中心地形成を施策目標に置く開発計画であった。その点で、全総は均衡と牽引という対立概念を内包した産業構造高度化の国土開発であったといえる。

拠点開発の深刻な現実

　新産業都市地域等の指定を受けた地方公共団体は、大都市圏から重化学工業を誘致すべく積極的な誘致運動（法人市民税・固定資産税・都市計画税等の減免措置を含む）と、用地・用水・電力・鉄道・港湾などがワンセットになった公共投資を高い国の補助率を適用しながら優先的・先行的に実施し、国土の均衡ある発展という施策目標の実現をめざしていく。

表 5-1　全国総合開発計画（概要）の比較

	全国総合開発計画 （全総）	第二次全国総合 開発計画 （新全総）	第三次全国総合 開発計画 （三全総）	第四次全国総合 開発計画 （四全総）
閣議決定	1962 年年 10 月 5 日	1969 年 5 月 30 日	1977 年 11 月 4 日	1987 年 6 月 30 日
策定時の内閣	池田内閣	佐藤内閣	福田内閣	中曽根内閣
背景	1 高度成長経済への移行 2 過大都市問題、所得格差の拡大 3 所得倍増計画（太平洋ベルト地帯構想）	1 高度成長経済 2 人口、産業の大都市集中 3 情報化、国際化、技術革新の進展	1 安定成長経済 2 人口、産業の地方分散の兆し 3 国土資源、エネルギー等の有限性の顕在化	1 人口、諸機能の東京一極集中 2 産業構造の急速な変化等により、地方圏での雇用問題の深刻化 3 本格的国際化の進展
長期構想	—	—		
目標年次	1970 年	1985 年	おおむね 10 年間	おおむね 2000 年
基本目標	〈地域間の均衡ある発展〉 　都市の過大化による生産面・生活面の諸問題、地域による生産性の格差について、国民経済的視点からの総合的解決を図る。	〈豊かな環境の創造〉 　基本的課題を調和しつつ、高福祉社会を目ざして、人間のための豊かな環境を創造する。	〈人間居住の総合的環境の整備〉 　限られた国土資源を前提として、地域特性を生かしつつ、歴史的、伝統的文化に根ざし、人間と自然との調和のとれた安定感のある健康で文化的な人間居住の総合的環境を計画的に整備する。	〈多極分散型国土の構築〉 　安全でうるおいのある国土の上に、特色ある機能を有する多くの極が成立し、特定の地域への人口や経済機能、行政機能等諸機能の過度の集中がなく地域間、国際間で相互に補完、触発しあいながら交流している国土を形成する。
基本的課題	1 都市の過大化の防止と地域格差の是正 2 自然資源の有効利用 3 資本、労働、技術等の諸資源の適切な地域配分	1 長期にわたる人間と自然との調和、自然の恒久的保護、保存 2 開発の基礎条件整備による開発可能性の全国土への拡大均衡化 3 地域特性を活かした開発整備による国土利用の再編成と効率化 4 安全、快適、文化的環境条件の整備保全	1 居住環境の総合的整備 2 国土の保全と利用 3 経済社会の新しい変化への対応	1 定住と交流による地域の活性化 2 国際化と世界都市機能の再編成 3 安全で質の高い国土環境の整備
開発方式等	〈拠点開発構想〉 　目標達成のため工業の分散を図ることが必要であり、東京等の既成大集積と関連させつつ開発拠点を配置し、交通通信施設によりこれを有機的に連結させ相互に影響させると同時に、周辺地域の特性を生かしながら連鎖反応的に開発を進め、地域間の均衡ある発展を実現する。	〈大規模プロジェクト構想〉 　新幹線、高速道路等のネットワークを整備し、大規模プロジェクトを推進することにより、国土利用の偏在を是正し、過密過疎、地域格差を解消する。	〈定住構想〉 　大都市への人口と産業の集中を抑制する一方、地方を振興し、過密過疎問題に対処しながら、全国土の利用の均衡を図りつつ人間居住の総合的環境の形成を図る。	〈交流ネットワーク構想〉 　多極分散型国土を構築するため、①地域の特性を生かしつつ、創意と工夫により地域整備を推進、②基幹的交通、情報・通信体系の整備を国自らあるいは国の先導的な指針にもとづき全国にわたって推進、③多様な交流の機会を国、地方、民間諸団体の連携により形成。
投資規模		1966 年から 1985 年約 130 ～ 170 兆円累積政府固定資本形成（1965 年価格）	1976 年から 1990 年約 370 兆円累積政府固定資本形成（1975 年価格）	1986 年度から 2000 年度 1,000 兆円程度公、民による累積国土基盤投資（1980 年価格）

出所：国土庁監修『平成 12 年度　国土統計要覧』大成出版社をもとに、各国土形成計画（全

新たな全国総合開発計画 （五全総）	国土形成計画 （全国計画）	第２次国土形成計画 （全国計画）
1998 年 3 月 31 日	2008 年 7 月 4 日	2015 年 8 月 14 日
橋本内閣	福田内閣	安倍内閣
1 地球時代（地球環境問題、大競争、アジア諸国との交流） 2 人口減少・高齢化時代 3 高度情報化時代	1 本格的な人口減少社会の到来、急速な高齢社会の進展 2 グローバル化の進展と東アジアの経済発展 3 情報通信技術の発達 4 安全・安心に対する国民意識の高まり 5「公」の役割を果たす主体の成長	1 本格的な人口減少社会の到来 2 地域の個性を重視し、地方創生を実現 3 イノベーションを起こし、経済成長を推進
「21 世紀の国土のグランドデザイン」 一極一軸型から多軸型国土構造へ	―	「国土のグランドデザイン 2050」対流促進型国土の形成
2010 年から 2015 年	おおむね 10 年間	2015 年から 2025 年
〈多軸型国土構造形成の基礎づくり〉 　多軸型国土構造の形成を目指す「21 世紀の国土のグランドデザイン」実現の基礎を築く。 　地域の選択と責任に基づく地域づくりの重視。	〈一極一軸型の国土構造の是正〉 　東京を含めた国内各地域と東アジアをはじめ世界の諸地域という視点で、経済成長を支えるエンジンを強化。	〈国土の均衡ある発展〉 　それぞれの地域が個性を磨き、異なる個性を持つ各地域が連携することによりイノベーションの創出を促す「対流型国土」の形成を図ることとし、この実現のための国土構造として「コンパクト＋ネットワーク」の形成を進め、これからの時代にふさわしい国土の均衡ある発展を実現。
1 自立の促進と誇りの持てる地域の創造 2 国土の安全と暮らしの安心の確保 3 恵み豊かな自然の享受と継承 4 活力ある経済社会の構築 5 世界に開かれた国土の形成	1 広域的地方計画区域等の広域ブロックが東アジア等と交流・連携 2 広域ブロック内部では都市および産業を強化 3 人々の視野を市町村から広域の生活圏へ、都道府県から広域ブロックへ、日本国土から東アジアへ拡大	1 急激な人口減少、少子化 2 異次元の高齢化の進展 3 変化する国際社会の中で競争の激化 4 巨大災害の切迫、インフラの老朽化 5 食料・水・エネルギーの制約、地球環境問題 6 ICT の劇的な進歩等技術革新の進展
〈参加と連携〉 　―多様な主体の参加と地域連携による国土づくり―（4 つの戦略） 1 多自然居住地域（小都市、農山漁村、中山間地域等）の創造 2 大都市のリノベーション（大都市空間の修復、更新、有効活用） 3 地域連携軸（軸状に連なる地域連携のまとまり）の展開 4 広域国際交流圏（世界的な交流機能を有する圏域）の形成	〈広域ブロックの自立的発展〉 1 東アジアとの交流・連携 2 持続可能な地域の形成 3 災害に強いしなやかな国土の形成 4 美しい国土の管理と継承 5「新たな公」を基軸とする地域づくり	〈対流促進型国土の形成〉目標を達成するために、①コンパクト都市と地域間のネットワークを形成、②地方から東京圏への転出と東京一極滞留を防ぐた雇用と暮らしが魅力ある地方を創生、③コンパクト＋ネットワークの地域主体として、1）集落ごとの「小さな拠点」、2）コンパクトシティと地方都市間のネットワークからなる「地方都市圏」、3）広域地方計画区域を単位とする「地方広域ブロック」、4）リニアがつなぐスーパーメガリージョンとしての「大都市圏」等を形成し活かす。
投資総額を示さず、投資の重点化、効率化の方向を提示。		

体計画）の内容を加筆し作成。

表 5-2　新産業都市地域と工業整備特別地域の概要

道県名	地区名	指定地区内の都市
〈新産業都市地域〉		
北海道	道央	札幌市、小樽市、室蘭市、苫小牧市、江別市、千歳市、登別市、恵庭市、伊達市
青森県	八戸	八戸市、十和田市、三沢市
宮城県	仙台湾	仙台市、石巻市、塩竈市、名取市、多賀城市、岩沼市
秋田県	秋田湾	秋田市、男鹿市
福島県	常磐・郡山	いわき市、郡山市、須賀川市
新潟県	新潟	新潟市、新発田市、新津市、白根市、豊栄市
長野県	松本・諏訪	松本市、岡谷市、諏訪市、大町市、茅野市、塩尻市
富山県	富山・高岡	富山市、高岡市、新湊市、氷見市、砺波市、小矢部市
鳥取県・島根県	中海	鳥取県＝米子市、境港市、島根県＝松江市、出雲市、安来市、平田市
岡山県	岡山県南	岡山市、倉敷市、玉野市、総社市
徳島県	徳島	徳島市、鳴門市、阿南市、小松島市
愛媛県	東予	今治市、新居浜市、西条市、四国中央市（旧川之江市、伊予三島市）、東予市
大分県	大分	大分市、別府市、杵築市
宮崎県	日向・延岡	延岡市、日向市
福岡県・熊本県	不知火・有明・大牟田	熊本県＝熊本市、八代市、荒尾市、玉名市、山鹿市、宇土市、福岡県＝大牟田市、大川市
〈工業整備特別地域〉		
茨城県	鹿島	鹿島市、波崎市
静岡県	東駿河	沼津市、三島市、富士宮市、富士市、御殿場市、裾野市
愛知県	東三河	豊橋市、豊川市、蒲郡市、新城市
兵庫県	播磨	姫路市、明石市、相生市、加古川市、滝野市、赤穂市、西脇市、三木市、高砂市、小野市、加西市
広島県・岡山県	備後	広島県＝三原市、尾道市、因島市、福山市、府中市、岡山県＝笠岡市、井原市
山口県	周南	周南市（徳山市、新南陽市）、防府市、下松市、光市、柳井市

出所：一般財団法人日本立地センター「平成 25 年度地域経済産業活性化対策調査」報告書、

開発方針（業種）	正式指定
既存の鉄鋼業、紙パルプ工業、食料品工業と関連産業、機械工業、その他地域資源活用工業	1964 年 4 月
砂鉄利用工業、化学工業、食料品工業と関連加工工業、その他地域資源活用工業	1964 年 3 月
機械工業、金属工業、食料品と関連産業、その他地域資源活用工業	1964 年 3 月
既存非鉄金属工業、化学工業、石油精製工業、木材利用工業、同時に地域資源活用工業の新規立地	1965 年 11 月
化学工業、化学繊維工業、非鉄金属工業、機械工業と関連産業、地域資源活用工業、産炭振興に配慮	1964 年 3 月
既存ガス化学工業、機械工業、金属工業、石油精製工業と関連産業、地域資源活用工業	1964 年 3 月
精密機械工業と食料品工業などの地域資源活用工業	1964 年 3 月
化学工業、化学繊維工業、合金鉄鋼業と関連産業、機械工業	1964 年 4 月
既存の食料品工業、木材利用工業、繊維工業、鉄鋼業、加えて機械工業、地域資源活用工業	1966 年 11 月
鉄鋼、石油精製等臨海性装置工業と関連工業、機械工業	1964 年 1 月
化学工業、化学繊維工業、パルプ工業と関連産業	1964 年 1 月
既存の化学工業、化学繊維工業、非鉄金属工業、機械工業と関連工業、地域資源活用工業	1964 年 1 月
鉄鋼、石油精製等臨海性装置工業と関連工業、機械工業	1964 年 1 月
既存の化学工業、化学繊維工業、食料品工業と関連工業、機械工業	1964 年 1 月
石炭関連工業、化学工業、食料品工業と関連工業、機械工業、地域資源活用型工業、産炭地振興に配慮	1964 年 4 月
鹿島港周辺の臨海部に鉄鋼、石油精製、石油化学、電力、重機械等の基幹産業によるコンビナートを形成し、その周辺地区に機械工業等関連工業の発展を促す。	1964 年 9 月
用水利用の紙・パルプ工業、化学工業の育成とともに、基幹交通施設沿線に機械工業の導入を促進する。	1964 年 9 月
機械工業、金属工業、食料品と関連産業及びその他地域資源活用工業	1964 年 9 月
臨海部に鉄鋼、化学工業を中心とする臨海性装置工業、隣接の内陸部に重機械、化学等を育成して重化学工業地帯へ発展させる。背後の内陸部に関連工業の育成を図る。	1965 年 9 月
既存の鉄鋼業、機械工業、化学工業を中心に開発を図り、特に鉄鋼関連工業の発展を促進する。	1966 年 9 月
既存の鉄鋼業、化学工業、石油精製業の一層の発展を促進し、関連工業の育成を図る。	1964 年 9 月

2014 年 3 月、6-7 頁、原資料は国土庁。

　その結果、大都市圏・既存工業地帯・大消費地との間を鉄道、道路、航路で結ばれた新産業都市地域へは重化学工業の新規立地が徐々に進行し、生産力の向上と経済力の格差是正に向かっていく。首都圏と常磐線で直結した福島県常磐郡山地区、阪神工業地帯と陸海路で直結した岡山県南地区、九州工業地帯と同様に陸海路で結ばれた大分地区などは「新産業都市の優等生」と称賛されるほど重化学工業の集積が進展するようになる。

　しかし、他の新産業都市地域は既述の通り、太平洋ベルト地帯上の四大工業地帯や大都市圏から遠く離れた地域が多く、総じて既成工業地帯からの企業・工場の分散立地は困難に直面していくことになった。大都市圏や既存工業地帯からの重化学工業誘致に期待を寄せてきた新産業都市地域では、道県や市町村の議会、地元産業界から費用対効果を問題視する声も出されるようになる。

　莫大な公共投資で大規模工場の誘致を働きかけながら、企業・工場の進出が目標に至らない新産業都市地域では、高率国庫補助により積極的な産業基盤投資を重ね、そのうちの自己負担財源を賄うために地方債を発行し重化学工業誘致等に取り組んできたことが影響し、地方債の元利償還が自治体財政の硬直化を進め、小中学校、市町村道、公営住宅など生活基盤事業の遅れや計画の見直しを余儀なくされる事態を生むことになった。また、企業・工場の進出と操業が計画を大幅に下回る新産都市地域では、豊かな地域社会という社会目標すら薄らいでいったのである。

　他方、企業・工場の誘致と操業に成功し、石油化学コンビナートや銑鋼一貫型の臨海工業地帯が操業を始めた「新産業都市の優等生」では、臨海コンビナートや臨海工業地帯の周辺住民や労働者、その家族の中に、体調の異変を訴える者を多数生むようになる。公害患者や労働災害の犠牲者の発生である。被害者を取り巻く大気、河川、海洋、地下水の汚染は動植物にとどまらず人間の命をも奪う絶対的損失や農林水産業の破壊をもたらす経済的損失へと向かっていく*6。

　次章で述べるように、公害や環境破壊の原因企業による発生源対策や政府による被害者救済が進展を見せない中で、原因企業・工場の地方再

配置を、国土計画を通じ推進した政府の責任が、裁判で問われる事態に及んでいく。

　結局、全総の開発方式は、経済成長を最優先する政府と資本蓄積を急ぐ重化学工業資本の投資戦略のもとで進められていった。新産業都市地域や工業整備特別地域では、企業・工場の誘致を推し進め、道県内における新産業都市地域等の工業製品出荷額及び人口で占める割合を総じて高い状態へと導いていった。ただし、その成果と引き替えに、同地域では公害病患者や労働災害被害者の発生、生活基盤整備の遅れ、自治体財政の硬直化など、地域社会に新たな矛盾を生み出していくようになる。

3　第二次全国総合開発計画と巨大開発プロジェクト

グローバル経済の多極化時代

　1970 年代は、東西両陣営内での多極化が進んだ時代である。このうち西側では、米国経済が低迷する一方、日本や西ドイツ（当時）が高度成長を遂げ、従来の米国一極体制の構造が多極化しはじめる時代を迎える。

　米国は、1961 年からベトナム戦争へ介入することで膨大な財政赤字と通貨膨張によるインフレを進行させ、その結果、国内の非軍需生産部門における生産性の低迷、貿易収支の悪化、膨大な国際収支の赤字を抱え込み、ドル不信を生むことになる。国際通貨危機再発のもとで金・ドル交換停止（＝ドルショック、1971 年）を余儀なくされ、ベトナム戦争では敗北を帰すことになる。

　国内外の政治経済が大混乱し疲弊する米国に対し、日本はその対極にあったといえる。日本は米国のベトナム戦略を最大限に利用して、重化学工業部門を中心に省力化・大型化に向けた設備投資に取り組み、生産能力の飛躍的向上を達成した。対ドル固定相場を利用し、戦時下のベトナムやベトナム周辺諸国、米国への輸出を持続的に拡大した結果、貿易収支・国際収支の黒字基調への転換（1965 年）を成し遂げ、その後は黒字幅の拡大を実現し、貿易大国を標榜するまでに成長していく。

二全総の大規模開発プロジェクト構想

　重化学工業資本の国際競争力強化＝対アジア・対米輸出貿易の拡大政策は、四大工業地帯および四大工業地帯と地方工業地帯とを結ぶ鉄道、道路、海運などの産業基盤の重点投資によって実現をみる。

　三大都市圏では人口の集中がいっそう進んだ結果、大気汚染・水質汚濁・騒音・振動・地盤沈下・悪臭や、住宅・学校など生活基盤の絶対的不足、いわゆる「集積の不利益」を生じ、都市住民の生活環境は急速に悪化していった。大都市圏だけでなく地方工業都市でも公害問題や労働災害が深刻さを増していった。

　他方、地方圏では農業が、1970年に閣議決定した「総合農政」のもとで大規模経営化を推し進められていく。その結果、小規模な生産農家の離農が相次ぎ、農山村から県内都市部へ、さらに大都市圏への労働力の流出要因となった。

　世論は、大都市偏重の重化学工業化と経済成長の矛盾を厳しく問うようになり、過疎問題と過密問題、住民福祉の遅れ、公害問題、自然破壊を糾弾し、労働運動の活発化や革新自治体の誕生と躍進を力強く支持した。こうして開発国家から福祉国家へ、官僚政治から市民政治へ、大都市圏偏重から地方圏重視へと世論の関心は向かい、政治の潮流をつくるようになる。

　1969年制定の第二次全国総合開発計画（以下、二全総と略す）は、世論の変化を巧みに取り込みつつ、地方圏での大規模開発を掲げ、開発可能性を全国土へと広げていく。既成工業地帯では、輸送機器等の集中豪雨型輸出を支えつつ経済大国化を追求する一方で、高福祉社会への転換も掲げ、大都市圏では社会開発の重視、地方圏では高速鉄道・工業団地・生活基盤など公共投資の充実と企業・工場の再配置促進を計画化し、地域格差の是正を求めていく*7。

　二全総の構想では、まず全国を中央地帯（三大都市圏と瀬戸内地区を結ぶ一帯）、北東地帯、南西地帯の三地区に区分し、中央地帯には中枢管理機能や文化機能が集積した巨大都市地帯を整備する。北東地帯と南西地帯には大規模工業基地（むつ小川原、苫小牧東、周防灘、志布志）、

巨大農業基地、巨大観光基地を配置する計画が描かれた。そのうえで、各地帯間を新幹線・高速道路・航空路・データ通信網など交通通信ネットワークで結びあわせ、地域間分業関係を構築強化しながら全国を一日で回ることのできる「一日行動圏」として開発をめざす、いわゆる「ネットワーク型開発構想」と呼ばれる地域開発方式が、二全総の特徴といえる。

上記の大規模工業基地候補とされた十勝臨海、苫小牧東部、むつ小川原、秋田臨海、周防灘、志布志湾のうち、苫小牧東部とむつ小川原が国主導のプロジェクトとして位置付けられ、第三セクター「苫小牧東部開発（株）」（現在の株式会社苫東）、「むつ小川原開発（株）」（現在の新むつ小川原株式会社）が設立された。その両者とも、広大な用地の造成、大水深の港湾建設、工業用水道の整備を進めることによって重化学工業の進出による臨海コンビナートの開発をめざしていた。他方、志布志湾は、鹿児島県主導で地域開発を進めることになるが、残りの十勝臨海、秋田臨海、周防灘の計画は白紙となっている *8。

この全国ネットワーク型開発構想による大規模プロジェクトの推進と地域格差の是正論には、田中角栄を幹事長とする自民党の都市政策大綱における国土計画方針が大きく影響した。田中角栄は1968年制定の自民党による都市政策大綱で二全総が掲げる国土の課題や地域開発方式を描き、二全総に投影させた *9。

さらに、二全総を強力に後押しする地域開発指針として、首相となった田中角栄は1972年「日本列島改造論」を発表する。しかし、開発よりも環境や福祉を求める世論は、田中内閣の日本列島改造論による全国土の大規模開発プロジェクト志向を許さず、日本列島の改造・開発は、地価高騰ブームを生んだ後、見直されていく。

1972年、高度成長指向を貫く二全総は見直し作業（フォローアップ作業）を受けることになり、1977年までに自然環境の保全・巨大都市・工業基地・農林水産業・地方都市・土地管理・国土管理など8項目にわたる総点検が行われ、73年秋の第一次オイルショックの影響もあって、最新鋭の大規模重化学工業化と全国ネットの産業基盤整備に重点を置い

表 5-3　苫小牧東部開発新計画（1995 年策定、2020 年目標）

産業関連等用地……………5500ha	100.0%	＊全体用地面積は 10700ha。そのうち港湾、道路等が占め 5200ha に及ぶ。
分譲済地……………1051ha	19.1%	＊産業関連等用地は、産業関連 3300 からなる。
賃貸地……………585ha	10.6%	

主な操業企業（分譲）	事業
北海道電力（株）苫東厚真発電所 1 号機	石炭専焼火力発電所 35 万 kW
北海道石油共同備蓄（株）	貯油能力約 350 万 KL、31 基
いすゞエンジン製造北海道（株）	自動車エンジンおよび部品製造
苫東石油備蓄（株）［（独）石油天然ガス・金属鉱物資源機構］	貯油能力約 640 万 K L、57 基
苫東コールセンター（株）	海外炭輸入中継、貯炭能力最大 66 万 t
北海道電力（株）苫東厚真発電所 2 号機、4 号機	石炭専焼火力発電所 60 万 kW、70 万
西田鉄工（株）	水門・可動堰等製作
（株）ダイナックス	自動車クラッチプレート製造
カナフレックスコーポレーション（株）	土木用集配水管類製造
（株）日邦バルブ	水道バルブ、継手類製造
日本板硝子北海道（株）	複層ガラス製造
太陽日酸北海道（株）	工業用ガス製造販売
（株）サニックスエナジー	プラスチック燃料専焼発電所
（株）マテック	使用済自動車破砕再資源化工場
アイシン北海道（株）	自動車用アルミ鋳造部品製造
オエノンホールディングス（株）・合同酒精（株）	バイオエタノール製造および酒類・

（付属）操業開始予定の企業		
〈メガソーラー〉	電力供給世帯	
【ソフトバンク関連】		
・苫東安平ソーラーパーク（株）	約 3 万世帯	出資＝ソフトバンクエナジー（株）
【シャープ関連】		
・シャープ第一太陽光発電所	約 800 世帯	出資＝シャープ（株）25%、芙蓉総
・シャープ第二太陽光発電所	約 750 世帯	出資＝シャープ（株）25%、芙蓉総
・シャープ苫東の森太陽光発電所	約 14000 世帯	出資＝シャープ（株）、オリックス
〈合計〉	約 45550 世帯	【苫小牧市人口 174000 人、86000 世
〈植物工場〉	エネルギー	
苫東ファーム（株）＝大規模植物工場クラスターの形成（食関連産業拠点）	木質バイオマス	・出資会社＝富士電機（株）、清水建・イチゴ生産、栽培棟 2ha、効率的な
J ファーム＝スマートアグリ事業（生産事業＋ EPC 事業）	天然ガス	・出資会社＝ JFE エンジリニアリン・トマト、ベビーリーフ生産、栽培程度

注：2014 年 9 月現在の立地企業総数は 97 社、そのうち操業中の企業は 70 社、未操業の企業は
出所：株式会社苫東より提供された資料を加工し作成。

にみる立地企業（分譲・賃貸）の現状（2014年9月現在）

左記の産業関連等用地以外は緑地、公園、河川、		
ha、研究開発関連 1000ha、都市開発関連 1200ha		
内容	分譲面積	操業年月
	21.0ha	1980 年 10 月
	198.7ha	1982 年 9 月
	148.1ha	1984 年 5 月
	218.0ha	1984 年 9 月
	27.6ha	1985 年 1 月
kW	35.6ha	1985 年 10 月
	2.7ha	1988 年 8 月
	12.2ha	1991 年 1 月
	3.3ha	同上
	4.7ha	1994 年 7 月
	5.6ha	1998 年 1 月
	4.7ha	2002 年 4 月
	4.5ha	2003 年 4 月
	4.2ha	2006 年 10 月
	20.0ha	2007 年 4 月
工業用アルコール製造	8.8ha	2009 年 4 月

	面積	稼働時期
50%、三井物産（株）50%、着工 = 2013 年 10 月 7 日	166ha	2015 年冬

	面積	稼働時期
合リース（株）75%、着工 = 2012 年 12 月 7 日	5.9ha	2013 年 6 月 29 日
合リース（株）75%、着工 = 2012 年 12 月 7 日	5.3ha	2013 年 8 月 4 日
（株）とも非公表、着工 = 2013 年 112 月 3 日	141.5ha	2015 年 12 月
帯の 53% に相当する家庭に電力供給可能能力	318.7ha	

	面積	着工と出荷
設（株）、（株）北洋銀行、苫小牧信金、菱中建設 周年栽培技術、従業員第 2 期操業後最大 150 名	3.4ha（2016 年第 2 期に 3ha 追加予定）	2014 年 4 月 19 日 着 工し、2014 年 11 月末 出荷予定
グ（株）、（株）アド・ワン・ファーム 棟トマト 0.5ha、ベビーリーフ 1ha、従業員 50 名	3.8ha	2014 年 3 月 18 日 着 工し、2014 年秋出荷

は 27 社。

た高度成長指向の地域開発は、根本的な見直しを求められていく。

　だが、その後も、国主導の大規模開発プロジェクトは中止されることのないまま現在も新たな形で続けられている。新たな形とは、国や県による新規出資や民間金融機関の債務解消による事業会社の新設、まったくの新規事業計画への変更による大規模工業開発の継続を意味する。表5-3は、苫小牧東部開発の現状である。1972年7月に設立された苫小牧東部開発（株）は1971年8月策定の「苫小牧東部大規模工業基地開発基本計画」を推し進め、鉄鋼や石油精製など重厚長大型重化学工業の誘致をめざしていた。ところが、同社が経営破綻し、1999年7月北海道東北開発公庫や北海道による新たな出資と民間金融機関の債権放棄によって新会社「株式会社苫東」が新設され、旧計画の放棄と2020年にむけ国際化・情報化に対応した多機能複合型の「苫小牧東部開発新計画」への着手が開始されている[10]。

　また、もう一つの大規模開発プロジェクトのむつ小川原も、石油精製、石油化学、火力発電等の誘致を掲げ「むつ小川原開発基本計画」（1972年策定、85年目標）を推進するが、苫小牧東部同様に計画はとん挫する。しかし、1984年4月電気事業連合から青森県に対して核燃料サイクル施設の立地要請が行われたことを機に、基本計画は核燃料サイクル施設を軸とした開発へと切り替えられながら継続されている[11]。

4　地方の時代と三全総

定住構想の理想と現実

　1973年と79年の2度にわたるオイルショックによる石油製品の価格急騰と、73年固定相場制から変動相場制への移行、その結果としての円高ドル安への為替変動の加速による石油関連素材の需要減によって、鉄鋼・化学・アルミ・石油精製など重化学工業は輸出量を激減させ、稼働率の大幅低下から過剰生産体制の見直しを迫られることになる。

　この事態に政府の総需要抑制政策が加わり、高度経済成長を牽引してきた素材供給型重化学工業は、70年代には構造不況業種へと転じ、リ

ーディング・インダストリーとしての国内経済の地位を失っていく。それとともに、日本の素材供給型重化学工業の生産拠点は次第に東南アジアへと移転を加速し、海外直接投資を膨張させていく。

　他方、政府は1981年を財政再建元年として第二次臨時行政調査会を発足させ、財政支出の大幅削減と民間活力の活用を掲げる一方、「政府に比べ財政的余力がある」と判断した地方自治体に対して地域政策の展開を求め、いわゆる「地方の時代」を演出するようになる。この地方の時代の国土開発を描いたのが、1977年策定の第三次全国総合開発計画（三全総と略す）である。その特徴は、全総の拠点開発構想や二全総の大規模プロジェクト構想では重視されてこなかった「地方における定住環境の総合的整備」を基本目標に掲げた点にある。

　三全総の開発方式は定住構想と呼ばれ、雇用の場である生産環境のみでなく、豊かな自然環境と質の高い生活環境をともに備えた総合的居住条件を地方圏に整備し、若年層を中心に人口の地方定住を促して、過密過疎の解消とともに定住環境の改善をめざそうとした*12。

　定住構想のエリアとなる定住圏とは、主要河川の流域に点在する都市と農山漁村を一体的にとらえた流域生活圏と位置づけられ、全国に200〜300の圏域を配置することが計画で謳われた。

　この定住構想を推進するため、1979年7月国土庁「モデル定住圏計画策定要綱」にもとづき、同年8月に全国28圏域、9月には12圏域、その後さらに4圏域が追加され、合計44圏域がモデル定住圏に指定されていく。

　しかし、定住構想は、構想の具体化の過程で各省庁が従来独自に策定してきた構想を強引に反映させようと権限争いを演じたことから当初の目標を逸脱するようになる。すなわち、「地方自治体が住民の意向を受けて定住圏を整備」し、総合的な居住条件の改善に繋げていく方針が形骸化していくことになる。逆に、各省庁主導の縦割り行政の枠にはめ込まれた計画策定が地方公共団体に求められていくようになる。

　また、定住構想発表当初の1980年から82年の間に指定を受けた定住圏では、着手された公共事業の多くが、企業誘致のための受け皿づくり

を優先した。工業団地の造成、道路整備など高率補助が適用され補助金額が大きい大型土木事業に集中し、地方圏にとって重要な定住環境が、依然として企業誘致のためのインフラ整備であることも明らかとなった。

　そのため、全総や二全総のように具体的な大規模工場の分散戦略をもたない三全総に対し、企業誘致を切望する地方自治体からは不満の声が上がるようになる。定住構想では、雇用の増加や産業構造の高度化に貢献しない。他方、東京圏では物価上昇や失業率の上昇のもとで雇用吸収力を失い、地方圏からの人口流出が減り、地方圏では若者世代に雇用と定住を促す地域産業政策が強く求められるようになっていた。それだけに、通産省（当時）主導のテクノポリス構想は、地方自治体の不満を解消する絶好の地域産業政策として期待を集めるようになる。

地域産業戦略としてのテクノポリス構想

　テクノポリス構想は、政府の「技術立国構想」の一貫をなすものとして、1980 年 3 月の通産省産業構造審議会（当時）の答申「80 年代の通産政策ビジョン」で初めて提唱された。同ビジョンは、テクノポリスを「産」（先端技術産業）「学」（工科系大学・試験研究機関）「住」（潤いのある快適な生活環境）が調和した都市とし、産業構造の知識集約化と高付加価値化の目標（創造的技術立国）および 21 世紀に向けた地域開発の目標（定住構想）とを同時に達成することをめざしていた[13]。

　通産省は、当初全国で 1 カ所程度を想定し、技術立国日本のシンボル的な都市プロジェクトとしてテクノポリス構想を描いていた。しかし、70 年代から先端技術産業の保護政策を推進し、重化学工業にかわる輸出型産業に育ててきた通産省の省益優先の論理と、2 度のオイルショックを背景に広がる地方圏の雇用不安、大都市圏との所得格差の是正を求めたリーディング産業の地方誘致を熱望する地方政財界の論理とが相乗作用し、全国 38 地域が名乗りを上げるなどテクノフィーバーを巻き起こすことになる。結局、1981 年に 19 地域が基本構想策定の地域として指定されることになった[14]。

　1983 年 4 月、建設省、農林水産省、国土庁等の協議を経て、高度技

術工業集積地域開発促進法（テクノポリス法）が制定され、翌1984年3月、新潟県長岡市、富山県、静岡県浜松市、広島県、山口県、熊本県、大分県、宮崎県、鹿児島県など9地域が開発計画の承認を受けた。その後、1985年までに21地域となり、1987年には岩手県北上川流域、山形県など5地域が追加され、最終的には全国26地域がテクノポリス地域として指定を受けた。

　ただ、指定に際しては、折からの国家財政の危機を理由に、拠点開発方式でとられたような公共投資の補助率かさ上げ措置や地方債の特例措置など政府による財政特例措置が適用されることはなかった。そのため、地域を構成する複数の市町村が地元工学系大学やエレクトロニクス・メカトロニクス関連企業等との連携のもとで、自発的にテクノポリス計画地域の整備を推進しなければならなかった点が従来の国主導の地域開発と大きく異なる点である。

　それでも1985年末までにテクノポリス地域内には176カ所もの工業団地が整備された[15]。工業団地の整備は進んだものの、この過程で、テクノポリスは「技術立国日本のシンボル事業」とのうたい文句から、「地域主導のローカル事業」へと変貌を遂げたといってよい。

　その結果、表5-4で記されたような先端技術産業の進出と産業集積が、構想通りに進むことはなかった。テクノポリスのローカル化だけでなく、1985年のプラザ合意による円高ドル安のもと、エレクトロニクス・メカトロニクスなど高度技術機械産業、バイオ（医薬等）、新素材産業の多くが、ハイテク工場を立地条件で比較優位に立つ東南アジア諸都市に進出させていくなど投資環境の国際化も大きく影響したためである。

　国内を見渡しても、研究所機能の首都圏一極集中は変わることなく続き、先端技術関連工場ですら、首都圏から遠隔なテクノポリス地域では新規進出を見合わせる結果に終わっていく。こうして、先端技術型田園都市をめざした地方政財界の期待は裏切られていく。

　結局、テクノフィーバーのなかで華々しく登場したテクノポリス構想は、1998年12月、テクノポリス法の廃止によって終了する。定住構想は、「地方に定住する環境」整備の面とともに「地域経済を活性化する

表 5-4　テクノポリス地域別計画の概要

道府県	地域名	関係市町村数	母都市	中核大学
〈先発 14 地域〉				
北海道	函館	1 市 3 町	函館	北海道大学
秋田	秋田	1 市 2 町	秋田	秋田大学
新潟	長岡	1 市	長岡	長岡技術科学大学
栃木	宇都宮	2 市 2 町	宇都宮	宇都宮大学
静岡	浜松	3 市 2 町	浜松	静岡大学、浜松医科大学
富山	富山	2 市 4 町	富山	富山大学、富山医科薬科大学
岡山	吉備高原	3 市 5 町	岡山	岡山大学、岡山理科大学
広島	広島中央	3 市 2 町	呉	広島大学
山口	宇部	4 市 4 町	宇部	山口大学
福岡・佐賀	久留米・鳥栖	2 市 5 町	久留米	久留米工業大学、久留米大学
大分	県北国東	4 市 13 町	大分	大分大学、大分医科大学
熊本	熊本	2 市 12 町	熊本	熊本大学、熊本工業大学
宮崎	宮崎	1 市 6 町	宮崎	宮崎大学、宮崎医科大学
鹿児島	国分隼人	2 市 12 町	鹿児島	鹿児島大学、九州学院大学
〈1985 年度追加〉				
青森	青森	4 市 2 町 2 村	青森	弘前大学
兵庫	西播磨	4 市 10 町	姫路	姫路工業大学
香川	香川	5 市 7 町	高松	香川大学、香川医科大学
長崎	環大村湾	3 市 3 町	佐世保	長崎大学、長崎総合科学大学
〈1986 年度以降追加〉				
宮城	仙台北部	1 市 3 町 1 村	仙台	東北大学、東北学院大学
福島	郡山	2 市 3 町 1 村	郡山	日本大学工学部
北海道	道央	3 市 1 町	札幌	北海道大学、北海道医科大学
岩手	北上川流域	4 市 1 町 1 村	盛岡	岩手大学、岩手医科大学
山形	山形	5 市 1 町	山形	山形大学
山梨	甲府	2 市 14 町 5 村	甲府	山梨大学、山梨医科大学
長野	浅間	3 市 6 町 1 村	長野	信州大学
愛媛	愛媛	6 市 6 町	松山	愛媛大学

出所：日本立地センター「平成 25 年度地域経済産業活性化対策調査」報告書、2014 年 3 月、推進の歩み）、を加工作成。

目標とする産業群
海洋産業、資源活用産業（エレクトロニクス、メガトロニクス、バイオ等）
エレクトロニクス、メガトロニクス、新素材、資源エネルギー、バイオテクノロジー
高次システム産業、都市型（デザイン、ファッション）産業、地域資源活用型産業
エレクトロニクス、メガトロニクス、ファインケミカル、新資材、ソフトウエア
光技術産業、高度メカトロニクス、ホームサウンドカルチャー
メカトロニクス、新素材、バイオ、情報産業
バイオテクノロジー、エレクトロニクス、メガトロニクス
エレクトロニクス、新素材メガトロニクス、バイオ
エレクトロニクス、メガトロニクス、新素材、海洋開発、バイオ等
メカトロニクス、ファインセラミックス、次世代産業（バイオ等）
エレクトロニクス、メカトロニクス、バイオインダストリー、ソフトウエア
応用機械産業、バイオテクノロジー、電子機器、情報システム産業
地場型（バイオ）、導入型（エレクトロニクス）、都市型（都市システム）
エレクトロニクス、メカトロニクス、バイオインダストリー、ソフトウエア新素材、バイオ

バイオ、メカトロ、エレクトロニクス、新素材、ソフトウエア、システム開発産業
高度技術機械産業（メカトロニクス、オプトエレクトロニクス）、医療福祉産業（バイオテクノロジー、ME 機器）
バイオテクノロジー、メカトロニクス、新素材、ソフトウエア
エレクトロニクス、メカトロニクス、新素材、バイオ

高度技術機械産業、新素材産業、バイオインダストリー、都市情報産業
マイクロエレクトロニクス技術利用産業、新素材技術利用産業、バイオ技術利用産業
メカトロニクス、新素材、バイオテクノロジー産業
エレクトロニクス、メカトロニクス、バイオインダストリー、新素材
メカトロニクス産業、バイオテクノロジー産業、ファッション産業
応用機械産業、バイオテクノロジー、電子機器、情報システム産業
高度メカトロニクス産業、高性能部品産業、バイオ産業
新素材、ファッションケミカル、エレクトロニクス、メカトロニクス、バイオテクノロジー、情報産業

35頁、原資料は、日本立地センター「企業導入促進対策調査（テクノポリス・頭脳立地構想

環境」整備の面からも、行き詰まりを見せていくことになった。

5　多極分散型開発とネットワーク形成

経済の本格的グローバル化と内需拡大

　1970年代の２度に及ぶオイルショック以降、米国を中心とする西側先進国は、一様に景気の後退を招き、インフレの加速、失業の増大によって国内不安を高めていく。他方、アジアNIEs（四頭の竜といわれる香港、台湾地域、韓国、シンガポール）から西側先進国へ経済的圧迫を強める動きも加速していく。

　1981年に誕生した米国共和党のレーガン政権は、「強い米国の再生」をめざして、（1）社会福祉削減を含む政府支出削減（軍事以外）、（2）大幅企業減税による生産力向上・設備投資の促進および高額所得層を中心とする所得税減税による投資促進、（3）規制緩和による政府コストの削減と民間企業の活性化、（4）通貨供給量の管理によるインフレ克服、を柱とするレーガノミックスを展開し、経済力の回復を図った。

　しかし、貿易と財政の「双子の赤字」は一向に収まることなく逆に拡大し、ドル不安を世界中に呼び起こすことになった。

　この米国経済の窮状を救済するには、西側諸国が米国依存の貿易構造を改め、自国の規制緩和と民間活力の強化によって国内需要（内需）の喚起と市場開放を図ることが最優先課題とされた[16]。

　1987年の第四次全国総合開発計画（四全総と略す）は、規制緩和と民間活力の導入による内需主導型経済構造への転換を背景に登場した。内需主導型経済構造へ転換を図るため、大都市圏を除く地方圏が相互に交通・情報・通信体系の整備とネットワークを促し、国土上に特色ある機能をもった多くの極を整備し、特定の地域への人口や経済機能・行政機能等諸機能の過度の集中を是正しながら、地域間・国際間で相互に補完・触発し合う交流ネットワーク型国土を形成することを目標とした[17]。

　大都市圏内では多数の業務核都市を形成するために大規模再開発プロ

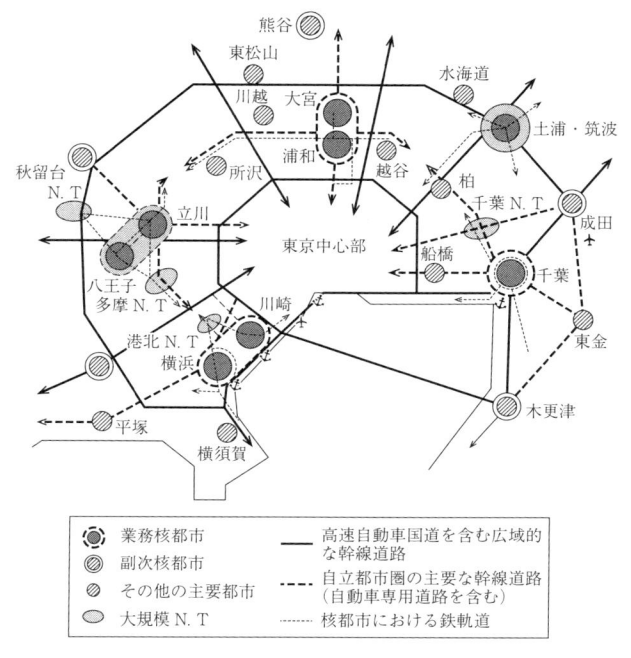

図 5-1　首都構造計画の構想

出所：国土庁監修『平成 7 年度　国土統計要覧』大成出版社、168-169 頁。

ジェクトが着手され、また東京圏、名古屋圏、大阪圏ごとに地域特性を活かした世界都市機能が、さらに地方圏では余暇関連産業を誘致し都市部との相互補完を目指すリゾート計画が志向されていく。

　図5-1は、東京圏内の再開発計画である。都心部では港区・中央区・千代田区を新たな高次業務空間とし、その周辺部では神奈川・多摩・埼玉・千葉・茨城南部の主な都市を「業務核都市」と位置づけて、民活主導による再開発を構想してきた。さらに、政府と民間の中枢管理機能の一部も移転させ、東京大都市圏の確立をめざした「首都改造計画」といい換えることができる。

リゾート計画による需要創造

　他方、地方圏では、これまで開発が及ばなかった農山漁村地域を舞台に、リゾート開発を進める構想が掲げられた。1987年6月に施行された総合保養地域整備促進法（通称、リゾート法）にもとづき、(1) ゆとりある国民生活の実現、(2) 第三次産業を中心とした地域の活性化、(3) 民間活力導入による内需拡大、がリゾート開発の戦略目標とされた。その結果、地方農山漁村地域では、新産業都市やテクノポリスの指定以来3度目の指定競争＝リゾートフィーバーを巻きおこすことになる。農山漁村地域ではリゾート法による重点整備地区の指定を受けたことで、市町村を巻き込んだ第三セクターが立ち上げられ、リゾート関連資本が建設するゴルフ場、スキー場、リゾートマンションなど3点セットと呼ばれる開発が着手されていった。

　リゾート施設は個人および法人会員の名義による不動産資産として、個人投資家や機関投資家の投資物件となって、全国の経済的条件不利地域に建設されていった。しかし、1990年のバブル経済崩壊後、首都圏を中心とする大都市圏のみならず、地方圏でも過大な再開発やリゾート開発計画は中止や見直しを余儀なくされていく。

　とくに2002年6月、国土交通省から都道府県に対するリゾート計画の総点検・見直し実施の通知が出され、2003年12月には総務省から都道府県に対する三セク事業の見直し・廃止・民間譲渡・完全民営化の検討指示が出されるようになる。それらを受け、不動産関連資本の乱脈経営と金融機関の放漫融資、自治体の無責任経営の象徴とまでいわれた三セク型リゾート事業は次々に中止へと追いやられていった*18。

6　アジア通貨危機下での多軸型国土開発

アジア通貨危機の地域インパクト

　1997年夏、タイの通貨バーツの暴落にはじまるアジア通貨危機は、日本経済に深刻な打撃を与えた。1980年代半ば以降本格的なグローバル化時代を迎えた日本では、85年のプラザ合意後の円高ドル安下で製

造業の東アジア直接投資が急増しはじめていた。また、90年代半ばにはアジア向け輸出が全輸出の44％を占めるなど、アジア新興国の外需に大きく依存した貿易構造を確立しつつあった。

アジア通貨危機は、アジア新興国への依存を強める日本経済に重大な混乱をもたらした。積極的に直接投資を行ってきた日本の製造業は、進出国や周辺諸国の消費市場・取引市場の経済収縮によって受注・売上・利益を大幅に減らし、倒産や撤退を余儀なくされる企業も生まれた。その影響が大きく及んだのは、大企業の海外進出と歩調をあわせるように追随して工場の海外進出をはたしてきた中小製造業である。

中小製造業への影響は、1997年第3四半期以降顕著になっていく。製造業・非製造業とも減収減益に転じていくが、銀行による貸し渋りが中小製造業の運転資金の調達を困難にし、経営難に直面する中小製造業を急増させた。中小企業を含め全企業の倒産件数は98年1万9171件、負債総額は戦後最大の14兆3812億円に達する事態となった。

破綻は民間企業にとどまらず、地方公共団体が設置したさまざまな第三セクター事業にも及ぶ。既述のように四全総下の地域開発事業体として誕生した三セクは、設立及び運営資金を供給する市町村が赤字補てんを続け経営を維持してきた面が強い。しかし、赤字の増加に伴い不良資産となるなかで自治体財政の運営にまで悪影響を及ぼすようになると、住民サービスへの影響が出始め、自治体運営上も見過ごすことができない深刻な事態へと陥っていく。

総合建設会社（ゼネコン）では、巨額の借入金に依拠した海外投資、国内不動産への過剰投資、開発事業の失敗から、規模の大小に関係なく経営難や破綻企業を続出させた。ゼネコンの経営難は、金融機関に対する債権放棄の要求、さらに不良債権となって金融機関自体の破綻再編にも及んでいったのである。

1997年11月の北海道拓殖銀行、98年10月の日本長期信用銀行、同年12月の日本債券信用銀行等の破綻は、グローバル化とバブル経済を背景とした金融機関の放漫経営のツケともいわれた。政府は、こうした事態を重く見て、預金者保護の名目で同年総額60兆円に及ぶ公的資金

を投入し、銀行救済に向かうことになる。ところが、公的資金の投入額はその後も増大し続け、2000年には70兆円と1年間の国家予算規模にまで膨張していく。

21世紀の国土のグランドデザイン

　アジア通貨危機と97年4月の消費税率引き上げ（3%→5%）を背景にした日本国内の消費低迷が相乗し、大企業から中小企業及び個人事業所にいたる大小さまざまな企業の倒産が相次いだ。電機・情報関連企業によるアジア新興国への海外生産の移転と国内生産の減少が顕在化する中で、とくに太平洋ベルト地帯上の大都市圏を除く地方経済圏での雇用環境は戦後最悪の事態へと向かっていく。四全総に代わる「新たな全国総合開発計画」（以下、五全総と略す）は、バブル崩壊後の深刻な経済停滞期に登場した[19]。

　五全総「21世紀の国土のグランドデザイン」は、1998年3月31日に閣議決定をみる。五全総は、従来の全総が太平洋ベルト地帯への一軸集中、新たな国土軸の整備を提示した。その基本目標が「多軸型国土の形成」である。多軸型国土では、（1）自然との共生、北方圏との交流を重視した北東国土軸、（2）歴史と伝統の連携、環日本海交流を重視した日本海国土軸、（3）森林と河川と沿岸域の連携、アジア太平洋交流を重視した太平洋国土軸、（4）都市の居住環境の再生を重視した西日本国土軸、など4本の国土軸が開発整備エリアとして構想された。

　4本の国土軸は、各々独自の開発戦略を掲げながら国土の形成をめざしていた。第一は、孤立する農山村を大都市・中枢都市・中核都市・地方都市と結びつけ広域産業生活圏の形成をめざした「多自然居住地域の創造」である。第二は、防災と居住条件の改善をめざした再開発の推進および大都市リノベーション事業の推進である。第三は、市町村が自主的に都道府県境を越えて広域連携を進めるための地域連携軸の整備である。第四は、地方が東京を経由せずに直接海外へアクセス可能な広域国際交流圏を形成できるよう空港・港湾・道路網を重点整備する戦略、などである。

この多軸型国土という新国土デザインを具現化するための重点的集中的な地域開発プロジェクトとして掲げられたのが、以下の大型公共事業である。すなわち、世界の大都市と新国土軸を結ぶ国際空港、国内大都市圏と新国土軸上の地方圏を結ぶ地方空港、太平洋国土軸上の各大都市圏を結ぶ新規高速道路網、大都市圏内の都市を結び広域経済圏を形成する環状道路網、遠隔の地域連携を縦横に進めるための縦貫道路網及び横断道路網、湾口地域や海峡地域を連絡し広域経済交流圏を形成するための大型橋梁、防災と利水を目的とした大型ダム・河口堰、農業生産目的の干拓、高度成長下の二全総が描いた南西地帯の「むつ小川原」や東北地帯の「苫小牧東部」など臨海工業地帯の再生利用計画、などである＊20。

以上の地域開発プロジェクトは、長期不況下からの脱出のテコ、あるいは民間投資の呼び水にも位置づけられ、多軸型国土形成に向けた民活事業として民間資金や民間経営手法を積極的に導入し推進された。1997年11月橋本内閣が財政構造改革を遂行するために導入を表明したPFI（Private Finance Initiative）も、その一例である。

PFIは、1999年7月「民間資金等の活用による公共施設等の整備等の促進に関する法律」として法制化された。その第1号となる地域開発プロジェクトが、2005年開港の中部新国際空港計画（愛知県常滑市）である。

しかしながら、小泉内閣による「特殊法人、許可法人の整理合理化計画」によって、特殊法人の改廃が断行されるとともに、目途が立たない大型公共事業は国民監視下で中止決定も下されていく。五全総が謳う多軸型国土の骨格をなす大型公共事業の一部には、こうして見直しを余儀なくされる事業計画も含まれていた。

7　人口減少時代の対流型国土形成

国土形成計画法の誕生

2005年7月、過去の国土計画の根拠法を為してきた国土総合開発法

が見直され、新たに国土形成計画法が誕生した（施行日は2005年12月22日）。国土づくりの根拠法を見直した背景には、従来の「開発」を基調とした国土計画自体が実効性を失っていたことがあげられる*21。

　過密都市から過疎地域へ産業再配置と公共投資を通じ地域間の経済格差を見直すことをめざしてきた「開発」基調の国土政策は、多国籍化する企業の投資戦略からも、また公共事業削減の潮流からも、見直しが不可欠な状況にあったといえる。

　従来の全国総合開発計画の根拠法である国土総合開発法は、それが制定された1950年当時の社会経済情勢を背景に、産業再配置と公共投資、優遇税制を軸に「開発」を基調とした量的拡大志向の地域開発を保障してきたといえる。

　ところが、1985年プラザ合意以後本格化する経済のグローバル化のもとで、企業の投資戦略は、豊富な低賃金労働力と成長が続く消費市場を求めて新興国へと外延的に膨張し、製造業では現地生産・現地販売および第三国輸出といった「現地生産主義」に軸足を置きながら、国内生産の規模を縮小する傾向に向かっていた。

　生産が国際分業体制を迎えた時代に、企業立地を国内地方へと誘導し、少子化のもと労働力の足りない地域で地域振興に貢献することを求める旧来の国土政策が実効性を失うのは当然のことともいえる。

　それとともに1990年代に地方分権改革が本格的に進展し、かつ2000年以降市町村数を半減させた平成の市町村合併が断行される中で、地方都市や農山漁村地域の再生を、地域の住民やNPO、産業や行政が主体的に連携し、取り組むことが急務となっていたこともあげることができる。

　このような背景のもと、国土形成計画法では国土計画を見直すべき方法として、①量的拡大を図る「開発」を基調としたこれまでの国土計画から、国土の質的向上を図るため、計画対象事項を見直し、国土の利用、整備及び保全に関する施策を総合的に推進する国土計画へと改変すること、②国土計画の策定プロセスにおける多様な主体の参画を図るため、地方自治体からの計画提案制度や国民の意見を反映させる仕組みを設け

ること、③全国計画のほか、ブロック単位ごとに国と都府県等が適切な役割分担の下で広域地方計画を創設し、地域の自律性の尊重及び国と地方公共団体の連携を図る、などを掲げた。

　この見直し方針に基づき、2008 年 7 月、福田康夫内閣で閣議決定された戦後 6 番目の国土計画が国土形成計画（全国計画）である。同計画は、本格的な人口減少社会の到来と高齢化の進展、さらに東アジア諸国の経済発展とグローバル化を背景に、一極一軸型国土構造を見直し、「新たな公共」との協働に基づく地域の自立的発展を求めていく。

　同計画は、2018 年度までの 10 年間を計画期間としていた。だが、2008 年 9 月のリーマンショック、2011 年 3 月の東日本大震災等による国内経済の停滞、被災地域の復興と国土強靭化を新たな課題とする緊急性の中で、国土計画は再び見直されていくことになる。

対流促進型国土の形成と戦略

　2008 年 9 月 15 日のリーマンショックによって、日米経済の冷え込みと消費の落ち込み、米ドルの下落が進むなかでも、中国はひとり高度経済成長を続けていく。2010 年には日本を抜いて米国に次ぐ世界 2 位の GDP 経済大国となる。2013 年には中国の GDP は日本の約 2 倍になり、ASEAN 諸国、インド、ロシアの経済成長も続き、日本経済の存在感が低下していく時代を迎えていた。円高ドル安の外為基調も影響し、2011 年には日本の貿易収支が赤字となる。他方、海外直接投資で大企業の内部留保は膨らみ、利潤の国内還元で所得収支は大幅な黒字を続け、日本の国際収支は海外進出企業の利益に支えられていくようになる。

　人口の減少に伴う地方圏での市街地の低未利用地や荒廃農地の対策、放置林対策、地域コミュニティの再評価と新たな制度化、共助社会づくりにおける多様な主体の連携強化なども、2011 年 3 月の東日本大震災を契機に強靭な国土形成とともに喫緊の地域政策課題に位置づけられていく。

　2014 年 7 月の「国土のグランドデザイン 2050」を踏まえ、①本格的な人口減少社会に初めて正面から取り組む国土計画、②地域の個性を重

表 5-5　新たな国土形成計画（広域地方計画）の概要

ブロック名	基本方針
東北圏	【震災復興からの自立的発展】 ・震災復興を契機に、日本海・太平洋 2 面活用による産業集積、農林水産業の収益強化、インバウンド増加により、人口減少下でも自立的に発展する圏域の創造。 ・自然と共生する環境先進圏域、農山漁村との共生による持続型圏域の実現。
首都圏	【安全・安心を土台に洗練された対流型首都圏の構築】 ・「対流型首都圏」の構築により、東京一極集中を是正するとともに、首都圏の国際競争力強化。 ・巨大災害にも対応できる強靱な首都圏の構築。 ・広域首都圏に存在する観光資源を活かしたインバウンドの拡大。
北陸圏	【日本海・太平洋 2 面活用型国土の要】 ・三大都市圏との連携、ゲートウエイ機能の強化による対流拠点圏域の形成。 ・国土全体の災害リスクに対応した多重性・代替性の確保。 ・接続型都市圏の形成、農山漁村の活性化等による環境豊かな暮らしの充実。
中部圏	【世界ものづくり対流拠点】 ・スーパー・メガリージョンによる価値創造、圏域全体への波及。 ・世界最強・最先端のものづくり中枢圏の形成、多様な観光産業の育成。 ・産学官民の連携・協力による災害に粘り強くしなやかな国土の構築。
近畿圏	【歴史とイノベーションによるアジアとの対流拠点】 ・スーパー・メガリージョンの一翼を担うため知的対流拠点機能の強化、次世代産業の育成。 ・圏域の北部・南部まで、各地の個性を活かした多様な観光インバウンド拡大。 ・防災・減災対策を推進し、快適で豊かに生き生き暮らせる圏域の充実。
中国圏	【瀬戸内〜日本海の多様な個性で対流し世界に輝く】 ・瀬戸内海側の産業クラスター、中山間地の自立拠点、日本海側の連携都市圏等の多様な拠点間のネットワーク強化による県境を越えた産業・観光振興。 ・土砂災害・水害対策やインフラ長寿命化等による強靱な圏域整備。
四国圏	【圏域を越えた対流で世界へ発信】 ・中国、九州、近畿等の圏域を越えて対流し、滞在・体験型観光によるインバウンド拡大。 ・安全・安心を支える基盤整備や支援体制の構築による防災力向上。 ・瀬戸内海沿岸に広がる素材産業・製造業やグローバルニッチ産業の競争力強化。
九州圏	【日本の成長センター〜新しい風を西から〜】 ・アジアのゲートウエイとして、アジアの成長を引き込み、高速交通ネットワークを賢く使い、中国、四国を始めとする他圏域との交流を促進。 ・新技術等による戦略的な産業基盤強化、オール九州農林水産物の輸出拡大。 ・地域の発展基盤として、巨大災害対策や環境調和を推進。

注：1　計画概要は 2016 年 3 月末段階のもので、概ね 10 年間の国土づくりの戦略。各広域
　　2　共通して「コンパクト＋ネットワーク」により「稼げる国土」「住み続けられる国土」
出所：国土交通省国土政策局「新たな国土形成計画（広域地方計画）について」より作成。

主な地域開発プロジェクト
・日本海側と太平洋側の広域連携強化で震災対策強化 ・輸送ルート多重化で大規模災害時の代替性確保 ・福島国際研究産業都市構想（再生エネ、医療、廃炉技術等の産業創造、水素エネ研究拠点「福島新エネ社会構想」推進 ・ＩＴ企業による農業生産法人設立で農産物の高付加価値化
・日光等歴史街道、ＦＩＴなど10箇所の「連携のかたまり」を首都圏全域で創出。北関東新産業東西軸で２倍の工業立地 ・「連携のかたまり」コラボで観光面で首都圏広域リング形成 ・「連携のかたまり」コラボで首都圏防災軸形成 ・燃料電池車普及など水素エネ活用で水素社会を実現
・炭素繊維、ナノテク、チタンなど軽金属材料の生産加工地域「北陸高機能新素材クラスター構想」で5400億円増の経済効果 ・北陸新幹線で隣接圏域との広域対流・交流を創出 ・広域防災害応援ネットワーク形成、二地域居住、集落強化
・リニア中間駅を核とした新中部圏の形成、航空産業の強化 ・高速道路、鉄道、空港など高速ネットワークで広域観光周遊化 ・35市町村49経済団体連携の三遠南信で広域連携都市圏形成食農、航空宇宙、健康医療、光エネルギー等新産業推進
・健康、医療分野の関西イノベーション特区や国家戦略特区形成 ・命の道となる紀伊半島アンカールート形成、堺泉北港を救援物資輸送等の広域防災拠点機能強化 ・京阪神都市部の交通結節機能強化 ・道の駅、診療所、保健センターを統合し農山漁村の交流拠点化
・中海、宍道湖、大山圏域の連携推進のための高速交通連携 ・石炭などバルク貨物の輸入・移出入の西日本拠点形成 ・カウンターパート制で被災県の支援体制を中四国９県で形成 ・中山間地域に小さな拠点形成と移住定住促進
・せとうち・海の道、四国遍路、香川せとうちアートなど広域滞在体験観光ルートの結節と地域づくり ・炭素繊維など次世代マテリアルクラスター四国の形成 ・南海トラフ地震対応の四国8の字ネットワーク形成 ・四国一体による大都市での移住促進 ・小さな拠点と拠点連携による農林業・移動サービスなど支援
・博多港、福岡空港の強化で「ゲートウエイ九州」形成 ・自動車部品調達、次世代自動車研究開発など競争力強化 ・先端ＬＳＩ開発拠点など半導体関連産業の新分野進出支援 ・アジア最大の観光アイランド九州形成 ・南海トラフ地震対応の防災訓練、離島・半島の定住促進

地方計画協議会で検討推進する。
実現を目指すとされている。

視し、地方創生を実現する国土計画、③イノベーションを起こし、経済成長を支える国土計画、を３本柱とした新たな国土計画への見直しもはじまっていくことになる。

　こうして2015年８月、戦後７番目の国土計画となる「新たな国土形成計画（全国計画）」が閣議決定された。同計画が開発方式として採用したのが「対流促進型国土」の形成である。計画期間とされた2015年から2025年までの10年は、2020年の東京オリンピック・パラリンピック大会を挟んだ「日本の運命を決する10年」とまで表現され、成長を続けてきたアジア諸国の直接投資を取り込み、観光収支の大幅黒字でアベノミクスを国土の隅々へと浸透させる戦略を含んだ国土計画でもある*22。

　第一次安倍内閣が掲げた経済政策（＝旧「三本の矢」）は「大胆な金融政策」「機動的な財政政策」「投資を喚起する成長戦略」である。このうち日本経団連など日本の主要産業界がもっとも期待をしたのが３本目の矢の成長戦略であった。2012年12月発足の第二次安倍内閣下で、株価は２倍超、大企業だけは業績も過去最高水準に回復し、賃上げを通して成長戦略に道を拓こうとしたものの、一転中国経済の減速および新興国の需要減、米国の金利引き上げによる円高基調のなかでアベノミクスは暗礁に乗り上げていく。

　この危機を克服すべく、2015年10月内閣改造を経て「アベノミクスの第二ステージ」が宣言され、「一億総活躍社会」の実現を目的とする「希望を生み出す強い経済（GDP600兆円）」、「夢をつむぐ子育て支援（出生率1.8）」、「安心につながる社会保障（介護離職ゼロ）」の「新三本の矢」が発表された。

　新三本の矢は、経済界が求める成長戦略そのものであったが、その実現に向けて日本の大都市圏から地方圏の集落にいたる全国土を総動員したのが、2015年の国土形成計画（全国計画）と表5-5に記した2016年３月策定の広域地方計画である。

　従来の国土計画のうち第三次までの国土計画は、既述の通り、主要産業の垂直的分業構造を利用した分工場の国内再配置政策を開発戦略の要

に据えてきた。この戦略開発のために大型公共投資や税制上の優遇措置が中央・地方一体のもとで導入され、大都市圏以外の地方圏の経済成長を通して「経済力の地域格差の是正」「国土の均衡ある発展」を展望した。

だが、第四次、第五次の国土計画では従来の呼び水は影を潜め、徹底した規制緩和と余剰資金を抱える民間資本の投資誘導を梃に地方圏の開発を促進する開発戦略へと切り替えられていく。開発戦略の中身を政府主導から民間主導へと切り替えながら国土発展の可能性を全国土へと追求した国土計画でもあった。

しかし、今回の国土形成計画（全国計画及び広域地方計画）は、これまでの国土均衡主義にたつ国土計画とは大きく異なり、国民経済のグローバル化・経済成長を最優先した国土をつくるための経済政策に牽引された国土施策であったといえる。あるいは、すべての地方自治体が策定を義務化された「地方創生事業」（まち・ひと・しごと創生総合戦略＝ローカル・アベノミクス）、さらに新三本の矢を掲げた第二次アベノミクスという一連の経済政策と一体となり、具体的事業を国土計画に描きながら政府・都道府県・市町村および経済界が連携して取り組む「戦後初の中央集権型国土経済計画」ともいえる国土計画である。

他方、国土の均衡ある発展のための主体は国・地方公共団体ではなく、「新たな公共」を担う主体へと任されていく。消滅可能性回避のための共助社会づくり、集落再生のための「小さな拠点」事業等は、地縁型住民組織やNPOなど「新たな公共」へと委ねられ、「グローバルに羽ばたく国土」「活力ある大都市圏の整備」を担う政府・経済界とは分担を図りつつ国土計画の実現に取り組んでいる。

国土計画は、政府・地方自治体による地域格差是正を目標に据えた国土開発施策の段階からグローバル経済協調型の国土開発、さらに「新たな公共」を主体に加えた開発施策へと目標や方法を変えながら展開され続けている。

注

*1　日本がモデルとした TVA も、総合開発としての狙いと実際には大きな乖離が生じていく。詳細は、D.E. リリエンソール著、和田小六・和田昭允訳（1979）『TVA —総合開発の歴史的実験—』岩波書店を参照のこと。

*2　佐藤竺（1965）『日本の地域開発』未来社、81-94 頁。

*3　同上、55-80 頁。

*4　経済企画庁（1962）「全国総合開発計画」5 頁。

*5　国土審議会地方産業開発特別委員会「新産業都市および工業整備特別地域の整備の今後のあり方」2000 年 12 月 14 日、2-3 頁。

*6　宮本憲一（1973）『地域開発はこれでよいか』岩波書店、30-52 頁。

*7　経済企画庁（1969）「新全国総合開発計画」20-25 頁（なお、1972 年 10 月沖縄地域の開発計画が追加されたため増補が図られている）。

*8　一般社団法人日本立地センター（2014 年 3 月）「平成 25 年度、地域経済産業活性化対策調査（産業立地政策の変遷と産業用地の整備状況に係る調査）」16-18 頁。

*9　自民党編（1968 年 5 月）『都市政策大綱』を参照のこと。同大綱と二全総の関連については、下河辺淳（1994）『戦後国土計画への証言』日本経済評論社、104-107 頁を参照のこと。

*10　日本地域経済学会では、2014 年 9 月 22 日株式会社苫東を訪問し、「苫小牧東部開発新計画（2020 年目標）」の進捗状況と課題についてヒアリング調整を行った。本文および表5-3は、この調査に基づくものである。

*11　むつ小川原開発点検委員会（1999）『むつ小川原開発の総点検』に詳しい。

*12　国土庁（1977）「第三次戦国総合開発計画」8-33 頁。

*13　建設産業将来構想研究会（1984）『テクノポリス』都市文化社、7-42 頁。

*14　日本立地センター、前掲書、33 頁。

*15　日本立地センター、前掲書、33-34 頁。

*16　1986 年 9 月 19 日の総合経済対策は、政官財の民活推進のための政策提言を追い風に、内需拡大のために規制緩和による都市開発の促進と公共事業での民活活用を初めて強力に推し進めた。民活プロジェクト研究会（1987）『民間活力の導入』大成出版社、21-24 頁。

*17　国土庁（1987）「第四次全国総合開発計画」7-15 頁。

*18　国土交通省（2003）「総合保養地域の整備—リゾート法の今日的考察」、総務省（2003）「リゾート地域の開発・整備に関する政策評価書」を参照のこと。

*19　国土庁（1998）「21 世紀の国土のグランドデザイン—地域の自立の促進と美しい国土の創造—」4-31 頁。

*20　日本経済新聞社「日本経済新聞—再スタート・苫東開発プロジェクト（上・

下）」1999年7月23日・24日付。

＊21　国土総合開発法から国土形成計画法へと改正するポイントに関し、国土交通省が重視した点は、①量的拡大を図る開発基調を改め、国土の質的向上を図る、②地方自治体の提案や国民の意見を計画策定プロセスに保障する、③全国計画に加え広域地方計画を新設する、④国土計画体系を簡素化・一本化し、国民に明瞭にする、の4点であることが強調されている。国土交通省「新しい国土形成計画について」同省ホームページより。

＊22　国土交通省（2015）「国土形成計画（全国計画）」10-39頁。

第６章

地域開発政策の構想と実際

　戦後復興期から第四次全国総合開発計画までの間は、政府が各国土計画に基本目標と目標達成のための開発方式を掲げ、政府主導による国土計画的施策や地域産業政策が展開されてきた。国土計画的施策では大型公共事業による産業インフラの優先整備や開発規制の大幅緩和を進め、さらに地域産業政策ではリーディング産業の地方立地誘導を推進することによって、地方圏での生産・分配・消費など地域経済力の充実強化を図ってきたといえる。そこで、現代社会を、仮に地域の多様な主体が協働して地域政策を展開し、地域課題の主体的な解決を図ろうとする社会へ進化を遂げつつあるという意味で「ガバナンスの時代」というならば、四全総までの時代は、政府・地方自治体が施策に関わる法令・条例を整備し、産業基盤整備、規制緩和、税制上の優遇措置など国土計画的施策を講じ、各計画の基本目標の達成をめざしてきたという意味で「ガバメントの時代」であったといえよう。そこで、本章では、水資源開発政策、重化学工業化政策、テクノポリス政策、リゾート政策の４事業を取り上げ、ガバメントの時代の地域産業政策の構想と実際を検証する。

1　水資源開発政策の展開と矛盾

　本章では、水資源開発という場合、ダム開発を指す。戦後の地域開発政策としてまず注目したいのは国のダム開発政策である。戦後復興下のダム計画は、米国のTVAを範とし、荒廃の著しい流域社会に生活と産業を取り戻す社会実験からはじまっていく。しかし、高度経済成長下での電力及び水需要を見込み、電源開発や工業化に伴う水需要の持続的な高まりを予測した利水開発の時代を経て、80年代の治水時代を迎える

中で、ダム計画は矛盾に直面していく。本章では、その矛盾を明らかにしながら、ダム開発の実態を検証する。

開発目的の変遷

　戦後の地域開発政策が本格化するのは、1950年に国土総合開発法が策定され、米国の対日政策によって電源開発体制が整えられて以降である。

　同法による最初の地域開発政策は、特定地域総合開発計画である。同計画は、国内の既成工業地帯を除く後進地域の「河川総合開発」をめざし、多目的ダムを建設して水害防除、電力供給、食糧増産を図り、日本の経済的自立と政治的安定を図ることを目的としていた。

　したがって、同計画下における水資源は、大都市部と既成工業地帯にとっては重化学工業生産を促す電力と工業用水の供給源として、他方、後進地域の河川流域の農村部にとっては水害防止や灌漑用水の整備による食糧増産源として、さらに政府にとっては経済の復興と政治の安定を見通すものとして位置づけられてきたといえる。

　ところが、朝鮮戦争とその後の電源開発体制の整備によって、同計画の目標は大きく姿を変え、電源開発のみが突出するようになり、米国の技術及び資金援助、政府の優遇措置等を受けて、大規模な水力発電所の建設が進められるようになる。

　1960年代は、東京・大阪・名古屋など既成大都市圏へ地方から人口が集中し、超過密な大都市圏が外延的拡大を遂げながら形成されていく。その一角である臨海部では重化学工業地帯がフル稼働をはじめる時期であった。他方、地方圏では、新産業都市地域や工業整備特別地域など「地域格差の是正」と「国土の均衡ある発展」を名目にした国土開発施策と地域産業政策が開始されていく。石油化学コンビナートや銑鋼一貫型工業地帯が建設され、地域産業構造の高度化が急激に進められていく時期である。

　水資源開発は、戦後復興段階から高度成長初期にかけての水力発電段階、さらに1960年代に加速する都市化に伴う生活用水の需要に対応し

つつ、大都市と地方の工業化を支える工業用水供給のための利水事業として全国土へと拡大していく。そして、1970年代から90年代には生活用水、工業用水、農業用水など多目的な利水事業という名目を掲げ、次第に洪水調節など治水事業へと名目を移していく。

発電用ダムの立地

　第二次世界大戦後の1950年代から60年代前半は、巨大な発電用ダムの建設ラッシュがはじまる時期である。戦前、水力統制を果たした日本発送電はGHQ指令によって解体された。だが、朝鮮特需下で電力需要が増すなか、1952年電力再編成によって9電力会社が全国市場の分割支配＝地域独占体制を確立する。戦前の電力における国家独占資本主義体制が再編継承されることになった。政府の水資源開発政策は、1952年電源開発促進法にもとづき9電力会社と共同出資で電源開発株式会社を設立するとともに、電力5カ年計画にもとづく大規模な電源開発事業に着手していく。

　1950年代後半には大型貯水池も続々と完成し、10万kw以上の発電能力をもつダムが次々と誕生する。地域的には本州中部水系に集中し、東海北陸地域に日本の中核的水力発電地帯が確立されていく。その後、紀伊半島・南四国・南九州・山陰・山陽の各水系へと大型発電ダム計画は膨張していく。さらに、本州中部水系を補完する水力発電地帯が国土の山間地域に形成されていく。つまり、1950年代から60年代前半までのほぼ15年間は、国直轄型の大型発電専用ダムが主要水系に続々と建設され、稼働していく時代であった[1]。

多目的ダムの立地

　日本のダム開発をふり返ってみると、敗戦時から1954年までの戦後復興期は、有効貯水量で見た場合、多目的ダムの建設量が発電専用ダムの建設量を上回る時期であった。ただし、多目的とはいえ、この間に竣工した15基の多目的ダムのうち14基のダムは、発電を主たる事業に置き、電源開発を国家の重要な水資源開発の柱に据えていたことを裏付け

ている。

この時期は、国土総合開発法にもとづく特定地域総合開発計画にしたがい、「洪水調節・発電・農業用水」または「洪水調節・発電」という組合せの多目的ダムが9基を占め、その地域的展開が東北地方に集中した[2]。

しかし、1965年以降は既成大都市圏への人口集中と太平洋ベルト地帯での重化学工業化が進展する中で、電源開発を柱にした多目的ダムから、発電能力が極めて高い発電専用の大型ダム開発へと水資源開発は移行していく。発電専用の大型ダム開発が中部地方の中核的水力発電地帯へ集中していくようになると、多目的ダムの建設は東北地方や関東地方、近畿から山陽・山陰・北九州・四国の山間地域へと外延的膨張を遂げていく。

こうして水力発電所は、流量と発電量が豊富な地域からそれらが劣る地方の水系上流域へと拡大し、ダム開発を通じた電力資本による流域支配体制が、国土全域にわたって構築されていった。

表6-1は、戦前・戦中から1980年代までの利水専用ダムおよび多目的ダムの開発状況を示している。貯水量を見ると、戦前は発電専用ダムの開発が圧倒的な量を占めている。しかし、第1期の戦後復興期には発電機能を持つ多目的ダムが急増し利水専用ダムを凌駕する。さらに、第2期にはいると利水専用ダムおよび多目的ダムともに発電機能をもつダム開発の貯水量が激増していく。

戦前からの統計を総括すると、貯水量では発電機能を持つ利水専用ダムおよび多目的ダムの開発が83.3%を占めていたことが分かる。つまり、電力需要を満たすための大中規模のダム開発が、発電効率が高く保てる水系を選んで竣工されていったといえる。しかし、第3期の高度経済成長期には、ダムの種類は発電から都市用水、すなわち水道用水や工業用水の供給へと大きくシフトしていくことが、表6-1から読み取れよう。

地域別に見たダム開発

さらに、1960年代までのダム開発事業を、地域別に総括しよう。ま

表6-1　ダムの種類別・貯水量

ダムの種類 年次		利水専用ダム			治水ダム
		農業専用	発電専用	都市用水専用	
戦前	1945 年まで	242,779 〈1,028〉	495,974 〈129〉	69,950 〈37〉	660 〈2〉
第1期	1946 年〜 1954 年	103,938 〈114〉	177,098 〈37〉	4,811 〈6〉	5,320 〈5〉
第2期	1955 年〜 1964 年	215,311 〈110〉	3,151,246 〈116〉	21,342 〈10〉	57,958 〈29〉
第3期	1965 年〜 1980 年	320,995 〈142〉	555,067 〈64〉	87,574 〈42〉	185,495 〈97〉
戦前からの総計		883,023 〈1,384〉	4,379,385 〈346〉	183,677 〈95〉	249,433 〈133〉

出所：森滝健一郎『現代日本の水資源問題』汐文社、1982 年、53 頁より作成。

ず東北地方では、戦後の特定地域総合開発計画の影響もあって、太平洋側を中心に農業関連の多目的ダムや治水ダムが多数建設されていった。関東地方は、首都圏への人口集中から都市用水需要がきわめて高くなる。そのため、首都圏を中心に関東地方では、都市用水と都市生活および工業用の電力供給を目的とした水力発電機能を備えた大型多目的ダムが多数建設されていった。

　太平洋ベルト地帯から南へ大きくずれた紀伊半島・南四国・南九州など南海地方は、中部などの中核的水力発電地帯に次いで発電ダムが集中立地した地帯である。だが、その電力は発電地域への自給還元よりも阪神工業地帯や関西圏など電力多消費地域へと送電することを目的としていた。

　東海・北陸地方をかかえる中部地方は、既述のとおり、日本で最も大型発電専用ダムが集中する中核的水力発電地帯を形成している。このうち福井・石川・富山など北陸圏は、発電専用の大型ダムが圧倒的な比重で集中し、化学工業や機械工業などの電力需要を満たすために電力を供給してきた地域である。

　東海地方では、名古屋臨海部や四日市など旺盛な工業電力と都市生活電力の需要から発電専用ダムおよび多目的ダムの竣工と稼動が続いてい

（単位：貯水量の単位 1,000m³、〈　〉内はダム数）

多目的ダム		
・発電含む ・都市用水含まない	・発電含む ・都市用水含む	・発電含まない ・都市用水含む
2,425 〈2〉	8,415 〈3〉	0 〈0〉
391,125 〈11〉	122,473 〈3〉	7,200 〈1〉
1,072,125 〈44〉	467,902 〈13〉	62,884 〈9〉
1,179,224 〈30〉	2,143,247 〈44〉	578,371 〈60〉
2,644,899 〈87〉	2,742,037 〈63〉	648,455 〈70〉

く。また、愛知用水や豊川用水など大規模農業用水事業が行われたことと関連し、農業専用ダムも多く建設されたことは、この地域が日本を代表する畑作地帯であることにも関連している。他方、治水ダムについても、東北地方に次いで東海地方の水系に徐々に建設されていくようになる*3。

水需要予測と実績

　既述のとおり、1960 年代までの水資源開発をめぐる国土施策は、中部地方の優良水系における発電用大型ダムの建設が中心をなしてきた。しかし、電力供給源が水力から火力へ移るにしたがい、ダム開発の目的は工業化や都市化にともない需要の高い都市用水へとシフトし、都市用水機能を持つ多目的ダムの建設に重心を移していく。表6-1から、その点を確認することができよう。

　1973 年の第一次オイルショック後、産業構造が重厚長大から軽薄短小の先端産業へ転換するとともに、工業用水のリサイクル技術が発展し、さらに農地の宅地転換も進むにしたがい、右肩上がりの都市用水需要に変化が生まれ、政府の長期需要予測が水需要の実績との間に大きな乖離を生むようになる。この乖離が拡大するにつれて、多目的ダム開発の矛

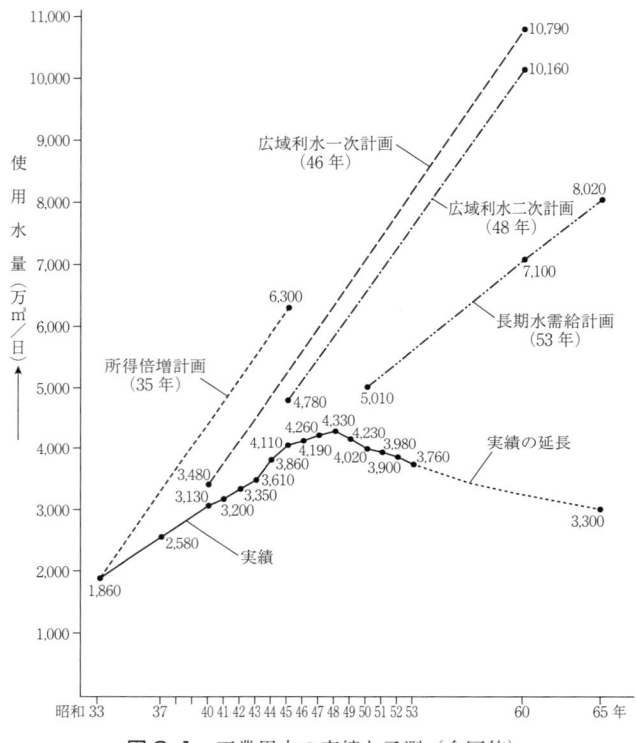

図6-1　工業用水の実績と予測（全国値）

出所：河川湖沼と海を守る全国会議、技術と人間編集部 編（1991）『水問題の争点』㈱技術と人間、32 頁。

盾（過大需要）は膨らみ、莫大な建設費と維持費を伴いながら生態系を破壊する公共事業という性格がダム開発に色濃く映し出され、全国各地で建設の是非が問われていくようになる*4。

　そこで、ダム建設の是非の根拠となる水需要予測と実態の乖離状況を概観しておこう。図6-1は、工業用水の水需要予測と実績を比較したものである。図中には水需要予測が示された各計画が記されている。

　全国的な水需要予測は、1960年の国民所得倍増計画ではじめて発表されているが、この計画年次は1970年であった。以後、図6-1のとおり水需要計画が発表されていく。たとえば、1968年建設省の広域利水

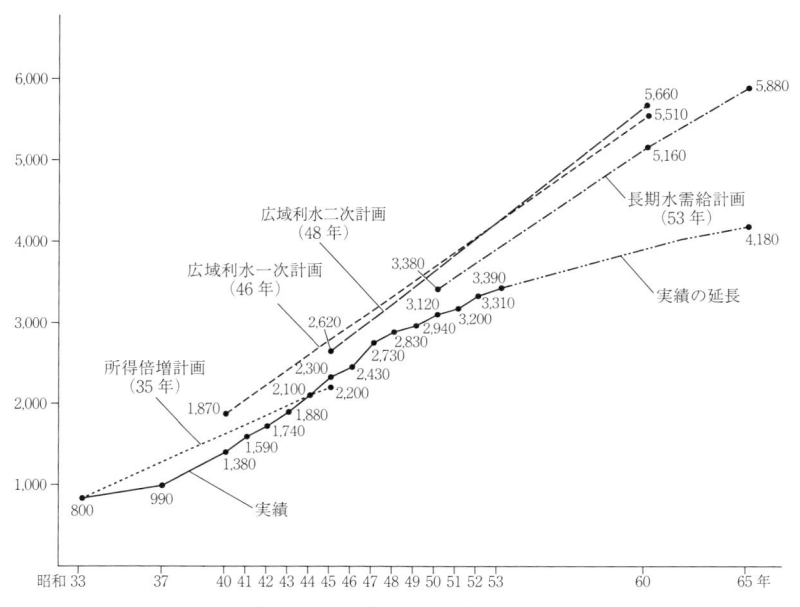

図 6-2　水道用水の実績と予測

出所：同前、33 頁。

第一次計画中間報告、1971 年同省の同計画最終報告、1973 年同省の広域利水第二次計画、1978 年同省の長期水需要計画、等がある。

　この工業用水予測が、その実績との間に大きな乖離を生むことになる。工業用水の利用実績は、所得倍増計画、広域利水第一次および第二次の計画が示す需要予測値を大きく下回って推移した。それでも 1972 年、73 年までは一定の速度で増加してきたが、第一次オイルショック以降は、逆に水需要を減らす傾向に向かっている。

　その結果、長期水需給計画とは全く逆方向に推移することになる。1990 年の予測値は 8020 万㎥ / 日であったが、実績値は 3300 万㎥ / 日、つまり約 41％を利用したに過ぎない。工業用水の需要予測と利用実績の間に、これほどの大きな乖離が生じた背景には、主に三つほどの理由がある。すなわち、(1) 需要予測値を定める際、工業用水を用いて製造

した製品の出荷額（工業製品出荷額）を、将来も際限なく増え続けると設定したこと、（2）そのため淡水取水量を右肩上がりに設定し、用水原単位（淡水取水量／出荷額）がさらに上昇傾向を描いくことになったこと、（3）工場の浪費的水利用を見過ごし、実際の水需要を再計算していなかったこと、などの需要予測の設計を大きく見誤ったことが原因としてあげられている *5。

水道用水の予測と実績

　水道用水の需要予測と実績の関係についてはどうか。図6-2をもとに建設省による同様の需要計画等を検証すると、1960年代までは工業用水ほどの乖離は見られない。しかし、1972年頃から水道用水の伸びは大幅に鈍化していく。長期水需給計画は78年に策定されたものである。したがって、伸び率が鈍化した実績にもとづいて、水道用水の将来予測を行うべきであったが、同計画はそれをせず、広域利水計画とほぼ同じ伸び率で将来の水道用水の需要予測を定めている。

　このため、1975年以降、実績は予測値から大きく乖離していくことになる。水道用水の需要予測と実績が大きく乖離し、予測値の過大な見積もりが顕著になったのはなぜか。東京都の水道用水を事例にみると、家庭用水については、（1）世帯細分化による世帯数増加、トイレの水洗化、家庭風呂の普及といった家庭用水の水需要増加要因が次第に頭打ち傾向に向かう中で、水道料金値上げの影響もあって節水が進み、1人当たり家庭用水の需要速度が緩やかになったこと、（2）それにもかかわらず、1人当たりの家庭用水の需要が今後も際限なく増え続けると想定し水道需要が予測されたこと等が、1人当たり家庭用水の需要予測が実績と大きく乖離した主な要因として指摘することができる。

　建設省の長期水需給計画では、都市用水の増加以外に水資源開発を必要とする要因として、（1）農業用水の増加、（2）地盤沈下対策としての地下水揚水の削減、（3）河川不安定取水の解消、が掲げられている。

　しかし、これら副次的要因も、水資源開発を新たに必要とする構造的要因とはいい難い。むしろ、同計画と前計画である広域利水計画との需

要予測値の差を埋めるための政治的行政的理由に過ぎないと判断できる。

　現在も全国の各水系で予定されている多目的ダム建設計画は、1960年代から70年代初頭にかけて策定された水需要予測値とそれを若干是正した水資源開発計画を根拠にしているともいわれている。後述するように、長良川河口堰問題をきっかけに、ダム建設の是非が本格的に検証されるようになる*6。

長良川河口堰の建設

　既述のとおり、目的が曖昧で、しかも自然生態系や漁業水産業に甚大な影響をもたらすダム開発問題が、世論の関心を呼ぶきっかけとなったのが、中部地方の中核的水力発電地帯でありながら、水系のどこにもダムが建設されずにいた長良川での河口堰建設問題である。

　長良川河口堰は、工業用水の安定供給を目的に地元財界の中部経済連合会によって計画された事業である。工業用水の需要増大を予測させたのは、中京工業地帯の重化学工業化計画である。貿易の自由化を控え、国際競争力のある重化学工業の育成をめざしていた中部経済連合会は、中京工業地帯の重化学工業化が京浜工業地帯や阪神工業地帯に比べて著しく遅れていたことを憂い、四日市には石油化学コンビナートの整備を、名古屋市南部には銑鋼一貫の最新鋭製鉄所を有した臨海工業地帯の整備を政府や地元自治体に強く働きかけていた。

　長良川に河口堰を建設する構想は、将来の内陸部工業地帯の発展につながる伊勢湾臨海部の工業用水多消費型の重化学工業地帯が、低廉な工業用水を大量に安定的に必要とするという論理のもとで作成されたものである。

　ところが、1970年代に入ると、伊勢湾沿岸の三重県四日市の石油化学コンビナート群、名古屋市南部に林立する鉄鋼関連工業群ともに、工業用水の需要を急速に減らしていくようになる。全国有数の工業製品出荷額を誇り、最大の工業用水の需要元企業を抱える愛知県では、その需要が1970年策定の第三次地方計画や82年策定の第五次地方計画の需要予測値をいずれも大幅に下回り、予測と需要の間に大きな乖離を生むよ

うになる。

　乖離が生まれる要因として、(1) 1973年と79年の2度に及ぶオイルショックを経て、臨海工業地帯や内陸工業地帯の生産計画が拡大から縮小に向けて見直されたこと、(2) 生産工程で一度使用した工業用水を何度も使う「循環使用」の技術プラントが、工業用水の大口需要工場に導入されたこと、などをあげることができる。

目的を変える河口堰

　こうして河口堰は、利水の根拠を工業用水から水道用水へとシフトさせながら1988年に着工された。だが、利水目的を水道用水に代えても水道用水の需要が確かなものとして、その後の河口堰の必要性を支えることはなかった。

　愛知県・岐阜県・三重県の東海3県のなかで最大の需要都市である名古屋市では、1970年代半ば以降の上水道の利用実績は増加どころか、むしろ減少傾向にむかい、名古屋市が持つ水利権で取得できる日量156万㎥の上水道用水は未利用のままにされてきた。たとえば、過去最大の給水量を記録した1975年の記録でも日量124万㎥にすぎず、156万㎥の24％の上水道用水を余力として残している*7。

　長良川河口堰は、1988年に本体工事を開始し1995年3月に完了した。その後は、表6-2のとおり、建設費用の負担がはじまっていく。愛知県、三重県、名古屋市が負担する費用は総額2000億円（金利を含む）と試算され、95年3月の堰完成後は23年をかけて返還する仕組みとなっている。堰自体の建設費は表6-3で明らかなように1493億円で、そのうち治水機能の建設費が約558億円、利水事業の建設費が約935億円を占めている。さらに治水事業は主に国庫補助金でまかなわれるが、利水事業は国の補助金を除いて受益者負担の原則によって、表6-3のとおり、愛知県、三重県、名古屋市の三者が負担することになっている。

　河口堰が供給する水道用水と工業用水を合わせた都市用水は22.5㎥／secと試算されている。そのうち実際に利用されているのは3.59㎥／sec、つまり16％に過ぎないことが分かる。さらに3.59㎥／secの内訳

表6-2　長良川河口堰建設の利水計画

(単位：㎥／s、%)

		水道用水	工業用水	合計
愛知県	計画当時の開発水量（a）	8.32	2.93	11.25
	安定供給可能量	6.27	2.2	8.47
	水利権量（b）	2.86＊	0	2.86
	（b）／（a）	34.40%	0%	25.40%
三重県	計画当時の開発水量（a）	2.84	6.41	9.25
	安定供給可能量	2.14	4.83	6.97
	水利権量（b）	0.73＊＊	0	0.73
	（b）／（a）	25.80%	0%	7.90%
名古屋市	計画当時の開発水量（a）	2	−	2
	安定供給可能量	1.51	−	1.51
	水利権量（b）	0	−	0
	（b）／（a）	0%	−	0%
合計	計画当時の開発水量（a）	13.16	9.34	22.5
	安定供給可能量	9.92	7.03	16.95
	水利権量（b）	3.59	0	3.59
	（b）／（a）	27.30%	0%	16.00%

注：「＊と＊＊」は河口堰による新規供給先を示す。＊印：長良導水（水道）の水利権量であり、知多半島の半田市、常滑市、東海市、知多市、阿久比町、東浦町、南知多町、美浜町、武豊町の水道水として利用。＊＊印：中勢水道の水利権量であり、津市、松坂市の水道水として利用。
出所：www.pref.aichi.jp／をもとに加工作成。

を見ると、愛知県2.86㎥／sec、三重県0.73㎥／sec、名古屋市はゼロとなっている。このように開発水量に対する実際の使用量は、きわめてわずかである。

　そのため、利水に限定して長良川河口堰建設の目的を検証すると、計画と実績との乖離がさらに大きく、水余り状態と「高価な水」を供給していることが分かる。

　利水の費用には、本来は建設費のほかに導水路建設の費用や河口堰の運用費用等も算入する必要があるが、ここではそれらを考慮せずに単純に水の値段／建設費として計算する。すると、当初934億7100万円／22.50㎥／sec、つまり、1㎥／sec当たり41億5427万円であるが、実際は使用量が少ないため、934億7100万円／3.59㎥／sec、つまり、1㎥／sec当たり260億3649万円となる。この結果、1㎥当たり当初に比べ約6.3倍もの高価な水を受益者負担の原則にもとづき利用してい

表6-3　長良川河口堰建設費と維持管理費

| | 治水 | | 利水 | | | |
| | | | 水道用水 | | 工業用水 | |
	建設費	負担額	建設費	負担額	建設費	負担額
愛知県	6,021	6,021	34,563	59,682	12,172	20,065
三重県	6,021	6,021	11,799	20,254	26,629	38,165
名古屋市	-	-	8,308	16,515	-	-
岐阜県	6,021	6,021	-	-	-	-
国	37,780	37,780	-	-	-	-
合計	55,844	55,844	54,670	96,451	38,801	58,230

注：建設費とは、河口堰建設費のみを指す。負担額とは、建設費に利子（利水のみ）を含め
　良川河口堰の建設費は1806億円になる。
出所：www.pref.aichi.jp/ をもとに加工作成。

とになる*8。

　高価な水道用水・工業用水を供給する長良川河口堰は、2015年7月で20年目を迎えたが、新たな課題を生み出している。2016年3月末までに総額で約239億円に膨らむ維持管理費の費用負担問題である。河口堰は約1500億円で建設されたが、1995年の運用開始後は維持管理を通して多額の税金を投入してきた事業でもある。

　維持管理費約239億円のうち、国を除く愛知、三重、岐阜の3県と名古屋市が全体の77％にあたる183億円を負担している。愛知県、三重県および名古屋市では、過去20年間にわたり河口堰の水道用水や工業用水をほとんど使用していないにもかかわらず174億円を支払い、堰を管理する水資源機構の人件費や設備更新費を賄ってきたのである*9。

　河口堰は、その建設段階だけでなく、その後の維持管理や利活用において莫大な費用を必要とすることが明らかとなった巨大公共事業である。巨額の税や利用料を納税者や利用者に長く求め続ける地域開発プロジェクトだけに、各種段階で納税者や利用者に対し透明性を保障し、事業継続の可否・評価を求めることが必要となろう。

の負担額（2010 年度現在）

（単位：100 万円、%）

利水合計				建設費合計
建設総額	構成比	負担総額	構成比	-
46,735	50	79,747	51.6	-
38,428	41.1	58,419	37.8	-
8,308	8.9	16,515	10.7	-
-	-	-	-	-
-	-	-	-	-
93,471	100.0	154,681	100.0	149,315

た実負担額を指す。なお、建設費は、1493 億円に建設時の利子負担（313 億円）を加え、長

ダム開発の見直し審議会

　長良川河口堰問題が引き金となり、1995 年 7 月建設省河川局長の通達で「ダム事業評価システム試行」が開始された。評価対象は建設省直轄事業のダム、水資源開発公団のダムおよび堰事業で、とくに住民の反対や社会状況の変化により長期間計画が進まなかったダム事業が、この評価対象とされている。

　評価に当たっては「ダム審議委員会」の設置が求められ、委員会の透明性および客観性を確保しつつ、地域の意見を聞き、各ダム事業に関して、（1）継続すべきか、（2）計画変更すべきか、（3）中止すべきか、のいずれかを選択し答申することが求められた。

　対象となったダム事業は北海道から九州まで日本全土に及んでいる。すなわち、①沙流川総合開発事業（北海道）、②小川原湖総合開発事業（青森）、③成瀬ダム事業（秋田）、④宇奈月ダム事業（富山）、⑤足羽川ダム事業（福井）、⑥渡良瀬遊水池総合開発（栃木）、⑦矢作川河口堰事業（愛知）、⑧徳山ダム事業（岐阜）、⑨苫田ダム事業（岡山）、⑩高梁川総合開発事業（岡山）、⑪吉野川第十堰事業（徳島）、⑫細川内ダム事業（徳島）、⑬川辺川ダム事業（熊本）、など全国 13 のダム事業である。これら 13 ダム事業に対し、⑫細川内ダム事業を除く 12 の事業に対して

表 6-4　中止となった政府直轄ダム事業（2010 年国交省検証以前の中止ダム）

【1997 年度から中止】 〈直轄事業〉 　・日橋川上流総合開発（福島） 　・稲戸井節池総合開発（茨城） 【2000 年度から中止】 〈直轄事業〉 　・千歳川放水路事業（北海道） 　＊ただし河川事業のみ 【2001 年度から中止】 〈直轄事業〉 　・川古ダム（群馬） 　・印旛沼総合開発（千葉） 　・江戸川総合開発（東京） 　・荒川第二調整池総合開発（埼玉） 　・木曽川導水（愛知） 　・矢作川河口堰（愛知） 　・細川内ダム（徳島） 　・矢田ダム（大分） 　・猪牟田ダム（大分） 　・高遊原地下浸透ダム（熊本） 〈公団事業〉 　・平川ダム（群馬） 　・思川開発〔大谷川分水・行川ダム〕（栃木） 【2003 年度から中止】 〈直轄事業〉 　・小川原湖総合開発事業（青森） 　・渡良瀬遊水池総合開発 II 期事業（栃木等）	・清津川ダム（新潟） 　・紀伊丹生川ダム（和歌山） 　・高梁川総合開発事業（岡山） 〈公団事業〉 　・栗原川ダム（群馬） 【2004 年度から中止】 〈直轄事業〉 　・土器川総合開発（香川） 　・座津武ダム（沖縄） 〈公団事業〉 　・戸倉ダム（群馬） 【2005 年度から中止】 〈直轄事業〉 　・木曽川流水総合改善事業（岐阜） 【2009 年度から中止】 〈直轄事業〉 　・余野川ダム（大阪府） 【2010 年度から中止】 〈直轄事業〉 　・上矢作ダム（岐阜） 【2011 年度から中止】 〈直轄事業〉 　・奥間ダム（沖縄）

注：政府直轄事業の政府とは国土交通省、農林水産省、独立行政法人水資源機構を指す。こ
　れら政府直轄事業は「特定多目的ダム」とも呼ぶ。上記の期間に中止された建設費の国庫
　補助を受ける地方自治体管理ダムは 83 ダムに及ぶ。
出所：国土交通省ウッブサイトより作成。

ダム審議委員会が設置され評価が行われてきた。

　審議委員会は、設置条件をめぐり、当初から「透明性」や「客観性」
に疑義が持たれることとなった。とくに問題となったのが、事業①や事
業⑬が司法の判断を受けているにも関わらず継続の可否を答申した点で
ある。つまり、立法が司法を侵害する事態にまで及び、この制度自体に
多くの課題を残すこととなった。ダム審議委員会は、大規模公共事業の
事業者自らが事業継続の見直しを行った「日本で初めての試み」である。
この点は評価を得たものの、ほぼ代替案もないなかで「中止」の結論に
至る事業はなく、そのためダム事業の基本計画策定までの手続きにすぎ

ないとの批判を生むことにもなった。

　しかし、審査対象ダムを含め事業は転機を迎えていく。細川内ダム予定地の徳島県木頭村では、1994 年 12 月「ダム建設阻止条例」と「ふるさとの緑と清流を守る環境基本条例」を制定し、ダムに頼らない村づくりを宣言し、脱ダムの時代潮流を生んだ。表 6-4 に示したとおり、政府の直轄ダムでは 1997 年度から徐々に中止事業が生まれ、その数は 2011 年度までに 28 事業に及んでいる。また、同時期に中止された建設費の国庫補助を受ける地方公共団体管理のダムでも 83 事業が中止されることになった。

　2009 年誕生の民主党政権は、「コンクリートから人へ」の掛け声を掲げ、大型公共事業の見直しをはじめたことはよく知られている。その一つが全国 84 カ所のダム事業である。国の「今後の治水対策のあり方に関する有識者会議」が定めた基準（2009 年 9 月 27 日）にしたがい、国や都道府県等の事業主体が関係地方公共団体などの意見を「検討の場」で集約し、方針を決定した上で、有識者会議での再検討を経て最終的に国土交通大臣が事業の継続か中止かを判断するという手順で検証が行われることになった。

　表 6-5 は、検証の結果である。2011 年度から 15 年度までに 72 事業に判断が下されることになった。このうち継続決定が 48 事業、中止が 24 事業で、12 事業のみ検証中として結論が出されていない。

　検証速度を年度ペースで見ると、2011 年度は「継続 17、中止 7」、2012 年度も「継続 19、中止 11」というように評価が下されている。ところが、2013 年度には「継続 8、中止 2」、2014 年度は「継続 3、中止 1」、2015 年度も「継続 1、中止 3」というように検証数は大幅に減少していく。この背景には、2012 年度から再び政権に就いた自民・公明連立政権下での判断の遅れがある。

　検証対象のうち、とくに規模の大きな政府直轄のダム事業などを見ると、事業中止が集中する関東を除き、大部分の直轄ダム事業が継続もしくは継続審議扱いとされている。

　事業計画が策定された高度成長期と比べ、産業構造、生活様式、環境

表 6-5　国土交通省検証ダム（対象事業は 84

事業主体	事業名	ダム名
①北海道開発局	幾春別川総合開発	新桂沢ダム（再）
②同	同	三笠ぽんべつダム
③同	沙流川総合開発	平取ダム
④同	サンルダム	サンルダム
⑤東北地整	成瀬ダム	成瀬ダム
⑥関東地整	霞ヶ浦導水	
⑦同	八ッ場ダム	八ッ場ダム
⑧北陸地整	利賀ダム	利賀ダム
⑨中部地整	三峰川総合開発	戸草ダム
⑩同	新丸山ダム	新丸山ダム（再）
⑪同	設楽ダム	設楽ダム
⑫近畿地整	足羽川ダム	足羽川ダム
⑬同	大戸川ダム	大戸川ダム
⑭四国地整	中筋川総合開発	横瀬川ダム
⑮同	山鳥坂ダム	山鳥坂ダム
⑯九州地整	大分川ダム	大分川ダム
⑰同	立野ダム	立野ダム
⑱同	本明川ダム	本明川ダム
⑲東北地整	鳴瀬川総合開発	田川ダム
⑳同	鳥海ダム	鳥海ダム
㉑関東地整	荒川上流ダム再開発	
㉒同	吾妻川上流総合開発	品木ダム（再）
㉓同	利根川上流総合開発	利根川上流ダム群 再編
㉔九州地整	筑後川水系ダム群連携	
㉕同	城原川ダム	城原川ダム
㉖同	七滝ダム	七滝ダム
㉗水資源機構	思川開発	南摩ダム
㉘同	川上ダム	川上ダム
㉙同	丹生ダム	丹生ダム
㉚同	小石原川ダム	小石原川ダム
㉛同	木曽川水系連絡導水路	

注：上記のダム事業のうち、報告及び対応方針が空欄の事業は、依然検証中（2015 年度末現
　　開発と筒砂子ダムを統合し、鳴瀬川総合開発事業として事業を進める。なお、事業主体が
　　業、現在検証中のダムは 4 事業である。
出所：一般社団法人日本ダム協会「ダム便覧 2015」より作成。

ダム、以下はこのうち政府直轄ダムのみ）

検討主体の報告	国交省の対応方針
継続（北海道開発局）	継続（2013 年 1 月 28 日）
継続（北海道開発局）	継続（2013 年 1 月 28 日）
継続（北海道開発局）	継続（2013 年 1 月 25 日）
継続（北海道開発局）	継続（2012 年 11 月 12 日）
継続（東北地整）	継続（2013 年 1 月 25 日）
継続（関東地整）	継続（2014 年 8 月 25 日）
継続（関東地整）	継続（2011 年 12 月 22 日
中止（中部地整）	中止〔2012 年度から〕 （2012 年 11 月 12 日）
継続（中部地整）	継続（2013 年 7 月 31 日）
継続（中部地整）	継続（2014 年 4 月 26 日）
継続（近畿地整）	継続（2012 年 7 月 23 日）
継続（四国地整）	継続（2013 年 1 月 28 日）
継続（四国地整）	継続（2013 年 1 月 28 日）
継続（九州地整）	継続（2012 年 7 月 30 日）
継続（九州地整）	継続（2012 年 12 月 6 日）
継続（九州地整）	継続（2013 年 8 月 23 日）
継続（東北地整）	継続（2013 年 8 月 23 日）
継続（東北地整）	継続（2013 年 8 月 23 日）
中止（関東地整）	中止〔2012 年度から〕 （2012 年 12 月 6 日）
中止（関東地整）	中止〔2012 年度をもって〕 （2012 年 12 月 6 日）
中止（関東地整）	中止〔2014 年度をもって中止〕 （2014 年 8 月 25 日）
中止（九州地整）	中止〔2011 年度をもって〕 （2011 年 5 月 19 日）
継続（近畿地整・水資源機構）	継続（2014 年 8 月 25 日）
継続（九州地整・水資源機構）	継続（2012 年 12 月 6 日）

在）の事業である。東北地方整備局鳴瀬川総合開発による「田川ダム」事業は、鳴瀬川総合
都道府県のダム事業は 53 事業、そのうち中止に国の補助金交付が中止となった事業は 20 事

意識（地球環境問題への意識との連続性）などダム開発をとりまく状況は大きく変化している。そのなかで、ダム事業を経済的に不利な水源地域の巨大産業として建設運用する地域開発政策は、根本的な見直しが不可欠な時代を迎えているといわざるをえない。それは、ダム開発に依存しない農山村づくりへの必要性を意味する。

2　重化学工業化政策と拠点都市開発

拠点開発方式による全国的な重化学工業化政策

　戦後の重化学工業化に向けた地域開発政策は、大都市臨海部への産業基盤投資（道路、工業用水、鉄道、港湾、電力等）の充実と工場誘致政策によってはじまる。この重化学工業化政策は1962年の全国総合開発計画を境に、既成工業地帯から地方へと外延的に拡張していく。その意義と限界を、主として新産業都市地域に指定された拠点開発地域を事例に取り上げ、検証する。

　日本経済は、米国のアジア戦略と日本政府・財界の経済自立化要求のもとで、1955年以降高度成長を成し遂げ、いわゆる「経済大国」への足がかりを築いていく。この高度成長を主導したのは、第二次大戦前に独占資本を形成した重化学工業資本である。具体的には鉄鋼、石油化学などの大規模装置型産業と機械・電気・自動車などの大規模組立型産業である。これら重化学工業は、図6-3に示した「原料→中間財→最終製品」という流れから見て、次のような特性（再生産構造）を有していた。

　第一に、鉄鋼、石油のいずれの系列も原料を全面的に海外資源に依存している点である。第二に、鉄鋼、石油化学製品の消費市場を見た場合、鉄鋼では産業基盤中心の公共投資、内部循環と各種機械部門において形成され、各種機械部門に含まれる自動車・家庭電器・造船などは海外市場で、石油化学の場合は電力・民間消費・運輸・化学品など国内の大消費地と海外市場で形成されている点である。第三に、生産能力が太平洋ベルト地帯へ著しく集中している点である。

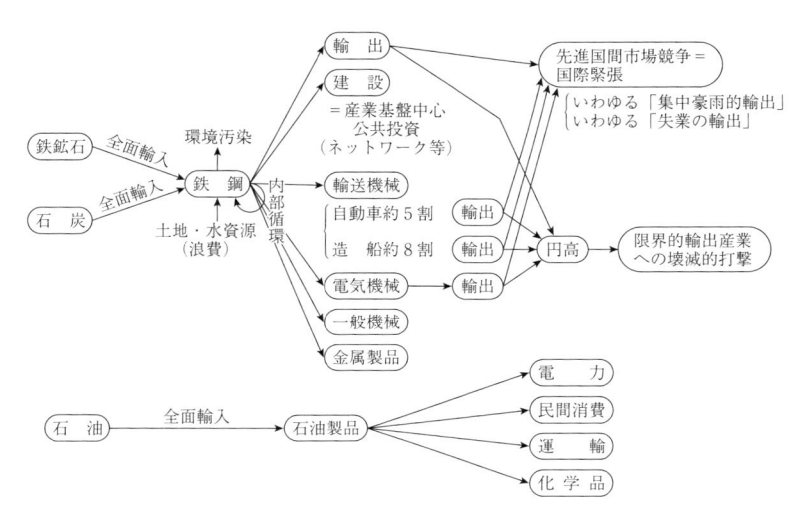

図6-3　鉄鋼系列と石油系列の単純化された販路構成と問題連関
出所：野原光「産業構造転換と地域開発」『国土・都市・農村と地域開発』自治体研究社、
　　1979年、98頁。

　このような重化学工業の再生産構造を公共投資と優遇税制を手段に確立していったのが、政府と地方政財界が一体となって推進した地域開発政策である。

　政府は、重化学工業資本が円滑に原料を輸入し、輸入地点で中間財を生産し、最終製品の輸出や移出を行えるように、臨海部に専用港湾、貨物鉄道、産業道路、工業占有地、工業用水、電力など、ワンセットの産業基盤を公共投資によって先行的・集中的に整備していった。これが石油化学コンビナートや臨海工業地帯の建設事業である。さらに、多数の発電用ダムを建設し、名神高速道路や国道を整備するなど、大型公共事業をともなう重化学工業化政策は、建設業・製造業を中心に巨大な労働市場を供給していくことにも貢献した。

　高度成長期、拠点開発方式の地域開発政策が、重化学工業資本の強力な消費市場指向から1950年代は東京、大阪など大都市圏臨海部を中心に展開され、60年代から70年代初頭には、「（1）大都市部の産業基盤不足、都市問題の深刻化など生産の隘路を打開する目的で、さらに、

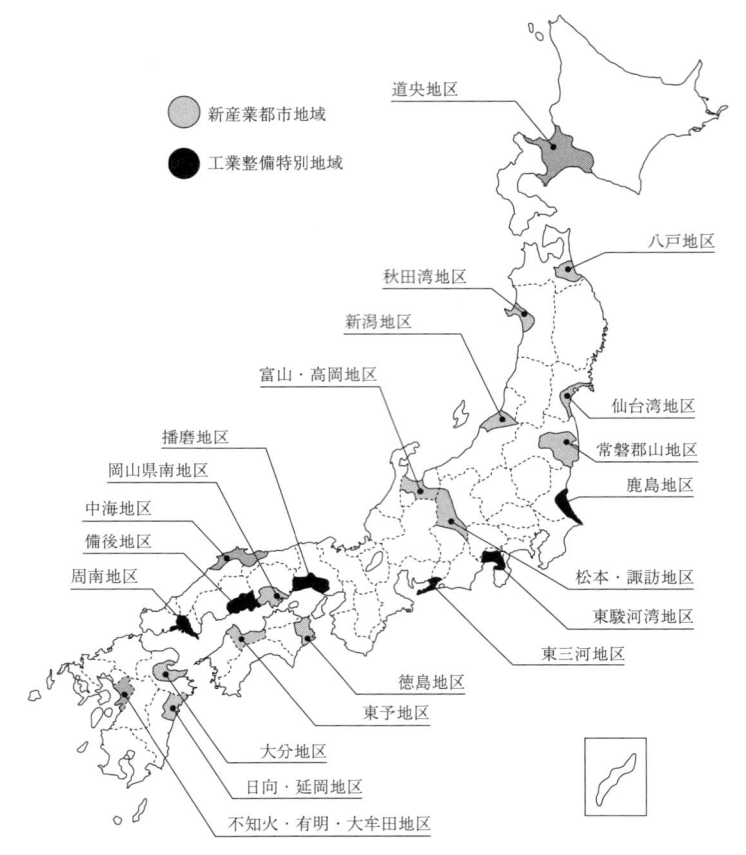

図6-4　新産業都市地域・工業整備特別地域指定状況図
出所：国土庁（1962）『全国総合開発計画』。

（2）工業の地方分散によって地域格差の是正を求める地方政財界の意
向」を反映した全国総合開発計画、第二次全国総合開発計画のもとで、
交通・通信網で結ばれた地方工業都市へと展開されていった。

新産業都市等の指定合戦と企業誘致運動

　拠点開発方式による政府の地域開発政策が全国総合開発計画の開発戦

略として地方都市圏でも行われることになった1962年、重化学工業の立地を求める地方政財界は、激烈な指定競争を演じ、地方産業構造の高度化による地域経済の発展を強く訴えた。

　拠点都市は新産業都市地域、工業整備特別地域と呼ばれ、激しい指定競争の結果、図6-4のとおり、全国に15の新産業都市地域と、既成工業地帯に隣接した臨海部に6つの工業整備特別地域が誕生した。

　新産業都市地域などの指定をめぐり激しい指定競争が繰り広げられた背景には、地方の側に「産業基盤の公共投資集中→素材供給型重化学工業の工場誘致→関連産業の発展→都市化・食生活など生活様式の変化→周辺農村の農漁業改善→地域全体の財産価値・所得水準の上昇→自治体財政収入の増大→生活基盤への公共投資・社会政策による住民福祉の向上→過密・過疎問題の解決」といった期待＝地域開発の社会目標が描かれたことによる*10。

　新産業都市地域などの指定を受けた市町村では、法人住民税や固定資産税・都市計画税の3年間減免措置をはじめ、国庫補助率引き上げ・地方債特例・地方交付税特例など財政特例措置を支援材料に、格安な工場用地・工業用水・電力の提供、産業道路や社宅の整備など先行投資の約束を明記した企業誘致条例を制定して、中央と地方の政財界および行政が三つ巴となって工場誘致運動を展開していった。

誘致運動の成果

　激しい工場誘致運動の成果はどうであったか。新産業都市地域などへ立地を期待された重化学工業資本は、立地条件として、①工場用地、工業用水、電力、港湾、道路、鉄道など産業インフラが十分に整っていること、②豊富な労働力を得られること、③地方自治体の誘致が積極的で環境対策・漁業補償など地元調整の協力が得られること、④製品の需要地・消費地が近いこと、⑤関連企業の隣接進出などでコンビナート形成など将来展望が描けること、を重視していた。

　そのため、重化学工業資本の立地戦略を満たせた太平洋ベルト地帯に位置する一部の新産業都市地域や工業整備特別地域では、比較的早い段

階で企業誘致による工場再配置に成功した指定地域があらわれている。

　しかし、資本の立地戦略を満たし得なかった新産業都市地域では、計画倒れに終わるところも生まれるなど、事業所数、雇用者数、出荷額など波及効果の面で指定地域間に著しい格差を生み広げる要因ともなった。

　表6-6は、新産業都市地域などの生産状況を、指定前の1960年と計画年度の75年、産業構造が転換していく90年で比較検証したものである。指定前と比較して計画年度の70年に出荷額を大きく増やし相対的に工業化を成し遂げた地域は岡山県南、工業整備特別地域では鹿島をはじめ大部分の地域であることが分かる。その後、90年度を見ると常磐郡山、松本諏訪、大分、中海で出荷額を著しく伸ばしている。ただ、相対的には岡山県南の工業化が著しい。工特地域では播磨、東駿河湾、備後、鹿島で著しいことが分かる。

　その結果、表6-7のとおり、上記の地域では、工業製品出荷額の県内に占める割合を50％以上にまで高めるなど、一定の成果を生んだことが分かる。しかし、その他の地域では出荷額および県内割合は低い状態を続けるなど、同じ指定地域間でも結果に大きな違いを生むこととなった。

　そこで、次に、新産業都市地域のなかでも企業進出が進み、工業製品出荷額を大きく伸ばした地域のうち、「新産業都市の優等生」とも呼ばれた大分市のケースをもとに、拠点開発の現実の一端を検証しておこう。

大分新産業都市の現実

　大分新産業都市は、九州石油の製油所、昭和電工の石油化学コンビナート、富士製鉄の銑鋼一貫型製鉄所の誘致に成功したことから、「新産業都市の優等生」と呼ばれている。

　1965年に大分県が公表した「大分地区の新産業都市建設基本計画」（1975年を目標年度）では、（1）石油精製、石油化学、銑鋼一貫工場を基軸として、（2）化学工業、窯業土石、鉄鋼二次加工メーカーの立地を図り、（3）総事業所の99％、従業員の76％を占める中小企業について経営の改善、技術の向上、設備の近代化、労働力確保の育成振興を行う、

という目標が立てられ、目標達成に向け積極的な工場誘致運動が展開された。

　その結果、（1）は順調に進み、製油精製工場（製油所）と石油化学工場（エチレンプラント）など複数の企業をパイプラインで結ぶ石油化学コンビナート、および世界最大級とも称される炉をもつ製鉄所からなる「大分コンビナート」を完成させている。県全体に占める新産業都市地域の企業約800社の工業製品出荷額の割合は60％を超え、さらに大分コンビナート企業協議会を構成する大手12社が占める割合で見ても県全体の48％にも及んでいる。

　ところが、（2）（3）はともに実績が計画値を下回り、当初期待されていた地域経済への波及効果の点では期待通りの成果を生むことはできなかった。たとえば、石油化学コンビナート工業およびそれ以外の工業における県内生産・所得・雇用に関する直接・間接の波及効果の試算結果によれば、（1）石油化学コンビナート工業の県内産業への生産波及効果は、コンビナート内部については大きいものの、コンビナート外部の他企業への波及は極端に小さい、（2）付加価値波及効果という点では、コンビナート工業は自ら付加価値を生み出す力が弱く、他部門との連関性も脆弱なため他部門への波及力もきわめて弱い、（3）雇用波及効果という点では、たとえば食品工業であれば1億円の生産増加が45人の新たな雇用機会を創出するのに対し、コンビナート工業では同じ1億円の生産増加でも、わずか6人の雇用機会しか生まれない。つまり、石油化学コンビナートは、生産規模は大きいものの、「装置型産業であること」「素材供給が主であるため低い加工段階にとどまる産業が多いこと」「コンビナート外の他産業との結びつきが非常に弱いこと」などから、コンビナート外の県内生産への波及効果や雇用形成と所得効果はきわめて弱いことも判明した。

　石油化学コンビナートの産業構成は、目標年度の翌年に当る1976年にはほぼ確定する。その後、基本計画は81年と86年の二度にわたって改定されたものの、コンビナートの産業構成が変わることはなかった。大分新産業都市は、「1970年代の後半に入って（テクノポリス政策の影

表6-6　新産業都市・工業整備特別地域

	1960 年		1975 年	
	金額	構成比	金額（計画）	金額（実績）
新産業都市				
道　央	1,820	14.7	10,760	15,387
八　戸	220	1.8	2,000	2,727
仙台湾	643	5.2	4,190	8,263
常磐郡山	548	4.4	5,250	6,637
新　潟	883	7.1	4,650	6,605
松本諏訪	815	6.6	3,320	7,348
富山高岡	1,389	11.2	5,520	11,038
岡山県南	1,892	15.3	13,650	28,119
徳　島	470	3.8	4,500	4,821
東　予	1,166	9.4	5,080	10,165
大　分	420	3.4	5,250	6,450
日向延岡	310	2.5	2,500	2,105
不知火有明大牟	1,070	8.6	6,300	8,175
秋田湾	322	2.6	2,510	2,279
中　海	412	3.3	2,180	3,108
合　計	12,380	100.0	77,660	123,227
工特地域				
鹿　島	36	0.4		9,214
東駿河湾	2,305	24.4		18,378
東三河	911	9.6		8,751
播　磨	3,139	33.2		29,598
備　後	1,269	13.4		17,068
周　南	1,788	18.9		10,867
合　計	9,448	100.0		93,876
新産・工特合計	21,828	13.9		217,103
全国合計	157,480			1,258,409

注：本表のうち、新産・工特合計の構成比とは全国合計に占める割合を示す。
出所：原資料は、経済企画庁編「新産業都市建設基本計画」1960 年、同庁総合開発局「新産
　　本表は以上をもとに作成された藤家保「新産業都市等の現状と課題」『第一経大論集』（22

の工業出荷額等の推移

（単位：億円、％）

| 対計画伸び率 | 構成比 | 1990 年 | | |
		金額	対 '75 年伸び率	構成比
43.0	12.5	28,394	84.5	10.0
36.4	2.2	7,165	162.7	2.5
97.2	6.7	22,150	168.1	7.8
26.4	5.4	21,782	228.2	7.7
42.0	5.4	13,060	97.7	4.6
121.3	6.0	23,256	216.5	8.2
100.0	9.0	27,714	151.1	9.8
106.0	22.8	52,502	86.7	18.5
7.1	3.9	11,648	141.6	4.1
100.1	8.2	20,552	102.2	7.2
22.9	5.2	17,127	165.5	6.0
▲ 15.8	1.7	4,342	106.3	1.5
29.8	6.6	20,894	155.6	7.4
▲ 9.2	1.8	4,130	81.2	1.5
42.6	2.5	9,503	205.8	3.3
58.7	100.0	284,219	130.6	100.0
25494.4	9.8	18,986	106.1	8.1
697.3	19.6	55,341	201.1	23.5
860.6	9.3	35,891	310.1	15.3
842.9	31.5	67,989	129.7	28.9
1245	18.2	31,058	82.0	13.2
507.8	11.6	25,733	136.8	11.0
893.6	100.0	234,998	150.3	100.0
894.6	17.3	519,216	139.2	16.1
699.1		3,233,726	157.0	

業都市の現状」1972 年、自治大臣官房企画室「新産業都市・工業整備特別市域要覧」1965 年、巻 4 号、1993 年、47 頁）を加工作成したものである。

表6-7　新産業都市・工業整備特別地域の出荷額の県内割合の推移 (単位：％)

	1971 年	1980 年		1990 年	
	県内割合	県内割合	対 70 年伸び率	県内割合	対 80 年伸び率
新産業都市					
道　央	45.9	49.6	8.1	47.8	▲ 3.6
八　戸	59.0	59.1	0.2	56.3	▲ 4.7
仙台湾	70.6	65.8	▲ 6.8	59.3	▲ 9.9
常磐郡山	48.7	47.2	▲ 3.1	45.2	▲ 4.2
新　潟	29.5	33.2	12.5	27.0	▲ 18.7
松本諏訪	43.4	37.5	▲ 13.6	35.5	▲ 5.3
富山高岡	74.8	75.5	0.9	73.9	▲ 2.1
岡山県南	85.7	86.8	1.3	76.4	▲ 12
徳　島	83.9	81.8	▲ 2.5	80.0	▲ 2.2
東　予	63.5	63.0	▲ 0.8	62.1	▲ 1.4
大　分	63.4	76.2	20.2	66.2	▲ 13.1
日向延岡	56.1	47.2	▲ 15.9	33.9	▲ 28.2
不知火有明大牟田	16.0	19.4	21.3	20.9	7.7
秋田湾	37.7	38.7	2.7	27.5	▲ 28.9
中　海	47.4	47.9	1.1	48.0	0.2
新産県内割合平均	55.0	55.3	1.7	50.7	▲ 8.4
工特地域					
鹿　島	15.0	27.3	82.0	17.6	▲ 35.5
東駿河湾	38.3	32.9	▲ 14.1	34.0	3.3
東三河	6.9	8.2	18.8	9.8	19.5
播　磨	36.8	43.7	18.8	44.1	0.9
備　後	21.0	18.5	▲ 11.9	19.7	6.5
周　南	48.6	46.3	▲ 4.7	51.9	12.1
工特県内割合平均	27.8	29.5	6.2	29.5	0.1
新産・工特県内	41.4	42.4	2.3	40.1	▲ 5.4
割合平均					
対全国	15.3	17.5		16.1	

出所：原資料は、経済企画庁編「新産業都市建設基本計画」1960 年、同庁総合開発局「新産
業都市の現状」1972 年、自治大臣官房企画室「新産業都市・工業整備特別市域要覧」1965
年、本表は以上をもとに作成された藤家保「新産業都市等の現状と課題」『第一経大論集』
（22 巻 4 号、1993 年、48 頁）を加工作成したものである。

響で）ハイテク産業の立地が進んだものの、大型機械工業の誘致は果たせず、素材供給型中心の産業構造を克服しえないまま今日に至って」いる。1964年から85年までの期間ではあるが、この間に総額1兆4000億円の公共投資が注ぎ込まれたものの、基本目標で掲げた地域の地場産業の育成や農業の振興等に結びつくような具体的成果を生むことはできなかった*11。

富山・高岡新産業都市の現実

　太平洋ベルト地帯以外では数少ない成功例のひとつにあげられている富山・高岡新産業都市の場合も、大分新産業都市とほぼ同様の評価である。富山・高岡地区でも、1964年から85年までに総額1兆7000億円もの公共投資が注ぎ込まれ、アルミ精錬、アルミ加工、火力発電所を核とした臨海工業地帯が建設されている。

　しかし、その成果に関する評価は厳しい。表6-8は富山新港の臨海工業地帯造成に関するバランスシートである。これによれば、1980年までに富山新港へ立地した企業からの国税・県税・市税の増収額と工業用地売却・港湾使用料などの資金回収額（B+C）は総額468億円にのぼる。それに対して先行投資分でもある富山新港関連の基盤整備投資額（A）はそれを大幅に上回る957億3000万円に達し、前者から後者を差

表6-8　臨海工業地帯造成の財政バランスシート
(単位：100万円)

	国	県	市	計
新港関連基盤整備投資額（A）	28,889	64,971	1,871	95,731
新港立地企業による税増収額（B）	6,271	7,803	7,743	21,817
工業用地売却、港湾使用料など資金回収額（C）		24,989		24,989
（B＋C）－A	△22,618	△32,179	5,872	△48,925

注：上欄で市とあるのは、新湊、高岡両市のことで数字は合計したもの。税増収の国の欄は、国税（法人税）で、新湊、高岡両市民税から各年度の税率をもとに逆算。各工場の均等割分も含めて計算しているため、実際よりは高めに出る。資金回収額は、県土地対策課と港湾課の調べに、企業局調べをもとにあん分計算したものの合計。最下欄△印はマイナス。1980年度までの累計。

出所：北日本新聞社編集局編『幻の繁栄、新産都市20年の決算—富山・高岡の場合』勁草書房、1984年、211頁。

し引くと、総額489億円もの赤字となっていることが分かる。

　さらに、投資効果については、富山・高岡地区の雇用量、製造品出荷額、付加価値額とも、富山県内の工場に占める割合はそれぞれ2.5％、5.7％、2.9％にすぎず、県税収入にいたっては2.2％ときわめて寄与率が低い。その一方で、工業用水使用料は12.3％、電力使用量は23.1％を占め、さらに硫黄酸化物・窒素酸化物の寄与率は30％前後にもいたっていることが明らかにされている*12。

大気汚染公害と新たな地域づくりへの始動

　1950年代から60年代にかけ、いち早く重化学工業化を成し遂げた工業都市では深刻な公害問題が発生していた。企業の排出物と被害との因果関係が曖昧にされ救済や発生源対策が進まない状況下、公害被害者は裁判に訴え公害対策を強く国や企業に訴える行動に出た。1967年の新潟水俣病裁判を皮切りに四大公害裁判の訴えがはじまり、1971年から73年にかけて被害者原告勝利の判決が出されている。

　とくに「四日市ぜんそく」と呼ばれる深刻な大気汚染公害の責任を求めた四日市公害裁判の判決（1972年）は、公害対策費用を地域社会に転嫁し公害防止投資を怠ってきた産業界や監視・監督を怠ってきた国の責任を厳しく問う裁判でもあった。

　その影響は、大気汚染公害に苦しむ被害者を公害裁判へと導き、表6−9のとおり被害者・原告側に和解勝利の判決をもたらしている。同時に、行政責任を厳しく問われた国では、環境庁（当時）が主導し、1974年汚染物質を排出する企業が資金を出し合い公害被害者を救済する「公害健康被害補償法」を制定し、救済に乗り出した。

　しかし、環境庁が主導する国の環境行政は、集中豪雨型輸出で貿易黒字を支える産業界の圧力と行革の中で後退に向かっていく。大気汚染物質の二酸化窒素の環境基準は2倍から3倍も緩和され、旧基準では全国の90％が環境基準を超える大気汚染地域であったにもかかわらず、新基準では逆に全国90％以上が非汚染地域に変えられるという事態を生み出した。

　その結果、1987年には公害健康被害補償法の大気汚染公害指定地域が解除され、公害患者は新規に認定されなくなった。しかし、実際には大気汚染公害の被害は発生源を工場から自動車へと変えながら増加の一途を辿っていたのである。その証左として、1996年東京都では自動車産業界の責任を追及する裁判を起こしている。

　この裁判の結果、ディーゼル車を規制する自動車NOX・PM法が制定され、自動車排ガスが原因でぜん息患者が増加していた川崎市や東京都では、時限措置など不十分な内容でありながらも、独自の医療救済制度を創設し、ぜん息患者の治療支援を続けてきた*13。

　大分や富山・高岡と同様に「新産業都市の優等生」と呼ばれた岡山県南新産業都市地域は新産業都市の中で最も多くの企業が集積し、県全体に及ぼす影響が大きな臨海工業地帯として有名である。表6-10は、岡山県南新産業都市の臨海地域を形成する「水島工業地帯」の事業所数、従業者数、製造品出荷額等の推移である。とくに新産指定以後、水島工業地帯の製造品出荷額等がピークに達する1980年を起点に2010年まで10年ごとの推移と直近の2014年の岡山県に占める割合を見ておこう。

　水島工業地帯には石油化学、石油製品・石炭製品製造業、鉄鋼業、輸送用機械器具製造業が多数進出し、工業地帯を形成してきたことが分かる。しかし、1980年をピークに事業所数および従業員数は大幅に減り雇用吸収力を下げる傾向にある。その一方で、工業製品出荷額等は大幅に伸び、従業者一人あたりの出荷額を示す労働生産性を著しく高めてきた。その結果、工業地帯の製造品出荷額等が岡山県全体に占める割合は2000年以降上昇し、2014年には約53％にまで達している。表6-11で全国に占める割合で見ると、化学工業や鉄鋼業の割合も高めているが、とくに石油製品・石炭製品製造業の割合を著しく高めていることが明らかとなろう。

　ところが、重化学工業資本の工場群が多数進出し、臨海工業地帯・コンビナートの形成に寄与することは、同時に集積不利益としての深刻な公害問題や環境破壊、労働災害を引き起こす要因ともなった。

　四大公害裁判のうち「四日市ぜんそく」を引き起こした四日市石油化

表 6-9　重化学工業化開発にともなう工場および

公害名	工業地帯	裁判期間	被告企業	原告（人）
四日市大気公害（三重県）	四日市コンビナート（第1～第3）1959年稼働	1967-1972	【工場6社】 ・昭和四日市・三菱油化・三菱化成 ・三菱モンサルト化成・中部電力・石原産業	9人（四日市塩浜磯津地区の公害患者）
千葉川鉄大気公害（千葉県）	京葉工業地帯 1956年本格稼働	1975-1992	【工場1社】 ・川崎製鉄	431人（公害病認定患者とその遺族、公害の差し止めを求める川崎製鉄所周辺《公害指定地域》に居住もしくは勤務地とする市民） ・1次訴訟112人・2次訴訟231人
西淀川大気公害（大阪府）	阪神工業地帯	1978-1998	【工場10社】 ・合同製鐵・古河鉱業・中山鋼業 ・関西電力・旭硝子・日本硝子 ・関西熱化学・住友金属・神戸製鋼 ・大阪瓦斯 【国（国道2号、43号）】 ・阪神高速道路公団（阪神高速大阪池田線、大阪西宮線）	726人（大阪市西淀川区に在住または通勤している公害健康被害補償法による公害病認定患者） ・1次訴訟112人・2次訴訟470人 ・3次訴訟143人・4次訴訟1人
川崎大気公害（神奈川県）	京浜工業地帯	1982-1999	【工場12社】 ・日本鋼管・東京電力・東亜燃料 ・昭和電工・東燃石油化学・日鋼石油精製 ・日本石油化学・浮島石油化学 ・ゼネラル石油・三菱石油・東亜石油 ・日本国有鉄道 【道路】 ・国（国道1号＝第2京浜国道、国道15号＝第1京浜国道、132号） ・首都高速道路公団（高速横浜羽田空港線）	440人（川崎市に在住または通勤している公害健康被害補償法による公害病認定患者） ・1次訴訟119人・2次訴訟114人 ・3次訴訟107人・4次訴訟100人
倉敷大気公害（岡山県）	水島臨海工業地帯（石油化学コンビナート始動は1961年、新産業都市指定は64年）	1983-1996	【工場8社】 ・川崎製鉄・中国電力・三菱化成 ・岡山化成・水島共同火力・三菱石油 ・日本鉱業	292人（倉敷市に在住または通勤している公害健康被害補償法による公害病認定患者） ・1次訴訟61人・2次訴訟123人 ・3次訴訟108人
尼崎大気公害（兵庫県）	阪神工業地帯	1988-2000	【工場9社】 ・関西電力・旭硝子・関西熱化学 ・住友金属工業・久保田鉄工・合同製鋼 ・古河鉱業・中山鋼業・神戸製鋼 【道路】 ・国（国道2号、43号） ・阪神高速道路公団（大阪西宮線）	498人（尼崎南部在住もしくは通勤している認定患者とその遺族） ・1次訴訟483人・2次訴訟1人

道路を発生源とする大気汚染、その公害裁判の概要

原告の主張	裁判の結果（判決）
・コンビナートを形成する企業群の不法行為責任を追及	・企業群の共同不法行為認定 ・立地上、操業上の過失を認める ・原告に 8821 万 1823 円の賠償金を支払う ・被告控訴せず
・排出源の建設操業の中止と環境基準の順守を請求 ・公害患者への損害賠償を請求	・1988 年 11 月 17 日判決は原告・被告とも控訴。その後、1992 年 8 月 10 日和解 ・立地上、操業上の過失を認める ・原告らの健康被害と大気汚染の因果関係を認める（二酸化窒素、二酸化硫黄、浮遊粒子状物質） ・公害患者に和解金 2 億 6500 万円支払う
・原告居住地の汚染物質を環境基準値以下にすること ・企業群とともに道路からの大気汚染の責任を追及 ・公害患者への損害賠償	〈第 1 次訴訟判決〉 ・1991 年 3 月 29 日判決（第 1 次訴訟）は、原告・被告（工場、道路）とも控訴。その後、1995 年 3 月 2 日和解 ・企業群の共同不法行為認定。連帯して損害賠償を解決金として 39 億 9000 万円を支払う。そのうち 15 億円を患者の生活環境や地域再生に活用。その代表例が、「財団法人公害地域再生センター（あおぞら財団）」の開設。全国の公害や環境問題の資料保存と情報発信、公害のないまちづくり政策拠点として始動 ・企業は公害防止対策に努力することも明記 〈第 2 次～ 4 次訴訟判決〉 ・1998 年 7 月 5 日判決（第 2 次～ 4 次訴訟）は、1998 年 7 月 29 日、国及び阪神高速道路公団と和解 ・自動車排ガス（二酸化窒素）の健康影響を初めて認める。①西淀川区における沿道環境改善（交差点改良、国道 43 号線車線削減、光触媒塗布、微細粒子状物質 PM2.5 の測定実施など）を推進、②今後の環境対策のために、西淀川地区道路沿道環境に関する連絡会を設置し、被害者（原告団）と国・公団が継続的に協議開始。
・原告居住地の汚染物質を環境基準値以下にすること ・企業群とともに道路からの大気汚染の責任を追及 ・公害患者への損害賠償	〈第 1 次訴訟判決〉 ・1994 年 1 月 25 日判決（1 次訴訟）は、原告・被告（工場、道路）とも控訴。その後、1996 年 12 月 25 日企業と和解 ・企業群の共同不法行為認定。連帯して損害賠償を解決金として 31 億円を原告に支払う 〈第 2 次訴訟判決〉 ・1998 年 8 月 5 日判決（第 2 次～ 4 次訴訟）は、原告・被告（道路）とも控訴。その後、1999 年 5 月 20 日、国及び首都高速道路公団と和解 ①自動車交通を湾岸部へ誘導するための道路ネットワークを整備。②道路構造の改善（環境施設の整備、遮音壁、低騒音舗装など）交通流の円滑化、沿道整備、③沿道環境改善（光触媒、大気測定局の設置など）、④中長期対策（国道 357 号・生麦ジャンクションの整備、ロードプライシングの検討）、⑤川崎市南部地区道路沿道環境に関する連絡会を設置。
・コンビナートを形成する企業群の不法行為責任を追及 ・汚染物質を環境基準以下にすること ・公害患者への損害賠償	〈1 次地裁判決〉 ・1994 年 3 月 23 日、1 次地裁判決は原告・被告とも控訴。その後、1996 年 12 月 26 日工場と和解 ・企業群の共同不法行為責任を認める。連帯して損害賠償を解決金として原告に 13 億 9200 万円支払う。その一部を環境保健、地域の生活環境の改善などに実現。その代表例が、住民・行政・企業・専門家が協働し環境再生をめざす拠点「みずしま財団」の設立。
・原告居住地の汚染物質である二酸化硫黄と浮遊粒子状物質を環境基準値以下にすること、二酸化窒素を 1 時間値の 1 日平均値 0.02ppm 以下にすること ・企業群とともに道路からの大気汚染の責任を追及 ・公害患者への損害賠償	・1999 年 2 月 17 日、企業群の共同不法行為責任を認め、和解。企業群は連帯して損害賠償を支払うこととなり、解決金 24 億 2000 万円を原告に支払う。 ・道路をめぐっては 2000 年 1 月 31 日の判決に原告・被告（道路）とも控訴。その後、2000 年 12 月 8 日、国及び阪神高速道路公団と和解。①5 省庁（警察庁・環境庁・通商産業省・運輸省・建設省）が連携し、沿道環境対策に取り組む、②自動車排出ガスの低減のために対策を行う、③大型車の交通規制の検討や交通の転換を行う、④大気環境の調査を行う、⑤健康影響調査を行う。

公害名	工業地帯	裁判期間	被告企業	原告（人）
名古屋南部大気公害（愛知県）	名古屋南部臨海工業地帯（1964年鉄鋼一貫体制確立始動）	1989-2001	【工場11社】 ・中部電力・東レ・新日本製鐵・愛知製鋼 ・矢作製鋼・大同製鋼・三井東圧化学 ・東邦瓦斯・東亜合成化学・ニチハ ・中部鋼板 【道路】 ・国（国道1号、23号、154号、247号）	292人（名古屋市内、東海市内及びその周辺地域に在住または通勤している公害認定患者とその遺族） ・1次訴訟145人・2次訴訟100人 ・3次訴訟47人
東京大気公害（東京都）	東京都内	1996-2007	【ディーゼル自動車メーカー】 ・トヨタ自動車・日産自動車・三菱自動車・マツダ・日産ディーゼル・いすゞ自動車・日野自動車 【道路】 ・国・東京都 ・首都高速道路株式会社	633人（公害健康被害補償法の公害認定患者とその遺族、1988年同法の新規認定打ち切り後の東京都内居住または勤務して気管支喘息、慢性気管支炎、肺気腫にかかった感じ阿またはその遺族） ・1次訴訟102人・2次訴訟110人 ・3次訴訟191人・4次訴訟75人 ・5次訴訟40人

出所：独立行政法人環境再生保全機構のウェブサイト、全国公害弁護団連絡会議各年度総会

　学コンビナート立地企業6社に対する原告・被害者の勝訴が確定すると、同様に大気汚染による公害病患者が生まれつつあった各都市地域の大気汚染訴訟に影響し、公害病とコンビナート企業との関係が裁判で争われるようになる。

　裁判の結果は、表6-9から明らかなように公害認定漢書など原告側の主張がほぼ認められることになる。その結果は、政府・自治体の重化学工業化政策は、健康被害の補償および自然環境・生活環境再生の観点から責任を厳しく問われることになる。

　他方、原告・被害者の側では、解決金の一部を活用した住民・自治体・企業の環境監視活動をはじめ、環境再生支援センターの設立と公害被害の教訓継承・公害学習の支援などを目的とした地域環境政策を始動させるようになる。水島工業地帯を抱える岡山県倉敷市でも、大気汚染公害の患者が中心となり弁護団や労働団体の支援を得て環境再生センターが設立され、環境再生のまちづくりが着手されている。

新産業都市等の評価

　新産業都市建設促進法（1962年）、工業整備特別地域整備促進法

原告の主張	裁判の結果（判決）
・原告居住地の汚染物質である二酸化硫黄と浮遊粒子状物質を環境基準値以下にすること、二酸化窒素を1時間値の1日平均値0.02ppm以下にすること ・企業群とともに道路からの大気汚染の責任を追及 ・公害患者への損害賠償	・2000年11月27日判決では原告・被告（工場、道路）ともに控訴。その後、2001年8月8日国および企業と和解 ・工場の共同不法行為を認め、企業は連帯し損害賠償を和解金として⑦億3361万円支払う。原則はその一部を利用し環境再生と患者会活動を支援する目的で「NPO法人名古屋南部地域再生センター」を設立（後に解散）。 ・道路をめぐっては、①国土交通省と環境省は交通負荷と大気汚染を軽減する施策を行う、②原告と国土交通省、環境省は共同で「名古屋南部地域道路沿道環境改善に関する連絡会」を設置。
・公害患者および未認定患者に対する損害賠償 ・自動車や道路からの大気汚染物質の排出差し止め ・未救済患者に対する被害者救済制度の創設 ・原告居住地の大気汚染物質を環境基準以下にすること ・自動車メーカーの公害責任を追及	2002年10月29日の判決（1次訴訟）は、東京都以外の国、首都高速道路公団、自動車メーカーと原告が控訴。 その後、2007年8月8日に和解。①自動車メーカーが33億円、国が60億円、首都高速道路公社部式会社が5億円を支払い、それを基に東京都内のすべてのぜん息患者の医療費を無料とする制度を2008年8月に創設（その後、無料化は2015年3月末までの時限措置とされる）、②国、都、首都高が独自に環境対策を実施、③自動車メーカーが原告に対する損害賠償金として12億円支払う、④国はPM2.5の環境基準設置を検討する（2009年設置実現）、⑤原告と国、都、首都高との間で「東京地域の道路交通環境改善に関する連絡会」「東京都医療費助成制度に関する連絡会」を設置。

議案書、全国公害被害者総行動実行委員会「公害被害者行動30年のあゆみ」をもとに作成。

（1964年）下での重化学工業化政策は、1990年代以降大きな転機を迎える。バブル崩壊後の重厚長大産業の内需低迷、重化学工業資本の海外直接投資拡大、Ｍ＆Ａ下での海外生産比率の上昇によって、道県が策定する新産都市等の整備に関する基本計画の方針や目標は見直しを喫緊の課題とするようになっていた。

　すでに国土審議会では、1996年度から2000年度までの第六次基本計画承認に先立ち「地方振興政策における産業の在り方について検討を行い、第六次基本計画終了後の新産・工特の在り方に反映させる」ことを提言している。この提言を踏まえ国土庁（当時）では新産・工特事業の廃止を含めた検討を続け、その結果、2000年度末、新産・工特地域の整備支援制度は廃止された。

　廃止を前に、国土審議会地方産業開発特別委員会は、「新産業都市の建設及び工業整備特別地域の整備の今後の在り方について」（最終答申）を2000年12月14日付でまとめ、新産・工特事業の評価を「国土の均衡ある開発発展及び国民経済の発達」の観点から行い公表している。事業者である国の立場から行われた新産・工特の評価をこの最終答申をもとに検証しておこう。

表6-10　水島工業地帯が岡山県等に占める割合

		1980 年
事業所数	全県実数	7,066
	指数（1980 年 = 100）	100
	水島工業地帯実数	301
	指数（1980 年 = 100）	100
	対全県比（％）	4.3
従業者数	全県実数（人）	197,931
	指数（1980 年 = 100）	100
	水島工業地帯実数（人）	34,952
	指数（1980 年 = 100）	100
	対全県比（％）	17.7
製造品出荷額等	全県実数（100 万円）	5,715,429
	指数（1980 年 = 100）	100
	水島工業地帯実数（100 万円）	3,345,409
	指数（1980 年 = 100）	100
	対全県比（％）	58.5

注：従業員 4 人以上の事業所を対象とする。
出所：岡山県産業労働部「水島工業地帯の現状」2016 年 2 月より作成。

表6-11　水島工業地帯の全国に占める割合

	2008 年の製造品出荷額等		
	全国合計	水島工業地帯	割合
全業種	2,844,183	31,276	1.1
1）化学工業	241,493	6,242	2.6
2）石油製品・石炭製品製造業	104,754	10,255	9.8
3）鉄鋼業	141,423	6,901	4.9
4）輸送用機械・器具製造業	506,995	5,796	1.1

出所：岡山県産業労働部「水島工業地帯の現状」2014 年 2 月。

　重化学工業再配置のための基盤施設整備に関しては、新産・工特制度創設間もない1968 年から1998 年までの30 年間で見ると、①港湾貨物取扱量は三大都市部で2.1 倍の伸びに対し、新産・工特地区では3.0 倍と三大都市部を大幅に上回っている。②市町村道舗装率は三大都市部の6.7 倍に対し、新産・工特地区では10.7 倍となり、三大都市部の伸びを上回っている。③公共下水道の整備状況では、三大都市部が2.5 倍（普及率は28.3％から71.8％へ）であるのに対し、新産・工特地区では4.1

1990 年	2000 年	2010 年	2014 年（直近）
7,125	5,435	3,695	3,466
101	77	52	49
318	291	252	245
106	97	84	81
4.5	5.4	6.8	7.1
204,192	165,262	144,288	139,843
103	83	73	71
29,304	22,479	23,818	22,994
84	64	68	66
14.4	13.6	16.5	16.4
6,867,190	6,369,501	7,700,595	8,247,450
120	111	135	144
2,920,573	2,673,523	4,007,584	4,356,298
87	80	120	130
42.5	42.0	52.0	52.8

（単位：億円）

2014 年の製造品出荷額等		
全国合計	水島工業地帯	割合
3,034,188	43,563	1.4
281,793	9,332	3.3
183,919	16,723	9.1
191,993	9,907	5.2
599,343	4,878	0.8

倍（普及率は 13.2％から 54.3％）へと、普及率は依然低いものの大きな伸びを達成している。つまり、30 年間で産業基盤や生活基盤の施設整備は、他の地方都市に比べ著しい進展を見せたと評価している。

　次に、産業の発展状況や県民所得、人口動態の状況を同期間の三大都市部と比較した評価によれば、①工業出荷額では三大都市部が 7.4 倍の伸びなのに対し、新産・工特地区では 10.8 倍と三大都市部を大きく上回っている。②新産・工特地区の工業集積度（1.0 が全国平均）を見る

と、指定直後の 1968 年が 0.68 と全国平均以下であったのに対し、98 年は 1.25 と全国平均を上回っている。③一人あたりの県民所得では、指定直後の 1968 年段階で、全国平均を 1 とした場合、三大都市部が 1.23 倍に対し、新産・工特地区指定道県は 0.89 と下回るが、その差は徐々に縮小し、制度創設時にくらべ所得格差は目立たなくなっている。④人口動態では 1960 年から 1995 年までを見ると、三大都市部で 1.65 倍の伸びなのに対し、新産・工特地区では 1.38 倍にとどまっている。

しかし、同期間の地方圏が 1.12 倍にとどまったことから、三大都市部との人口格差の是正は進まなかったものの、新産・工特指定県と地方圏とを比較すると、新産・工特指定県の伸びが地方圏の伸びを上回っている。つまり新産・工特制度が地方圏全体の人口底上げには寄与したと評価を下している。

以上の通り、高い評価を加えながらも、今後の新産・工特制度の存廃に関しては、重厚長大から軽薄短小へと産業構造が転換したことを受け、第六次基本計画の終期である 2000 年度末をもって廃止すべきであると結論づけている。

では、廃止後の新産・工特地域はどうあるべきなのか。最終答申は、両地域に対して、これまでの拠点開発政策とは全く異なる地域産業振興策を求めていく。すなわち、①従来のように工場を誘致するだけでなく、地域資源（人材、技術、自然、文化、知的基盤等）を活用しながら地域産業の競争力強化や新事業の創出を推進し、地域経済の自立的発展を図る。②そのために地方自治体が中心となって、地方の特性、資源、産業集積、住民ニーズ等を踏まえた内発的な産業集積に重点を移す方が有効である。③新産・工特制度廃止後の地方産業振興は、各地方が独自性を発揮しつつ競い合うようにすべきであり、原則として地方自治体の判断と責任において行うべきである。④情報化、高齢化、環境対応などに対応し、IT、バイオ、医療・福祉、環境などの分野が新産・工特制度廃止後の地方産業振興の一つの方向である、としている。

例えば、新産・工特地域の企業が有する公害防止技術等の蓄積を環境分野へ応用すること、新産・工特地域ならではの豊富な地域資源を活か

し農林水産物の高付加価値化、IT を活用した地場食品産業の全国展開、などが示されている。つまり、拠点開発方式を外来型資本の誘致による地域発展の論理であると批判してきた内発的発展論が、新産・工特地域の今後の地域産業振興策の骨子となって描かれているのである。

　こうして新産・工特制度は、2000 年度末をもって廃止された。その後の整備主体は国から立地道県および市町村へ引き継がれていく。しかし、既存の産業集積への新たな集積誘導と連関は、新興国による最新鋭の精油・石油化学施設の新増設、円安・資源安、内需低迷等の外部リスクの高まりを受け難い。そうした中で取り組まれている新産・工特地域の産業政策では、先の内発的発展論が具体化されることは少なく、むしろメガソーラー集積地開発、災害に備えたサプライチェーン工場等の誘致など、再び外来型の誘致企業に依存した地域づくりが志向されつつある。

3　先端技術産業化とテクノポリス構想

　1970 年代の 2 度のオイルショックは、高度成長をリードしてきた素材供給型の重化学工業と関連企業に依存した自治体経営に対し、失業、廃業、物価上昇、財政赤字、福祉サービスの引き下げなど深刻な影響を及ぼしてきた。

　その一方で、マイクロエレクトロニクスの発達と製品革新の進展、メカトロニクス、INS 構想など情報ネットワーク社会の構築が本格的に歩みだそうとするなかで、先端技術産業は飛躍的な成長を遂げ、素材供給型重化学工業に代わる新たなリーディング産業として、とくに地方自治体や地方政財界から注目を集めることになる。

　地方への定住構想を掲げながら、雇用機会や所得向上を図るための具体的な企業立地・産業再配置政策をもたないままの三全総は、この躍進著しい先端技術産業の地方分散を通して地域開発を推進していく。その成果と限界を検証する。

　米国における先端技術産業の集積地域の代名詞ともなった「シリコン

バレー」は、サンフランシスコの南約70キロ、サンタクララ・カウンティに広がるサンタクララ・バレー一帯を指す。この地域には約140万人の人々が住み、スタンフォード大学を核に、先端技術関連企業、とくに中小規模の半導体企業の研究機関、量産工場、関連サービス企業約2600社（従業員は約25万人）が集まり、米国半導体産業の発展基盤を形成したこと、さらに今なお先端技術産業の激しい生き残り競争が演じられていることで有名である。

　この半導体を中心とする先端技術産業の最先端研究開発地域をモデルにしたとされているのが、わが国のテクノポリス構想である。同構想がはじめて提唱されたのは、1980年3月の通産省産業構造審議会「80年代の通商産業政策のあり方に関する答申」においてである。そのなかでテクノポリスは、電子・機械などの技術先端部門、大学・研究所などの学術研究部門、優れた地方定住環境などの居住部門といった3部門を同一地域内で有機的に結合する「技術集積都市」と訳され、都市づくりを通した地域産業の振興と地域文化の創造が期待されていた*14。

通産省の先端技術産業政策

　通産省が1980年代のリーディング・インダストリーとして先端技術産業をもちだした背景には、70年代を通して通産省が強力に展開してきた先端技術産業育成政策があったことを忘れてはならない。

　通産省は、2度のオイルショックをはさんで、もはや1970年代には高度な設備投資による経済成長は期待できないとの判断のもとで、エネルギー多消費型の素材供給型重化学工業に主導された産業構造から知識集約型の産業構造へと転換する道を選択する。そのなかの中核産業とみなされていたのがIC関連産業・コンピュータ産業である。

　通産省は、資本の原則自由化に備え、「情報処理振興事業協会等に関する法律」（1970年3月）、「特定電子工業及び特定機械工業振興臨時措置法」（1971年3月）、コンピュータの輸入制限の弾力的運用措置（1971年から75年）、資本自由化の延期措置（1974年8月から75年12月）等を通じ、IC等輸入先端技術の国産化・応用化を積極的に支援した。具

体的には、電卓・カラーテレビ・VTRなど民生用電器製品へのIC導入によって電気機械製品の高性能・高付加価値化（省資源・省エネルギーなど減量経営の実現）を推進したといえる。

さらに、80年代には総合電気通信メーカーが、ME技術革新によって新高付加価値製品の開発と輸出市場を見込んだ量産体制を確立し、電気機械製品（家電品・コンピュータ機器）の世界市場独占をはじめ、自動車産業への応用・性能向上・輸出拡大を加速していった。

テクノフィーバーの発生

テクノポリス構想は、先のビジョン（詳細は「80年代の通商産業政策のあり方に関する答申」）が示されるや否や、不況が続く地方自治体の間に先端技術産業誘致熱を生み、38道府県自治体の間にテクノポリスの指定を求める「テクノポリス・フィーバー」を巻き起こした。1983年4月、建設省、農林水産省、国土庁等の協議にもとづき「高度技術産業集積地域開発促進法（通称・テクノポリス法）」が制定され、翌84年3月、新潟県長岡市、富山県、静岡県浜松市、広島県、山口県、熊本県、大分県、宮崎県、鹿児島県の9地域が、テクノポリスの指定を受けることになる。

その後、図6-5にあるように、1985年までに21地域が開発計画の承認を受け、87年には岩手県北上川地域、山形県など5地域（後発地域）が追加され、最終的には26地域が開発計画の承認を受けテクノポリス地域として指定を受けることになった。

テクノポリス計画は3期まで計画化され、第一期計画は目標年次を1990年（後発地域は1995年）とし、その後、1992年5月までに第二期計画、1998年6月までに第三期計画が承認されている*15。

はたして、テクノポリス政策とは、どのような特徴をもった地域産業政策なのだろうか。全総において展開された新産業都市・工業整備特別地域や、二全総において展開された地方の巨大臨海工業地帯開発と比較しながら、その特徴をまとめておこう。

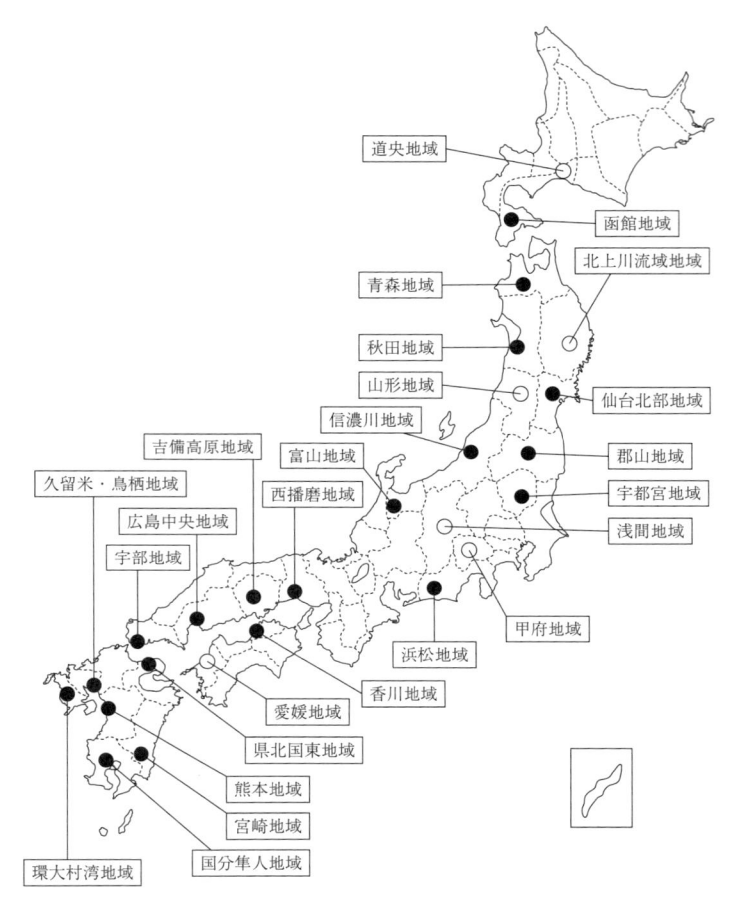

● …先発地域（1986 年度以前に指定を受けた地域）
○ …後発地域（1987 年度以後に指定を受けた地域）

図 6-5　テクノポリス地域指定状況

出所：地域振興整備公団企画調査部調査課（2004）『地域統計要覧』。

従来の企業誘致とどこが違うか

　第一には、新産業都市地域等への進出企業が、地元企業との産業連関よりも、臨海コンビナート内における進出企業間の強化をめざしていたのに対して、テクノポリスでは半導体関連の先端技術産業の誘致と地域

産業への先端技術の移転・新製品開発・地域企業の自立化を積極的にめ
ざしていたことをあげることができる。

　第二には、新産業都市地域等のインフラ整備が港湾、工業用地、工業
用水、産業道路、鉄道などハード面中心であったのに対し、テクノポリ
スの場合はハード面よりも既存の研究開発機能（大学）や人材活用など
ソフト面の整備に重点を置いていた点をあげることができる。

　第三には、新産業都市地域等が「海陸一体型」の産業基盤整備をめざ
して臨海部の開発を進めたのに対して、テクノポリスでは「空陸新（＝
新幹線）選択型」の高速輸送インフラ整備をめざして空港周辺、高速道
路インターチェンジ周辺、新幹線停車駅周辺などのなかから選択し内陸
部へと開発を求めていた点があげることができる。

　第四には、新産業都市地域等が国や地方の財政優遇措置を受け、公共
部門主導による大規模な先行投資と企業誘致をもとに進められてきたの
に対して、テクノポリスでは、国の優遇措置はなく、地方自治体独自の
財政支援措置と民間資金の活用によって着手されてきた点をあげること
ができる。とくに、第三セクター「テクノポリス開発機構」を設置し、
公私混合型で地域産業の技術高度化・研究開発・研究開発助成・情報提
供など諸事業を進めてきた点が大きく異なる。

　第五には、新産業都市地域等の場合は拠点都市自治体が事業を推進し
てきたが、テクノポリスでは広域行政による事業の推進が重視されてき
た。テクノポリスの計画策定にあたっては、各地域の広域市町村圏の協
議会が広域的な総合計画作成の役割から、テクノポリス開発の総合計画
をも策定し、推進役を果たしてきたのである。

　1983 年以降、全国の 26 地域の市町村では、こうした特徴・差異性を
強調しつつ、「地方の時代」の新たな地域産業政策としてテクノポリス
を位置づけ、先端技術産業の誘致運動を展開した。しかし、指定から
10 年を経て、研究開発機能の東京一極集中や組立型量産工場のアジア
進出（海外移転）等、先端技術産業の立地戦略に大きな変化が生まれる
状況下で、テクノポリス政策は岐路に立たされることになる。

先端技術産業の立地は進んだか

　1985年以降、テクノポリス地域では全国26地域に176カ所もの工業団地が誕生した。その結果、5387件もの工場が同団地に立地している。これは同時期の日本国内の総工場立地件数の13.9％を占めている。

　その中には、浜松市の「都田テクノポリス」や熊本県の「テクノリサーチパーク」の成果で認められるように、先端技術産業の立地集積が進んだ地域がある一方で、売れ残った工業団地を抱える自治体や、工業立地は進んだものの当初目指していた先端技術産業の立地集積が期待通りに進まないケースも生まれている。

　そこで、以下では「テクノポリス政策10年後」を取り上げ、指定地域に認められたテクノポリスが地域経済に与えた諸課題を整理しておきたい。テクノポリス構想に関する初期の評価では、この構想が先端技術産業の誘致優先の構想であるため、生活基盤をはじめ総合的なまちづくりの視点を欠いたものであることが指摘されてきた。

　では、最も力を入れたはずの先端技術産業の誘致結果はどうであったか。図6-6は、テクノポリス地域の新規工場立地の動向を見たものである。全工場の立地は、1980年代後半から90年代初頭にかけて大変積極的であったことがわかる。ところが、テクノポリス地域が最も力を入れたはずの先端技術産業自体の工場立地は、既述の通り、決して期待通りに進んだわけではない。

　テクノポリス地域の指定後93年までの期間における先端技術産業の立地状況は、先発20地域全体で384件を数えるが、一地域当たりに直すと年平均2件程にとどまる。また、地域別に見た場合は、東京圏とその周辺では年間4件弱の立地があるものの、北海道、北東北、中国、四国、九州など東京から遠隔地のテクノポリスでは年平均1〜2件ないし1件未満というように低迷している。さらに、93年には全く新規立地が見られない地域が先発20地域のうち10地域にまで及んでいる。

なぜ立地が進まないのか

　先端技術産業が、地方圏のテクノポリスに工場立地を選択しなかった

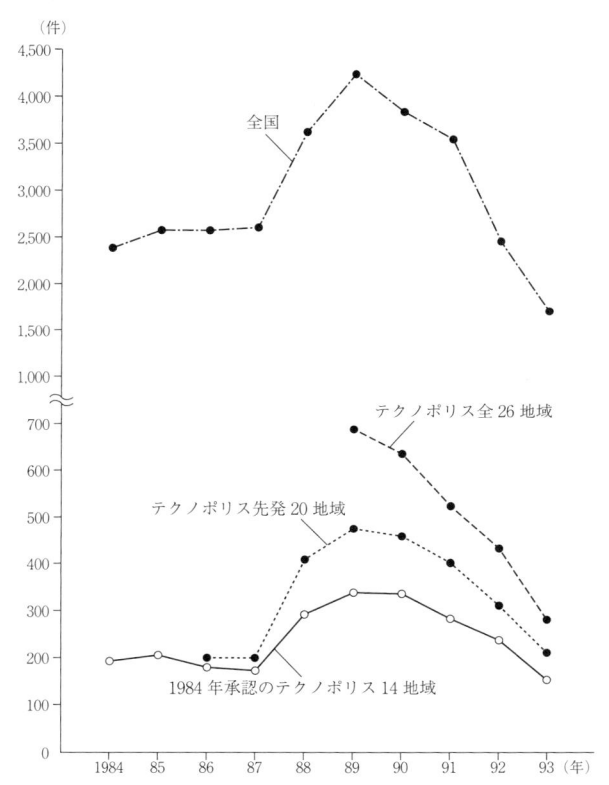

図 6-6　全国およびテクノポリス地域の年次別工場立地件数の推移（1984 ～ 93 年）
注：①テクノポリスの指定は、1984 年 3 月 24 日における 9 地域のテクノポリス開発計画の
　　承認（地域指定）以来、26 地域に及んでいる。最後の道央地域（北海道）の指定は 89 年 2
　　月 14 日である。②テクノポリス先発 20 地域とは、1984 年から 86 年までの期間にテクノポ
　　リス開発計画の承認（地域指定）を受けた地域である。
出所：伊東維年ほか『検証・日本のテクノポリス』日本評論社、1995 年、218 頁。

背景には、先端技術産業の立地戦略がある。

　第一には、労働指向型の量産型 IC 製造工場などを除き、コンピュー
タ、エレクトロニクス、産業用ロボット、NC 工作機械など主要な先端
技術産業は市場競争に勝つため、大都市の豊富なソフトインフラ（人材、
情報、研究機関、高度試作工場）を必要とした。ソフトインフラの活用
を通じ早期に量産体制を確立することが市場競争では至上命題であった

からである。

　第二には、1985年プラザ合意以降の円高ドル安下での輸出環境悪化に加え、アジア諸国内のハード及びソフトインフラの加速度的充実により、本来国内の地方展開が可能な量産型工場が、労働コストも安価なアジア諸国へと移転できるようになった。しかも、産業構造の高度化を進め巨大なME市場として期待も高まる東アジア諸国へ投資戦略のかじを切ることが成長の条件であったからである。

　また、テクノポリス構想では、地域における企業の技術力の向上、ベンチャー型企業の育成、先端技術産業の育成なども、先端技術産業の誘致とともに重視されてきた。各指定地域では第三セクターによる「テクノポリス開発機構」が誕生し、地域産業振興に多くの期待が寄せられていた。

　しかし、この機能も既述の通り、大部分のテクノポリスで成果に結びつくことはなかったといえる。その理由としては、各県内の「テクノポリス開発機構」が三セクゆえに財政基盤が脆弱であること、専門人材の確保や主体的な研究開発機能をはじめ、情報収集や発信機能が十分に備わっていないことなどがある。

　その結果、先端技術産業が工場を立地させたテクノポリスであっても、その技術力を利用し指定地域の中小企業の技術向上・起業化支援・新製品開発に結び付けるマッチング効果を発揮するにはいたらかなったといえる。

　例えば、宮崎テクノポリスのように、県工業試験場でシラス（南九州地域特有の土壌資源。鹿児島県は大半がシラスの台地からなり、シラス量は東京ドームの約28万杯分＝3500億立方メートル）の革新的な研究成果を生み出しても、その製品生産技術を地場企業に移転できず、地域独自の技術開発や高付加価値製品開発へと誘導できなかったケースもある。

　こうした技術移転に関する問題を解決するため、通産省は、（1）テクノポリスに蓄積された技術を地域中小企業の起業化に活用する地域技術起業化推進事業、（2）製品市場販路開拓などを支援する地域産業活性化

事業、の二大支援事業を推進し、技術移転を円滑に行うことを試みている。しかし、先の機構の場合と同様の理由から、中小企業への技術移転や製品開発に至ることができず、地域産業構造の転換や新たな雇用形成に至ることはなかった。

　テクノポリス指定地域の大部分の地域中小企業にとって、「テクノポリスは依然として遠い存在」と称されるのは、優れた知識・着想・技術・市場が生まれつつあっても、時間をかけ地域中小企業に移転し製品化するまでのサポートが、テクノポリス体制には欠落していたためでもある*16。

　結局、1998年テクノポリス法は廃止され、同年12月の「新事業創出促進法（地域プラットフォーム法）」に移行され、2005年4月「中小企業新事業活動促進法」に再び移行するに至っている。

草の根技術を活かす坂城町の産業政策

　テクノポリス指定地域では、地元市町村と中小企業が協働し能動的にテクノポリス開発機構を活用し、中小企業振興政策に取り組む地方自治体もある。小規模農村地域から「坂城ドリーム」と称される機械工業化政策を、地域の中小零細事業者と行政の協働で取り組んできた長野県坂城町の事例である。

　坂城町は、「草の根技術が開く21世紀ハイランドテクノポリス」をテーマとする浅間テクノポリスを構成する人口1万5960人（2011年9月13日。なお、2016年10月国勢調査結果では1万4871人）の自治体である。同町は、1957年の工場誘致条例制定以降、地元の既存企業の工場新増設・技術革新・人材育成などを強力に押し進め、高い工業集積と技術革新を達成し、多品種少量の柔軟な生産体制を育む「産業地区」（industrial district）を形成してきた農村工業都市である。

　坂城町の製造業の特徴は、（1）個々の中小企業が保有する加工機能の個性的展開と、そのもとでの自立型集積を形成してきたこと、（2）地域工業のリーディング・カンパニーの位置を、大企業ではなく地域アイデンティティの強い製品開発型の地元中堅企業が占め、下請系列下ではな

く受注・発注等の取引をはじめ共同生産等をめぐる自立化水準が極めて高い点などをあげることができる。

　坂城町では、浅間テクノポリスの指定を契機に、地域内から坂城工業のシンボルとして「テクノセンター」建設の声があがり、1993年に「財団法人坂城テクノセンター」を竣工させた。同センターでは、主に地元中小企業製造業のために、(1) 新技術の研究開発支援、(2) 技術課題解決への支援、(3) 専門知識習得のための研修事業の推進、(4) 個々の企業間または産学官の交流事業の推進、(5) 計測技術研修および試験・測定の支援、(6) 専門情報の提供や経営相談への積極的対応、(7) 地元企業の技術者による地元中高生への技術産業教育の実施と「テクノスクール」の開設による事業承継の促進、等を主な業務としてきた。

　1992年には、地域の個別中小企業が異業種交流事業を基礎にして123社の参加による「テクノハート協同組合」を設立し、共同で技術者の育成や確保、市場調査や交渉・共同受注に取り組むなど域内の経済循環構造の能動的形成を図っている。大都市に本社を置く先端技術企業の系列に入り、技術供与や部材生産を行うといった垂直統合型の他のテクノポリスと異なり、親企業の生産方針に翻弄される影響を最小限にし、資本・人材・技術の内発的な再生産と平準化・共同化によって地域内産業連関構造の構築を図るなど、自立的な地域経済構造をめざしてきたのが坂城町の強みといえる。

　坂城町では、このテクノセンターとテクノハートを地域産業政策の戦略拠点に据えて、(1) 地域内中小企業のレベル合わせ（技術力の高度平準化）を基本に、弾力的な技術・情報・人的ネットワークを進め、高度な機械工業集積地域を形成し、集積メリットの具体化を図る、(2) 域外の地域や海外との交流・取引も強め、先端的機械加工の国際的中枢地域としての「地域ブランド（＝坂城ブランド）」を高める、(3) メカニクス等の総合的生産力の基礎上にエレクトロニクスなどを複合させ、部材の加工生産に留まらず最終製品の開発型中小企業のインキュベータ地域へと自己変革していく内発力の形成に挑戦する、等を地域産業政策の戦略目標に掲げ実践している。

　政府のテクノポリス政策が終焉したいま、テクノポリスの成果を自治
体の地域産業政策として捉え直し、いかに位置づけていくかが新たな課
題の一つとなっている。

　テクノポリスに可能性を探るとすれば、一つは坂城町の地域産業政策
を検証するなかで明らかとなった政策条件の組み直しがヒントの一つと
なる。「テクノ」をハイテクに限定せず、ポスト系列型・自立型中小資
本の集積と製品サービスのブランド化、観光ブランドや伝統文化ブラン
ドなどとの融合＝地域ブランディングによって地域全体の価値を高める
方向性を追求することである。

　すなわち、①内発性を重視し、地域中小企業間、地域中小企業と行政
間の協働を強化すること、②多様化・総合化を重視する観点から、企業
業績の最大化に留まることなく、地域の資源を活かした新たな業種・業
態での起業支援、女性やIJUターン者の起業および経営安定化支援など
地域産業の幅を広げブランド化をめざすこと、③革新性を重視し、地域
が生んだ資本が生産・雇用・所得・消費・納税を通じ循環しながらまち
づくりに繋がる新たな仕組みをつくること、などの原則をもって、テク
ノポリスを組み込んだ地域経済・まちづくり政策を展開し直すことも検
討すべきである。

　1999年の改正中小企業基本法の施行により、中小製造業が集積する
地域では、市町村や都道府県が中心となって中小企業振興基本条例等を
制定し、産業振興会議の設置、産業振興ビジョンと計画の策定、地域の
産業界・研究機関・地域金融機関・市町村などと連携し計画の実現に向
けた取り組みを繰り広げている。

　テクノポリスの成果を継承しながら地域独自の中小企業振興基本条例
と産業振興ビジョンおよび計画を制定し、地域産業がまちをつくる、地
域産業がまちを自治する地域産業政策へと組み立て直すことが重要であ
る。

4　規制緩和とリゾート構想

1980年代に入ると、民間資本が事実上の意思決定権をもつ地域開発政策が誕生する。そのひとつがリゾート開発である。1982年5月、第二次臨時行政調査会の答申「公有地の有効活用による民間活力」と、翌83年のJAPIC（日本プロジェクト産業協議会）による「公共事業分野への民間活力導入方策に関する提言」が契機となって「アーバンルネサンス」と称する民活型都市再開発が東京湾を中心にはじまった*17。

さらに1987年、四全総と総合保養地域整備促進法（以下、リゾート法）が制定されるや、民活型地域開発の波が東京から地方へと押し寄せていく。それがリゾート開発である。リゾート開発は、1985年のプラザ合意と翌86年の前川リポートによる内需主導型経済構造への転換をめざす政府の経済政策を、規制緩和と民間資金導入を梃子に国土へと展開していく需要創造型開発政策の典型である。以下、その成果と限界を検証しておこう。

余暇関連市場の動向

1985年9月のプラザ合意を契機とする急激な円高ドル安下で、重厚長大産業の不況脱出と対米貿易摩擦の解消をめざして、内需主導型経済構造への抜本的転換を経済政策として掲げたのが1986年の前川リポートである。そのなかで注目すべき点は、テクノポリスやその後の頭脳立地法等の制定によって地方進出が期待された先端技術産業と、70年代の田中内閣で列島改造ブームを巻き起こし注目された余暇関連産業の二つが、内需主導型経済構造への転換を導く主要産業として高く位置づけられたことである。

このうち余暇関連産業の市場拡大論は、これまでのわが国の就業構造に大転換を迫ることを予測させた。87年の新前川リポートでは、1985年から2000年にかけて農林水産業の就業者を168万人減、製造業のそれを118万人減、逆にサービス業のそれは675万人増という予測値を示

したからである。

　リポートの示す方向は、農林水産業や中小製造業を基幹産業に置く地方経済に、新たな就業機会を緊急に用意することを迫るものであり、新たな就業機会の場として余暇関連産業が位置づけられた。それとともに、60年代の新産業都市地域、80年代初期のテクノポリス地域と同様、余暇関連産業の地方進出に、地域経済へのさまざまな波及効果が期待をもって語られるようになった。

　1987年のリゾート法は、大都市圏から地方へ余暇関連産業としてのリゾート産業が投資戦略を展開するための根拠法として制定された。そのためリゾート産業に対してさまざまな恩典が与えられ、地方へのリゾート展開を強力に後押しするシステムが用意された。その結果、同法が制定されるや、新産業都市地域、テクノポリス地域の指定獲得競争を彷彿させる「リゾート・フィーバー」が「地域の活性化」に夢を託す地方自治体の間から巻き起こる *18。

　総合保養地域の指定のためには、都道府県による基本構想が、主務大臣（総務大臣、農林水産大臣、経済産業大臣及び国土交通大臣）の承認を得なければならない。この手続は、民間コンサルタントやシンクタンクを積極的に活用して行われた。その結果、1988年度から1997年度までに、41道府県の42地域が総合保養地域の指定を得た。図6-7は、2011年現在の指定状況をあらわしている。

　リゾート法が、リゾート企業に与えた優遇措置には金融措置・財政措置・税制措置・その他の措置（規制緩和）がある。このうちリゾート企業が最も歓迎したのがその他の措置、すなわち規制緩和である。この規制緩和によって、リゾート企業は国立公園や国定公園に指定され開発行為が許可されにくかった地域において堂々と大規模なリゾート開発計画を立てることができるようになったからである。

　リゾート法は、リゾート地域の整備を円滑に推進するため、進出するリゾート関連企業のために、同法第14条、15条を通して大胆な開発規制の緩和措置をとり、重点整備地区における開発推進組織（多くは指定地域を抱える県・市町村が主体の第三セクター）、資金調達、開発手続

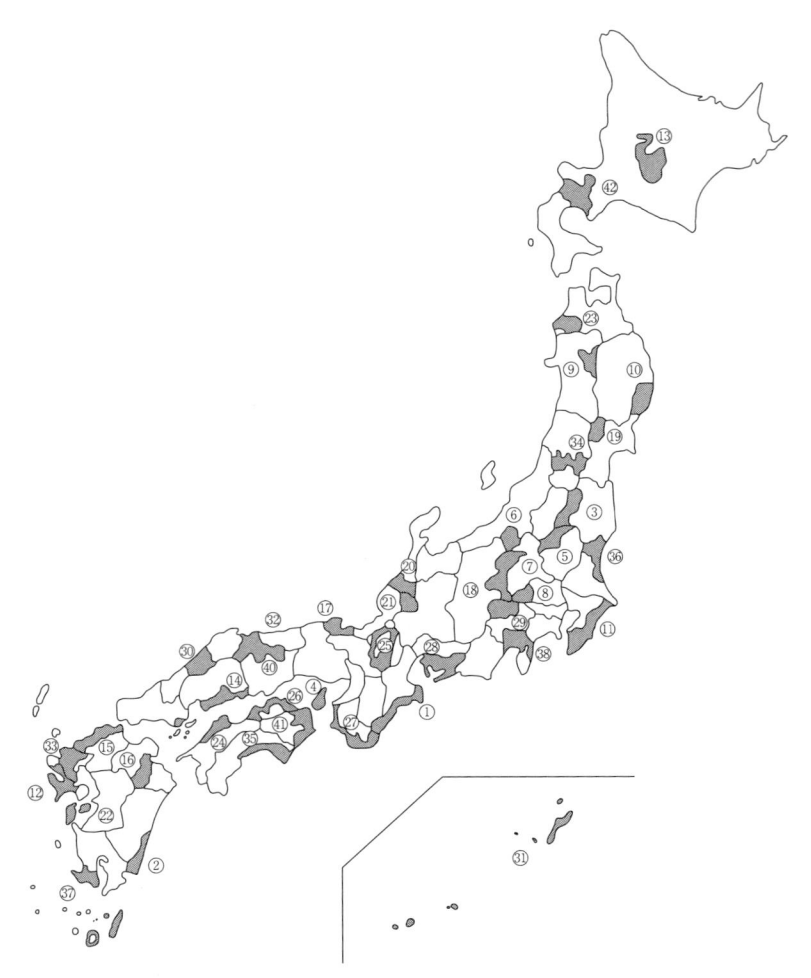

図6-7　総合保養地域整備法に基づく基本構想および特定地域

出所：国土交通省「総合保養地の現状」2011 年現在の指定状況。

番号	道府県名（同意年月日）	構想名／特定地域面積／重点整備地区面積／地区数
1	三重県（S63.7.9）	国際リゾート「三重サンベルトゾーン」構想 156,000ha／22,000ha／8地区
2	宮崎県（S63.7.9）	宮崎・日南海岸リゾート構想 133,000ha／16,000ha／6地区
3	福島県（S63.7.9）	会津フレッシュリゾート構想 178,000ha／16,000ha／9地区
4	兵庫県（S63.10.2）	総合保養地域の整備に関する基本構想 60,000ha／19,000ha／9地区
5	栃木県（S63.10.2）	日光・那須リゾートライン構想 170,000ha／17,000ha／8地区
6	新潟県（S63.12.7）	雪と緑のふるさとマイ・ライフリゾート新潟構想 163,000ha／23,000ha／8地区
7	群馬県（S63.12.26）	ぐんまリフレッシュ高原リゾート構想 175,000ha／38,000ha／13地区
8	埼玉県（H1.3.10）	秩父リゾート地域整備構想（H18.3.27構想廃止） 99,000ha／12,000ha／4地区
9	秋田県（H1.3.30）	北緯40°シーズナルリゾートあきた構想 177,000ha／26,000ha／9地区
10	岩手県（H1.3.30）	さんりく・リアス・リゾート構想（H18.3.27構想廃止） 173,000ha／22,000ha／7地区
11	千葉県（H1.4.18）	房総リゾート地域整備構想 178,000ha／30,000ha／11地区
12	長崎県（H1.4.18）	ナガサキ・エキゾティック・リゾート構想 145,000ha／22,000ha／7地区
13	北海道（H1.4.18）	北海道富良野・大雪リゾート地域整備構想 334,000ha／27,000ha／8地区
14	広島県（H1.6.23）	瀬戸内中央リゾート構想（H20.3.24構想廃止） 121,000ha／20,000ha／8地区
15	福岡県（H1.10.4）	玄海レク・リゾート構想 143,000ha／24,000ha／9地区
16	大分県（H1.10.4）	別府くじゅうリゾート構想 149,000ha／27,000ha／9地区
17	京都府（H1.10.4）	丹後リゾート構想 128,000ha／26,000ha／8地区
18	長野県（H2.2.6）	"フレッシュエア信州" 千曲川高原リゾート構想 178,000ha／17,000ha／6地区
19	宮城県（H2.3.29）	栗駒・船形リフレッシュリゾート—オアシス21構想 170,000ha／12,000ha／4地区
20	石川県（H2.3.29）	石川県南加賀・白山麓総合保養地域整備構想 155,000ha／17,000ha／6地区
21	福井県（H2.5.28）	奥越高原リゾート構想 113,000ha／14,000ha／5地区
22	熊本県（H2.6.29）	天草海洋リゾート基地建設構想 93,000ha／7,000ha／6地区
23	青森県（H2.6.29）	津軽・岩木リゾート構想（H21.3.23構想廃止） 159,000ha／23,000ha／8地区
24	愛媛県（H2.6.29）	えひめ瀬戸内リゾート開発構想（H18.1.25構想廃止） 140,000ha／27,000ha／10地区
25	滋賀県（H2.12.1）	琵琶湖リゾートネックレス構想（H22.1.22構想廃止） 174,000ha／14,000ha／7地区
26	香川県（H2.12.1）	瀬戸内・サンリゾート構想（H19.11.8構想廃止） 110,000ha／16,000ha／6地区
27	和歌山県（H2.12.1）	"燦" 黒潮リゾート構想 162,000ha／26,000ha／7地区
28	愛知県（H3.3.29）	三河湾地域リゾート整備構想 82,000ha／18,000ha／8地区
29	山梨県（H3.3.29）	山梨ハーベストリゾート構想 155,000ha／17,000ha／6地区
30	島根県（H3.3.29）	島根中央地域リゾート構想（H19.11.8構想廃止） 169,000ha／20,000ha／7地区
31	沖縄県（H3.11.28）	沖縄トロピカルリゾート構想（H20.3.24構想廃止） 226,000ha／29,000ha／10地区
32	鳥取県（H3.12.4）	ふるさと大山ふれあいリゾート構想 147,000ha／15,000ha／8地区
33	佐賀県（H3.12.4）	歴史と自然のパノラマさがリゾート構想 175,000ha／25,000ha／8地区
34	山形県（H3.12.4）	蔵王・月山地域リゾート構想 179,000ha／26,000ha／9地区
35	高知県（H3.12.4）	土佐浜街道リゾート構想（H18.1.25構想廃止） 143,000ha／20,000ha／7地区
36	茨城県（H4.9.3）	茨城・きらめき・リゾート構想（H21.3.23構想廃止） 176,000ha／12,000ha／6地区
37	鹿児島県（H4.10.14）	鹿児島サン・オーシャン・リゾート構想 167,000ha／25,000ha／8地区
38	静岡県（H5.2.16）	にっぽんリゾート・ふじの国構想 165,000ha／28,000ha／11地区
39	山口県（H5.2.22）	サザンセット・サンシャインリゾート構想 35,000ha／9,000ha／4地区
40	岡山県（H5.3.30）	蒜山美作リゾート構想 163,000ha／13,000ha／11地区
41	徳島県（H6.3.30）	ヒューマン・リゾートとくしまの海と森構想（H22.1.22構想廃止） 157,000ha／21,000ha／8地区
42	北海道（H10.1.29）	北海道ニセコ・羊蹄・洞爺周辺リゾート地域整備構想 328,000ha／14,000ha／7地区

き、用地買収、基盤整備、進出企業交渉等の実施体制の整備を促していった。

規制緩和によるリゾート市場の創出

　主な規制緩和内容は、以下の通りである。まず第14条は、リゾート関連施設の重点整備地区内において民間企業の投資を促すため、農地法等の許可が必要な場合に「適切な配慮」をすると定めている。さらに第15条でも、国有林野の活用について「適切な配慮」をすることを定め、港湾法でも港湾区域内の水域で民間企業の投資が行えるよう「適切な配慮」をすることが定められている。

　このわずか２条の規定によって、リゾート開発のための規制改正や運用基準の緩和が多数行われていった。その主な改正・緩和措置として、以下の措置がなされている。すなわち、（1）自然公園法の緩和措置→自然公園内での大規模開発を可能とした。（2）森林法の緩和措置→89年「森林の保健機能の増進に関する特別措置法」が定められ、保健保安林が開発規制の解除手続なしに開発できることとなった。（3）農地法の緩和措置→88年農地のゴルフ場への転用規制が大幅に緩和され、90年には農地法上の基準を満たせば対象がすべて農地であっても転用が可能となった。（4）国有林野に関する法規の緩和→87年の通達「ヒューマングリーンプランについて」によって第三セクターによるゴルフ場・スキー場開発のために国有林を積極的に利用していくことが示された。（5）港湾法の緩和措置→港湾内にボートやヨットのための民間マリーナを積極的に建設していく方針が示された、等である[19]。

　規制緩和の結果、リゾート法の指定を受けた41道府県内の農山村や海浜地域では、多くの場合、リゾート関連開発企業と市町村が共同出資により株式会社形態の第三セクターを設立し、重点整備地区内の基盤整備が着手された。主な施設は大型のリゾートホテルやマンション、ゴルフ場やスキー場、ヨットハーバー等であり、次々と重点整備地区内の風光明媚な地域に建設されていった。

　リゾート関連企業には、大都市圏に本社をもつ不動産企業、都市銀行

や地方銀行など金融機関、大手ゼネコン等が名前を連ねる。しかも、同じ大企業がいくつもの総合保養地域のリゾート開発計画に登場することが普通の光景にもなっていった。その背景には、(1) 消費市場で少なく見積もっても2兆円にのぼる市場があること、(2) 自社事業の経営多角化、企業体質の改善、多様な人材確保の機会獲得につながること、(3) 民間余剰資金（多くは法人資金）の投下による資産形成や資産の収益的有効利用の機会になること、(4) 自社が培ってきた人材・技術・経営事業など経営資源を活用して関連産業の拡大を図れる可能性が大きいこと、に期待が寄せられてきたからである*20。

　こうした市場の可能性や余剰化する経営資源の有効活用の道が開けたことで、著名な大企業群が総合保養地域の指定を得た地方の市町村に押し寄せていくことになった。

バブルとともに膨らんだ地域経済効果

　重点整備地区を抱える市町村では、リゾート開発に対して、(1) 地元の主要産業への波及効果、(2) 地元への建設効果、(3) 道路や上下水道など社会資本の充実、(4) 自治体財政収入の増加、(5) リゾート企業による地元雇用機会の増加、といった地域波及効果の発生を期待し、リゾート法の指定競争を演じてきた。

　リゾート法の第一号指定を受けた三重県でも、「三重サンベルトゾーン」の開発によって、次のような地域効果の発生に期待を寄せていた。すなわち、(A) 10年間に及ぶリゾート施設の建設段階では、投資額が8561億円に対し、リゾートゾーンの生産誘発効果は投資額の1.85倍にあたる1兆5801億円で、雇用創出効果として8万7115人の雇用が新たに創出される、(B) さらに運用段階では、5年目の1992年におけるリゾート消費額1174億円に対する生産誘発効果は消費額の1.87倍にあたる2197億円、雇用創出者は1万1734人にのぼる、等の試算結果が公表されている。

　さらに、10年目の1997年のリゾート消費額1810億円に対する生産誘発額は消費額の1.87倍にあたる3377億円で、雇用創出者数は1万8039

人に及ぶ、というものである*21。

バブル崩壊によって始まった事業見直し

　全国の41道府県の42地域でも重点整備地区が設けられ、リゾート開発事業が着手されていった。

　ところが、バブル経済の崩壊とその後の不況に直面し、重点整備地区内のプロジェクトの多くは、全体構想の見直しを図ったり、運用段階までいって破産状態に陥ったりするなど、当初の地域効果予測では描かれなかった深刻な事態に直面することになった。以下、三重サンベルト構想に関して検証してみよう。

　東海地方では有数の観光都市である鳥羽市において進められてきた「小浜半島開発」では、近畿日本鉄道、日本鋼管、清水建設など民間7社と鳥羽市の間で第三セクターを設立し、総投資額640億円で鳥羽の新たな観光スポットとなる複合型リゾート計画の実現をめざしていた。しかし、同じ重点整備地区内で第三セクター方式のテーマパーク「志摩スペイン村」の経営を重視する近鉄が参加規模を徐々に縮小したことなどが影響し、1992年3月には事業の凍結を余儀なくされている。

　さらに、三重県南端の熊野・御浜地区では、民間資本が重点整備地区の計画に進出することを断念し、第三セクターは経営破綻に追いこまれることになった。1988年7月にオープンした第三セクター「パーク七里御浜（株）」は、開店当初を除き計画通り事業を進展させることができず、1989年2月最初の経営改善計画を町に提出し、町当局が損失補填する事態を迎えている。だが、問題はそれで終わらず、90年には公認会計士を入れた経営診断とそれにもとづく2回目の経営改善計画を策定した結果、地場産業センターの閉鎖、社員の大幅解雇を実施している。それでも経営改善が進まず、町当局が増資によって経営を支える事態が続けられた。

　この間、御浜町が経営破綻した第三セクターの経営維持に用いた金額は、当社設立時の出資を除いて13億1000万円（94年度同町歳出額の30％に相当）にのぼっている。年間100万人の誘客を描いた当初の構想

は、民間資本の参画が得られないという最悪の事態に直面し、住民生活と自治体財政への負担転嫁をともないながら抜本的な見直しを迫られていった*22。

リゾート開発の総決算

　三重サンベルト構想は、1995年度末で13億円もの累積赤字を抱える志摩スペイン村をはじめ、当初の集客力や事業計画を裏切るプロジェクトが多く、結局、当初試算された地域経済効果は達成されないままである。その結果、県では、全体規模と環境への配慮等の観点から構想の大幅な見直しに着手した。

　実は、三重県が経験した事例は全国のリゾート開発地域に共通する現象である。90年代半ば以降、第三セクター方式のリゾート開発事業で破綻が相次ぐようになった。98年9社、99年13社の三セク・リゾート事業が負債を背負って破綻した。

　さらに、2000年15社、2001年には巨大な造波プールを中心とする宮崎県のリゾート施設「シーガイア」が経営破綻した。シーガイアを経営してきた宮崎県と宮崎市が出資する第三セクター「フェニックスリゾート」が3260億円もの負債を抱えて倒産したためである。第三セクター方式によるリゾート開発は、リゾート法施行以来、全国で52社が破綻し、負債総額は4000億円超、さらに200社以上が破綻の危機に直面しているともいわれている（2001年現在）。

　その結果、自治体の多くが三セクの運転資金として財政支援を強いられたうえに、破綻による巨額の負債を余儀なくされてきた。2006年6月20日には、産炭地域から観光リゾート地域への転換をめざしたにもかかわらず、リゾート計画が破綻し、一般会計に匹敵する104億円の負担を強いられた北海道夕張市が、財政再建団体の申請を表明したことは周知の通りである。

　以上の結果、リゾート開発については、次のように総括することができる*23。第一は、リゾート開発の建設投資による波及効果は一時的なものでしかなく、建設終了後は直ちに収束する開発である。したがって、

197

地域への長期的波及効果の有無は、運営段階の入込客数や消費支出額に左右される。ところが、入込客数や消費支出額の大小は、景気の波、利用者の嗜好、施設の個性、交通アクセスの善し悪しにも大きく左右される。そのため、施設ごとの需要の見直しをはじめ、施設の内容や規模の見直しを機動的に行える事業経営ができなければ、収益は生まれず、経営は悪化の一途を辿ることになる。

　第二は、施設建設段階で用地取得費、地元説明費、人件費の一部などが確実に地元に落ちたとしても、工事受注金額の多くは大都市に本社を置く総合建設会社（ゼネコン）に吸収される事業である。もちろん施設運営段階でも、従業員が地元から採用されれば人件費が地元に落ちる。利用客に提供する食材が地元から安定的に調達できれば、地元の生産者に資金は還元する。しかし、この間のリゾート開発では、事業を通じ地元に「お金」が還元され、地域の生産者・加工販売業者などへと循環していくことはなかった。

　第三に、たとえリゾート開発により所得効果や雇用効果が生まれたとしても、地域固有の自然環境や歴史文化環境が破壊されるケースが多く、住民間に賛成反対をめぐる感情的しこりを残し、長期にわたって絶対的・社会的損失を地域にもたらすことになる。

政府によるリゾート開発の見直し

　リゾート開発の問題点が明らかになるにつれ、政府はリゾート法下で進められてきたリゾート関連資本主導のリゾート開発に対し、一定の反省を前提に見直し作業を行っている。1992年8月に発表された総合保養地域整備研究会（国土庁所管）の見直し作業（中間報告）で確認しておこう。

　同研究会は、従来のリゾート計画を検証した上で、リゾート開発の問題点を5点にまとめている。すなわち、（1）自然環境や景観などを著しく破壊してきたこと、（2）地域振興への寄与が不十分であったこと、（3）高い料金のため国民の保養促進には適さなかったこと、（4）どの重点整備地区も同じような施設を建設し、地域固有の資源を活かした施設

やサービスを欠いていたこと、（5）経済環境の悪化（バブル崩壊）を理由に開発事業者が撤退し、当初計画が進んでいない重点整備地区が増えていること、である。

　中核的省庁である国土庁が、自ら進めてきたリゾート計画を厳しく総括している点は一定程度評価することができよう。しかし、リゾート指定を受けた道府県下の市町村では、バブル崩壊を受け引き潮のように撤退するリゾート関連資本を直視し、基本構想を見直すか凍結すべきかの選択を迫られるなど厳しい事態を迎えていた。

　事実、リゾート計画は凍結状態を迎えるか、進捗のないまま基本構想のみ掲げたものが急増していたのである。他方、新たな見直しも着手され、2001年度、国土交通省の施策評価として総合保養地域の整備に関する政策評価が行われている。

　同省は、「総合保養地域に関する懇談会」（総務省、農林水産省、経済産業省、国土交通省が共同開催）の見解を踏まえ、政策評価書「総合保養地域の整備—リゾート法の今日的考察—」を発表し、2003年3月27日、省議決定によりリゾート事業の在り方の見直しに着手した。

　表6-12が同省による政策評価を一覧にしたものである。この政策評価では、リゾート法自体、同法に基づく基本方針及び基本構想、各指定地域における事業などリゾート開発全体の検証を、国の責任の下で総合的に行ったことを強調している。当初構想に対する実績は、一部地域を除き全般的に低い。リゾート計画の実態は、それほど深刻な事態に陥っていたのである。

　国土交通省では、この検証結果を踏まえ、総合保養地域の整備に関する政策を、次の諸点を踏まえ見直すとした。

　第一は、評価結果を真摯に受け止め、地に足の着いた総合保養地域の整備を求めるというものである。具体的な改善点とは、①基本構想の抜本的見直し（基本方針、基本構想の見直し）。すなわち、ニーズを踏まえ、特定施設・重点整備地区・基本構想自体の廃止や削除を再検討する。②チェック機能の強化（この点に関する基本方針、基本構想の見直し）。すなわち、政策評価を定期的に実施する。③時間管理概念の導入と徹底

表6-12　リゾート開発事業の構想と現実

	構想名	当初基本構想の事業費見通し（億円）	当初基本構想の年間利用者見通し（万人）
北海道	北海道富良野・大雪リゾート地域整備構想	2,815	1,330
北海道	北海道ニセコ・羊蹄・洞爺周辺リゾート地域整備構想	1,586	188
青森県	津軽・岩木リゾート構想	1,249	771
岩手県	さんりく・リアス・リゾート構想	1,623	758
宮城県	栗駒・船形リフレッシュリゾート（オアシス21構想）	1,138	352
秋田県	北緯40°シーズナルリゾートあきた構想	1,617	943
山形県	蔵王・月山地域リゾート構想	3,028	768
福島県	会津フレッシュリゾート構想	1,989	558
茨城県	茨城・きらめき・リゾート構想	2,423	504
栃木県	日光・那須リゾートライン構想	2,070	870
群馬県	ぐんまリフレッシュ高原リゾート構想	2,958	1,463
埼玉県	秩父リゾート地域整備構想	938	700
千葉県	房総リゾート地域整備構想	9,500	2,280
新潟県	雪と緑のふるさとマイ・ライフリゾート新潟構想	2,942	915
石川県	石川県南加賀・白山麓総合保養地域整備構想	3,239	1,495
福井県	奥越高原リゾート構想	1,059	385
山梨県	山梨ハーベストリゾート構想	1,749	693
長野県	「フレッシュエア信州」千曲川高原リゾート構想	2,253	571
静岡県	「にっぽんリゾート・ふじの国」構想	5,445	1,805
愛知県	三河地域リゾート構想	2,075	669
三重県	国際リゾート「三重サンベルトゾーン」構想	3,545	1,052
滋賀県	琵琶湖リゾートネックレス構想	5,192	1,874
京都府	丹後リゾート構想	1,711	373
兵庫県	総合保養地域の整備に関する基本構想	4,230	613
和歌山県	「燦」黒潮リゾート構想	6,070	1,226
鳥取県	ふるさと大山ふれあいリゾート構想	1,451	330
島根県	島根中央地域リゾート構想	1,233	172
岡山県	蒜山美作リゾート構想	2,169	268
広島県	瀬戸内中央リゾート構想	2,045	556
山口県	サザンセト・サンシャインリゾート構想	1,181	127
徳島県	ヒューマン・リゾートとくしまの海と森構想	1,578	302
香川県	瀬戸内・サンリゾート構想	3,557	1,488
愛媛県	えひめ瀬戸内リゾート開発構想	2,904	755
高知県	土佐浜街道リゾート構想	2,423	589
福岡県	玄海レク・リゾート構想	5,734	3,964
佐賀県	歴史と自然のパノラマさがリゾート構想	1,738	565
長崎県	ナガサキ・エキゾティック・リゾート構想	3,656	1,338
熊本県	天草海洋リゾート基地構想	911	140
大分県	別府くじゅうリゾート構想	1,898	890
宮崎県	宮崎・日南海岸リゾート構想	1,985	459
鹿児島県	鹿児島サン・オーシャン・リゾート構想	2,403	638
沖縄県	沖縄トロピカルリゾート構想	5,379	2,136
合計		113,103	37,685

当初基本構想の雇用者見通し（人）	特定施設数合計（2002年1月1日現在、既供用含む）	うち供用中＋整備中	施設の供用及び整備の進捗率（%）	事業費実績（2001年度までの累積、億円）	事業費実績割合（2001年度、%）
8,080	238	31	13.0	720	25.6
2,800	241	163	67.6	60	3.8
1,807	155	58	37.4	490	39.2
2,900	206	43	20.9	310	19.1
2,400	188	92	48.9	353	31.0
3,040	155	54	34.8	358	22.1
3,310	216	69	31.9	376	12.4
3,000	262	95	36.3	1,298	65.3
21,900	206	64	31.1	499	20.6
1,788	287	102	35.5	1,101	53.2
8,010	301	53	17.6	862	29.1
2,100	139	84	60.4	644	68.7
9,051	374	67	17.9	900	9.5
6,900	270	94	34.8	78	26.6
4,600	199	44	22.1	897	27.7
2,290	107	56	52.3	580	54.8
4,248	305	165	54.1	1,817	103.9
4,900	288	44	15.3	335	14.9
7,700	348	109	31.3	1,506	27.7
2,500	137	70	51.1	1,081	52.1
18,039	185	64	34.6	2,524	71.2
9,100	290	89	30.7	797	15.4
2,050	210	54	25.7	339	19.8
3,160	276	82	29.7	714	16.9
6,240	375	78	20.8	1,158	19.1
2,500	219	59	26.9	452	31.2
970	144	69	47.9	452	36.7
2,430	273	101	37.0	544	25.1
3,380	224	80	35.7	753	36.8
1,130	247	122	49.4	234	19.8
2,390	186	77	41.4	908	57.5
4,300	301	143	47.5	1,683	47.3
3,680	309	21	6.8	336	11.6
2,490	191	72	37.7	177	7.3
11,479	337	51	15.1	1,486	25.9
3,100	282	121	42.9	871	50.1
6,700	268	150	56.0	3,132	85.7
2,100	97	18	18.6	237	26.0
3,130	337	162	48.1	1,147	60.4
7,000	128	46	35.9	2,857	143.9
2,400	544	240	44.1	760	31.6
18,440	341	143	41.9	2,459	45.7
216,732	10,386	3,599	34.7	38,930	34.4

	構想名	2001 年度利用者数（万人）	当初構想に対する 2001 年度利用者実績（％）
北海道	北海道富良野・大雪リゾート地域整備構想	263	19.8
北海道	北海道ニセコ・羊蹄・洞爺周辺リゾート地域整備構想	33	17.6
青森県	津軽・岩木リゾート構想	160	20.8
岩手県	さんりく・リアス・リゾート構想	251	33.1
宮城県	栗駒・船形リフレッシュリゾート（オアシス 21 構想）	53	15.1
秋田県	北緯 40° シーズナルリゾートあきた構想	129	13.7
山形県	蔵王・月山地域リゾート構想	620	80.7
福島県	会津フレッシュリゾート構想	261	46.8
茨城県	茨城・きらめき・リゾート構想	119	23.6
栃木県	日光・那須リゾートライン構想	739	84.9
群馬県	ぐんまリフレッシュ高原リゾート構想	337	23.0
埼玉県	秩父リゾート地域整備構想	345	49.3
千葉県	房総リゾート地域整備構想	425	18.6
新潟県	雪と緑のふるさとマイ・ライフリゾート新潟構想	287	31.4
石川県	石川県南加賀・白山麓総合保養地域整備構想	625	41.8
福井県	奥越高原リゾート構想	330	85.6
山梨県	山梨ハーベストリゾート構想	475	68.5
長野県	「フレッシュエア信州」千曲川高原リゾート構想	29	5.1
静岡県	「にっぽんリゾート・ふじの国」構想	1,043	57.8
愛知県	三河地域リゾート構想	592	88.5
三重県	国際リゾート「三重サンベルトゾーン」構想	810	77.0
滋賀県	琵琶湖リゾートネックレス構想	751	40.1
京都府	丹後リゾート構想	395	106
兵庫県	総合保養地域の整備に関する基本構想	151	24.6
和歌山県	「燦」黒潮リゾート構想	439	35.8
鳥取県	ふるさと大山ふれあいリゾート構想	81	24.5
島根県	島根中央地域リゾート構想	162	94.2
岡山県	蒜山美作リゾート構想	234	87.3
広島県	瀬戸内中央リゾート構想	273	49.1
山口県	サザンセト・サンシャインリゾート構想	100	78.7
徳島県	ヒューマン・リゾートとくしまの海と森構想	404	133.8
香川県	瀬戸内・サンリゾート構想	435	29.2
愛媛県	えひめ瀬戸内リゾート開発構想	35	4.6
高知県	土佐浜街道リゾート構想	314	53.3
福岡県	玄海レク・リゾート構想	702	17.7
佐賀県	歴史と自然のパノラマさがリゾート構想	604	106.9
長崎県	ナガサキ・エキゾティック・リゾート構想	838	62.6
熊本県	天草海洋リゾート基地構想	73	52.1
大分県	別府くじゅうリゾート構想	534	60.0
宮崎県	宮崎・日南海岸リゾート構想	355	77.3
鹿児島県	鹿児島サン・オーシャン・リゾート構想	476	74.6
沖縄県	沖縄トロピカルリゾート構想	882	41.3
合計		16,131	42.8

注：①事業費見通しは基本構想作成前の基礎調査による 10 年間の事業費の見通し。年間利用
　　道ニセコ・羊蹄・洞爺周辺リゾートは作成されてから日が浅いため、5 年間ないし 5 年後
　　数字が示されていない重点整備地区があり、県合計から除外している。
出所：本データは国土交通省「総合保養地域ての整備―リゾート法の今日的考察―」平成 13

2002年4月1日現在の雇用者実績	当初構想に対する2002年4月1日現在の雇用者実績（%）	1995年—2002年間の雇用者の増減率（%）	2001年度売上高（億円）	2011年4月現在の基本構想廃止状況
825	10.2	16.4	22	
113	4.0		4	
734	40.6	40.1	31	2009年3月23日構想廃止
441	15.2	▲5.4	44	2005年3月27日構想廃止
495	20.6	41.4	22	
808	26.6	22.4	55	
356	10.8	▲13.6	33	
1,735	57.8	▲15.0	85	
1,068	4.9	74.2	54	2009年3月23日構想廃止
1,391	77.8	▲20.1	128	
1,179	14.7	▲0.9	84	
969	46.1	34.4	50	2005年3月27日構想廃止
1,055	11.7	52.9	97	
996	14.4	5.1	66	
1,580	34.3	106.5	181	
594	25.9	▲34	33	
1,603	37.7	19.8	180	
217	4.4	▲33.8	15	
1,613	20.9	▲20.1	139	
1,453	58.1	▲12.4	106	
1,974	10.9	▲37.8	258	
1,115	12.3	62.3	54	2010年1月22日構想廃止
731	35.7	6.6	117	
490	15.5	175.3	25	
1,223	18.6	15.9	114	
186	7.4	▲8.4	15	
838	86.4	11.7	44	2007年11月8日構想廃止
577	23.7	128.1	22	
778	23.0	22.7	52	2008年3月24日構想廃止
324	28.7	▲38	21	
1,942	81.3	31.9	369	2010年1月22日構想廃止
1,057	24.6	▲60.4	69	2007年11月8日構想廃止
268	7.3	▲11.8	19	2005年1月25日構想廃止
471	18.9	21.4	40	2005年1月25日構想廃止
2,134	18.6	2.1	78	
1,009	32.5	68.4	182	
2,534	37.8	▲51.3	453	
238	11.3	48.8	17	
2,194	70.1	20.4	175	
2,014	28.8	▲44.3	92	
900	37.5	54.4	61	
5,293	28.7	9.7	620	2008年3月24日構想廃止
47,402	21.9	▲4.9	4,326	

者数と雇用者＝数見通しは基本構想作成前の基礎調査による10年後の見通し。ただし、北海
の数値となっており、合計値から除外している。②利用者及び雇用者については基礎調査で
③年間利用者数及び雇用日数は、基本構想作成時に存在している施設（既存施設）を含む。
－14年度プログラム評価書より作成。

（この点に関する基本方針、基本構想の見直し）。すなわち、整備の行程表を策定する、などである。

　第二は、来訪者の立場に立ったサービスを提供できるよう、総合保養地域の機能の充実（ソフト面の充実）、地域間交流の促進を図る。すなわち、①地域独自の魅力の追求、情報流通の円滑化、運営・経営上の工夫や人材の育成、②行政、NPO、地域住民、民間事業者との連携強化、③地域間交流の促進、④連続休暇を取得しやすい環境づくり、などである。

　国交省では、以上の政策評価結果に基づき、2004 年 2 月 25 日、総合保養地域整備法の基本方針の全面的変更を行い、今後のリゾート施策の抜本的見直しの方向を宣言した。その要点とは、①実現性の乏しいリゾート計画は廃止すること、②需要を把握し経営の視点を重視したリゾート経営に取り組むこと、③数値目標を取り入れ評価結果を公表すること、④特定地域を構成する多様な主体が協働し、リゾート事業だけでなく、多様な地域課題に取り組み、地域づくりとして取り組むように政策方法を見直すこと、⑤リゾート地を訪れる都市市民との多様な交流の機会を作ること、などである。

　この要点に基づき、道府県は、重点整備地区を抱える市町村など開発主体との協議を踏まえ、リゾート計画の抜本的見直しを行っている。そのなかには計画を廃止した道府県もある。2006 年 1 月には愛媛県・高知県、2007 年 11 月には島根県・香川県、2008 年 3 月には広島県・沖縄県、2009 年 3 月には青森県・茨城県、2010 年 1 月には滋賀県・徳島県が、リゾート計画の実現性が乏しいことを主な理由に基本構想を廃止している。

　この結果、1987 年の総合保養地域整備促進法に基づく基本構想及び特定地域は、42 地域・基本構想から、2011 年 4 月現在 30 地域・29 道府県へと激減するに至っている。とくに四国 4 県からはリゾート計画がすべて姿を消した。また、基本構想の見直し事業で見ると、ゴルフ場、スキー場整備計画が削除または規模縮小され、リゾートホテルも規模縮小、体験学習施設やコテージ等は削除されるなど、身の丈にあった地域づく

りとしてのリゾート計画への見直しが模索されている。

国土計画、地域開発政策の未来

　本章では、日本の地域開発政策を、第二次大戦以後から2015年まで七次にわたって策定されてきた国土計画との関係のもとで検証し、その特性や課題を明らかにした。国土総合開発法下での地域開発政策は、巨大公共投資や民間活力の導入を通じ、地域に社会資本、工場、ビル、マンション等を建造し、物理的変容を地域に求めてきた。国土の隅々にまで国民経済がミニ化されたような地域経済を築くことによって、地域格差の是正と均一的な物理的環境を整備し、地域の発展を求めてきた。

　その結果、都市地域や農山漁村地域は、地域開発を通じて類似の都市構造や産業構造を志向し、時代を象徴する大企業の立地に期待をかけ、地域社会の発展を社会目標としてきたといえる。だが、それは、自然や文化を保全再生しながら土地に根ざした住民の暮らし、高齢者が集落の自治で成り立たせてきた高品質な農林水産業、高度な技術によるオンリーワン製品で世界の先端企業から注目を集めてきた都市中小企業などの立地を困難にし、事業承継と発展を阻んできた。

　こうした潮流に反省が求められ、新たに誕生した国土形成計画では、都市・農山漁村・研究教育・海外など多様な地域が各々連携し、個性豊かな国土を形成することに期待が寄せられていった。だが、政府が寄せた新たな国土構造や国土形成の観点は、すでに深刻な地域課題の克服に着手してきた地域の側における多様な主体の協働と地域づくりの成果に認められてきた点である。その意味でも、政府が国土ビジョンで描き、展望を示すほどの意義があったのか、疑問なしとしない。

　全国土を俯瞰しながら産業を再配置し社会資本を整備するのであれば、国土のめざすべき将来像を描くことに合理性は存在する。しかし、近隣社会や集落、市区町村、都道府県など多様な地域を構成する住民、事業者、行政が主体となって取り組んできた地域づくり政策、多様な主体が協働し、地域課題を解決し、生活と産業と自然や文化が共生した集落、市町村を積み上げ、国土の安定と再生を展望していく時代が今後重要で

あるとした場合、はたして国土計画は存在意義をもつのだろうか。国土形成計画法、国土形成計画ともに、その存続を国民レベルで再検討する必要があろう。

したがって、国土計画を拠り所に社会資本整備や産業再配置を行い、垂直的な産業分業構造を全国土に描くことを目指した地域開発政策も、グローバル分業化時代の今日、同様に存在意義が問われているといわなくてはならない。

地域の個性を尊重し、地域間の連携を通じて産業を興し、環境の再生や防災にも繋がる産業や経済を実現するためには、地域を統治し均一化する国土計画や地域開発政策は、今後不要となるであろう。

むしろ、地域の多様性・総合性と共生する産業を興し、住民・産業・行政が協働し、責任ある投資と経済循環を生み出す地域経済構造を構築することが求められる。そのための実践的な研究や挑戦が、日本の各地ではじまっている。

注

＊1　森滝健一郎（1982）『現代日本の水資源問題』汐文社、56-59頁。
＊2　同上、66-78頁。
＊3　同上、87-97頁。
＊4　ダムの過剰による政策問題については、森滝健一郎（2003）『河川水利秩序と水資源開発』大明堂、166-168頁を参照のこと。
＊5　河川湖沼と海を守る全国会議編（1991）『水問題の争点』技術と人間、31-32頁。
＊6　河川湖沼と海を守る全国会議編、同上、36-38頁。
＊7　中日新聞社「中日新聞」2005年7月6日付。
＊8　愛知県「長良川河口堰検証プロジェクトチーム報告書」2012年1月25日。
＊9　中日新聞社「中日新聞」2015年7月6日付。
＊10　宮本憲一（1989）『昭和の歴史・経済大国』小学館、140頁。
＊11　気賀沢忠夫（1990）「新産都大分―現段階での総括」大分大学経済研究所『研究所報』44-76頁。
＊12　北日本新聞社編（1984）『幻の繁栄、新産業都市20年の決算―富山・高岡の場合』勁草書房、22頁。
＊13　独立行政法人環境再生保全機構のホームページ（www.erca.go.jp/）を参照。
＊14　建設産業将来構想研究会（1984）『テクノポリス』都市文化社、12-31頁。

＊15　一般社団法人日本立地センター編（2014）『平成25年度地域経済活性化対策調査』33-37頁。

＊16　伊東維年編（1995）『検証、日本のテクノポリス』日本評論社、218-220頁。

＊17　民活基本問題研究会編（1992）『民活プロジェクトの新展開』財団法人通商産業調査会、123-131頁。

＊18　佐藤誠（1990）『リゾート列島』岩波書店、94-132頁。

＊19　三菱総合研究所・大八木智一編（1991）『リゾート事業戦略』清文社、29-47頁。

＊20　東達二（1990）「三重サンベルトゾーン構想の推進と地域振興」日本農業土木学会編『農業土木学会誌』、第58巻、第6号、37頁。

＊21　同上、38-40頁。

＊22　鈴木誠「地域開発政策の検証」岡田知弘・川瀬光義・鈴木誠・富樫幸一（2002）『第2版・国際化時代の地域経済学』有斐閣、202-203頁。

＊23　同上、206-207頁。

第７章

重化学工業化時代の大都市沿岸開発
―桑原幹根愛知県政の名古屋南部重化学工業化政策を素材として―

　戦後日本経済の復興と高度経済成長の原動力を担ったのが鉄鋼、電力、石油化学、自動車、造船に代表される重化学工業資本であったことは論を待たない。その急成長は、政府の各種優遇税制や政策金融とともに、地方の政財界による強力な企業誘致運動、地方産業構造の高度化要求を通じ実現していく。

　とくに戦前の重化学工業段階と異なる点は、いわゆる「戦後の民主化」にともない、政策主体に占める地方政財官の役割が極めて大きくなった点にある。より正確に言えば、戦後の重化学工業化政策は、中央政府や巨大資本の意思決定のみではなく、地方政治家・地方行政・地方財界が一体となって、中央政府の産業政策に関与し、地方独自の地域産業政策を展開する中で実現に向かっていく。

　アメリカとソビエトを軸に東西両陣営の冷戦構造へと世界政治が向かう混迷期、政府は「地域格差の是正」を通じた地方発展論をテコに、日本経済全体の国力回復を進めていく。東京や大阪に次ぐ第三の大都市圏に数えられ産業構造の高度化を推し進めながら、依然として繊維や陶磁器などの軽工業を基幹産業とし、同時に自動車産業発展の可能性を抱いていた愛知・岐阜・三重など東海３県の政財界や行政にとって、重化学工業化による中京工業地帯の産業構造高度化は、京浜工業地帯や阪神工業地帯との間の地域経済の不均等発展を是正する意味でも、きわめて重要な課題として位置づけられていた。

　地方における官民一体の要請・運動は、政府の産業政策や資本の投資戦略を名古屋都市圏へと導き、中京工業地帯の重化学工業化を推進する原動力となっていく。すなわち、戦前戦後の京浜や阪神の臨海工業地帯の開発に貫かれた「国家の論理」を、中部の「地元の論理」が具体化す

る形で、重化学工業化を実現するための都市臨海部開発が地域内部からも強力に推し進められることになったのである。

　本章では、この原動力をなした重化学工業化政策として、戦後日本の地方計画行政の原型を築き、愛知県知事を 6 期 24 年努めた桑原幹根愛知県政による「名古屋南部重化学工業化」政策を取り上げ、この「足下からの運動」の実態とともに、その光と影を明らかにする。

1　朝鮮特需と臨海工業地帯分散構想

　名古屋経済圏とは工業地帯の分類上、四日市工業地帯を含め、ほぼ中京工業地帯を言い表す。この中京工業地帯は、1950 年代半ばまで京浜工業地帯や阪神工業地帯と比較して重化学工業化がおくれた地域であり、むしろ繊維や陶磁器など軽工業を主要産業としながら高い雇用吸収力を発揮し人口集中と都市化をはたしてきた都市圏であった。

　京浜や阪神の工業地帯では、日露戦後期から第一次世界大戦にかけて、政府をはじめ横浜市・神戸市・大阪市に財閥資本等が加わり大都市間競争を繰り広げながら国内外資本を誘導し、大規模な重化学工業資本と生産の集積、その呼び水として港湾・鉄道に代表される物流拠点整備を成し遂げてきた。

　それだけに、軽工業を軸とした産業構造のもとに労働力人口の集中を図り、都市化を進めてきた中京工業地帯では、地域内の資本による工業生産力の回復によって京浜や阪神との経済力格差を是正していくことは到底不可能な問題でもあった。

　ところが、1950 年に勃発した朝鮮戦争は、この格差を一気に縮める重大なきっかけを、中京工業地帯を牽引してきた東海政財界にもたらす。すなわち、朝鮮特需を契機とする臨海工業地帯の基盤整備が、中京工業地帯なかでも東海地域経済の重化学工業化を、1960 年代以降急速に推し進めることになったのである。

朝鮮特需と既存工業地帯の蘇生

　1950年6月25日に勃発した朝鮮戦争は、傾斜生産方式や国土総合開発により戦後復興をめざしていた日本経済に、飛躍的な発展の契機を与えた。すでに工業製品出荷額で首位の座を阪神工業地帯にゆずっていた京浜工業地帯では、この動乱景気によって戦前を上回る工業生産額を達成した。その原動力となったのが、臨海工業地帯における重化学工業資本の設備投資競争である。

　朝鮮特需は、通常4期に分けることができる。第一期は、トラック・鉄道貨車・乾電池等の機械類と、有刺鉄条網柱・有刺鉄線・レール・ドラム缶などの金属類に対する特需期である。第二期は、綿布・毛布などの織物類、繊維、紙類、有刺鉄線・鋼製組立兵舎・鉄橋立脚などの金属類、鉄道貨車・機関車などの機械類というように非常に多岐にわたる特需期である。第三期は、防寒衣類や兵舎建設資材に対する特需期である。そして第四期は、トラック・貨車・小型船舶・自動車部品などの機械類と、油・ペイントなどの容器類、セメント・ゴムなどの建設資材への重点的な特需期である。

　このうち、特需全期間を通して最も恩恵を受けたのはトラックに象徴される自動車の生産であった。ドッジ・ラインにより経営危機に瀕していた日産自動車やトヨタ自動車はこの特需景気によって生産を回復し、同時に自動車関連素材や部品生産などの需要も著しく高めるに至った[1]。

　東京湾臨海部では、この朝鮮特需を契機とする政府の産業復興・近代化政策などの支援を得た素材供給型重化学工業資本が、積極的な設備投資を開始するようになる。京浜工業地帯では、1959年川崎市の千鳥町地区に完成した194haに及ぶ埋立地に日本石油化学（日本石油の全額出資）を中心に異業種大資本が進出・結合し、日本初の石油化学コンビナートを形成した。さらに、川崎市の浮島地区379haには、東燃石油化学を中心とした東燃石油コンビナートが誕生し、二大石油コンビナートが臨海部を覆った。

　しかし、戦前から埋立を繰り返し過密状態にあった京浜では、もはや

工業生産基盤の新たな整備は限界とされ、工業生産は隘路状態にあった。そこで、新たに臨海部の集積利益を求める重化学工業資本に対しては、千葉県が同県臨海部の埋立地（五井・姉崎の約434ha）を整備し、需要に対応するなど、応急的な産業基盤投資が行われてきた。当時遊休化していた千葉市の日立航空機跡では、1953年6月から川崎製鉄が操業を開始し、川崎の隣接埋立地では火力発電所を東京電力が建設操業するなど、朝鮮特需が刺激となって千葉石油化学連合（日産石油化学、日曹油化、デンカ石油化学、チッソ石油化学、日曽化成など）と三井グループ（三井ポリケミカル、三井ゼラパック、日本合成ゴムなど）を軸とする二大石油コンビナートが形成された。その上、木更津地区では君津に八幡製鉄の新鋭製鉄所が、袖ヶ浦地区では第三番目の石油化学コンビナートが建造されるといった事態を迎えていた*2。

　大阪臨海部でも、東京湾臨海部と同様に、素材供給型重化学工業資本の集積集中を促す自治体の産業政策が積極的に展開されるようになる。その中心は、ほかならぬ鉄鋼・化学・石油精製関連工場の誘致を目指した大阪府などによる堺・泉北臨海工業地帯の開発政策である。

　神戸港や大阪港といった国際貿易港をかかえた阪神工業地帯では、戦前から繊維産業に代表される軽工業や重化学工業の集積が、港湾区域内や港湾隣接の臨海工業地帯で繰り返されてきた。第二次大戦前の帝国政府にとって、欧米との円滑な貿易を通じた外貨獲得や、中国など東アジアを帝国日本の国土として支配し、持続的な鉱物資源や食糧資源の生産を続けるためには、生産物流機能に優れ、大阪という一大消費市場を有した阪神工業地帯の開発は、きわめて重要な国家目的をなしていたのである。

　敗戦から戦後復興を経て、成長著しい鉄鋼・石油化学系資本の進出需要に対応する必要から、1958年大阪府議会では、「堺臨海工業地の造成及び譲渡の基本計画」を策定し、臨海部の埋立面積の拡大と港湾をはじめ鉄道や道路、工業用水や電力といった産業基盤の拡充整備を開始した。同時に、大阪府と堺市が積極的な企業誘致運動を展開した結果、八幡製鉄、関西電力、ゼネラル・関西・興亜3社の石油精製、大阪石油化学・

三井東圧・宇部興産などの石油化学系企業群の進出が決定し、阪神工業地帯に石油化学コンビナートという新しい経営一体型の工業集積を実現したのである*3。

　このように、関東や阪神の臨海部では、朝鮮特需を契機とする重化学工業資本の旺盛な設備投資意欲を受けて、道路・港湾・鉄道・工業用水など産業基盤関連の公共投資が自治体産業政策として強化され、産業基盤の拡充とその共同利用化・生産流通の一体化を可能にする素材供給型重化学コンビナートの操業を導いてきた。

重化学工業生産の隘路打開と臨海工業地帯分散構想

　繰り返しになるが、この急激な設備投資による重化学工業群の成長と拡大は、京浜や阪神など既存工業地帯で、以下のような限界を露呈するようになった。

　第一は、内陸消費市場や海外消費市場と生産工場との接続を保障するためのトランジット機能＝近代的な港湾機能や高速産業道路網の不備である。その結果、社会資本・経営・生産技術など一体性＝コンビナート性の高度化が滞り、港湾での荷役作業ができず貨物船やタンカーが数珠つなぎとなる「滞船問題」「滞貨問題」が顕在化する*4。

　第二は、人口が密集する東京や大阪など大都市を背後に抱え、臨海工業地帯に集積する工場群など固定発生源やトラックなどの移動発生源が原因者となった深刻な産業公害である。石油精製工場や化学工場から出されるばい煙・廃水・悪臭、臨海工業地帯に出入するトラックの排気ガス、工業用水用地下水の過剰くみ上げによる地盤沈下、さらに臨海工業地帯専用埠頭に入港する船舶の事故と危険貨物の港内流出などによって、既存工業地帯の背後地に広がる大都市部では、大気汚染による光化学スモッグや水質汚濁など生活環境を脅かす深刻な公害問題が日常化していた。その結果、都市住民の日常生活や漁業・水産業者の生産活動は著しく脅かされ、他方、工場内でも事故の頻発から労働災害が急増するようになる。

　1955年10月1日、戦後わが国の地方自治体では初めて、東京都が

「ばい煙防止条例」を制定し、1958 年 12 月 25 日には、国が「公共用水
域の水質保全および工場廃水等の規制に関する法律」を公布したのも、
こうした背景があってのことである*5。

　大都市圏での反開発・反公害の世論、地方への工場再配置と工業化に
よる地域間格差の是正を求める世論が大きくなることに危機意識を抱い
た政府は、1955 年からわずか 5 年の間に、3 種類に及ぶ臨海工業地帯の
地方分散造成政策を独自に策定し、国会に提出、審議に付した。その最
初の構想が 1958 年の建設省「新都市開発公団案」である。同省では
1968 年までの 10 年間に土地に対する新規需要が総計 2 億坪に達すると
の推定から、産業関連施設と一般公共施設を一体的に整備する新都市地
域開発計画の作成を提唱し、臨海工業都市の効率的形成を目指していた。

　時を同じくして、通産省と運輸省も共同で「臨海工業造成公団案」を
策定した。ここでは、1967 年までの重化学工業関連の用地需要を 1500
万坪とふみ、①低廉な原材料の獲得、②工場廃水処理の有利性、③安価
な工場用地の造成、④農地・住宅地の保全、という観点から海面埋立に
よってまかなうべきこと、および、そこに港湾施設・工場用水道の整備
を行うことをめざし、とくに国家的見地に立って閣議決定を経た同公団
が臨海工業地帯を開発していくことを強く求めた。

　この新公団による強力な臨海部工業開発の推進構想は、1959 年度の
予算概算要求段階で一本に調整され、「工業地帯開発公団案」としてま
とめられたものの、予算編成に間に合わず、実現するには至らなかった。
そこで、新たに同年、先に構想を発表した建設省、通産省、運輸省が共
同で「臨海工業地帯開発公団案」という臨海部開発体制を新たに策定し
た。ここでの基本方針は、①地価高騰や適地減少による用地取得難の解
消、②技術革新による広大用地・大量用水・大型船接岸可能な港湾、自
動車交通処理のための道路等の要求、③産業の適正配置による地域格差
の縮小と国民生活の地域的均衡の実現、などであった*6。

　すなわち、東京湾関係（2000 万坪）と地方公共団体造成分（1200 万
坪）を除き、新たに 4800 万坪を新公団で造成して埋立と区画整理を同
時に行い、合わせて工業用水道・道路などの関連施設の整備も行うなど、

壮大な臨海部開発構想が打ち出されたのである。対象地域には、名古屋市をはじめ常滑市、桑名市、四日市市、津市、豊橋市、衣浦地区など中京工業地帯の主要臨海部都市や工業地帯をはじめ、全国29地帯が含まれた。

　同案は、1960年度予算の編成に際して求められたものの再び実現に至らず、結局、政府の統一体制による臨海部工業地帯造成案は出されずに終わった。かわって、地方との格差是正を目指し、地方の工業化に向けた産業基盤整備が、道路・港湾・工業用地・用水など個別事業ごとの長期整備計画（5カ年計画）に基づき、都道府県や市町村の行政と財政を統制し進められていくようになる。

　以上のように、生産の隘路打開に向けた政府主導による構想が実現を見ないなか、政府主導の地域開発政策を待てない状況を訴え動き出したのが、東海地方の自治体と政財界による官民共同の重化学工業開発構想であった。

2　名古屋南部臨海工業地帯の形成史

中部経済連合会の製鉄所誘致計画──佐伯卯四郎の製鉄所誘致運動

　政府が、生産の隘路打開に向けた重化学工業開発体制を明確に示し得ないなかで、いち早く自ら重化学工業開発の構想策定と実現に向け着手したのが中部経済連合会（中経連と略す）である。

　中京工業地帯の重化学工業化は、中経連を主体とした大型プロジェクトのもとで推進された。中経連が誕生したのは1951年である。朝鮮特需は生産力の回復と向上をめざす日本財界を大いに刺激し、経済団体連合会や関西経済連合会の結成による日本経済の組織的な重化学工業体制推進の原動力になったことはすでに述べた通りである。東西の先進工業圏での飛躍的な重化学工業化設備投資と臨海部開発政策の展開に触発された中部財界でも、財界人の結束による組織体制の確立を急ぐ声があがり、愛知・岐阜・三重・静岡の大中資本家が結束して誕生したのが中経連であった。

　朝鮮特需を契機に重化学工業化に向け、中経連が推進した大型プロジェクトは三つある。第一は四日市海軍燃料工廠の払い下げによる石油精製を基本とした総合化学工業の誘致、第二は名四国道（国道 23 号線）の開通による四日市と名古屋南部との接続、第三は東海製鉄（現在の新日本製鉄）の誘致による地元鉄鋼需要への即応、である。中経連では、この三大プロジェクトを伊勢湾一帯の臨海工業地帯開発構想の中軸に位置付け、推進母体を集約化するため 1953 年に「伊勢湾工業地帯建設期成同盟会」を設け、三大プロジェクトの実現に向けた誘致運動等を展開した*7。

　三大プロジェクトのうち、中経連が、京浜・京葉や阪神工業地帯で深刻化していた生産の隘路を打開する方策として政府や重化学工業資本の関心を引きつけ、地元政財界に強く結束を促したプロジェクトが東海製鉄の誘致である。

　朝鮮特需の好景気はとくに軍事トラックの生産を激増させたが、それを担っていたのがトヨタ自動車と日産自動車である。トヨタ自動車では、はやくも 1951 年に「設備近代化 5 カ年計画」を策定し、都市部を中心に所得水準の向上に伴い国内需要の増加が期待される自家用車の生産体制強化に努めていた。景気の高まりとともに自動車需要は着実に伸びたが、自動車産業に安定的に鋼材など部品を提供できる製鉄所が中京工業地帯には存在しなかった。それだけに東海地域の工業化と京浜・阪神に次ぐ一大工業地帯を中京圏に実現するためにも「トヨタ自動車工業株式会社という大量に鋼材を消費する自動車産業があり、したがって、県内に製鉄所が存在することは、最も好ましいこと」との認識が中経連など地元産業界主導による東海製鉄誘致運動の推進力となった*8。

　中経連主導による東海製鉄誘致運動は、政府主導で建設が進んだ京浜・京葉など東京湾臨海部の臨海工業地帯や大阪湾臨海部の阪神工業地帯とは異なり、後発型の「下から」の重化学工業化政策という性格を強めながら進行した。

　1955 年、鳩山内閣は「経済自立 5 カ年計画」を樹立し、重化学工業化によって工業製品の大量生産体制を構築し、日本経済の国際競争力の

強化を展望した。中経連はすかさずこれに呼応し、中部の経済開発を長期的立場で見通すための「中部経済5カ年計画」を策定し、その推進機関として1956年1月中部開発促進委員会を設置した。

　5カ年計画は、以後の中京工業地帯の産業高度化の基本目標となったが、しかし、実質的に重化学工業化を推進したのは中経連を牽引した佐伯卯四郎（当時日本陶器社長）を中心とする地元資本家であった*9。

　1957年3月27日の5カ年計画発表に先立ち、同年1月24日、佐伯は当時の大同製鋼社長・里村伸二と懇談し、中部に製鉄所を建設する必要性について意見一致を確認し、「少数の関係者」が集まりブラジル・ミナス製鉄所建設現地調査団長の進来要（元日本製鉄取締役建設局長、当時は太平工業社長）に意見を聞くことを申し合わせていた。佐伯はさっそく「少数の関係者」の賛同を得て、里村に対し「中部における製鉄所建設問題調査委員会」を組織し、内々に調査を始める意向を伝えていた。この委員会に加わる「小数の関係者」とは、その後名古屋南部臨海工業地帯（名古屋市港区・南区の工業地帯、東海市及び知多市の臨海部のエリア）の造成と鉄鋼コンビナートの建設に参画する企業家であり、その関係者は表7-1の通りである。

　佐伯は、これら企業家とともに、5カ年計画発表に先立つ2カ月前から中部に製鉄所を建設するための構想策定を着々と進めていた。5月10日、進来との懇談を経て里村を中心に具体的な調査検討を開始することが申し合わされた。1957年5月28日の中経連定例理事会では「中部に

表7-1　中部における製鉄所建設問題調査委員会の委員

・中部経済連合会会長	佐伯卯四郎
・大同製鋼社長	里村　伸二
・トヨタ自動車工業社長	石田　退三
・中部電力社長	井上　五郎
・大隈鉄工所会長	岡村　嘉六
・岡谷鋼機社長	岡谷　政男
・四日市倉庫社長	榎　並夫（途中参加）

出所：内藤垣中（1982）『あすの中部―中経連30年の歩み―』中部経済新聞社より作成。

表7-2　中部製鉄所建設促進委員会の委員

委　員		参　与	
・中部日本放送社長	佐々部晩穂	・名古屋中小産業局長	石井由太郎
・大同製鋼社長	里村　伸二	・東海海運局長	多田　寿夫
・トヨタ自動車工業社長	石田　退三	・愛知県知事	桑原　幹根
・中部電力社長	井上　五郎	・三重県知事	田中　覚
・大隈鉄工所会長	岡村　嘉六	・名古屋市助役	田淵　寿郎
・岡谷鋼機社長	岡谷　正男	・名古屋港管理組合副管理者	前田　一三
・日本車輌製造社長	天野　春一	・桑名市長	諏訪精一郎
・東邦瓦斯社長	塚田　実則	・四日市市長	吉田勝太郎
・東陽倉庫社長	白石　勝彦	・鈴鹿市長	杉本　龍造
・名港海運社長	高橋儀三郎		
・四日市港振興会会長	榎　並夫		

出所：表7-1に同じ。

おける製鉄所（高炉）建設問題について」が議題とされ、製鉄所建設問題が、「少数の関係者」の枠から発して中経連の最重要課題へと位置付けられていった。

　同年12月11日、進来から中経連に対し中間報告が提出され、伊勢湾に面する候補6地点のうちでは、名古屋南部臨海地帯、桑名・四日市臨海地帯の二つが適地であり、1000トン高炉2基の銑鋼一貫製鉄所建設が可能であることが報告された。

　佐伯は、この報告を受け、地元の官民共同で「中部製鉄所建設委員会」を設置し、国の新長期経済計画の最終年度である1962年度までに中京圏では初の銑鋼一貫型製鉄所の実現を確認した。この委員会では、表7-2の通り、中部財界側を委員、行政側を参与とし、中経連主導の色彩を強く発して運営された。

　1958年1月下旬、太平工業社長・進来要から提出された最終報告では製鉄所建設地は結局企業主導で決めることが求められ、同年2月28日、第一回建設促進委員会で大鉄鋼メーカーの進出を決議するに至る。その後、早々に佐伯と中経連・岩崎常任理事が上京し、八幡、富士、日本鋼管、川崎製鉄、住友金属、神戸製鋼など主要鉄鋼8社を訪れ、中部製鉄所建設調査報告書を提示し、「①中部に工場を建設されたい。進出に際

して当方は全面的に協力する。②要すれば地元財界との合併会社とすることも宜しい。③以上の２点が不可能であれば技術者を供与されたい。地元だけでも建設する。」という強い意志を表明しての要請活動となった。

　この要請に対し、即時好回答を寄せたのが富士製鉄社長・永野重雄である。永野からは、広畑（兵庫県姫路市）と釜石（岩手県釜石市）の中間地に次なる工場を立地させる予定であり、合併方式で設立させることを引き受ける旨の即答が出されたのである。後に八幡製鉄常務取締役・稲山嘉寛から「八幡本工場拡張計画の一部を移して、中部に一貫工場建設の意思がある」との非公式の申し入れも出されたが、建設促進委員会では「先着上、富士に頼むのが信義にかなうと思う」との佐伯の提案を受け入れ、富士鉄鋼との間で製鉄所建設計画を推進することになる*10。

　しかし、富士製鉄側への正式要請を終えた後の1958年6月9日に開催された「関係者・公・財界人37名による仮称東海製鉄設立手続き」の席上に至っても、佐伯を軸とする中経連の製鉄所建設誘致運動の決断を困難視する意見が多数寄せられ、また極秘に設立委員会を設けて協議することも拒否されるほど、地元政財界の信頼は低い状態にあった*11。そのため、東海製鉄建設計画は、中経連の強力な主導で進める必要があった。

　ところが、1958年6月10日に佐伯の名前をもって中経連会員205社に出された出資紹介に対しては、先の地元有力者の思惑とは裏腹に、大きな関心を呼び、東海製鉄への出資希望者が殺到する事態を招くことになった。結局、富士製鉄側の出資12億9300万円と同額を、株式総数500万株、縁故募集の形で整え、25億円を設立資本として、1958年8月28日東海製鉄設立総会を迎え、9月1日東海製鉄が発足、富士製鉄社長の永野重雄が会長となり、同副社長・伊藤隆吉が社長、その他幹部には中部財界人が参画して、中経連主導で進められてきた製鉄所建設誘致運動は、ここに第1段階の終了を迎えたのである。

　また、最大の焦点となっていた建設地問題は、「1、地耐力が強い、2、土地造成が容易、3、豊富な工業用水が確保可能」であること、とくに

「地盤が最も大きな問題だった。土地造成費で（三重県側と）約100億円の差が出た」という永野富士製鉄社長の言葉が示すとおり、地盤にすぐれ遠浅で造成費用を安く見積もることができ、さらに愛知県など地元自治体による税制上の優遇措置や優先的な産業基盤整備計画が示された名古屋南部臨海地域が選ばれ、正式に名古屋南部臨海地域への進出が富士製鉄側より伝えられたのである＊12。

3　桑原愛知県政の重化学工業化計画

　佐伯を軸とした中経連による製鉄所誘致建設運動がいよいよ現実味を帯びるなかで、次の段階として重要な課題は、製鉄所をどこに建設するかであった。結局、先の理由で名古屋南部臨海地域に決定したわけであるが、三重県との熾烈な誘致競争や工業用地、工業用水、海陸物流機能など産業基盤整備の推進は、この時期の愛知県政の最大課題となった。その愛知県政を重化学工業開発に誘導したのが、1951年愛知県の初代公選知事となった桑原幹根（1975年まで6期24年在職）である。戦後地方計画の草分けともいわれる愛知県地方計画の策定と運用は、実質的に中経連の運動の受け皿を準備することへ繋がる産官共同の地域開発政策であった。

愛知県地方計画の策定
　桑原幹根知事による本格的な地方計画の策定は、1955年2月知事として再任されると同時に始められた。同計画の意義はどこにあったか。桑原知事自身の言葉を借りれば、「リージョナルプランという構想のもとで、総合的かつ長期的な視野に立ちつつ、当面の課題の解決を目指すマスタープラン」であり、その「実現は、これが日本で初めてのこと」という点にあった。1958年12月、「総合振興計画」と「行政合理化計画」からなる「愛知県地方計画」が策定され、公表された。
　桑原知事は、同計画が総合的・長期的な視野で策定されたことを強調する。その場合の総合性とは単に行政分野を含む総合計画という面だけ

ではなく、大都市・名古屋をもつ愛知県のみを対象とせず、将来にわたり重化学工業化に欠かせない工業用水を安定的に供給可能な木曽三川（木曽川、長良川、揖斐川）の源流山間地域をもつ岐阜県や三重県を含む広域行政圏、すなわち中部経済圏を開発していくことを視野に入れることも意味していた。1950年の特定地域総合開発計画が、河川上流域の電源開発に特化し、地域的にも事業的にも総合性を果たし得なかったことを考えれば、桑原知事の構想は実質的には戦後初の総合開発構想であったことは事実であろう。そして、ここで描かれた中部経済圏構想は、その後の中経連による三県合併論や中部圏構想などへと継承されていく*13。

　計画期間は、1958年度を初年度として1965年度までの8か年の長期計画と、1960年度までの3カ年の短期計画からなった。諸事業に必要な資金は、国、地方公共団体の財政資金として、短期計画で約2500億円、長期計画で約6700億円が、また、民間資金としてそれぞれ6100億円、1兆1200億円が見込まれた。この巨額の事業資金を使い、とくに地方計画の中で名古屋南部地区の重化学工業化を進め、県内全域で産業構造の高度化と都市化を促し、さらに中小都市や農山漁村へと人口の再配置や所得の均衡化、雇用と福祉の機会均等を進める方策が描かれた。

　長期計画では、中経連を軸に地元の官民共同による「中部製鉄所建設促進委員会」が誕生し、参与として桑原知事がすでに参加していたことや、愛知県議会でも1958年8月「愛知県東海製鉄所誘致委員会」が設置され、1000万円を出資、知事を東海製鉄発起人に加え、さらに「東海製鉄誘致についての決議」を全会一致で可決するなど、展望としては明確な姿勢をもっていたため、地方計画もこの展望を反映していくこととなった*14。

　産業基盤としては、とくに名古屋港港湾区域内の工業用地の埋立造成と愛知用水、そして名四国道の開発が重視された。桑原知事が再任され、地方計画の策定中は、神武景気による好況時であり、愛知県の自主財源も50％を超えるなど、財政運営に大いにゆとりをもてる時期であったことも、こうした展望を抱かせる格好の条件をなしたのである。

新地方計画の策定

　東海製鉄誘致をめぐり、三重県との熾烈な誘致合戦を繰り広げるなか、1959 年 2 月、愛知県知事選挙が行われた。桑原の県政方針は、先に策定された愛知県地方計画の実現に置かれていたが、すでに東海製鉄の進出が決まっていたときだけに、その方針も、表 7-3 から明らかなように、極めて重化学工業化を意識した内容であった。

　桑原知事は、3 選を果たすと、1958 年 12 月、東海製鉄の依頼により作成した「東海製鉄所工場立地調査報告書」に基づき、積極的な産業基盤整備に着手した。1959 年 6 月、愛知県議会が東海製鉄の名古屋南部臨海工業地帯への誘致について承認したのを受けて、愛知県と東海製鉄は進出協定を取り交わし、愛知県として一企業に対し前例のない、産業基盤重点整備に向けた社会資本充用策と減免税措置、地元対策を約束した。しかし、この契約に至る前の原案の段階では、愛知県議会でも、さまざまな疑問なり反対の意見が出されていた。表 7-4 は、愛知県議会で提出された原案の主な点である。

　その原案に対しては、協定内容に関する説明が不十分とする日本社会党が同年 6 月 24 日、自由民主党が 6 月 26 日、それぞれ議員総会を開き、表 7-5 のような疑問を提出している。

　協議の結果、愛知県当局も各党の指摘の一部に応じ、「用地無償提供は、会社側の用地取得に対する全額補助とする」、「名古屋港管理組合との共同責任の点は、県も協力推進するという表現に直す」、「免除措置は工場誘致条例か、免税条例か、特例議案か、何等かを 9 月定例県議会までに決める」等を議会に対し約束した。

　そして、6 月定例県議会に最終原案「東海製鉄株式会社製鉄所建設に関する協定案」が提出され、漁民の補償と工場廃液などに対する公害対策を中心に質問が集中するなか、「本協定書の内容を為す事項の実施に条例の制定を必要と認められるものについて、速やかにその整備を着手せられたい」という条件を付した上で、満場一致で原案は可決された[15]。協定による事業経費の一覧は表 7-6 の通りである。

　以上のように、中経連による中京工業地帯への製鉄所誘致運動という

表 7-3　桑原幹根の県政方針

第 1　各県を統一した中部経済圏の実現
　　大愛知の建設のためには、広く中部経済圏全体の発展を図り、交通、水運、産業、文化等の問題について関係各県と協力し、将来は県の境界を越え、中部経済圏を区域とする広域行政の実現を目指す。

第 2　交通運輸基盤の充実
　　名古屋港の拡充整備を重点とし、衣浦港及び東三河諸港を総合的に整備する。特に道路の建設改良は注力し、名神高速道路、名四国道の建設をはじめ全県下の道路の改良舗装を促進し、木橋は全部永久橋とする。

第 3　利水条件の充実
　　治山・治水とともに利水を総合的に計画し、農業用水、工業用水、上下水道用水など施設の合理化を図り、水利用の高度化を推進する。

第 4　東海製鉄の誘致など重化学工業化の推進
　　重化学工業の発展を図るため、名古屋港を中心とする臨海工業地帯の造成を急ぎ、ここに東海製鉄をはじめ重化学工業を立地させる。それをもとにして内陸部には繊維、機械、器具、窯業、木工等の多様な工業分野の発展を導く。

第 5　中部経済圏の核としての名古屋市の拡大
　　名古屋市を中部経済圏の中心として、高度に整備された経済文化都市へと発展させるため、市街地の整備、臨海工業地帯の発展とこのために必要な市域を整備し市の拡大を図る。

出所：桑原幹根（1974）『世紀を生きる―歴史とは未来のこと―』政経社、286-287 頁より作成。

表 7-4　東海製鉄と愛知県との協定原案の骨子

第 1　用地代金は、水面からプラス 4.8 m の造成を原則とし、坪単価は 5,600 円とする。
第 2　不動産取得税を昭和 38（1963）年まで免除する。
第 3　固定資産税を昭和 41（1966）年まで免除する。
第 4　道路敷設および臨港線の引き込みで負担をかけない。
第 5　10 万坪の住宅用地を無償で提供する。
第 6　工業用水の施設を無償で確保する。

出所：愛知県議会事務局『愛知県議会史』第 10 巻より作成。

表 7-5　協定原案に対する愛知県議会からの疑問

第1	用地の無償提供は地方自治法違反である。そのため用地は一定期間無償貸与とすべきである。
第2	土地造成が予定通りの費用で完成する保障はない。
第3	23億円もの免税額はあまりに多額である。また、免税措置は別に条例を制定しなければならない。
第4	愛知県と名古屋港管理組合が共同責任者となる漁業補償、臨港線の敷設斡旋については、そもそも名古屋港管理組合が愛知県と名古屋市の一部事務組合という共同組織体なのだから、名古屋港管理組合に十分責任を持たせるべきである。
第5	工業用水の給水単価（1㎡当たり4円以下）は、物価に変動するように設定すべきである。

出所：表7-4に同じ。

　「下からの運動」は、東海製鉄の誘致成功を引き金に、桑原愛知県政による積極的な南部臨海工業地帯の造成と産業基盤の整備を引き出すことに成功していく。その上で、地元企業であるとともに、「東海製鉄と有機的結合をもつ企業の優先」を、さらなる企業誘致の基本原則に掲げた地域産業高度化政策を桑原県政として確立させ、官民が一体となって臨海コンビナートの形成を図っていくことを戦略的方針として確認させた[16]。

　中京工業地帯の産業構造は、ここに至って軽工業中心から製鉄、金属、化学、機械組み立てを軸に、全国有数さらには全国トップの工業製品出荷額を誇る重化学工業主導へと大きく転換し始めていくのである。

4　名古屋南部臨海工業地帯の造成段階

戦後のエネルギー・建築資材需要と名古屋港の変貌

　朝鮮特需による名古屋港背後地の産業復興、軍需産業の平和産業への転換が進むにしたがい、エネルギー供給体制の抜本強化が中京工業地帯でも大きな課題となる。とくに石炭から石油へとエネルギーの転換が進んで油類の需要が激増すると、原油等を運搬する大型タンカーの名古屋港入港数も急増するようになる。その結果、名古屋港管理組合では、戦

表7-6　東海製鉄進出に際しての愛知県との協定骨子

第１	愛知県は、知多郡上野町と横須賀町の地先の背後地に住宅施設用地として約33万㎡を造成し、東海製鉄に引き渡すこと。
第２	愛知県は、名古屋港管理組合との共同責任において、東海製鉄が定める時期と設計に従い、以下の諸工事を施工すること。 (1) 専用航路および専用泊地を浚渫、内航防波堤および防波護岸等を整備。 (2) 工場予定地の海面に約330万㎡の工場用地と約260万㎡の鉱滓捨場用の池を造成。 (3) 工場用地を坪単価5600円、池を坪単価602円で東海製鉄に譲渡。
第３	愛知県は、名古屋港管理組合との共同責任において、漁業補償など一切の問題を解決すること。
第４	愛知県は、工業用水を供給するため、以下の諸工事を施工し引き渡すこと。 (1) 愛知用水水路から工場入口までの給水設備と貯水池を県営施設として建設。 (2) 工業用水として年間最終必要量9000万㎡（日量25万㎡）を供給する。 (3) 工業用水の給水単価は、工場入口渡しで1㎡当たり4円以下とする。
第５	愛知県は、昭和37年度末までに、海岸沿いに幅25mの産業道路を建設すること。
第６	愛知県と名古屋港管理組合は、東海製鉄の大重量製品等を輸送する目的で、昭和36年度末までに、東臨港線から工場用地に至る臨港線を敷設すること。
第７	愛知県は、東海製鉄に対して、次の免税措置を講ずること。 (1) 工場建設の第1期計画に当たる銑鋼一貫作業開始年度の日まで、東海製鉄が取得した土地および工場建屋の不動産取得税を免除する。 (2) 減価償却資産については、銑鋼一貫作業開始年度の翌年度から起算して第3年度までの固定資産税を免除する。なお、地元町村による東海製鉄に対する固定資産税についても、同様の措置を講ずるよう愛知県が斡旋する。
第８	工場建設にともない転業を余儀なくされた者、あるいはその子弟について、東海製鉄は従業員として優先的に雇用するよう努力すること。
第９	工場の建設および操業にともない、必要とする原材料、資材、消耗品等の物資、労力、加工、修理および輸送等の役務について、東海製鉄はできる限り地元で調達するよう努力すること。

出所：新日本製鉄社史編纂委員会（1984）『躍進（総合史）—新日本製鉄株式会社、名古屋製鉄所銑鋼一貫20年史—』43-45頁より作成。

前の1930年に危険物取扱区域として埋め立てをした名古屋港9号地をさらに埋立拡張し、エネルギー基地とし原油の備蓄と供給機能の拡大強化を図る案の検討を急ぐことになる。

　そこで、名古屋港管理組合では、桑原愛知県政の名古屋港重点整備事業として、1954年2月、名古屋港長期整備計画の一環となる「9号地大

石油基地建設計画」を立案した。これは翌 55 年の名古屋港港湾計画に組み込まれ実現の運びとなる。9 号地埋立拡張工事は 1955 年 2 月に着工され、6 年の歳月をかけ 1961 年 3 月に完成をみた。

　この事業によって、名古屋港は、戦後復興途上の背後地輸送機器産業のためのエネルギー基地機能を備えるようになった。具体的には、1958 年日本石油が大型石油タンク（3 万 2000 トン）および新桟橋を建設し、59 年には中部電力が新名古屋火力発電所 1 号機（出力 15 万 6000 キロワット）の運転を開始、さらに 1960 年スタンダードバキューム石油会社の大型石油タンクが、61 年には日本石油の大型タンク（3 万トン）がそれぞれ完成し、原油備蓄及び発電能力の向上によるエネルギー基地化が進展していった。

　埋立拡張工事がほぼ完成した 1960 年末には、表 7-7 の通り、9 号地への進出企業が 10 社、タンク基地数は 214 基を数え、貯油能力は 36 万トンを超える。その後も 9 号地には 1962 年東浜油脂の大型サイロ、三菱商事の原油・重油タンク 6 基、化学薬品タンク 8 基（3 万トン）、中部電力新名古屋火力発電所 6 号機（出力 22 万キロワット）が完成するなど、重化学工業関連企業の進出が相次いだ。とくに 9 号地には各企業の施設桟橋が相次いで建設され、海上エネルギー移送による名古屋港と四日市港の一体化を促す契機ともなった*17。

　名古屋港の変貌を促したもう一つの要因として重要なのが、南部臨港地区の工業化である。戦後復興用の建築資材の需要が旺盛になったのにともない、合板産業が代表的平和産業と位置づけられるようになっていった。名古屋港ではフィリピンなどからのラワン材の輸入が激増し、それを受けて産業立地面では中村合板をはじめ名古屋プライウッド、石川合板、三井木材工業、日本ハードボード工業が次々に大型工場を建設し、狭隘な都市空間へ集中的に大型設備投資を行った。さらに日本有数の軍需産業地帯の象徴であった三菱重工業でも自動車生産が開始され、後にトヨタ自動車とならび名古屋港の自動車輸出を担うようになった。また、中京工業地帯の産業特性（＝繊維産業特化）を生かして、1951 年名古屋市大江町に東洋レーヨン名古屋事業所が進出し、臨港地区で最初の化

表7-7　1960年末の九号地の貯油能力 <small>（単位：基、トン）</small>

会　社　名	タンク数	貯油能力
中部電力新名古屋火力発電所	11	65,500
日本鉱業	15	7,010
ゼネラル物産	27	29,492
三菱石油	19	33,945
昭和石油	26	7,353
日本石油	27	22,102
〃　　（新九号地）	4	47,000
出光興産	28	19,685
〃　　（新九号地）	8	21,950
スタンダードバキューム（新九号地）	21	68,709
丸善石油（新九号地）	11	8,900
三井物産（新九号地）	17	31,647
計	214	363,293

出所：名古屋港管理組合『名古屋港管理組合30年史』222頁。

学繊維原料の大型生産工場を誕生させたのである[18]。

　名古屋南部の臨海地区には、以上のように臨海性・臨港性の大型生産工場やエネルギー基地が盛んに誘致されることになった。また、海運と陸運との両面から急速に四日市港との一体性を強め、名古屋南部や背後地である愛知県内の工業地域における石油化学製品の需要急増に対応するようになっていった。そこで、産業政策上最後に残された課題は、背後で成長途上の自動車産業から需要の高まりつつあった鉄鋼製品を大量生産する銑鋼一貫型製鉄所の建設問題に収斂していった。

港湾管理権の地方移譲と名古屋港管理組合の誕生

　1951年愛知県知事に初当選した桑原幹根が知事就任直後の予算編成で最も重視した施策が二つある。一つは愛知用水の整備であり、もう一つは名古屋港の整備であった。51年当時、名古屋港の荷役機能は、政府の輸出振興路線と産業復興にともなう原材料輸入の増加が著しくなるなかで、すでに限界状態にあった。中京工業地帯の復興と発展には、内外貿易量の一層の伸長に向けた名古屋港の拡充強化が、県政にとっても名古屋市政にとっても、最も重要な課題とされていた。そこで、桑原が愛知県知事就任早々に行った事業が、愛知県と名古屋市の共同管理のも

とで名古屋港の整備拡充を推進していくための「名古屋港管理組合」の設立である。これ以降、名古屋港管理組合は愛知県と名古屋市の一部事務組合（特別地方公共団体）として、生産と物流の両面にわたる機能整備を担っていく*19。

　地方自治体が港湾を管理できるようになったのは、1950年の港湾法の公布並びに施行後である。それ以前は国家（官選知事を含む）の権力支配に委ねられていた。新憲法成立以後、行政の民主化を達成するため一連の立法措置が講じられたが、港湾法もその一つとして誕生し、港湾を管理する権限は国から地方自治体へ委譲されることになった。ところが、この移譲には港湾を管理する上で必要な経済的基盤、すなわち課税権は付与されなかった。その結果、港湾管理者となった地方自治体は、港湾整備を進めるために政府への財源依存を強めざるを得なくなっていったのである。

　地方自治体から政府への財源依存と実際の財源不足は、大規模な臨海工業地帯の造成とその中核施設としての工業港の整備が進むにしたがい甚だしい状況になっていった。1959年公布・施行された特定港湾施設整備特別措置法は、重要港湾をもつ地方自治体の港湾整備負担の軽減と民間資金の導入を実現し、輸出の増強と臨海工業地帯造成を推進するための港湾機能の強化を地方自治体に義務づけた。さらに「特定港湾施設工事特別会計」が59年度以後導入されるようになると、輸出専門埠頭、石油・石炭・鉄鋼港湾の整備を国の直轄事業として建設誘致できるようになった*20。

　この方向を決定づけたのが、1960年の国民所得倍増計画を受けて61年に施行された港湾整備緊急措置法である。同法は港湾整備5カ年計画を立法化し、同法の方針として外国貿易埠頭の建設と充実、港湾区域内での滞船問題の解消、臨海工業地帯の造成などを地方自治体に対して一体的な港湾整備課題として強く求めた。名古屋港では、同法の適用を受け、国庫補助率の嵩上げ、財政投融資資金の貸し付け、民間資金の導入をもって港湾問題の解消と一体的な整備を果たそうとしたのである。

　ただし、この結果として、港湾管理の実質的主体は、ますます中央政

府や運輸省の手に移り、事実上、第二次大戦前の国家管理方式へと逆戻りしたのも同然という評価も下されるようになる*21。実際には、地方自治体による港湾管理は、中央政府・運輸省の機関委任事務として進められ、地方の重化学工業化要求に対応していくことになる*22。

名古屋港港湾計画の変遷

桑原知事が地域総合計画の最重要課題と位置づけた名古屋港の港湾機能は、京浜・京葉および阪神など既成大工業地帯から地方への工場再配置など集中分散による生産の隘路打開をめざす政府の国土計画的支援（港湾整備5カ年計画や関連諸法規、機関委任事務）のもとで整備強化されていくことになる。以下では、政府の港湾整備方針と照らし合わせつつ、名古屋港の港湾計画の重点課題を見ていくことにする。

[1955年名古屋港港湾計画の策定]

名古屋港管理組合は、名古屋港を利用した生産物流機能をもつ中京工業地帯の軽工業や重化学工業の発展を支える長期構想として、1955年7月に「名古屋港港湾計画」（1955年-65年）を策定した。この計画は、1952年10月、政府が日本の港湾の総合的発展を図るため設置した港湾計画審議会での審議を受けながら名古屋港管理組合が策定した長期構想である。

同計画は、名古屋港が将来「工業港的商港」としての性格を一層強めるとの予測をもとに、知多半島の西側上野町地先から横須賀町地先に至る海面を埋立て南部臨海工業地帯として生産物流機能を新たに開発すること、さらに臨海部や背後地に集積集中する工場群・人口に電力を供給するためのエネルギー基地を既に民間企業の集積を誘導してきた9号地において拡張することを掲げた名古屋臨海部初の長期構想である。

既述の中経連による三大プロジェクトが勢いを増し、他方、既成工業地帯の生産物流の隘路打開が日本経済の復興と成長のカギとなる中で、南部臨海工業地帯の開発計画は桑原県政の地域総合計画にとって最優先課題となる。そのため、南部臨海工業地帯としては「第1区から第4区

に至る総面積825万平方メートルの工業用地を埋め立てる」ことが急務であるが、とくに「40年までに第1区および第2区合計363万平方メートルの工業港をつくり、加工貿易による輸出の伸長」に応えなければならないという基本方針が打ち立てられた。

　また、交通機能の整備に関しては、「主として臨海鉄道および道路の整備により、背後地との連絡を強化」することを目標とするなど、都市化に応じた生活基盤の整備としてではなく、輸出製品や輸入素材の輸送を担う産業基盤として整備する方針が強調された*23。

［1961年名古屋港港湾計画の改定「第一次改定計画」］

　1960年にはじまった池田内閣の「国民所得倍増計画」下、主要大港湾では深刻な滞船滞貨現象を生じるようになっていた。政府は、港湾整備事業の緊急かつ計画的な実施を促進するため港湾整備緊急措置法を制定し、第1次港湾整備5カ年計画を策定して、1961年度から65年度に至る総額2500億円（公共事業分2330億円、地方単独事業分170億円）を閣議決定した。

　とくに第1次5カ年計画で政府が重視した3本柱が、①貨物量増大に対応する外国貿易港湾の整備（641億円）、②鉱工業の発展に対応する石油・石炭・鉱石・木材・その他工業原材料を取扱う港湾の整備（831億円）、③地域間の所得格差の是正に貢献する地方産業開発のための港湾の整備（470億円）、である*24。

　5カ年計画以前の名古屋港でさえ、すでに取扱貨物量は1957年段階で当初計画である60年目標1000万トンを超え、59年には1231万トンに達し、滞船滞貨問題に直面しつつあった。しかし、事態はそれで終わらず、実際の港湾機能はもとより内陸部の交通機能をマヒさせるほどの物流規模が生まれ、深刻な都市問題を引き起こす事態に至っていたのである。その最大の要因が、1959年6月の東海製鉄の進出である。同社が知多郡神野町および横須賀町の地先に埋立計画中の南2区に進出を決定したことを契機に、多数の製鉄関連重工業が周囲の臨海工業地帯へ進出を決定したため、名古屋港の取扱貨物量が当初計画量を大幅に超え、

1970 年には 3965 万トンに増大することが推定された。

　さらに、名古屋港の開発では、名古屋港の生産物流の激増に対応することだけでなく、開発が進む四日市臨海コンビナートとの有機的連関を視野に、伊勢湾沿岸を一体の臨海工業地帯として整備する視点が鮮明になっていく。名古屋港では、貨物量の激増、入港船舶の大型化、臨海工業用地造成の需要増大、そして 59 年 9 月に来襲し甚大な被害をもたらした伊勢湾台風を契機に重視された港湾防災対策の観点から、先の港湾計画は大規模化・防災機能強化に向けて修正を迫られていく。

　名古屋港管理組合は、現実と将来の利用実態に見合わない名古屋港の開発計画を 1970 年を目途に大幅に改定していく。とくに南部臨海工業地帯の造成面積は根本的な修正を余儀なくされる。すなわち、「埋立予定面積を 1950 万平方メートルに拡張するとともに、各区割りも 300 から 500 メートルの巨大水路をはさみ、南 1 区（330 万平方メートル）、2 区（760 万平方メートル）、3 区（530 万平方メートル）、4 区（330 万平方メートル）の 4 区区割り」に拡大改訂し、1970 年度を完成目標にすみやかに着工にあたるとした。さらに、名古屋港の港湾区域のみでなく、名古屋港と四日市港を海上と陸路から結び、伊勢湾臨海工業地帯として有機的関連を図るとし、「名四国道」の着工整備も緊急を要することが唱われた[25]。

［1964 年名古屋港港湾計画の改定「第二次改定計画」］

　1964 年、政府は第一次港湾整備 5 カ年計画を途中年次で打ち切り、第一次の予算規模の 2.5 倍に及ぶ総額 6500 億円の第二次港湾整備 5 カ年計画を閣議決定した。港湾取扱貨物量が増加の一途をたどり、船舶の大型化も手伝い、港湾の拡張が緊急の課題とされたためである。

　名古屋港では、1961 年に名古屋港港湾計画が改定されて以後も、入港船舶と取扱貨物量はますます増加する傾向にあった。1970 年には取扱貨物量が 61 年の第 1 次改訂計画の想定をはるかに超えて 6000 万トンに達することが予測される事態となったため、名古屋港管理組合では、第二次港湾整備 5 カ年計画の重点事業をもとに、1975 年における取扱

貨物量を9500万トンと想定し、これに対応した港湾機能の重点整備と滞船防止を緊急の課題とした。

　計画内容のうち工業港としての機能強化に関しては、南部臨海工業地帯の整備強化とともに、新たに西部臨海工業地帯および木材港が計画に追加明記されることになった。このうち、南部臨海工業に関しては、「既定計画のうち、1区、2区および3区の土地造成はほとんど完了し、鉄鋼、石油、電力などの工場が進出し、一部工場はすでに操業中であるが、4区については陸上および水域利用を勘案」するなど、残りの事業の完成を急ぐことを喫緊の課題とした。

　他方、西部臨海地帯の造成については、「日光川から鍋田干拓地に至る地先に西部臨海工業地帯1680万平方メートルを造成し、鉄鋼および石油の関連産業、木材、水産食品加工業など、臨海性産業の進出に備える」ことを目標として整備を推進し、同時に、道路整備に関しても「名四国道および愛知県新地方計画関連道路との連絡を図り、造成地内に幹線道路、その他を計画する。鉄道については西臨港線から分岐する幹線鉄道を計画する」など具体的な事業計画を初めて示し、臨海工業地帯の整備による生産機能の強化とともに物流基盤の新規整備・充実を主要課題にすえた。

　名古屋港南部臨海工業地帯の主要な機能は、地元政財界の強い要請と貿易の自由化を急ぐ政府の産業構造高度化方針を受けて、整備主体として設立された愛知県と名古屋市の一部事務組合である名古屋港管理組合によって整備されていくこととなった。そのプロセスを、次に見ておこう。

5　工業用地の造成・分譲と埋立事業会計

工業用地の造成と分譲

　1950年代の名古屋南部地域にあたる上野町、横須賀町、知多町の知先海面に工業用地を造成する事業は1959年より開始される。その事業実施体制の稼働は、名古屋港管理組合内に1958年9月工業港企画室の

設置をもって始まる。

　企画室では重化学工業港の造成に向けて本格的な準備に入り、埋立地の利用計画を作成するとともに漁業補償問題にも取り組み、1960年2月埋立工事に着手した。その際、埋立規模は1961年の名古屋港港湾計画改定に際し、1955年策定の名古屋港港湾計画段階の総面積825万平方メートルから、1950万平方メートルへと約2.5倍に拡大することになった。これは東海製鉄の進出契約による銑鋼一貫工場を軸に、桑原知事の企業誘致条件でも明らかなように東海製鉄と有機的関連をもつ地元企業を積極的に迎え入れることに対応するためのものであった*26。はじめに、1964年段階での工業用地の埋立造成状況を見ておこう。

　まず、南1区と2区について見る。両地区の埋立交渉では、漁業者と漁業権放棄にともなう補償問題解決が緊急の課題となり、1960年1月28日の上野漁業協同組合との交渉妥結を皮切りに、1961年度までに総額48億3393万3000円で、この地区の区画および共同漁業権放棄にともなう漁業補償が完了し、埋立事業が開始された。

　1964年段階の埋立造成事業の概況は、事業費総額161億円、全体計画土量6113万立方メートルのうち、1964年度施工分57万8000立方メートルを含め、5769万4000立方メートルの浚渫と埋立を完了し、埋立土量の進捗率では95％に及び、ほぼ事業を完了している状態にあった。また、公用地のうち道路（愛知県施行産業道路）についても供用を開始し、さらに、貨物輸送の合理化を図るための鉄道建設事業（名古屋臨海鉄道株式会社）に対しても、64年度4億円を投資して産業基盤の積極的な整備を促した*27。

　次に、南3区と4区の場合は、土地造成事業の前提となる漁業補償が1962年10月に80億9393万8000円で全面的に解決したことから直ちに着工し、64年度段階で総事業費271億円、全体計画土量7618万立方メートルのうち約38％に相当する2937万7000立方メートルを施行し、造成面積815万平方メートルのうち第3区については56％の用地を造成し、これと平行して施工中の護岸築造も64年度概算延長1180メートルに及び、とくに3区に進出決定を見た各企業の工場用地の造成は大部分を完

了していた。

　なお、南部の1区から4区までの漁業補償総額は、249億3974万円であった。そのうち95億1774万円は現金で、154億2200万円は名古屋港管理組合が特別交付公債を発行して補償した。とくに臨海工業地帯造成のための漁業権補償に交付公債を発行する方式は、自治省の奨励によって1960年代の国土開発計画の先行投資財源調達の方法として各地方自治体で積極的に運用されていた。名古屋港管理組合では、この公債引受を地元唯一の都市銀行である東海銀行に求め、その縁故資金によって補償額の62％を工面するなど、民活（民間資金）導入による迅速な資金調達が実施された。官民が一体となって推進した南部臨海工業用地の埋立造成と付帯施設の整備は、1971年には完了を見た。

　以上の結果、南部臨海工業用地の分譲契約を済ませ、進出決定した企業の一覧が表7-8である。この表でとくに目立つのは、東海製鉄への土地譲渡面積の規模と価格である。譲渡面積が、他の企業や自治体への譲渡面積と比べ、格段に大きいことがわかる。1964年段階の1区・2区の造成面積のほぼ55％が東海製鉄1社への土地譲渡で占められている。その一方で、譲渡価格は1平方メートル当たり約1000円と他企業等への売却額と比べても極めて安価な価格で譲渡されている。この金額は、その他の進出企業の約3分の1から4分の1の価格であったことがわかる。

　桑原知事は1958年2月の愛知県定例県議会での答弁において、最も重要な問題が埋立造成地の地価であり、それは漁業補償問題が落ちついた上でないと決定し得ないと回答している。つまり、造成用地の分譲価格は市場価格で決めるのではなく、原価主義に基づき埋立事業費、漁業補償費、その他支出などを価格要素に組み込んだ上で決定することを唱っている。そのなかには、愛知県の道路用地の造成整備費も含まれている。

　しかし、漁業補償が決着する前の1959年7月には、1平方メートル当たり約1000円という価格が設定され、東海製鉄に対し譲渡契約がなされていた点は、1企業にすぎない東海製鉄を著しく優遇する措置である

表7-8　名古屋南部臨海工業地帯の工業用地売却の歴史

企業名	契約年月	面積	金額	単価
①東海製鉄	1959 年 7 月	5,951	6,081,600	1,022
②愛知製鋼	1961 年 4 月	1,022	3,400,100	3,327
③大同特殊鋼	同年 4 月	689	2,293,500	3,329
④東レ・東亜合成	同年 5 月	1,098	3,652,000	3,326
⑤日本セメント	同年 6 月	70	254,400	3,634
⑥東邦ガス	同年 6 月	152	483,000	3,178
⑦石原工業	同年 6 月	41	123,000	3,000
⑧三菱セメント	同年 6 月	43	156,000	3,628
⑨中部電力	1962 年 8 月	27	108,675	4,025
⑩同上	1963 年 3 月	671	3,086,501	4,600
⑪三井物産	同年 3 月	365	1,679,791	4,602
⑫矢作製鉄	同年 3 月	198	912,248	4,607
⑬石川島播磨	同年 3 月	715	3,285,910	4,596
⑭出光興産	同年 3 月	1,317	6,053,830	4,597
⑮日清製粉	1964 年 5 月	70	366,340	5,233
⑯東亜石油	1964 年 6 月	991	4,800,000	4,844
⑰愛知県（公共施設用地）	同年 11 月	2.7	7,647	2,832
⑱愛知県（道路用地）	同年 11 月	2.7	9,658	3,577
⑲同上	1965 年 2 月	6	14,398	2,400
⑳愛知製鋼	同年 3 月	260	429,273	1,651
㉑東海製鉄	同年 3 月	7	25,846	3,692
㉒大同製鋼	1966 年 2 月	426	1,982,030	4,653
㉓愛知県（道路用地）	同年 3 月	38	88,222	2,322
㉔布袋食糧	同年 10 月	48	272,588	5,679
㉕大洋漁業	同年 11 月	67	388,222	5,794
㉖知多町	1968 年 5 月	33	150,465	4,560
㉗大阪鋼材	同年 6 月	6	35,070	5,845
㉘ワセ田実業、岡田運送	同年 6 月	16	91,075	5,692
㉙太陽漁業	同年 11 月	24	182,658	7,611
㉚同（'69 に契約変更）		5	36,708	7,342
㉛全国購買農協連合会	同年 11 月	137	1,044,384	7,623
㉜同上	1969 年 1 月	19	145,950	7,682
㉝愛知製鋼	同年 3 月	0.8	3,092	3,865
㉞知多町	同年 11 月	16	97,695	6,106
㉟東亜石油	同年 11 月	686	4,982,567	7,263
㊱出光興産	同年 11 月	331	2,518,982	7,610
㊲知多市（旧知多町）	1970 年 11 月	47	350,936	7,467
㊳中部電力	1971 年 3 月	5.3	51,687	9,752
㊴東海市	同年 3 月	6	45,480	7,580
㊵同上	同年 10 月	6.6	52,702	7,985
㊶愛知県	同年 10 月	67	487,953	7,283
㊷出光興産	1972 年 12 月	421	6,312,729	14,995
㊸東亜石油	同年 12 月	343	5,157,545	15,037
㊹知多市	同年 12 月	66	640,595	9,706

注：単位は、面積＝1000㎡、金額＝1000 円、単価＝円／㎡で表す。単価は金額を面積で除
　　し、1 ㎡当たりの値として算出した。
出所：名古屋港管理組合「埋立事業会計決算報告書」各年版から抽出し作成。

と批判する愛知県議会の声を裏付けるものでもあった。いずれにせよ、進出契約が初期の大企業と公共団体に対しては、低廉な価格で造成用地の分譲が行われていたことが明らかであろう。

　こうした原価主義による造成地分譲は、分譲価格の適正化が強く叫ばれ時価方式に切り換えられる1968年度まで続けられた[*28]。

埋立事業会計

　1964年4月からは、南部臨海工業用地の造成に用いられてきた埋立事業会計に地方公営企業法の財務規定の一部が適用され、事業の会計処理が、従来の官庁会計方式から企業会計方式へと切り換えられることになった。これによって、埋立事業会計は収入と支出の大枠を決め、予算の執行に際しては資金の流用、弾力的裁量、繰越なども認められるなど、埋立事業の機動的執行を保障する体制が整えられたことは、南部臨海工業地帯の早期埋立整備と南部から西部へと新たに臨海工業用地を拡大していく上でも著しく効果的な役割を果たしたといえる。

　こうした機動的事業運営と1968年度からの造成用地評価方式の改善、さらに広大な用地を短期、低廉に造成するための埋立事業の民間請負化といった3条件が整うにしたがい、企業会計方式の導入による独立採算性が求められるようになった埋立事業の経営も、次第に赤字から黒字に転じていった。

　1962年より着手し1980年に造成用地をほぼ完売した西部臨海工業地帯を含めて見ると、1980年度の中間決算によれば149億円の利益が計上された。このうち南5区の埋立開始による剰余金取り崩しを受けても、表7-9の通り1985年段階で98億円の利益を計上した。ただし、このあとは、都市生活空間としての港湾整備が求められる際の運用のあり方において後に課題を産み出すことになった点には留意しなくてはならない[*29]。

海上輸送の企業専有化

　以上の結果、1981年度末現在、南部臨海工業用地のうち愛知県、地

表7-9　利益剰余金の内訳　(単位：千円、％)

費目	金額	構成比	対前年度伸び率
利益剰余金	9,819,919	－	128
積立金	6,727,359	100	114
利益積立金	1,563,113	23.2	120
減債積立金	0	0	0
建設改良積立金	5,164,246	76.8	112
当年度末処分利益剰余金	3,092,560	100	177
利益剰余金処分額	3,092,560	100	177
利益積立金	154,628	5	0
減債積立金	0	0	177
建設改良積立金	2,937,932	95	0
翌年度繰越利益積立金	0	0	0
当年度末処理欠損金	0	0	0
欠損金処理額	0	0	0
利益積立金	0	0	0
翌年度繰越欠損金	0	0	0
資本剰余金	3,109	100	100
受贈財産評価額	3,109	100	100

出所：名古屋港管理組合「埋立事業会計決算及び事業報告書」1985
年版より作成。

元自治体などが所有する公用地と、進出決定を見た民間企業の所有する
用地の割合は、表7-10の通りである。

　南１区から４区のうち、造成後企業に譲渡を決めた用地（処分済面
積）は、南１区では88.8％、２区では95.6％、３区では84.1％、４区では
87.1％で、全体では90％に及び、豊富な漁業生産活動の場であった海は、
南部臨海工業用地の造成と分譲によって進出民間企業の私的専有物へと
姿を変えていった。

　これに伴い、名古屋港全体の港湾機能の性格も、南部進出企業によっ
て著しく専有化され重化学工業港化に向かうことになる。表7-11は、
名古屋港における公共・専用出入り貨物の状況を見たものである。公共
埠頭等を利用した貨物の出入と専用埠頭を利用した貨物の出入を比較す
ると、1960年度では公共対専用は、輸移出で98：2、輸移入で65：35、
総トン数では70：30となり、公共埠頭の取扱が圧倒的部分を占めてい
た。しかも、専用部分はすべて９号地等の民間桟橋における取扱に限定

表 7-10　南部臨海工業地帯の造成と分譲
（単位：千㎡）

区分	造成計画面積（A）	A のうち公共用地	A のうち売却予定地	処分済面積
1	3,165	353	2,812	2,812
2	7,441	321	7,120	7,119
3	4,965	769	4,196	4,174
4	3,119	402	2,717	2,717
合計	18,690（100%）	1,845	16,845	16,822（90%）

注：処分面積は、1981 年度末までに処分した面積を示す。
出所：名古屋港管理組合編『名古屋港管理組合 30 年史』336 頁。

されていた。

　ところが、名古屋南部臨海工業用地が造成され、企業進出と操業が始まる 1967 年度の段階では、公共対専用の割合は、輸移出で 61：39、輸移入で 35：65、総トン数では 40：60 となり、名古屋港取扱貨物のうち輸移出では約 40％、輸移入では約 65％、全体では実に 60％が専用埠頭での取り扱いに占められるようになる。この傾向は、67 年以降一層強化されていくことになる。専有化の傾向をさらに顕著に示しているのが名古屋港における貿易構造の推移である。表 7-12 は主要輸出品、表 7-13 は主要輸入品、表 7-14 は主要移出品、表 7-15 は主要移入品の動向を見たものである。はじめに表 7-13 と表 7-14 の外国貿易の動向を見ておく。

　輸出品について見た場合、1960 年までは陶磁器やベニヤ板が主要な輸出品であったが、61 年から 66 年までの間に車輌（＝輸送機器）と鉄鋼の比重が急速に伸び、69 年以降は輸送機器や鉄鋼が主要輸出品となる。しかも、この 2 種目で総輸出トン数の 60％から 84％を占めるまでに至っている。これは、南部臨海工業地帯などからアメリカを中心に自動車および鉄鋼製品が大量に輸出され始めたことによる。

　輸入品の場合は 1960 年までは材木や原木、小麦などが主要な輸入品であったが、61 年から 67 年にかけて石油製品や鉄鉱石の輸入の比重が増加し始め、67 年から 73 年までは鉄鉱石や石炭が主要輸入品となり、さらに 74 年以降は原油の輸入割合が急増し、原油や鉄鉱石を主要な輸入品としている。

　これは、鉄鋼生産の原料となる鉄鉱石がオーストラリアから、名古屋

表 7-11　名古屋港における公共専用出入貨物の状況

	1960 年					
	輸移出	構成比	輸移入	構成比	総トン数	構成比
合計	2,102	100.0	10,428	100.0	12,530	100.0
1．岸壁合計	1,336	63.6	2,572	24.7	3,908	31.2
〈公共岸壁〉	1,336	63.6	2,572	24.7	3,908	31.2
〈専用岸壁〉	0	0.0	0	0.0	0	0.0
・名湾海運埠頭	0	0.0	0	0.0	0	0.0
・伊勢湾日通岸壁	0	0.0	0	0.0	0	0.0
・藤木岸壁	0	0.0	0	0.0	0	0.0
・鉄鋼埠頭	0	0.0	0	0.0	0	0.0
・岡谷埠頭	0	0.0	0	0.0	0	0.0
・11号地セメント埠頭	0	0.0	0	0.0	0	0.0
・南1区セメント埠頭	0	0.0	0	0.0	0	0.0
・愛知製鋼岸壁	0	0.0	0	0.0	0	0.0
・豊藤岸壁	0	0.0	0	0.0	0	0.0
・富士製鋼岸壁	0	0.0	0	0.0	0	0.0
・東洋レーヨン岸壁	0	0.0	0	0.0	0	0.0
・大同岸壁	0	0.0	0	0.0	0	0.0
・日精岸壁	0	0.0	0	0.0	0	0.0
・トヨタ岸壁	0	0.0	0	0.0	0	0.0
・三井鋼材埠頭	0	0.0	0	0.0	0	0.0
・石川島重工岸壁	0	0.0	0	0.0	0	0.0
2．桟橋計画	43	2.1	3,670	35.2	3,713	29.6
〈専用桟橋〉	43	2.1	3,670	35.2	3,713	29.6
・中電桟橋（9号地）	41	2.0	806	7.7	847	6.8
・中電桟橋（6号地）	0	0.0	118	1.1	118	0.9
・中電桟橋（知多火力）	0	0.0	0	0.0	0	0.0
・住化桟橋	0	0.0	0	0.0	0	0.0
・東邦ガス桟橋	0	0.0	0	0.0	0	0.0
・中電桟橋（一州町）	0	0.0	607	5.8	607	4.8
セメント桟橋	0	0.0	464	4.5	464	3.7
・リノール桟橋	0	0.0	0	0.0	0	0.0
・9号地油類桟橋	0	0.0	1,664	16.0	1,705	13.6
・名造船桟橋	41	2.0	8	0.1	8	0.1
・8号地桟橋	0	0.0	4	0.0	6	0.1
・藤木桟橋	2	0.0	0	0.0	0	0.0
・東浜桟橋	0	0.0	0	0.0	0	0.0
・大同桟橋	0	0.0	0	0.0	0	0.0
・知多三井物産桟橋	0	0.0	0	0.0	0	0.0
・知多出光興産桟橋	0	0.0	0	0.0	0	0.0
3．物上場	230	10.9	370	3.6	600	4.8
4．浮標	482	22.9	3,366	32.3	3,848	30.7
5．錨泊	11	0.5	450	4.3	461	3.7

出所：名古屋港管理組合『名古屋港統計年報』各年版より作成。

1967 年					
輪移出	構成比	輪移入	構成比	総トン数	構成比
7,133	100.0	26,198	100.0	33,331	100.0
6,294	88.2	11,741	44.8	18,035	54.1
3,421	48	3,563	13.6	6,984	21.0
2,873	40.3	8,178	31.2	11,051	33.2
162	2.3	145	0.6	307	0.9
22	0.3	335	1.3	357	1.1
384	5.4	93	0.4	477	1.4
9	0.1	254	1.0	263	0.8
11	0.2	396	1.5	407	1.2
0	0.0	331	1.3	331	1.0
0	0.0	304	1.2	304	0.9
47	0.7	639	0.0	53	0.2
796	11.2	6,250	0.2	835	2.5
1,307	18.3	17	23.9	7,557	22.7
0	0.0	9	0.1	17	0.1
133	1.9	0	0.0	142	0.4
0	0.0	0	0.0	0	0.0
0	0.0	0	0.0	0	0.0
0	0.0	0	0.0	0	0.0
0	0.0	0	0.0	0	0.0
104	1.5	8,789	33.6	8,893	26.7
0	0.0	1,408	5.4	1,408	4.2
0	0.0	1	0.0	1	0.0
0	0.0	702	2.7	702	2.1
6	0.1	96	0.4	102	0.3
0	0.0	747	2.9	747	2.2
0	0.0	0	0.0	0	0.0
0	0.0	402	1.5	402	1.2
1	0.0	144	0.6	145	0.4
89	1.3	4,719	18.0	4,808	14.4
0.2	0.0	3	0.0	3.2	0.0
0	0.0	0	0.0	0	0.0
0	0.0	0	0.0	0	0.0
0	0.0	0	0.0	0	0.0
0	0.0	0	0.0	0	0.0
6	0.1	125	0.5	131	0.4
2	0.0	442	1.7	444	1.3
365	5.1	719	2.7	1,084	3.3
354	5.0	4,617	17.6	4,971	14.9
16	0.2	332	1.3	348	1.0

表7-12　名古屋港の貿易構造の推移：主要輸出品

年	第１位	数量	構成比	第２位	数量	構成比
1952	陶磁器類	328	61.1	機械類	65	12.1
53	〃	307	60.0	〃	49	9.6
54	〃	364	52.6	〃	108	15.6
55	〃	450	52.8	ベニヤ板	119	14.0
56	〃	553	53.7	〃	142	13.8
57	〃	557	51.4	〃	147	13.6
58	〃	531	48.1	〃	163	14.8
59	〃	647	46.9	車輌	173	12.5
60	〃	743	43.7	〃	393	23.1
61	〃	644	36.3	〃	534	30.1
62	〃	702	35.6	〃	453	23.0
63	〃	733	37.1	〃	374	17.9
64	〃	875	35.2	〃	483	19.4
65	〃	977	30.6	鉄類	689	21.6
66	〃	1,026	29.1	輸送器類	955	27.1
67	輸送器類	1,333	32.9	陶磁器	1,041	25.7
68	〃	2,117	40.0	〃	1,091	20.6
69	〃	2,911	44.6	鉄鋼	1,167	17.9
70	〃	3,680	46.5	〃	1,645	20.8
71	〃	6,379	56.1	〃	2,140	18.8
72	〃	5,942	56.0	〃	1,900	17.9
73	〃	6,231	58.8	〃	2,276	21.5
74	〃	8,696	67.3	〃	2,254	17.5
75	〃	8,565	69.3	〃	1,731	14.0
76	〃	11,890	71.4	〃	2,143	12.9

注：1965年1月より、品種分類が改正された。なお、単位は金額ではなく重量であることに
出所：名古屋港管理組合『名古屋港統計年報』各年版より作成。

都市圏の自動車燃料となる原油がサウジアラビアなどから伊勢湾シーバースを経由して大量に輸入されるようになったことを裏付けている。

　では、国内貿易の動向はどうであろうか。移出品について見た場合は、1961年までは土石の比重が極めて高く、土石や石油製品が主要な移出品であったが、62以降には車輌（＝輸送機器）の比重が急増し、輸送機器を軸とした鉄鋼・重油が主要な移出品となっていく。これは、生産された自動車や鉄鋼製品が、苫小牧、横浜、北九州、四日市などを中心に移出された結果である。最後に、移入品について見た場合、1960年

（単位：千トン、％）

第3位	数量	構成比	輸出総量
車輌	20	3.7	537
ベニヤ板	33	6.5	512
〃	85	12.3	692
機械類	71	8.3	852
〃	84	8.2	1,030
〃	77	7.1	1,084
車輌	77	7.0	1,105
ベニヤ板	173	12.5	1,380
〃	114	6.7	1,702
木製品	141	7.9	1,776
〃	148	7.5	1,972
鉄類	225	10.8	2,086
〃	330	13.3	2,487
輸送機械	672	21.1	3,193
鉄鋼	595	16.9	3,530
〃	568	14.0	4,049
〃	924	17.5	5,293
陶磁器	1,071	16.4	6,530
〃	979	12.4	7,923
〃	939	8.3	11,363
〃	863	8.1	10,616
〃	648	6.1	10,592
〃	580	4.5	12,917
〃	557	4.5	12,363
〃	639	3.8	16,644

注意。

までは石炭や礦油が主要な移入品であったが、61年以降は石油製品の比重が急増し、さらに65年以降は重油や石油製品が主要な移入品となっていく。これは、61年以降は工業貿易港として成長してきた四日市港から、四日市石油化学コンビナートで精製された重油や石油製品が名古屋港へと運び込まれるようになったためである。

　以上のように、1960年代半ばから76年までの間の名古屋港主要取扱貨物は、名古屋南部臨海工業地帯などに進出した企業群の民間専用埠頭などを経由して、名古屋など大消費地や背後地生産工場群および臨海工業地帯内へと搬入され、さらに海外市場はもとより隣接する四日市臨海コンビナートとの事実上一体化が進んでいたことを裏付けるものといえる*30。

陸上輸送の企業専有化──道路

　海上輸送機能が南部など臨海工業地帯への進出企業群によって専有化される傾向を見たが、当初から進出企業群のために先行投資により整備してきた産業基盤もある。道路と鉄道がそれに該当する。はじめに道路について見ておこう。

表 7-13　名古屋港の貿易構造の推移：主要輸入品

年	第1位	数量	構成比	第2位	数量	構成比
1952	小麦	230	21.5	大麦	148	13.8
53	材木	353	21.1	小麦	256	15.3
54	〃	400	23.9	〃	318	19.0
55	〃	496	26.8	〃	358	19.3
56	〃	603	26.9	〃	350	15.6
57	〃	578	21.8	石炭	361	13.6
58	〃	751	31.7	小麦	346	14.6
59	〃	790	28.0	〃	361	12.8
60	原木	1,161	30.1	トウモロコシ	387	10.0
61	〃	1,376	26.9	石油製品	654	12.8
62	〃	1,638	29.9	〃	709	13.0
63	〃	1,940	29.7	雑穀	700	10.7
64	〃	2,071	27.3	〃	797	10.5
65	〃	2,378	25.1	鉄鋼石	1,814	19.2
66	〃	2,730	26.7	〃	2,308	22.6
67	鉄鉱石	3,403	26.6	原木	2,904	22.7
68	〃	5,335	32.5	〃	3,265	19.9
69	〃	7,051	36.0	石炭	4,224	21.6
70	〃	8,702	36.5	〃	5,282	22.1
71	〃	9,437	42.4	〃	4,378	19.7
72	〃	7,944	36.7	〃	4,149	19.2
73	〃	9,677	36.1	〃	4,433	16.5
74	〃	9,033	30.6	原油	5,544	18.9
75	〃	8,227	28.1	〃	7,828	26.8
76	原油	11,867	33.3	鉄鋼石	8,944	25.1

注・出所：表 7-12 に同じ。

　名古屋港では、取扱物が急増するなかで、陸上貨物の運搬は、名四国道（国道 23 号線）、国道 1 号線、国道 247 号線、名古屋環状線等を通じ、名古屋市を起点に放射線状に延びる国道 19 号線、国道 22 号線、国道 41 号線等を経由して、主要な消費市場や生産工場との間で行われてきた。とくに、1960 年代に入り名古屋港での取扱貨物が急増し、四日市など隣接港湾と結ぶ交通網の整備も急務となる中で、中経連から緊急に開発整備することを要請され続けていた事業が名四国道と西知多産業道路の整備である。二つの産業道路の特性を記しておこう。

　名四国道は、飽和状態にあった国道 1 号線の交通渋滞を解消し、伊勢

（単位：千トン、％）

第 3 位	数量	構成比	輸出総量
材木	135	12.6	1,071
石炭	243	14.5	1,675
米	178	10.6	1,675
綿花	163	8.8	1,853
〃	262	11.7	2,245
小麦	345	13.0	2,656
綿花	237	10.0	2,366
〃	294	10.4	2,823
小麦	376	9.8	3,856
綿花	440	8.6	5,118
トウモロコシ	437	8.0	5,477
石油製品	653	10.0	6,533
〃	787	10.4	7,596
石炭	996	10.5	9,462
〃	1,182	11.6	10,223
〃	1,781	13.9	12,787
〃	2,817	17.2	16,412
原木	3,374	17.2	19,591
〃	3,808	16.0	23,872
〃	3,129	14.1	22,260
〃	3,626	16.8	21,632
〃	3,865	14.4	26,826
石炭	4,277	14.5	29,407
〃	4,156	14.2	29,243
〃	4,303	12.1	35,660

湾岸北部臨海工業地帯を横断する基幹産業道路として計画された大規模バイパスである。1953 年 6 月に結成された「伊勢湾工業地帯建設期成同盟会」の第 1 次実施事業として、名四国道整備計画は正式に始まる。とくに、佐伯卯四郎をはじめとする中経連から国・県への強力な陳情運動が繰り広げられる中、それに押される形で 1956 年 3 月、国土総合開発法に基づく「木曾特定地域総合開発計画」のなかで「伊勢湾臨海道路建設事業」として閣議決定された*31。

愛知県豊明市を起点に、名古屋港臨海地区を横断して四日市までの総延長 53.9 キロに及ぶ工事が、1958 年道路整備 5 カ年計画に盛り込まれ、同年着工された。総工費 97 億円が投じられ、四日市と名古屋港を結ぶ最も重要な第 1 期工事が 63 年 2 月に完成し、72 年には全線 59.9 キロが完成をみた。これによって、四日市港や臨海部工場から搬出された製品や半製品を名古屋南部臨海工業地帯や名古屋港背後地の消費地へと効率的に輸送することが可能となった。同時に、海上輸送に続く名古屋港と四日市港の一体化が図られ、地元経済界にとって極めて効率的な生産物流体制である「伊勢湾臨海工業地帯」が形成されていくこととなった。

もう一つの西知多産業道路は、表 7-6 から明らかなように、東海製

表7-14　名古屋港の貿易構造の推移：主要移出物

年	第1位	数量	構成比	第2位	数量	構成比
1952	石炭	78	18.0	麦	70	16.1
53	土石	104	21.5	礦油	94	19.4
54	〃	124	25.3	麦	46	9.4
55	〃	172	29.3	〃	57	9.7
56	〃	239	33.1	〃	76	10.5
57	〃	392	38.2	礦油	115	11.2
58	〃	384	42.8	〃	100	11.2
59	〃	544	44.7	〃	142	11.7
60	〃	584	33.7	石油製品	159	9.2
61	〃	654	29.9	〃	236	10.8
62	〃	603	28.2	〃	254	11.9
63	〃	640	24.8	〃	279	10.8
64	〃	820	24.6	車輛	573	17.2
65	他非金鉱	897	26.0	輸送機械	695	20.1
66	〃	940	23.9	〃	860	21.9
67	鉄鋼	1,455	27.4	他非金鉱	1,147	21.6
68	輸送機械	1,723	25.9	鉄鋼	1,703	25.6
69	〃	2,697	32.1	〃	2,023	24.1
70	〃	2,790	30.4	〃	2,290	25.0
71	〃	3,097	33.4	他非金鉱	1,847	20.0
72	〃	3,521	35.3	〃	1,830	18.4
73	〃	5,273	41.0	〃	1,882	14.7
74	〃	5,189	36.4	重油	2,127	14.9
75	〃	5,667	37.1	〃	3,129	20.5
76	〃	4,828	28.9	〃	3,708	22.2

注・出所：表7-12に同じ。なお、「他非金鉱」とは「その他非金属鉱物」の略称。

鉄と愛知県との進出協定を通して求められた重要道路であり、一般国道247号線の交通混雑の緩和を図り、東海市名和町から知多町新舞子に至るバイパスとして建設された南部進出企業の自動車専用道路である[32]。南部進出企業にとって「名古屋、半田、豊橋線は狭隘であり、現海岸線に沿って予定されている産業道路（西知多産業道路）に接続する」ことが、最も効率的な陸送であることから、その実現は南部臨海工業地帯へ進出する企業群にとって絶対条件でもあったのである[33]。

　建設工事は、南部臨海工業用地に主要企業群の進出決定を見て間もない1966年6月に着手され、69年に全長24・6キロの完成をみる。これ

（単位：千トン、％）

第3位	数量	構成比	輸出総量
土石	64	14.8	434
麦	48	9.9	484
肥料	45	9.2	490
鉄	51	8.7	588
礦油	57	7.9	722
石炭	68	6.6	1,026
車輛	78	8.7	897
鉄	65	5.3	1,217
トウモロコシ	75	4.3	1,733
くず鉄	122	5.6	2,187
車輛	141	6.6	2,140
鉄	276	10.7	2,582
〃	389	11.7	3,339
鉄鋼	448	13.0	3,452
〃	731	18.6	3,926
輸送機械	1,071	20.2	5,316
他非金鉱	1,426	21.5	6,648
〃	1,559	18.5	8,413
〃	1,595	17.4	9,171
鉄鋼	1,690	18.3	9,260
〃	1,485	14.9	9,963
〃	1,650	12.8	12,847
他非金鉱	1,739	12.2	14,252
〃	1,577	10.3	15,274
石油製品	2,436	14.6	16,715

によって、名古屋南部と背後地の生産・消費市場は陸上輸送によって効率的に結ばれ、後に鉄道輸送に代わる主要陸送機能を担うことになった。

陸上輸送の企業専有化──鉄道

　多量の貨物を効率よく運送するためのトランジット機能として重視されたのが貨物鉄道の整備である。とくに1959年に東海製鉄の南部臨海工業地帯への進出が決定して以後、鉄道整備の必要性と緊急性は名古屋港管理組合など港湾区域を管理する公共事業体において喫緊の課題となっていた。とりわけ、1961年に9号地の拡張埋立が完成し、さらに南1区および2区の工業用地造成も進展するなかで、南部地区における貨物輸送量が1960年度には350万トン、70年度には450万トンが見込まれるようになると、鉄道整備への需要は切実さを増すようになった。その背景には、既存の輸送体系ではもはや今後の需要に対応することは不可能と考えられ、新たな貨物専用鉄道の建設こそが、将来の需要対応策とされていた。そこで、名古屋港管理組合が切望したのが東海道線笠寺駅から分岐して南部臨海工業地帯へ接続し大型貨物輸送を担う「国鉄東臨港線」の建設である。

　この実現に向け、許認可権者である名古屋陸運局と輸送事業者となる

表 7-15　名古屋港の貿易構造の推移：主要移入品

年	第１位	数量	構成比	第２位	数量	構成比
1952	石炭	1,854	60.9	土石	375	12.3
53	〃	2,029	51.0	〃	554	13.9
54	〃	1,761	44.7	礦油	804	20.4
55	〃	2,061	46.3	〃	890	20.0
56	〃	2,374	42.8	〃	1,043	18.8
57	〃	2,691	41.8	〃	1,407	21.9
58	〃	2,048	37.3	〃	1,383	25.2
59	〃	2,096	30.4	〃	1,785	25.9
60	〃	3,077	32.0	石油製品	2,630	28.4
61	石油製品	3,245	30.0	石炭	2,791	25.8
62	〃	4,066	34.1	〃	2,657	22.3
63	〃	4,795	33.6	〃	2,957	20.7
64	〃	5,141	35.5	〃	3,070	21.2
65	重油	3,613	26.4	〃	3,006	21.9
66	〃	4,601	28.3	〃	2,712	16.7
67	〃	5,805	29.2	石油製品	2,977	15.0
68	〃	7,013	29.1	砂利石材	3,836	15.9
69	〃	7,551	28.4	石油製品	4,331	16.3
70	〃	8,812	32.4	〃	4,953	18.2
71	〃	9,962	37.3	〃	4,996	18.7
72	〃	9,412	33.5	〃	5,110	18.2
73	〃	8,614	25.5	〃	5,872	17.4
74	〃	7,422	23.6	〃	5,348	17.0
75	〃	5,945	20.0	〃	5,262	17.7
76	〃	5,909	19.8	〃	5,175	17.3

注・出所：表 7-12 に同じ。

国鉄並びに名古屋鉄道の３者が名古屋港南部地域の鉄道輸送のあり方について検討を重ね、1960 年２月には、①笠寺―東港間の臨港線の貨物輸送は国鉄が運営する、②名古屋鉄道と国鉄との熱田駅接続は東臨港線の東港駅に変更し、大江駅から連絡船を名古屋鉄道で建設する、③南港線（東港―南港）は、貨物を国鉄、旅客を名古屋鉄道が運営する、という取決めがなされた。こうして国鉄は 1961 年２月に東臨港線の新設を決議し、３月には運輸大臣の許可を得て笠寺分岐案も決定し、直ちに名古屋港管理組合との間で総工費 23 億 3000 万円におよぶ笠寺―東港間の鉄道建設に関する協定書を締結した[34]。

（単位：千トン、％）

第3位	数量	構成比	輸出総量
礦油	250	8.2	3,045
〃	517	13.0	3,976
土石	501	12.7	3,945
〃	617	13.9	4,452
〃	972	17.5	5,546
〃	397	6.2	6,431
〃	804	14.6	5,491
〃	1,191	17.3	6,890
〃	1,503	15.6	9,614
〃	1,624	15.0	10,830
〃	1,945	16.3	11,936
〃	2,865	20.1	14,281
〃	1,943	13.4	14,478
石油製品	2,111	15.4	13,714
〃	2,433	15.0	16,277
石炭	2,663	13.4	19,857
石油製品	3,606	15.0	24,101
砂利石材	3,823	14.4	26,590
鉄鋼	3,265	12.0	27,181
〃	2,681	10.0	26,775
〃	3,431	12.2	28,100
〃	4,447	13.2	33,734
〃	4,517	14.4	31,424
輸送機械	4,244	14.3	29,783
〃	4,199	14.0	29,916

南部臨海工業地帯と背後地との接続を円滑にするための国鉄東臨港線の建設には、さまざまな優遇措置が施されることになった。まず、路線の施工基面以下の構造物の建設費用は名古屋港管理組合が負担し、国鉄は施工基面以上の軌道の建設費用のみ負担することとし、用地についても名古屋港管理組合で取得の上、国鉄に無償提供する協定が締結されたのである。それだけではない。1962年日本国有鉄道法の一部改正により、国鉄は地方自治体や関連企業と協力して共同出資により臨海鉄道会社を設立できるようになった。その結果、①臨海鉄道の営業範囲は、国鉄の笠寺駅より分岐し東港線および東港ヤードを経て7、8、9号地地区、および南1、2、3区に至る範囲とする。②会社設立時の資本金は10億円とし、国鉄および名古屋港管理組合が各4億円、地元関連会社が2億円を出資する。③名古屋港管理組合が臨海鉄道のための必要な用地を貸与する。④南1、2、3区に至る軌道その他の付帯施設を早急に建設する、等も取り決められた[*35]。

　この結果、1962年の京葉臨海鉄道（株）、63年の神奈川臨海鉄道（株）に次ぐわが国第3番目の臨海鉄道として名古屋臨海鉄道（株）が誕生した。同鉄道の課された役割は、先の京浜工業地帯の臨海鉄道と同

様に、南部臨海工業地帯に進出した企業が立地隣接性を生かし共有しながら効率的に生産物流を行えるよう支援する点にあった。

6　工業用水の整備

桑原幹根の愛知用水事業

　東海製鉄を中心とする鉄鋼関連企業の誘致を進めるうえで、電力・港湾・鉄道・道路とともに重視しなければならなかった産業基盤が豊富な工業用水の確保である。名古屋南部臨海工業地帯では、愛知用水の建設によって供給することが決定された。

　周知のように愛知用水事業は、当初農業用水の安定的確保を求める知多半島住民の強い要望を背景に構想された。しかし、その後、この構想はアメリカのTVAを範とした河川総合開発事業として衣替えする。1950年国土総合開発法で木曾地域が総合開発地域に指定されるや、木曾川流域の総合開発計画の中核事業として愛知用水事業は閣議決定され、農業用水のみでなく工業用水にも道を開くことが工事着工の絶対条件となった。これを条件に、世界銀行からの融資を得て愛知用水の建設は着手された。

　当初、農林省からは、愛知用水の建設には約300億円という莫大な資金が必要であるとの試算が出されていた。そこで、この資金の一部を世界銀行からの借款によって賄おうと密かに当時の首相・吉田茂へ陳情に動いていたのが愛知県知事の桑原幹根である。桑原愛知県知事の要請を受けた吉田首相の根回しにより世界銀行から借款することは可能となるが、その条件として愛知用水事業は農業用水ばかりでなく、発電や都市用水を含んだ多目的事業に衣替えすることが強く要求された。食糧増産にとどまらず日本経済の復興から貿易の自由化に乗じ経済の自立と政治の安定を急いだ吉田政権の思惑が、ここに一致し愛知用水事業は着工に向けて動きはじめる*36。

　1958年７月には、名古屋南部の既成工業地帯に工業用水（毎秒１立方メートル、日量８万6400立方メートル）を供給する第１期事業が着手

された。にもかかわらず、1950年代の工業用水は、大部分が地下水を利用しており、わざわざ莫大な投資をして用水を引いて利用することには企業や名古屋市などは消極的であった。

　しかし、桑原知事や農林省の強力な説得と、名古屋港で顕著となり始めていた地下水の過度なくみ上げによる地盤沈下の結果、港湾の物揚場や防潮堤が水没するといった事態に直面するに及んで、南部工業地帯に立地する企業も、水源を井戸から工業用水道に転換することへ関心をもち始めるようになった。

　さらに、1956年工業用水法の成立は、工業井戸の規制と工業用水道への転換を義務づけるようになり、とりわけ58年工業用水道事業法の成立によって、工業用水道は地盤沈下対策のみならず工業立地対策にとって不可欠な産業基盤と位置づけられるようになった。とくに、第一期工事に対して国庫補助金が支給されて低料金の工業用水供給が可能となったことは、この転換をさらに加速した。そして、59年東海製鉄が南2区への進出契約を結ぶに及んで、大口工業用水需要者の水源は井戸から工業用水道へと完全に転換し、さらに南部が工業用水道法の対象地区となり工業用水道へ依存する以外道がなくなったこともあり、工業用水の需要は1960年以降急増することになった[*37]。

南部工業地帯の産業基盤としての愛知用水工業用水道

　第一期工事は1961年9月に完成し、同年12月から通水を開始した。通水間もない工業用水は、表7-16から明らかなように、すべてが南部臨海工業地帯進出企業と南部で事業を拡張した重化学工業資本の各工場へと供給された。

　これらの工場が必要とする工業用水は、年々増加することが予測された。1960年日量6万9760立方メートルは、72年には日量50万6470立方メートルへと7.3倍の増加が見込まれた。しかし、61年から給水を開始した第1期工事の給水量はわずか8万6400立方メートルであり、拡張工事として第二期工事の建設が急きょ必要とされ、同年より工事が開始され、66年には完成をみた。

　さらに、拡張工事は、上記工場の需要増加と工業用水道法の規制の強化のもと、第三期工事として65年から8カ年計画で開始された。結局、桑原愛知県政と通産政策が一体となって繰り広げられた愛知用水の工業用水事業化は、第1期約14億7000万円、第2期約99億円、第3期約84億2000万円に及び、1970年には第4期工事が着手されることになった*38。

　こうして、愛知県は、表7-17のような国庫補助金支給による工業用水道整備を通して、重化学工業にとって最も重要な産業基盤の一つとして工業用水の確保を図り、低額な工業用水の給水を可能にした。例えば、東海製鉄の進出に際して、愛知県や名古屋港管理組合をはじめとする地元自治体と東海製鉄との間で結ばれた協定（1959年7月）によれば、給水単価はトン当たり4円以下とし、年間9000万トン、日量25万トンを最終必要量と定めた。

　結局、単価は第1期工業用水道料金として4円で給水された*39。その後、第2期工業用水道料金は5円50銭に改定されたが、「工業用水道

表7-16　愛知用水工業用水道の給水一覧（平成3年3月31日現在）

会　社　名	給水開始年月	会社名	給水開始年月	会　社　名	給水開始年月
愛知製鋼	S36.12	東邦瓦斯	S42.11	太田油脂	S51.11
新日本製鉄	S36.12	三洋化成	S43.2	中部液酸	S54.6
東亜合成化学	S36.12	東洋グレーンターミナル	S43.2	協材興業	S55.3
三井東圧化学	S36.12	宮崎製鋼	S43.7	日本アクリル化学	S55.4
東レ	S36.12	東海菱光コンクリート	S43.7	愛知機械	S56.4
石川島播磨	S36.12	中京コカコーラ	S44.3	知多エルヌジー	S57.2
矢作製鉄	S36.12	日本電気化学	S44.6	知多市南部浄化センター	S57.4
中部電力	S36.12	中京アサノコンクリート	S44.7	知多市清掃センター	S58.2
三井木材	S36.12	日本農産工業	S44.11	日本鉱業	S58.7
大同特殊鋼	S36.12	アロン化成	S44.12	大有建設	S59.7
三菱自動車	S36.12	伊藤機工	S45.1	名古屋市下水道局	S62.4
リノール油脂	S37.8	日精製粉	S45.2	東陽油槽	S63.12
料理の素	S37.9	日研化成	S45.7	竹中高圧	H1.9
ゼネラル石油	S37.9	日本資糧	S46.4	昭和土木	H1.9
日鉄ドラム	S40.2	王子コンスターチ	S46.4	INAX	H1.9
名古屋油化学	S40.9	出光興産	S48.1	日本電装	H2.2
日精紡績	S41.7	ダイセキ	S48.3	東海市浄化センター	H2.9
桜井興産	S42.4	サングレイン	S48.4		
新家工業	S42.4	サンエイ糖化	S49.4		

注：網カケの範囲は第1期工事による給水先を示す。
出所：愛知県企業庁『愛知県営水道・工業用水道三十年史』。

表 7-17　補助制度と最大補助率の推移

(単位：%)

		31	32	33|35	36	37|38	39	40|41	42|44	45|46	47|49	50|52	53|55	56|59	60	61	62|
補助対象事業		地盤沈下対策事業															
			基盤整備事業														
				水源開発事業													
					水源費補助事業												
									改築事業費補助								
											小規模工業用水道補助						
四大工業地帯	地沈		25				30 (25)										
	基盤						20				0						
特殊工特地域	地沈						45 (20)					44.8 (39.8)		43.3 (39.3)			
	基盤						35					34.8		34.3			
その他地域	地沈		25				35 (30)	40 (35)									
	基盤						30										
沖縄								75,100							75 95	75 90	75 87
備考		妥当投資計算方式導入		産炭地域小水系開発事業補助 45													

注：事業改築補助率 = 建設費補助率 × 3/4。ただし、四大工業地帯の基盤整備事業については 20% × 3/4。カッコ内は富裕団体。
出所：愛知県企業庁『愛知用水道・工業用水道三十年史』。

の給水区域内で中小企業者の多くが上水道を工業用水に使用して、比較的高度な上水道料金の負担に耐えているのに、工業用水道料金だけを抑制することは不合理といわなければならない」と批判されるほど、工業用水の供給は優遇されていたということができる*40。

　日本一の工業製品出荷額を誇る愛知県の主要産業は、言うまでもなく輸送機械工業を軸とする重化学工業である。とくに、最終製品の完成車を組み立てるトヨタ自動車の雇用・生産規模は他産業の追随を許さない規模を持つ。だが、完成車が組み立てられるまでには、「トヨタ生産方式」に基づき多数の素材や部材を厳格な品質管理と生産管理によって製造・搬入する工程が系列下請け企業群によって用意されてきた。膨大な素材や部材の生産は、名古屋南部臨海工業地帯に集積した企業群をはじめ愛知・岐阜・三重など広く東海経済圏に集積する系列型中小企業の集積によって支えられてきたのである。

表 7-18　戦後主要技術進歩一覧

	1950 — 54	1955 — 59
鉄鋼業	50 年 6 月「鉄鋼業・石炭業合理化施策要網」（閣議決定）、これにもとづく第一次合理化計画 51 年度から発足。高炉の大型化、焼結装置の改良等（コークス比 20 ％低下）。連続圧延装置（ストリップ・ミル）の挿入。川崎製鉄、千葉に一貫工場新設、住友金属、神戸製鋼も一貫化を指向。	55 — 60 年間、「第二次合理化計画」推進。高炉大型計画化（コークス比 16 ％低下）、大型連続圧延装置新設相次ぐ。製鉄過程をＬＤ転炉に切り替え、新設。大型一貫工場新設——八幡製鉄（戸畑）、神戸製鋼（灘浜）、日本鋼管（水江）、住友金属（和歌山）。
電力業	大型ダム式水力発電所（佐久間）、大型土木機械を駆使して建設に成功して後、奥只見、田子倉、黒部第四等、あいついで着手。大型火力発電設備をアメリカから導入。これを技術提携によって国産化（熱効率の上昇、重油使用、自動化）。	前期に引きつづく大型発電所（火力、水力とも）の完成。需要の拡大にともない、かつての「水主火従」から「火主水従」への移行。
造船業	電気溶接、ブロック建造法、自動ガス切断の採用による論出船受注の増加（粗糖輸入のさいの特別利益によるプラント輸出の赤字を補塡する制度による船価引下げの作用）。	船舶の大型化、高速化に対応する新工場の出現によるコスト低下。
電気機械工業	大型発電機等の技術導入、各種電子技術の導入、ソニー、早川（シャープ）等新企業の出発、ソニーは 53 年国産トランジスタを製作。松下、サンヨー等各社は洗濯機、テレビ、掃除機など家庭用電機の生産を開始。大型電機メーカーも競争参入。	テレビ、トランジスタラジオ、テープレコーダー、冷蔵庫等家庭用電機普及。重電各社もこれに対抗。ソニー、トランジスタラジオを輸出商品として開発。
時計等 ミシン、カメラ	戦時中の技術を生かして光学機械メーカーはカメラ、双眼鏡等に、機械（兵器）メーカーはミシンに転進、ミシンは部品の規格化、量産化に成功、ともに輸出産業化する。	両部門とも量産技術を発展させる。品種の高級化の進展、腕時計の量産と輸出産業化の成功。
自動車	日産はオースチンと、いすゞは「ルーツ・グループ」のヒルマンと、日野はルノーと技術提携、またトヨタ、プリンスは自力で乗用車の開発にとりくむ。トヨタ、生産工程の半自動化に成功。	55 年ごろ、トヨタ・クラウン、プリンス・スカイライン発表、日産ダットサン開発以後、各社とも乗用車を発表、ブルーバード、コロナ、グロリアなどモータリゼーション時代ははじまる。
石油化学		日本石油化学、三井石油化学、三菱油化出発、ナフサ分解によるポリエチレンと、ポリスチレンの生産を開始、以後、合成繊維、プラスチックの原料として発展。

1960 — 65	1965 以降
大型工場新設、八幡（堺）、富士（名古屋）、川崎製鉄（水島）等。 世界最新鋭の工場群を保有。	大型一貫工場新設。八幡（君津）、日本鋼管（福山）、神戸製鋼（加古川）、住友金属（鹿島）、日本鋼管（扇島）、新日鉄（八幡・富士は 1970 年合併）（大分）等。 この時期、戦後の技術進歩ほぼ一段落、公害問題とその対策が課題となる。
原子力発電の実験開始。 大型化によるコスト低下があらわれる。63 年当時、火力発電につき 1 kW当りコストは世界最低となる。	公害問題がはげしくなり立地困難となる。
三菱長崎、石川島横浜第二等大型船用ドッグの装備。 溶接ブロック建造方式の進歩。先行艤装方式の採用。	20 万トン以上タンカーの出現、コンビネーションキャリアー、カタログ船（標準船）の開発。自動化船、自動車専用船（カー・バルク）、コンテナ船等新品種の開発。 三菱香焼造船所の 30 万トンタンカー用ドッグと工場の新設。
家電の普及と輸出による発展。大型電気機械の発展、原子力発電技術の導入、コンピューター技術の開発。	カラーテレビの量産化。 ルームエアコン、その他大型家電の発展、マイクロ・コンピューター技術の発展。エレクトロニクスと機械工業を結合したメカトロニクスの展開。
カメラは品質、生産量ともにドイツを凌ぐ。 自動旋盤・トランスファー・マシン等労働力節約的量産技術の開発。	時計のデジタル化、無人組立技術の発展。 世界的な高級品としての地位の確立。カメラの自動化、時計のクオーツ化の急展開。
需要拡大、価格も低下して自由化への対抗可能となる。ホンダなど後発メーカーの参入。 生産拡大、欧米水準への急速な接近。	輸出産業として定着。生産規模の拡張。海外生産の開始。
先発 4 社、後発 5 社の技術開発競争はじまる。エチレンプラントの大型化による合理化進展、合成樹脂の発展いちじるしい。石油化学コンビナートの続出。	プラントの大型化による合理化、量産化つづく。公害問題発生。

	1950 — 54	1955 — 59
合成繊維	倉敷レーヨン自社技術によるカーバイドを原料とするビニロンの企業化、東洋レーヨン、デュポン社よりナイロン技術を購入。	55年日本レーヨン、ナイロンに参入、アクリル系繊維の開発各社によってはじまる。ポリエステル系繊維の技術導入（東レ、帝人）。

出所：中村隆英（1993）『日本経済―その成長と構造―』東京大学出版会、第３版、184-185 頁。

7　鉄鋼電力主導型コンビナートの始動

　名古屋南部臨海工業地帯は、中経連による東海製鉄誘致運動と桑原愛知県政による強力な産業基盤を軸に、1950 年代から 60 年代にかけ、主要な生産物流基盤の形成と関連産業誘致を果たした。同時期の企業誘致政策の特徴は、通産省名古屋通産局や愛知県商工部が戦略的中軸となって、東海経済界が渇望してきた鉄・化学・石油・製鉄・電力・造船・機械・セメント・石油化学など広範な分野の企業誘致を図り、誘致企業間の有機的な結合と重化学工業のコンビナート化を促した点にある。

　主として 1950 年代と 60 年代は、表 7–18 に見られるように重化学工業資本の技術革新が急速に進展し、生産の合理化、さらに業界編成を通して成長を遂げた時期である。南部工業地帯へ誘致された東海製鉄も、1967 年 8 月には富士製鉄と合併し富士製鉄名古屋製鉄所となる。その後、69 年 10 月には八幡製鉄と富士製鉄が合併し、新日本製鉄名古屋製鉄所へと組織を変え、資本の増強と生産体制を拡大した。その結果、64 年には第 1 号高炉、67 年には第 2 号高炉、69 年には第 3 号高炉を完成させ、「銑鋼一貫」の本格的な製鉄所を完成させ操業体制を確立した。

　銑鋼一貫型製鉄所が生産規模を拡大するにしたがって、国や県の誘致運動に応えて南部への鉄鋼生産関連企業の進出も相次ぐようになる。62 年 10 月には大同製鋼（現大同特殊鋼）知多工場が南 2 区で操業を開始したのを皮切りに、66 年 2 月には中部電力知多発電所、同年 7 月にトヨタ自動車名古屋埠頭、67 年 12 月に東邦ガス上野工場、68 年 4 月に日清製粉名古屋第二工場、同年 10 月に東海特殊鋼および愛知製鋼などが続々と操業を開始した。

1960 ― 65	1965 以降
合繊需要がいちじるしく拡大、輸出産業として綿糸にせまる。業界の競争激化。	先発企業による原料の自給化によるコスト切下げ。

　70 年以降は、73 年 5 月に石川島播磨重化学工業知多造船所（現愛知工場）、同年 10 月に東亜共石名古屋製油所（現知多共石）、75 年 10 月に出光興産愛知製油所なども操業を開始した。

　こうした企業の進出・操業は、南部臨海工業地帯に固有の集積利益の獲得を求めた結果である。その集積利益の獲得を通して、生産工程、産業基盤および生活基盤、資本、運営などの共有による有機的結合、強固な一体性を南部工業地帯内に形成していった。とくに名古屋南部では、図 7-1 のように、鉄鋼関連企業間およびそれらと電力企業間のコンビナート化が進められるようになった。

8　東海製鉄と自動車産業

　1959 年、東海製鉄が南 2 区に進出を決定した理由は明白である。中京工業地帯は、トヨタ自動車工業をはじめとする自動車関連産業や造船・家電・車輌などの諸事業所が需要の増大に応じ事業規模を拡大する段階を迎えていた。その主たる要因は、朝鮮特需やその後のモータリゼーションの普及など生活様式の都市化がある。

　中京工業地帯に集積する大中小さまざまな事業所に就業する労働者とその世帯が増えるに従い自家用車や家電製品に対する需要は一段と高まる傾向にあった。その結果、自動車部材として「冷延鋼板」や「亜鉛めっき鋼板」などの薄板類の需要が東海地方でも急増した。東海製鉄の"本体"であった富士製鉄では、需要が高まる一方の「自動車用冷延鋼板」や「亜鉛めっき鋼板」の生産を、今後の主要製品としていくことが、東海製鉄進出以前の 1958 年 10 月段階で本社内の「東海製鉄建設協力委員会」において決定されるほどであった[41]。

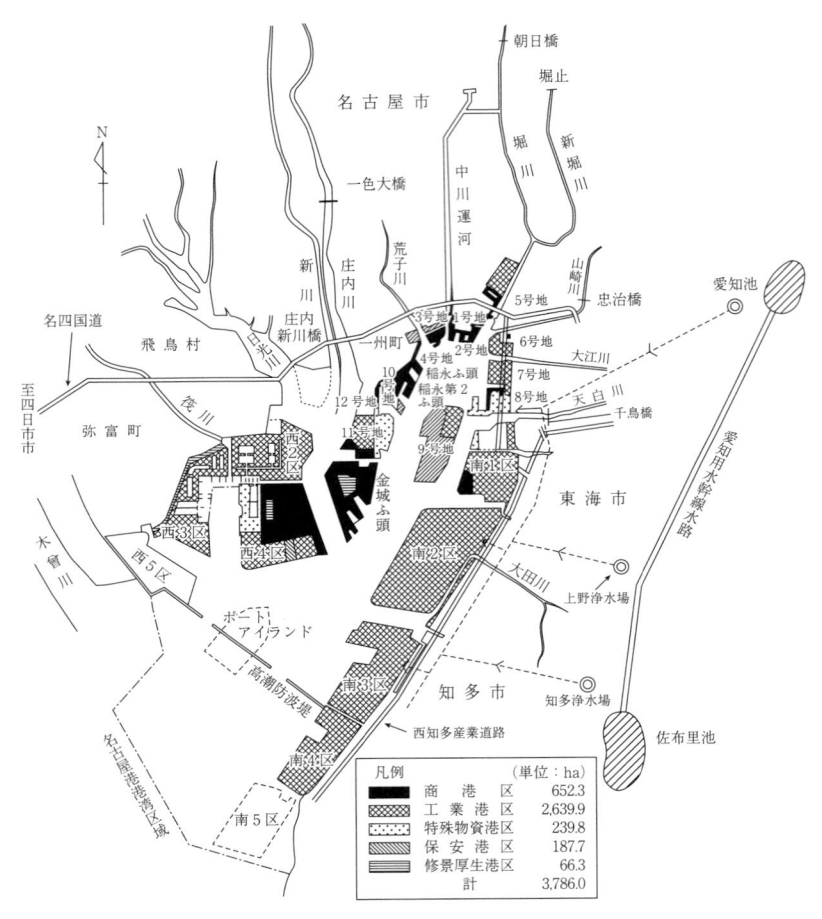

図 7-1　名古屋港と進出企業概要図

注：南部臨海工業地帯への進出企業は、1981 年度末現在のもの。

出所：名古屋港の概要図は、名古屋港管理組合『平成 3 年度事務概要』による。これに愛知
　　用水と名四国道、西知多産業道路を記入した。

区分	会社名	敷地面積 (1000㎡)	事業内容	摘要
南 1 区	トヨタ自動車販売（株）	707	車輌輸出	
	東レ（株）	611	総合化学	
	愛知製鋼（株）	528	特殊鋼	
	トヨタ自動車工業（株）	142	鍛造	
	豊田スチールセンター（株）	166	鋼材加工	
	東邦瓦斯（株）	137	都市ガス	
	三洋化成工業（株）	99	総合化学	
	アロン化成（株）	65	塩化ビニール	
	矢作製鉄（株）	66	銑鋼	
	名古屋建材加工（株）	13	鋼材倉庫	
	日本鋼管名古屋埠頭（株）	47	同上	
	三菱鉱業セメント（株）	16	セメント	
	中京アサノコンクリート（株）	14	生コンクリート	
	東亜合成化学（株）	48	化学肥料	
	日鉄ドラム（株）	12	鋼材加工	
	大有道路（株）	10	生コンクリート	
	岡田運輸（株）	12	鋼材倉庫	
	中部電力（株）	22	電力	
	その他	97	公共施設用地等	
南 2 区	新日本製鉄（株）	6,003	銑鋼一貫	
	大同特殊鋼（株）	1,117	特殊鋼	
南 3 区	知多石油（株）	1,145	石油精製	
	中部電力（株）	841	電力	
	石川島播磨重工業（株）	749	造船、機械	
	（株）愛知オイルターミナル	529	石油製品輸送	未操業
	アイトー（株）	76	食品	
	日清製粉（株）	69	製粉	
	王子コンスターチ（株）	56	食品	
	サングレイン（株）	52	同上	
	全農サイロ（株）	52	同上	
	東海くみあい飼料（株）	38	飼料	
	日本配合飼料（株）	37	同上	
	日研化成（株）	36	食品	
	日本資糧工業（株）	35	同上	
	中部飼料（株）	35	飼料	
	名港海運（株）	30	港運	
	知多埠頭（株）	29	食品	
	第一燃料（株）	28	同上	
	布袋食糧（株）	26	同上	未操業
	東洋グレンターミナル（株）	15	同上	
	日東製粉（株）	14	同上	
	全国農業協同組合	14	同上	未操業
	日本農産工業（株）	12	同上	
	太田油脂（株）	12	同上	
	その他	243	公共施設用地等	
南 4 区	出光興産（株）	2,070	石油精製	
	東邦瓦斯（株）、中部電力（株）	149	LNG 受入基地	未操業
	知多エル・エヌ・ジー（株）	320	LNG 保管加工	未操業
	中部液酸（株）	23	液化酸素	
	中部電力（株）	22	電力	
	その他	133	公共施設用地等	
合　計		16,822		

表 7-19　生産設備構造の変遷

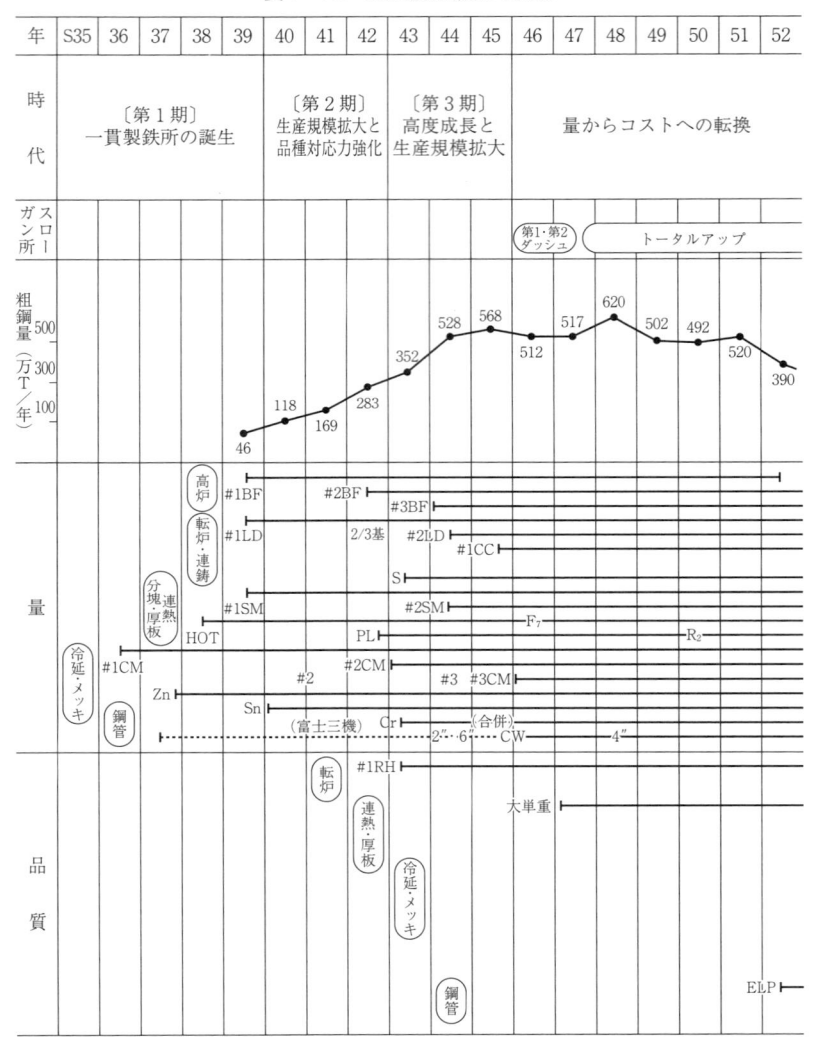

出所：一柳正紀（1987）『鉄鋼業界』教育社。

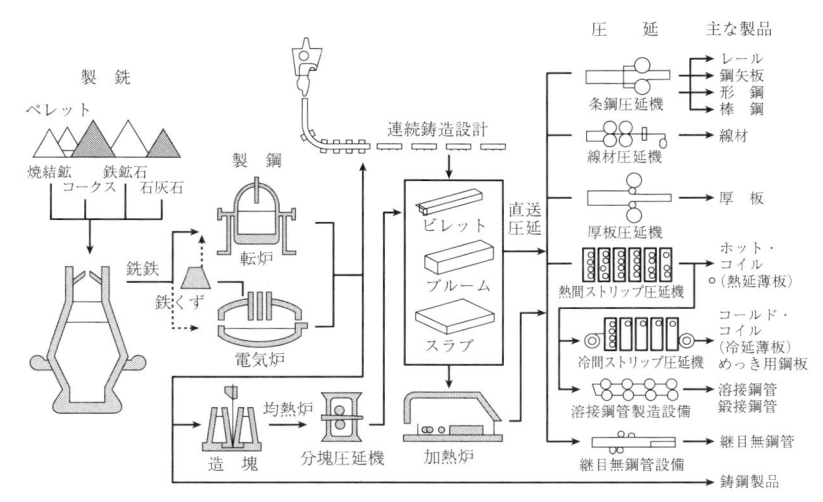

図 7-2　鉄鋼の製造工程

出所：表 7-19 と同じ。

　ところで、東海製鉄の設備投資の過程は、設備構造の大きな変貌から
5 期に分けることができる。そのうち、中経連や桑原愛知県政が、南部
臨海工業地帯の造成と企業誘致活動を図ったのは第三期頃までである。
そこで、表 7-19 の生産設備構造変遷図をもとにして、第一期から第三
期までの特徴を見ておこう。

　第一期は、東海製鉄の進出決定から図 7-2 にあるような銑鋼一貫型
製鉄所が完成するまでの時期である（1958-64 年）。1961 年 10 月に操業
を開始した最初の工場である冷延工場は、翌 62 年に入ると急速に生産
を伸ばし、操業開始 1 年後に当たる 1962 年 10 月段階には「冷延薄板」
と「冷延コイル」を合わせて月産 1 万 4000 トン前後の製品生産に至り、
同年 12 月には自動車産業界待望の冷延薄板が初出荷されるに至った。
その当時の様子は「45 トンの製品が台のトラックに分載され、名古屋
市の目抜き通りをパレードしながら、トヨタ自動車工業など名古屋市内
の需要家をはじめ、日立製作所横浜工場、日産自動車横浜工場へ出荷さ
れていった」というように華々しい光景として紹介された[42]。

　冷延薄板等の生産は、不況下にもかかわらず比較的堅調であった乗用

車・家庭電気製品の需要に応えるため、通産省との合意に基づき1963年には月産３万トンの生産体制を整えた。さらに同年７月には、冷延工場にホットコイルを供給するため最新鋭の連続熱延工場を稼動させた上で熱延製品の出荷を拡大し、中京工業地帯に集積する自動車・車輛・造船・機械・化学工業など重化学工業分野の需要家に素材・部材を安定供給する体制を確立していった。

1964年９月５日には東海製鉄の第一高炉に火が入れられ、製銑部門の付帯設備に当たるコークス炉・焼結・粒銑設備・製鋼部門では転炉２基、圧縮部門では分塊など主要設備がいよいよ完成し、粗鋼生産170万トンの「銑鋼一貫体制」を確立した。

第二期は、生産規模の拡大と品種対応化が進む時期である（1965-67年）。65年から66年にかけて輸出が増加し、66年夏頃から景気が回復を見せると、67年６月には第二高炉にも火が入れられ、製銑部門の付帯設備である第二コークス炉や第二焼結機、製鋼部門では第一製鋼工場３号転炉、圧縮部門では加熱熱延工場や３・４号加熱炉など主要設備が次々と完成し、粗鋼生産は第一期の2.4倍の年産400万トン体制を確立した。

さらに造船・自動車・家電の部材需要の増大見通しから、最終製品量産体制の確立並びに新製品品種拡大に向けて「厚板」「第２冷延」「ティンフリースチール」「2.4インチ電縫管」等を生産する新たな設備投資も積極的に行われた。

第三期は、高度経済成長にともない生産規模が急ピッチで拡大する時期である（1968-70年）。1969年には第３高炉に火が入れられ、同年に第二製鋼工場の操業により粗鋼生産は第一期の４倍の年産700万トン体制を確立した。これに対応するため、圧延工程および熱延工場でも相次ぎ設備投資が行われ、第２期に引き続き最終製品の量産拡大が進められていった*43。

この間、東海製鉄は、すでに述べた通り、富士製鉄から新日本製鉄へと変貌を遂げ、多品種大量生産体制の確立を成し遂げていった。それを可能にしたのは、自動車や家庭電気製品の大量普及にともなう薄板需要

表 7-20　東海地区工業出荷額構成の変化　（単位：億円、%）

品　目	昭和 40 年		昭和 45 年		40 年～ 45 年の増加	
	金額	構成比	金額	構成比	東海（倍）	全国（倍）
重化学工業	17,215	50.1	50,093	60.9	**2.91**	2.59
金属製品	1,117	3.2	3,532	4.3	**3.16**	2.67
一般機械	2,551	7.4	8,071	9.8	**3.16**	2.91
電気機械	1,475	4.3	4,924	6	**3.34**	3.18
輸送用機械	5,860	17	18,183	22.1	**3.10**	2.61
精密機械	229	0.7	436	0.5	1.9	2.37
化学工業	2,593	7.5	5,291	6.4	**2.04**	1.97
石油・石炭製品	530	1.5	1,092	1.3	2.06	2.59
鉄鋼	2,121	6.2	6,669	8.1	**3.14**	2.47
非鉄金属	739	2.1	1,895	2.3	2.56	2.6
軽工業	17,174	49.9	32,203	39.1	1.88	2
食料品	3,417	9.9	6,231	7.6	1.82	1.93
繊維工業	6,744	19.6	7,547	9.2	1.42	1.64
衣服・その他繊維製品	447	1.3	993	1.2	**2.22**	2.02
木材・木製品（除家具）	1,277	3.7	2,734	3.3	**2.14**	2.12
パルプ・紙・紙加工品	1,001	2.9	2,068	2.5	**2.07**	2.02
窯業・土石製品	2,107	6.1	4,889	5.9	2.32	2.39
合計	34,389	100	82,296	100	**2.39**	2.34

注：昭和 40 年～ 45 年の増加倍率の数値でゴシックは、全国に比べ東海の増加が上回った品
　　目を示す。
出所：通産省『工業統計表（品目編）』、東海銀行編『続東海銀行史』187 頁の資料を加工作
　　成。

　の急増があったからに他ならない。薄板以外にも自動車や家電製品の部材生産需要も急増し、東海地区は自動車関連産業の需要急増を受けて工業製品出荷額を著しく高めていった。

　表 7-20 によれば、1965 年から 70 年のわずか 5 年間で工業製品出荷額に占める重化学工業の割合は 50.1％から 60.9％にまで高まっている。この原動力は自動車を中心とする輸送機器の生産急増にあった。名古屋通産局管内の乗用車生産台数を見ても、65 年には 26 万 3000 台、全国シェア 38.5％を占めるまでに至っている。東海地区自動車産業の中核となっていたトヨタ自動車工業は、1960 年の乗用車を含む全自動車生産台数が 160 万 9000 台で全国の 30.4％を占め、日本のトップ、世界第四位にランクされる生産規模を誇るに至ったのである*44。

　その結果、新日鐵名古屋製鉄所で生産された最終製品の実に 50％が、

トヨタ自動車をはじめとする自動車産業界に供給されていった。この規模は、銑鋼一貫体制が確立された1964年以降も比重をほぼ変えることなく推移し、東海地域の内陸部に集積する自動車産業を中心に遠く京浜臨海工業地の自動車産業界にまで部材供給する拠点工業集積地帯という実態を名古屋南部臨海工業地帯に打ち立てたのである*45。

9　鉄鋼コンビナートの形成

　富士製鉄名古屋製鉄所時代の第二期拡張工事期には、粗鋼生産の大幅拡大をめざして、南部に進出していた他企業と富士製鉄との間で、経営面・技術面・産業基盤面での一体化＝コンビナート化が進んだ。第一に名古屋サンソセンターの設立、第二に東海特殊鋼の設立がその典型である。

　名古屋サンソセンターは、1967年6月1日、東海製鉄と日本酸素、東亜合成化学、大同酸素などメーカー3社との共同で設立された企業である。コンビナート形成に際しては、同センターには東海製鉄、大同製鋼、愛知製鋼など主要鉄鋼企業に対して大量生産方式により安価に気体酸素や気体窒素を供給することが期待された。その結果として、鉄鋼各社の設備投資の合理化が急速に進展することになった。

　東海特殊鋼は、1966年5月、東海製鉄、富士製鉄、大同製鋼の3社によって設立された企業である。その後6月には愛知製鋼も資本参加を果たしている。同社の設立目的には鉄源コストの低減があり、東海製鉄内に特殊鋼用70トン転炉2基を設置し、高炉銑から特殊鋼を生産して低コストの鋼塊・鋼片を特殊鋼メーカーに供給する狙いを含んでいた。1968年に操業を開始し、年間粗鋼生産700万トン体制の確立に貢献した*46。

　コンビナート化は、以上のような関連企業を設立する以外の方法でも進められた。顕著な例としては、第一に東海製鉄と大同製鋼、第二に東海製鉄と東邦瓦斯との間の生産の共同化を挙げることができ、共同化によって生産工程をめぐる鉄鋼コンビナートの実態は揺るぎないものとな

った。以下、共同化の概要を見ておこう。

1　東海製鉄と大同製鋼

　大同製鋼は、自動車を中心とする輸送用機械の部品を製造する地元資本で、最大手の特殊鋼メーカーである。特殊鋼分野でも、1950年の朝鮮特需、その後の乗用車の急速な普及にともなって需要を拡大し、そのため原料の鉄源確保が重大な課題ともなった。そこへ生じた1959年東海製鉄の進出決定は、原料確保に苦心する大同製鋼に東海製鉄との生産提携＝共同化を探る絶好の機会を与えたのである。

　前年の1958年、富士製鉄の永野社長から中経連に対し、東海製鉄の建設協力の回答が寄せられるや、大同製鋼社長・石井健一郎は中経連に対し、東海製鉄の誘致に関連して、特殊鋼分野の生産では全面的に大同製鋼を活用することを、すなわち、東海製鉄に隣接して鉄鋼一貫の新鋭特殊鋼工場の建設を可能にするよう強く要望している。これは、全国の主な鉄鋼企業が1951年からスタートした第1次鉄鋼設備合理化計画によって経営体質の効率化を図り、生産余力を特殊鋼生産へと振り向けて自動車産業へ売り込みを図る傾向が1958年以降顕著になっていたことへの危機意識に基づく行動であった。

　その上で、石井社長は、東海製鉄の鉄鋼一貫作業の工程で生じる溶銑、発生スクラップ、ビレットなどの供給を受け、特殊鋼の原料確保を図りたい旨を要望していた。しかし、石井は単に要望を述べるにとどまることなく、翌59年には東海製鉄の建設候補地選定に当たって愛知県と三重県が誘致競争を演じている間に、永野富士製鉄社長との間で、東海製鉄の溶銑と結びついた特殊鋼工場建設合意を得ることに成功した。

　その結果、同年8月には、石井が富士製鉄、東海製鉄に出した新工場建設に際しての富士・東海からの設備・作業面での支援要請も受け入れられ、協定締結後、富士・東海から役員3名を迎え入れて経営の一体化を図り、南部臨海工業地帯の東海製鉄隣接地へ新鋭特殊鋼工場（年産36万トンの知多工場）の進出を可能にしたのである[47]。

　また、1966年5月には富士グループの主要特殊鋼企業として東海特

殊鋼の設立に参加し、経営一体化による生産の拡大に邁進したことは、すでに述べた通りである。

　さらに、大同製鋼に次ぐ生産高を誇っていた愛知製鋼も、トヨタ自動車の系列企業として、急速に伸びるトヨタ自動車の生産に対応する必要から、新規工場の建設を急いでいた。新規工場は、社長に豊田自動織機製作所社長でありトヨタ自動車工業社長の石田退三、専務取締役には八幡製鉄前社長の間端夫を迎えて、主にトヨタ自動車の素材供給メーカー新鋭工場として、南部臨海工業地帯に建設することになった。1963 年 4 月には、南部臨海工業地帯の南 1 区で稼動体制を整えたが、操業早々に厳しい競争に直面することになる。すなわち、大同製鋼と同様、1965 年不況下で普通鋼一貫メーカーが特殊鋼分野へ進出を本格化する事態に直面し、トヨタの需要を奪い合う過当競争に入ることとなった。

　この事態を直視した政府は、特殊鋼業界の建て直しが何より急務であるとの見地に立って、通産省産業構造審議会重工業部会の特殊鋼政策小委員会に諮って検討を続け、その結果として 1963 年 11 月、「①業界の体制を整備すること、②企業の合同と生産の集中化を 1-2 年のうちに実現すること」という事業上の指導方針を発表した*48。

　政府の方針に基づき、1964 年 9 月には同じ八幡グループの系列企業である三菱製鋼・日本特殊鋼・特殊製鋼の 3 社が生産・技術・販売面で業務提携を結び、さらに、普通一貫メーカーの進出著しい量産鋼種との競合を避け、工具鋼・軸受鋼・ステンレス鋼などの高級量産鋼分野へ生産の重点を移すなどして、製鋼能力を高めていった。1966 年 5 月、先の富士グループによる東海特殊鋼設立への参加によって、グループ化とは異なる形での生き残りをかけた選択を行った。すでに述べた通り、これは鉄源コストの低減が目的であり、低コストの鋼塊、鋼片の供給を受けることをねらいとしたものである。

　しかし、1967 年以降、モータリーゼーションの進展を軸に、ステンレス鋼や高抗張力鋼など耐久消費財、建築資材部門の需要が急増したことを受け、特殊鋼の生産は普通鋼以上の伸びを見せることになる。コンビナート化＝共同化は、急伸する需要に応えるうえで、もはや必要不可

欠な方法となっていく。

2　東海製鉄と東邦瓦斯

　第二期拡張工事を契機に、富士製鉄名古屋製鉄所は、都市ガスの地元大手で南1区に進出した東邦瓦斯との間にも生産体制をめぐる連関を強化した。1960年代半ば以降、東邦瓦斯の生産体制を特徴づけるのは、①原料面における石油系の比重増大、②購入ガスの受け入れ、③コークス生産における鋳物用と製鉄用の比率増大、④タールの処理量増大、等が挙げられる*49。

　1960年代、全般的なエネルギーの流体化（石炭から石油へ）が進むなかで、東邦瓦斯でも技術革新や税制上の優遇措置を生かして原油、ナフサ、ブタンなどの石油系原料への転換を進め、それに合わせて石油系ガス化プラントの建設とガス製造量も増大させた。その規模は、1972年現在1日当たり189万立方メートル、総製造量の58.5%にも及んだ。この原料は69年までは四日市石油化学コンビナート等から海送されるなど強力な一体性を形成してきた。しかし、富士製鉄が設備投資を拡大するにしたがい、新たに製鉄工程の一部をガス生産体系にも組み込む方式へ変更されていった。

　東海製鉄の設立に際しては、東邦瓦斯から当時の塚田実則社長が東海製鉄の取締役に就任していた。その際、塚田は永野富士製鉄社長との間で、東海製鉄から放出される余剰コークス炉ガスを東邦瓦斯が優先購入するという合意を取り付けることに成功していた。この合意を受け、東邦瓦斯では1965年11月、南1区に新たにコークス炉ガスの購入と処理に備えて、新規工場用地を取得し、上野工場として購入コークス炉ガス受入（精製）装置を新設し、72年段階で一日当たり35万3000立方メートル、総製造量の11%を生産可能にしたのである*50。

　同社では都市ガスの増産に向けて、上記のような油ガス発生プラントへの設備投資を強化していったが、同時に鉄鋼需要に合わせてコークス需要も急増傾向にあった点に着目し、コークス炉への設備投資も強化していった。港明工場では1962年にコークス炉1連26室（D炉）を増設

し、年間を通じてのガス需要量の増加に対応した。その製造量は、港明工場だけで72年現在一日当たり98万8000立方メートル、総製造量の30.6％に及んだ。

同時に、良質のコークスも副産物として生産された。とくにトヨタ自動車を中心とする自動車関連産業の急成長によって鋳物用コークスの需要増加が期待され、上野工場と同じ南1区に鋳物用銑鉄メーカーの矢作製鉄の進出を見るようになるなど、生産・販売を拡大する環境がますます良好となり、1959年から67年にかけて販売量は10万トンから21万トンへと2倍に成長した*51。

同時に、化成品関係の副産物生産も増加した。とくに60年5月、港明工場の石炭原料のガス製造過程にタール連続蒸留装置を設置したことによって、コールタールの生産が急増し、東海製鉄から購入するタールの蒸留も含め、設備の増強が図られた。増産されたコールタールも後背地の消費市場へ搬出されていった。また、オイルタールを原料とする舗装タール（アスタール等）は、67年にタール系舗装材としては全国一のシェアを占めるに至った。

このように、タールやタール製品は、コークス生産とともに東邦瓦斯の戦略製品となり、東海製鉄や鋳物用銑鉄生産企業などと密接な関連を有しながら、地域産業構造の重化学工業化と消費市場の拡大を促していったのである。

10　鉄鋼コンビナートへの電力供給

ところで、すでに述べた鉄鋼生産にとって当初重要な課題の一つは、豊富で低廉な電力を獲得することにあった。中部電力は、この要請に対応するため、安定的・低廉な電力を供給し、急増する鉄鋼需要を支える役割を果たしていく。

1960年前後から9号地（新名古屋火力）、65年以降は南3区（知多火力）、西4区（西名古屋火力）などで次々と運転を開始した中電の火力発電所は、従来の水力に代わり、急速に需要の高まりつつあった名古屋

表 7-21　産業別電力量の増加の推移

（単位：100 万 kW／時、%）

年度	1960 年	1970 年	年平均増加率
繊　　維	1,206	2,484	7.5
化　　学	1,672	3,623	8
鉄　　鋼	1,208	4,725	14.6
非鉄金属	371	2,429	20.7
機　　械	516	3,639	21.6
そ の 他	1,995	6,235	12.1

出所：中部電力社史編集委員会『中部電力 20 年史』1971 年。

南部臨海工業地帯に電力を安定的・経済的に供給する役割を果たしていった。表 7-21 によれば、化学・鉄鋼・非鉄金属・機械などの重化学工業が占める割合は、1960 年度は 54％であったが、70 年度には 62.3％へと大幅に増大していった。このうちで、伸び率と比重を高めたのが鉄鋼で 17.3％から 20.4％へ、機械は 2 倍以上の 7.4％から 15.7％へと比重を高めた。

　その結果、鉄鋼や機械産業からの料金収入は、大口電力料金収入において極めて大きな割合を占め、1972 年の中部電力産業別（大口電力）料金収入によれば、製造業料金収入に占める鉄鋼の比重は 22.5％、機械は 22％、また全産業収入に占める鉄鋼の比重も 20.2％、機械も 19.8％に及び、鉄鋼や自動車に代表される機械産業が、中電の電力需要急増の一因をなすようになった[52]。

　とりわけ南部臨海工業地帯に進出した東海製鉄・大同製鋼・愛知製鋼・矢作製鉄などの大手鉄鋼メーカーや、南部臨海工業地帯と接続する臨港地区に進出した住友化学（61 年度アルミ工場を新設）、中部鋼板（62 年度 250 万トン電気炉を増設）等が大型電力消費工場を次々と新増設し、内陸部の自動車関連産業とともに電力需要を急増させた[53]。

　ただし、大量の安定した電力を供給するには、膨大な燃料の確保が前提条件となる。つまり、石油精製業者とコンビナートを組むことが不可欠となる。名古屋南部の場合、主に 1960 年代は石油化学コンビナートとして先行する四日市臨海部から、石油を精製して得られた重油を主に

船送によって9号地や南部の製油所または油槽所に運んで備蓄し、ここから新名古屋や知多の火力発電所にパイプラインで送油する方法がとられてきた。1970年以降は、火力発電所に隣接して製油所が相次ぎ操業を開始し、大量の電力を安定的に生産供給することを可能にした。すなわち、1973年には東亜石油が南3区で石油精製を開始し、名称を79年に知多石油に、さらに83年には日本鉱業に譲渡されて知多製鉄所と改称し、86年度現在も356万キロリットルの原油処理量を誇るようになった。これに続いて出光興産も南4区に75年製油所を完成し、操業を開始して、86年度現在では548万キロリットルの原油を処理し、この二大石油精製工場から重油が火力発電所へ送油され、電力生産を支える形態が確立した。

11　化学・繊維コンビナートの萌芽

　南部臨海工業地帯は、すでに述べた通り、自動車産業の急成長を背景とし、鉄鋼・電力・石油精製を中核としたコンビナート形成を特徴としていた。他方、それほどダイナミックではないが、臨海工業地帯に隣接した臨港地域には、戦後復興期から高度成長初期にかけて化学・化学繊維・合板などが原料搬入と加工の場を求めて集積し、名古屋南部地域の主要な工業地帯を形成していた。名古屋港は、化学工業にとってはナフサ・重油・原油等の供給を受け、電力を利用して背後地の軽工業・農業市場に製品供給を行う役割をはたした。合板企業にとっては原木を輸入・貯木し、電力を利用して加工・搬出する上で大きな集積利益を備えていたのである。そうした集積企業のなかで、合成繊維原料を生産する化学・繊維産業が、特需景気以後急成長する自動車産業やタイヤ産業に合わせて合成繊維原料の生産拡大・中京工業地帯に展開する製品製造工場への供給を図るため、南部臨海工業地帯へも進出した。東洋レーヨン（現在の東レ）や東亜合成化学が、その代表例である。

　東洋レーヨンでは、図7-3の工程によりナイロン糸やテトロン糸を製造し、「タイヤコード」や「自動車用シートベルト」、プラスチック事

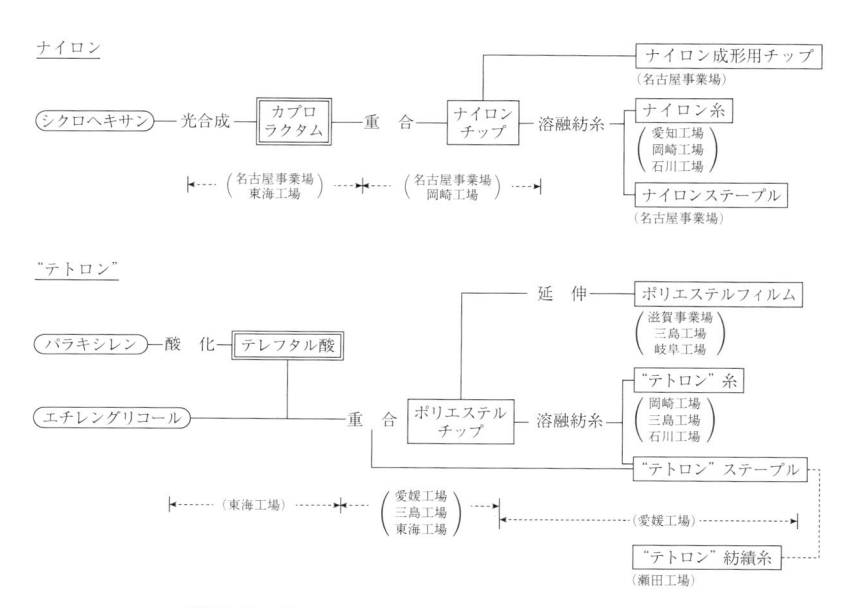

図 7-3　東レのナイロン、"テトロン" 製造行程図
出所：大蔵省印刷局『平成 5 年　東レ株式会社有価証券報告書総覧』17 頁。

業の ABS 樹脂「トヨラック」の需要急増に対応した。同社では、ナイロン原料の増産に備え、1964 年 5 月南 1 区に新工場を開設し、その後 65 年不況下で一時中止の後、同地区に名古屋事業所東海工場を建設して、ナイロン原料の生産を開始した[54]。

　南部工業地帯内の名古屋市港区大江町に進出した名古屋工場では、トヨラックの生産に着手し、自動車内装部品の需要急増に対応した。また、この名古屋工場では、それに先立ち、ナイロン生産の増強を図るため、1949 年 5 月、ナイロン原料のカプロラクタム製造供給に関する合意を名古屋工場に隣接する東亜合成化学との間で交わし、東洋レーヨン滋賀工場でのナイロン生産を大幅に強化した。また、ナイロン原料のカプロラクタムの生産は、図 7-3 で示されている通り名古屋工場でも開始され、そのために東亜合成化学名古屋工業所からラクタム製造のためにシクロヘキサン、アンモニア、硫酸などの供給を受け始めた。このうちアンモ

ニアは両工場をつなぐパイプラインで供給された。この提携は、60年代にはいり南1区の東海工場に対しても行われ、合成繊維原料の需要の高まりに合わせて一体的な生産関係を構築した[55]。

　東レは、合成繊維の生産を通して「繊維工業の化学化」をリードし、ナイロン原料の供給を受けるため、あるいは自社生産を合理的に進めるため、東亜合成との間に密接な分業関係を構築していった[56]。

12　南部臨海工業地帯形成下の地域社会

　南部臨海工業地帯の造成や企業進出が進むにしたがい、これらの計画が具体化する以前から企業集積の見られた名古屋市南部地区（南区や港区）や、これら工業地帯を受け入れることになった知多郡上野町・横須賀町・知多町では、住民生活・自然環境・地場産業・自治体行財政に著しい変貌が見られるようになった。著しい変化のいくつかは、臨海部開発計画の具体化以前から愛知県当局などでは予測されていたものもあったが、地域社会は著しく翻弄されていく。以下では、二つの問題について振り返っておこう[57]。

1　地域自治体の再編合理化

　南部臨海工業地帯が造成された地域は、知多半島の付け根部分で名古屋市に近接する知多郡上野町、横須賀町、知多町の沿岸海域である。このうち上野町と横須賀町の地先に南1区と2区が、知多町の地先には南3区と4区が造成されて、企業誘致が行われた。このうち地域社会に著しい変容を見たのは、中経連と愛知県が企業誘致政策の根幹に位置づけてきた東海製鉄が進出した南2区を地先に抱える上野町と横須賀町である。東海製鉄の進出や関連企業の操業にともなう労働者とその家族の流入が、それまでの“のどかな町”を劇的に変えていった。上野町、横須賀町の人口は、1960年当時各々1万7000人程度であった。ところが東海製鉄の銑鋼一貫工程が稼動する64年にかけて人口の社会増が顕著となり、68年には上野町で3倍増の4万2000人、横須賀町でも2倍増の3

万 3000 人へと膨張した。年齢別・性別人口で見た場合、この膨張は、男女とも 15 歳から 29 歳の若手労働者を形成する層の占める割合の顕著な高まり（全人口の約 35％）と、0 歳から 9 歳までの人口急増に基づくものであった。

　定住人口の著しい増加は、同時に消費財の恒常的な消費拡大を招く。そのため、両町の小売業に未曾有の活況をもたらしたといわれている。1960 年から 70 年までの約 10 年間に、商店数は 1.5 倍、従業員数は 2.1 倍、年間販売額は 8.2 倍に増加し、このうち増加の著しい販売額は、60 年から 62 年に至る 3 年間に 90％、62 年から 64 年に至る 3 年間で見ても 60％の増収を記録するほどであった[58]。

　他方、大手企業の誘致は、地元自治体に膨大な先行投資を求めることになった。とくに両町の行政需要は、企業が南 1 区と 2 区、並びに両地区に隣接する工業地域に進出計画が決定するにつれて急増した。1959 年 7 月 17 日、東海製鉄と愛知県、名古屋市、名古屋港管理組合、上野町、横須賀町、知多町との間で取り交わされた協定で、両町は愛知県とともに約 33 万平方メートルに及ぶ住宅用地の確保とその無償提供を約束したことは既述の通りである。その用地に企業の社宅や寮が建ち始め、それを追う形で両町の住宅団地建設が開始された。

　1960 年以降には東海製鉄、大同製鋼、愛知製鋼が社宅、社員寮、大規模住宅団地などを次々と建設し、さらに広畑海運、播磨耐火、太平工業、東急鯱バス、伊勢湾海運、上組など関連企業が住宅団地を建設していった。それとともに公営や分譲の住宅団地なども続々建設されていった。それらの多くは、南部臨海工業地帯から離れた内陸部寄りに良好な住宅環境を用意され整備されていった[59]。

　住宅にとどまらず保育園や小中学校の拡充・新設、愛知用水による浄化施設の完成による上水道整備や下水道の整備も、両町にとって喫緊の行政課題となる。そのため両町の財政出動は膨張の一途を辿ることになった。

　ところで、1953 年 10 月に町村合併促進法が公布されて以降、愛知県は同法にもとづき市町村合併を奨励し、知多郡では 54 年と 55 年に相次

ぎ町村合併が行われている。合併問題は、当時の町村運営上重大な関心ごとに挙げられていた。上野町、横須賀町でも合併の可能性を探る専門委員会が組織されたが、その背景には名古屋港の港勢変化に高度成長突入を感じ取った両町当局の間で町村合併必要論が共有されていたことが挙げられる。両町ではすでに「社会情勢の変化と経済、文化の発達はめまぐるしく、弱体な町村規模では将来の自治体運営に必ず破綻がくるであろう」との認識が持たれていた。この認識にもとづき上野町、横須賀町、知多町の3町合併論が提唱されていた*60。

　合併研究会での合併必要論は、確かに町政の一大関心事ではあったが、現実の町村合併は思わぬ形で進むことになる。それは論議されていた3町間の合併ではなく、上野町と横須賀町の2町間での合併協議となって進む。その契機となったのが、東海製鉄からの固定資産税徴収第一年を前にしての「東海製鉄敷地内の両町境界線問題」にあった。

　東海製鉄からの固定資産税は、1962年3月、上野町と横須賀町の間で制定された「操業後3年間の課税免除に関する条例」によって、67年度まで課税することができないことになっていた。それが解ける68年を目前にして両町間で固定資産税の帰属配分に食い違いという「対立」が生じたのである。例えば、67年度上野町では固定資産税収入が2億4533万円、横須賀町では1億9156万円であったが、東海製鉄から両町に納税される初の固定資産税総額は推定で実に5億円に達する見込みであり、その境界線如何によっては、逼迫する財政に重大な影響をもたらすことが明白となっていたのである*61。

　結局、この紛争は両町間で自主的解決を図ることができないほど深刻な問題となり、愛知県が調停に取り組まざるを得ない事態に至っていた。そこで、愛知県は両町を合併させる形によって境界線紛争を収拾することになり、69年に両町は合併を遂げ、新たに東海市が誕生する運びとなったのである*62。

　また、1969年頃より流入人口の急増によって生活基盤整備が著しく滞る事態に陥っていた知多町は、将来の行政需要の拡大に対処するために合併でなく市制施行を最良の方法と判断した。その判断材料となった

のが、①公共事業認定の拡大、②補助金の拡大、③起債の増大、④地方交付税の増額、等の財政面での政府への依存にあった。その結果、1970年知多町は知多市として市政施行を遂げることになった*63。

　合併と市制施行によって誕生した東海市と知多市の行財政は、その後歳出入両面にわたって一層臨海部進出企業関連色の濃い運営を展開していくことになる。歳入面では法人市民税、固定資産税、都市計画税、電気税、ガス税など臨海部進出企業からの税収入が市税総額の60％から70％を占めるような依存型構造を形成するようになった。

　他方、歳出面では土木事業や教育施設設備を中心とする普通建設事業への支出が飛び抜けて高くなる。その結果、両市の財政運営は、生活基盤整備に関わっては政府の依存財源に、また行政サービスの分野は南部臨海工業地帯並びに背後地に集積する鉄鋼関連企業が要求する事業や税収入に著しく影響される構造へと変貌を遂げていった。両市の財政は、1960年代から70年代初頭までは好調な内外需に支えられた素材生産によって潤沢な税収入を続けるものの、73年秋の第一次オイルショック以降は国内外の素材需要の激減による重厚長大産業の業績悪化が直撃し、財政硬直化と不安定化という課題に直面する。企業立地のための産業基盤整備や税制上の優遇措置を財政運営上優先し、税収入が得られた後に地域の福祉的行政需要に取り組むことを謳ってきた「拠点開発の論理」は、次第に矛盾を深めていく。とくに、次節で詳述する公害問題の発生と対策の遅れ、生活基盤整備の著しい貧困化が、企業誘致至上主義の自治体行財政運営のあり方にとどまらず国土計画のあり方そのものを総点検し見直しを求める契機となっていく*64。

2　公害・環境破壊の深刻化と桑原県政

　先の合併や市制施行は、重化学工業化への円滑な対応を進める側から求められるものであった。それに対し、地元住民生活の置かれた深刻な状況を早急に改善する必要から、合併の早期実現を求める声もあげられていた。1968年10月9日付『毎日新聞』は、当時の交通安全協会上野地区会長・早川忠雄が新生・東海市の取り組むべき福祉的課題を紹介し

ている。

　ここには、南部臨海工業地帯ができたことにより工業集積地域で深刻な社会問題が発生し、その解決がもはや行財政力の脆弱な上野町や横須賀町個々の対策では困難であることを指摘する。とくに、早川会長が新市当局に要請した緊急課題が「交通事故の防止と公害防止」の二点である。

　早川会長によれば「いまのままでは交通事故は益々増えるばかりである。全市ぐるみでこの問題に取りくまねばならない」とし、さらに「公害は生活権の問題。上野・横須賀両町とも行政の重点施策として積極的に公害問題を取り上げることが必要である」と力説する*65。この背景には、鉄鋼コンビナートを中心に巨大な重化学工業集積地が形成され、集積地域内外を往来する大型輸送車両が昼夜を問わず市内の新設工業道路を走行し、地元住民が被害者となる交通事故が多発する事故が相次いでいた。他方、大型輸送車両の騒音・排気ガスや、硫黄酸化物や窒素酸化物を排出する工場の煤煙が原因の喘息問題が、名古屋南部臨海工業地帯周辺の住民にとって深刻な生活権侵害問題となっていたのである。

　そこで、南部臨海工業地帯造成と企業誘致など一連の地域開発政策の最大の推進者である愛知県が、交通事故や公害問題など集積不利益をどのように扱おうとしてきたのかを、愛知県議会での質疑や答弁をもとに検証しておこう。

　愛知県議会が、南部臨海工業地帯の造成と企業誘致・操業を原因とする公害問題に初めて言及したのは、1959年6月の定例県議会においてである。そこでは東海製鉄の操業開始によって、ばい煙による大気汚染、工場汚水による河川や海洋の汚濁が生じることのないよう万全の対策を県当局が取るよう要求されている。それに対して、県総務部長より排ガス・ばい煙等の対策、公害問題が注目されている状況下でもあり、十分対策を講じることが確約されていた。

　1950年代に入ると、愛知県下では工場のばい煙や排水による環境破壊、労働災害、住民や労働者の健康被害が深刻な事態を迎えており、とくに住民の公害問題や公害対策に対する言動が厳しさを増していた。そのた

め 1955 年の県議会でも東京・大阪・神奈川などに続いて公害防止条例
を制定するなど、県民の健康被害や環境破壊への不安を除去することが
桑原愛知県政に強く求められていた。

　また、県当局は、1957 年 12 月の定例県議会で、政府に対し「公害、
水質汚濁等の防止についての意見書」を提出するなどし、地方自治体の
みならず国を挙げて公害対策に取り組まなくては東京など大都市圏と地
方との格差是正や、貿易の自由化を背景に急成長する重化学工業群の旺
盛な設備投資意欲に地方が対応すること自体困難を極めるという危機感
を抱いていたといえる。東海製鉄操業を前に、すなわち南部臨海工業地
帯造成を前にして愛知県議会と愛知県当局の間で交わされた公約は、愛
知県のみならず工業化を急ぐ地方政財界に共通する危機感の表れでもあ
ったのである＊66。

　その後、愛知県議会では、南部臨海工業地帯の造成および鉄鋼コンビ
ナート関連企業の操業開始にともない、頻繁に公害問題や公害対策を討
議している。その背景には、鉄鋼コンビナートの生産増強と内陸部工業
地帯との物流急増による大気汚染の拡大や沿道住宅地への騒音・振動問
題、地下水の過剰な汲み上げによる地盤沈下、工場の事故等により住民
の生活不安が頂点に達していたことがある。さらに、南部臨海工業地帯
と素材受給取引の深い三重県四日市市の石油化学コンビナートを発生源
とする大気汚染と海洋汚染による深刻な健康被害が、南部臨海工業地帯
の公害対策の緊急性を愛知県当局に強く要求する形を為したものといえ
る。

　表 7-22 は、南部臨海工業地帯開発と公害対策をめぐる愛知県議会で
の審議内容をまとめたものである。南部臨海工業地帯の開発が進むなか
で、次第に桑原県政における公害対策の位置づけが大きくなる過程を、
ゴシックの箇所に注目しながら検証しておこう。

　桑原県政は、公害被害が極めて深刻な状況になった段階においても、
公害対策の責任は発生源である企業にあるため、発生源対策を指導する
ことで健康被害や環境破壊は緩和されるとの見通しを示している。した
がって、企業が自己責任で公害対策に取り組むよう指導することで、重

表7-22　名古屋南部臨海工業地帯における愛知県の公害対策

（主な内容のゴシックは、筆者による）

発言者	質問と答弁の主な内容
（1963年度9月定例）	
後藤議員〔社会〕	・南部臨海工業地帯の発展に伴い「知多ぜんそく」が予想される。県として、**公害対策専門の独立課が必要**ではないか。
桑原知事	・県庁各課の連絡を密にして対処する。
（同年度2月定例）	
塚本議員〔民社〕	・東海製鉄が本格的操業に入れば、**ばいじんが降下し**、住民の健康を蝕むのではないか。
桑原知事	・様々な問題を含め、審議会で十分検討したい。
（1965年度2月定例）	
桑原知事の提案説明	・次年度予算編成に際し、名古屋南部臨海工業地帯などに総合的な公害事前調査を国と協力して行い、公害防止対策の推進を図った。
網岡議員〔社会〕	・本年9月1日より名古屋市、上野町、横須賀町、知多町の4地区で「ばい煙規制法」が施行されるが、施設改善を要する施設はいくつあるか。
山口参事	・ばい煙発生施設は916施設あり、**法の基準に合致しないものは約1割程度**ある。通産局、名古屋市と協力して対処する。
（1966年度9月定例）	
北条議員〔社会〕	・産業の発展や自動車の増加により排出ガスが増加し、警報が発せられる日が必ず来る。当面どう考えているか。
山口参事	・**0.2ppmを超えた地区はわずかであり、スモッグ警報の心配は当面ない。**
（1967年度2月定例）	
水平議員〔自民〕	・1966年10月1日と7日、厚生省が名古屋南部地域の大気汚染の事前調査をし、亜硫酸ガス濃度測定では一時間測定値の最高が0.14ppmから0.15ppmであった。ばい煙基準0.2ppmに近い数値で注意信号を発している。知多保健所では**67年4月以降、0.2ppmを超えた日が26日**もあった。愛知県の工業地帯における土地利用計画や工場誘致計画は再検討すべきである。
山口参事	・**名古屋南部の事前調査を行ったが、まだ恐れる必要もない。**ただし、0.2ppmを超える傾向にあることは重要である。
（1968年6月定例）	
吉富議員〔民社〕	・中部開発センターによれば、名古屋の大気は異常なほど汚染され、**南部地区の亜硫酸ガス濃度は全国の最高値である。工場排水による海水汚濁は、知多半島西海岸の海苔養殖を全滅させると予測**している。対策はどうなっているのか。
山口参事	・66年度からの通産省、厚生省の事前調査で、良い燃料、緊急監視体制、煙突の高さを変える、等の指導を得ている。

発言者	質問と答弁の主な内容
	・硫黄酸化物の一日の量は、名古屋全体（平均）で 1.8mg、南区では 3mg を超えている。しかし、川崎の平均は 2.9mg で、名古屋の方がずっと良い。
（1968 年 12 月定例）立松議員〔民社〕	・従来から**本県の公害対策は、常に国の施策に期待し、後からついていく印象**である。県独自の自主的構想を打ち立て、積極的に取り組む意思はあるか。
桑原知事	・指摘の趣旨に従い、自主性ある対策を講じていきたい。
木村議員〔公明〕	・名古屋市衛生局は名古屋大学医学部と協力して愛知県の大気汚染が市民の健康に及ぼす影響調査の結果を明らかにした。**市南部の工業地帯では呼吸器系の死亡率が高く、70歳以上の高齢者層に目立っている。**本県の公害対策はどうなっているか。
桑原知事	・現存企業は自らの自主性と責任で公害防止に取り組まねばならない。
（1969 年度 12 月定例）山原議員〔民社〕	・出光興産と結んだ公害防止協定のうち、水質汚濁の防止対策は、**名古屋港の水質基準が定められた場合にそれを遵守するとしているが、それまでは野放しのままか。**
桑原知事	・水質基準の有無は別にして、一層浄化に努力する必要がある。
山口企画部長	・名古屋港の水質汚濁は、**排出企業に対し最高の技術を採用して対処するよう指導したい。**
（1970 年度 6 月定例）立松議員〔社会〕	・名古屋南部の大気汚染が進み「**柴田ぜんそく**」の患者が発生している。その対策はどうか。木曽川、名古屋港海域の水質悪化に対する対策を示してほしい。亜硫酸ガス濃度を 0.2ppm 以下に抑える具体的措置を伺いたい。
桑原知事	・公害行政として**企業の責任と自覚ある努力、企業の財政負担を辞すべきではない**と考えている。今後、知事に権限を移すという国の施策を見て積極的に取り組みたい。
篠塚企画部長	・柴田地区の問題で、県は実態調査、測定網の整備、発生源対策をしていきたい。名古屋港海域の水銀問題は工場の排水処理施設の改善を指導する。大気汚染は、厳しい環境基準を設け対処し、足りないところは煙突の集合化や高煙突化で対処する。
（同年度 9 月定例）横江議員〔社会〕	・大気汚染地区の児童が気管支炎、ぜんそく等でどのような状態かを教育長は視察されたが、その体験を今後どう生かすのか。
仲谷教育長	・**大気汚染による児童生徒への影響は大変難しく答えが出ない。**東海市での調査も、基礎となるベータが確定しておらず、比較検討ができない。

発言者	質問と答弁の主な内容
（同年度 2 月定例） 網岡議員〔社会〕	・1969 年、**工場排水の一斉総点検が行われ、184 件中 62 件が不適格**とされた。こうした事実を知っていたか。住民の公害健康調査を県費で一律に実施する体制を取り、公害企業の言い逃れの口実を封じてはどうか。
篠塚企画部長	・健康調査は、環境基準の作成に関して衛生部とも相談し検討したい。
今枝議員〔自民〕	・老人の死者が伝えられる**「柴田ぜんそく」**について、実情をどの程度把握しているのか。
北野衛生部長	・「柴田ぜんそく」は名古屋市の衛生行政に属する。70 年の再調査の結果を適用して健康被害の救済や地域指定を考える。しかし、その結果が出るのは相当先である。

注：定例とは定例県議会を示す。〔　〕内は所属政党を指す。
出所：愛知県議会編集委員会（1986）『愛知県議会史、第 11 巻』より作成。

化学工業化も政策上推進できるという県政の産業振興方針を崩さなかった。

　あくまで南部臨海工業地帯の開発は地元だけでなく広く県民福祉の向上に寄与するのであり、開発政策にブレーキをかける意思のないことが強調されていることが、表 7-22 から読み取れる。

　さらに、自治体として公害対策に取り組むのは、国の公害対策の方針が示された上ですべきことや、対策は汚染者負担の原則に従い、企業の公害防止投資によって取り組むことを強調している。桑原県政の公害対策の基本スタンスは、責任は汚染者である企業に第一義的にあり、次いで環境基準を設ける国にあるとの姿勢が貫かれてきたことが読みとれよう。

　このスタンスは、1962 年の全国総合開発計画が提唱した「拠点開発の論理」そのものであったということができる。そのため、公害被害の発生と対策の緊急性が住民から地元行政や県に対して求められていながら対策が遅れ、間接的かつ対症療法的とならざるを得ず、被害者の救済と地域環境の総合的な改善につながることはなかった。

　とくに、名古屋南部工業地域、南部臨海工業地帯に進出した重化学工業群は、地理的には同一地区で操業し、生産管理（港湾機能や道路利用）や資本関係においても共同性を強くし、周囲から見れば汚染源も同

一であり、愛知県議会でも広域的一体的対策を強く求めていた。しかしながら、愛知県の公害対策は統一性に欠き、個別企業の発生源対策や国の環境基準強化に任せるという姿勢が貫かれてきた。つまり、愛知県の公害対策は、主体性・広域性・総合性を著しく欠いた対策に終始し、事態を一層悪化させる要因ともなったのである。

3　深刻な大気汚染被害とその拡大

　被害は、大気汚染、水質汚濁、騒音、振動、地盤沈下など広範囲に及んだが、とりわけ桑原県政の地域開発対策に、総括の一材料を提供する役割を果たした大気汚染問題を、ここでは扱うことにする[67]。

　南部地域の大気汚染被害は、1960 年代初頭には自然環境の喪失や暮らし難さといったアメニティ問題とともに表出し、次第に「風邪をひきやすい体質」など人体への深刻な影響として認識されるようになる。

　1960 年代半ばから 70 年代にかけては名古屋市南区、港区、東海市などに住む高齢者、幼児や子ども、主婦などを中心に肺気腫、気管支喘息などの呼吸器系疾患の患者を急増させるに至った。1970 年事業所別硫黄酸化物排出量でも、愛知県内 66 事業所中、排出量の多い上位 10 事業所に当たる「①中電新名古屋火力発電所、②東レ名古屋事業所、③三井東圧化学名古屋工業所、④矢作製鉄、⑤中電名港火力発電所、⑥住友軽金属工場、⑦東亜合成化学名古屋工場、⑧大同製鋼星崎工場、⑨東邦瓦斯港明工場、⑩三菱自動車名古屋自動車製作所」の大部分が南部地域に集中立地していた。しかも、このうち上位 5 事業所だけで 1970 年の硫黄酸化物総排出量の実に 80％近くを占めていたのである[68]。

　1971 年 8 月 16 日名古屋市医師会による外来患者 1 万 7000 人を対象とした健康調査報告書によれば、名古屋市では南区と港区で慢性気管支炎症状を訴える患者が 16％と他地区（全体平均で 12.6％）より多く、高濃度の亜硫酸ガス汚染との因果関係が実証されたと報告している[69]。

　また、東海市や知多市の医師会が行った閉そく性呼吸器疾患の調査でも、発生率が急増・広域化し、東海市に隣接した知多市でも被害が生じる事態を迎えた。当時の山本知多市長による「企業の公害対策、広域的

な対処、患者救済のための国の地域指定（公害にかかる健康被害の救済
に関する特別措置法）、住民検診など最善を尽くしたい」という言葉が
事態の深刻さを物語っている*70。

　公害被害が深刻さを増すなかで生じた南部一帯住民の公害反対運動を
契機に、まず東海市は1969年12月に南部臨海工業地帯の南1区に東海
工場を建設操業する東洋レーヨンと県内では初の公害防止協定を締結し、
行政として企業の大気汚染責任を直視し、独自に対策の強化と監視を講
じはじめた。

　さらに東海市は、事態を重く見て、1971年6月21日「東海市特定呼
吸器疾患疾病患者医療制度条例」を公布し、市独自の救済措置を導入し
た。同年、患者の死亡を契機とした住民運動による患者救済と固定およ
び移動発生源対策の要求が盛り上がりを見せ、1972年2月1日名古屋市
も「特定呼吸器疾患患者医療救済条例」を施行した。

　公害防止対策など設備投資による企業の発生源対策が急務となる中で、
公害発生源企業が立地する自治体では、企業との間で公害防止協定の締
結を急ぐようになる。東海市では、新規進出企業との公害防止協定の締
結（例えば、1970年5月30日東海市と伊藤機工知多工場との公害防止
協定）は当然のこと、既設の工場とも協定を求め締結を続けていった。
東洋レーヨンに続き、70年6月以降は「新日鉄、大同製鋼知多工場、
愛知製鋼知多工場、宮崎精機知多工場、三洋化成名古屋工場、東海舗道
上野合板プラント、名鉄運輸東海支店、丸太自動車オートプラザ東海、
東名港トラック事業協同組合、丸太運輸元浜物流管理センター、矢作製
鉄東海用地、愛知県営住宅汚水処理場」（締結順）との間でも公害防止
協定を締結し、企業の発生源対策へと独自に踏み込んでいった。

　東海市の対策は、少なくとも次の点で注目すべきものであった。第一
に、愛知県が企業の自主努力を損なうという理由で躊躇していた既存工
場との協定を急ぎ、締結したことがあげられる。第二に、大気汚染、騒
音、振動の移動発生源である産業用自動車（トラック）企業とも協定を
結び、企業に対して市民の健康的生活を脅かす公害施設＝トラックによ
る公害の未然防止や公害発生時の損害救済措置などを義務付けた点があ

げられる*71。

　また、名古屋市でも地域住民組織と企業間との公害防止協定が締結されるなど市民の側からの公害反対運動が盛り上がりを見せ、その結果、名古屋市では 1970 年 11 月 21 日、南部の既設企業を中心に 29 工場との間での公害防止協定を申し入れ、72 年までに新規・既設を合わせて 47 事業所との間で公害防止協定を締結した*72。

　大気汚染患者が増加する中で、公害反対を掲げる市民運動は活発に繰り広げられるようになる。この事態を重く見た東海市や名古屋市が被害者救済や発生源対策に動き始めるに及んで、中経連とともに南部臨海工業地帯の開発を優先してきた愛知県当局も、1971 年 4 月、1964 年公布の公害防止条例を改正し、新公害防止条例を公布し、さらに 70 年に設置したばかりの公害対策局（公害対策課、大気騒音課、水質課、環境整備課）を改組して環境部を発足させ、後れをとった環境行政の体制整備の強化に乗り出したのである。

　しかし、その後も大気汚染患者は増え続け、1974 年 9 月 1 日、国が設けた「公害健康被害補償法」による認定患者数は、89 年 1 月現在、名古屋市および東海市で 6956 名、総認定患者数は実に 1 万 2270 名に及んだ。そのうち死亡者数は、89 年段階で総数 1153 名、患者の 10％に達する深刻な事態に至ったのである。

拠点開発政策の帰結

　1971 年 2 月、桑原幹根愛知県知事は 6 選をかけ、愛知県知事選挙に臨んだ。選挙の結果は桑原 103 万 7290 票に対し、革新候補として擁立された新村猛が 91 万 5477 票を得票し、桑原を追い込む結果となった。これは、1961 年 3 選を目指して革新陣営の磯部巌と競った知事選の再現であった。重要なことは、この共通点が、高度経済成長の矛盾としての公害問題を県政の最大の争点に置いたことである。

　とくに 6 選をかけた 1971 年の知事選は、桑原県政に大きな転換を迫るものであった。桑原知事は、後に回顧録で 6 選に臨んだ理由として、地方計画や中部圏開発を推進する責任を痛感してのこと、と述べてい

る*73。その地方計画とは、すでに高度成長も斜陽期に入りながら依然として高度成長路線（工業出荷額を 1970 年から 85 年までに 5.5 倍にする）を求める「第三次地方計画」であった。

　しかし、このときの選挙結果は、明らかに桑原県政の高度成長志向、拠点開発の論理に基づく重化学工業化政策、産業基盤優先の社会資本政策に反省と見直しを求めることになったのである。1967 年 4 月東京都知事に美濃部亮吉が当選して以降、高度経済成長の矛盾の打開を求めて、革新の波が全国の自治体を覆うなかで、桑原知事も 1974 年 8 月 29 日「地方政界引退」を表明し、1951 年から 6 期 24 年に及ぶ桑原幹根愛知県政も終焉をつげた。

　中部経済連合会が求めた中京工業地帯の重化学工業化は、政府の高度経済成長政策を忠実に体現した桑原愛知県政の南部重化学工業地帯を中心とする地域開発計画、社会資本政策によって実現に向かっていくこととなった。四日市海軍燃料工廠の払下げ運動を牽引し、四日市市に石油化学コンビナートを形成し愛知県下の工業原料供給基地化の一端を実現した中経連は、これも中経連の悲願であった名四国道の建設と、政府や桑原県政の重点施策であった名古屋港の重化学工業港化の実現を通して、広い裾野をもつ自動車産業を軸とした県下内陸部の重化学工業との広域連携化の基礎を構築し、愛知県の産業構造の高度化を始動させた。

　桑原県政下の臨海部重化学工業化政策は、政府の産業構造高度化政策および産業基盤優先の公共投資政策を呼び水にして、工業用地・産業道路・鉄道・工業用水・港湾などワンセット型産業生産基盤の整備を成し遂げることに成功した。その結果、南部臨海工業地帯の造成と鉄鋼・電力・石油関連の企業立地による鉄鋼コンビナートの形成と、先行的に開発の進んだ四日市石油化学コンビナートとの接続と一体化を成し遂げた。

　中京工業地帯に広域臨海工業地帯圏と広域国際工業港湾を完成させることを切望してきた中部政財界は、こうして念願の「伊勢湾臨海工業地帯」を実現に導いたということができる。しかも、それは内陸部に展開する自動車産業界の製品生産力の発展を支え、中京工業地帯の産業構造の高度化を一層加速する役割を果たしたのである。

　しかし、その過程は、多大な集積不利益の発生と地域社会への負担転嫁を強いることにもつながっていく。とくに、自然的および人的被害、アメニティの喪失という今日に至っても改善の見られない社会的費用は、結局のところ、住民生活、地域社会に転嫁され、進出企業群の責任のもとで全面的解決に向かうことはなかった。その意味で、桑原県政が真に終わりを告げるのは、公害被害者の救済と地域の環境や社会の健全な再生が見通せるまでといわなくてはならないであろう。

注
*1　川名英之（1991）『総合開発』緑風出版、21頁。および通商産業省・通商産業政策史編纂委員会（1991）『通商産業政策史、第2巻—第1期戦後復興期（1）—』486-489頁。
*2　山本正雄（1976）『日本の工業地帯』岩波書店、89頁。
*3　河野通博、加藤邦興編著（1988）『阪神工業地帯』法律文化社、81頁。
*4　北見俊郎（1975）『港湾総論』成山堂書店、63頁。
*5　この点は、飯島伸子（1979）『改訂、公害・災害・職業病年表』公害対策技術同友会に詳しい。
*6　佐藤竺（1965）『日本の地域開発』未来社、174-175頁。
*7　1955年8月の閣議決定により四日市海軍燃料工廠の土地と地上施設が三菱グループや中部電力などに払い下げられ、以後、大石油化学コンビナートが形成されたことは、四日市港から名古屋港への原料移出を通して愛知県下に集積していた繊維工業の化学化、すなわち合成繊維の生産と増強および石油化学工業の系列支配下を推進する上で重要な役割をもっていた。
*8　桑原幹根（1974）『世紀を生きる』政経社、298頁。
*9　内藤垣中（1982）『あすの中部を—中経連30年の歩み—』中部経済新聞社、94頁。桑原幹根（1979）『桑原幹根回顧録、知事30年』毎日新聞社、151頁。
*10　内藤垣中、前掲書、20頁。
*11　同上、108頁。
*12　前掲『桑原幹根回顧録、知事30年』154頁。
*13　愛知県議会事務局編（1983）『愛知県議会史』第10巻、37-38頁。
*14　桑原幹根、前掲『世紀を生きる』281-284頁。
*15　前掲『愛知県議会史』第10巻、1005-1006頁。
*16　名古屋港管理組合編（1984）『名古屋港管理組合30年史』222頁。
*17　名古屋港史編纂委員会編（1990）『名古屋港、港勢編』名古屋港管理組合、

681頁。

*18　桑原幹根、前掲『世紀を生きる』212頁。

*19　通商産業省、通商産業政策史編纂委員会（1991）『通商産業政策史　第9巻―第Ⅲ期高度成長期（2）―』75-83頁、および経済企画庁編（1959）『経済白書』184頁。重要港湾には室蘭、苫小牧、塩釜、小名浜、鹿島、千葉、木更津、川崎、横浜、新潟、直江津、衣浦、名古屋、四日市、堺、大阪、尼崎、神戸、東播磨、姫路、和歌山下津、宇野、水島、福山、広島、岩国、下関、小松島、松山、北九州、博多、苅田、唐津、伊万里、佐伯の35港湾が指定され、港湾施設は水際建設（航路、岸壁又は埠頭付属泊地）、係留施設（岸壁と物揚場）、外郭施設（防波堤のみ）に限定された。

*20　和泉雄三（1973）『港湾行政』成山堂書店、176-178頁。

*21　地方自治体の港湾管理権が事実上政府の諸権限によって著しく制約されている点に関しては、先の和泉雄三の文献の他、柴田悦子（1972）『港湾経済』成山堂書店、135-164頁。

*22　前掲『名古屋港管理組合30年史』173-194頁。

*23　通産省、前掲『通商産業政策史、第9巻』77-78頁。

*24　同上、176頁および231頁。

*25　同上、177-178頁。

*26　同上、176頁。

*27　名古屋港管理組合『昭和39年度、名古屋港管理組合埋立事業会計決算報告書』11頁。

*28　鈴木誠（1988）「現代港湾経営における企業性と公共性」『都市問題』東京市政調査会、79頁。

*29　鈴木誠、同上、81頁。

*30　この点を貨物量の流動状況（名古屋港を経由した輸出・移出貨物および輸入・移入貨物の取扱量）の面から実証した調査には、名古屋港管理組合が1956年を第1回調査として、以後63年（第2回）、68年（第3回）、77年（第4回）、82年（第5回）、87年（第6回）、92年（第7回）と7回行っている。

*31　前掲『名古屋港管理組合30年史』317頁。

*32　同上、318頁。

*33　大同製鋼株式会社編（1967）『大同製鋼50年史』274頁。

*34　前掲『名古屋港史、港勢編』475頁。

*35　同上、476頁。

*36　桑原幹根、前掲『世紀を生きる』222頁。

*37　工業用水道に対する国庫補助制度は、地盤沈下など地下水障害著しい尼崎、四日市、川崎の各市における地下水転換のための代替水源として出発した。こ

れが産業基盤整備推進という安定的制度として確立するのが 1958 年以降である。なお、愛知県の工業用水道事業は、1958 年愛知用水工業用水道第一期事業以来すべての事業が国庫補助対象事業となっている。愛知県企業庁編（1993）『愛知県営水道・工業用水道三十年史』587-588 頁。

＊38　愛知県企業庁、同上、456-465 頁。

＊39　工業用水の料金を上水道料金よりも相当低額に抑える計画は、すでに 1954 年 10 月の農林省「愛知用水事業計画概要」で提案されている。その時の料金は、上水道 1 立方メートル当たり 23 円に対し、工業用水は 6.50 円と抑えられた。なお、上水道料金は、その後 1961 年 3 月 28 日日交付の愛知県営水道給水条例により 21 円と定められた。愛知用水公団編（1968）『愛知用水史』113 頁。同時に前掲『愛知県営水道・工業用水道三十年史』416 頁を参照いただきたい。

＊40　愛知県議会事務局（1986）『愛知県議会史』第 11 巻、957 頁。

＊41　新日本製鉄社史編纂委員会（1984）『躍進（総合史）―新日本製鉄株式会社、名古屋製鉄所銑鋼一貫 20 年史―』185 頁。

＊42　同上、52 頁。

＊43　同上『躍進（部門史）』160-170 頁。

＊44　東海銀行株式会社編（1982）『続東海銀行史』185 頁。

＊45　前掲『躍進（総合史）』6 頁。

＊46　富士製鉄株式会社社史編纂委員会編（1981）『炎とともに』129-131 頁。

＊47　前掲（1967）『大同製鋼 50 年史』271-272 頁。

＊48　愛知製鋼株式会社社史編集員会編（1970）『愛知製鋼 30 年史』204 頁。なお、1961 年当初より、特殊鋼専業メーカーの合理化対策は検討され始めたが、その詳細に関しては、通商産業省・通商産業政策史編纂委員会編（1991）『通商産業政策史、第 10 巻―第Ⅲ期高度成長期（3）―』157-161 頁を参照

＊49　東邦瓦斯株式会社社史編集委員会編（1972）『東邦瓦斯 50 年史』222 頁。

＊50　同上、256 頁および 492-493 頁。尚、余剰コークスガスの購入先は東海製鉄以外には東海理科化学工業からも購入された。「東邦ガス有価証券報告書」昭和 47 年、11 頁。

＊51　前掲『東邦瓦斯 50 年史』257 頁。

＊52　大蔵省印刷局『昭和 47 年中部電力株式会社有価証券報告書総覧』上期・下期産業別需要表より算出。

＊53　中部電力社史編集委員会編（1971）『中部電力 20 年史』50 頁。

＊54　東レ株式会社社史編纂委員会編（1977）『東レ 50 年史』175 頁。

＊55　東洋レーヨン株式会社編（1962）『東洋レーヨン 35 年の歩み』および前掲（1977）『東レ 50 年史』57-58 頁。

＊56　東レの原料調達は、ナイロン原料では東亜合成と自社生産、ポリエステル原

料で三井石油化学、川崎化成、三菱化成の3社に依存し、アクリル原料で三井石油化学、東洋高圧、ポリプロ原料では三井化学に調達関係をもつに至った。林雄二郎・渡辺徳二編著（1971）『第3版、日本の化学工業』岩波書店、134頁。

＊57　福島達夫（1990）「愛知県における海苔の生産地域の形成」日本福祉大学『研究紀要』第83巻において詳細な分析が行われている。

＊58　東海市編纂委員会編（1990）『東海市、通史編』927頁。

＊59　同上、848頁。

＊60　東海市編（1970）『東海市―上野町、横須賀町2町合併の記録―』10頁。

＊61　同上、176頁。

＊62　上野町議会合併調査研究特別委員会編（1967）『合併調査報告書』および前掲『東海市―上野・横須賀町合併の記録』に詳しい。

＊63　知多町会行政機構研究特別委員会編（1970）『市制の歩み』を参照のこと。

＊64　鈴木誠（1988）「大都市港湾経営の近代化と地域行財政の再編成に関する一考察」日本港湾経済学会中部部会『港湾研究』第10号。

＊65　『毎日新聞』1968年10月9日付。

＊66　愛知県議会事務局（1983）『愛知県議会史』第10巻、458-874頁。

＊67　伊勢湾研究会主催「伊勢湾シンポジウム」1993年11月の筆者報告書「伊勢湾の環境悪化と市民運動」による。

＊68　名古屋市による事務所別硫黄酸化物排出量調査より試算。

＊69　中日新聞社『中日新聞』1971年8月17日付。

＊70　中日新聞社『中日新聞』1971年9月29日付。

＊71　前掲『東海市史、通史編』757-760頁。

＊72　名古屋市「公害防止協定一覧」1988年3月末現在による。

＊73　前掲『桑原幹根回顧録、知事30年』460頁。

第8章

沿岸漁業の新規就業動向と参入阻害要因
―水産王国・愛知の変容―

　愛知の沿岸漁業の主な漁場は、伊勢湾及び三河湾という内湾漁場と渥美半島の外海（渥美外海という）からなる。しかし、ここは全国有数の沿岸漁場として有名である。愛知県の漁業総生産量は全国的に見れば20位程度であるが、沿岸の漁船漁業や養殖業に着目すると上位を占める漁業種類や魚種が多いことに驚かされる。

　漁業種類は小型底びき網、船びき網、採貝などが大変盛んであり、その生産量は全国的にもきわめて高い地位にある。1995年現在、小型底びきは全国第3位（シェアは5％）、船びきは第4位（7.8％）、採貝は第5位（7％）の位置にある。

　さらに、魚種別では表8-1から明らかなように、板ノリ、ウナギ、アサリ類、クルマエビ、シラス、スズキ、イカナゴ、クロダイなどの生産量は全国的にも高い位置にあり、長年にわたり上位10位以内に入る健闘を見せてきた。

　そのなかでも三河湾を主要な漁場とするアサリは、94年まで7年連続して第1位の生産量を誇っており、愛知は全国的に見ても沿岸漁業が大変活発な県であった。これは、漁業者・漁協（単協および県漁連）・水産加工業界と水産行政（愛知県水産試験場）による公民一体型の沿岸漁業振興政策の成果でもある*1。

　愛知の沿岸漁業は、1960年以前は今以上に活発な操業を繰り広げていた。しかし、高い生産量と就業者数を誇っていた沿岸漁業も、1960年代半ばをピークに大きく姿を変えていく。図8-1から明らかなように、60年代から70年代にかけて、単独あるいは共同で漁業に従事する漁業者数（漁業経営体数）が急速に減っているのである。

　そこで、本章では、1960年代半ば以降、漁業者数の急減に象徴され

表8-1　愛知県の主な沿岸漁種の漁獲量全国順位

	1965 年	1970 年	1975 年	1980 年	1985 年	1990 年	1995 年
板海苔	4 位	1 位	3 位	3 位	4 位	5 位	5 位
ウナギ	2 位	2 位	2 位	2 位	1 位	1 位	1 位
アサリ類		3 位	4 位	5 位	6 位	1 位	3 位
クルマエビ	1 位		2 位	3 位	6 位	2 位	3 位
ガザミ			1 位	1 位	4 位	5 位	6 位
シラス					3 位		7 位
クロダイ							6 位
スズキ						2 位	4 位
イカナゴ							7 位
燻製品（ちくわ等）		5 位	3 位				

出所：愛知県農業水産振興室「愛知県農林水産統計年報」各年度版より作成。

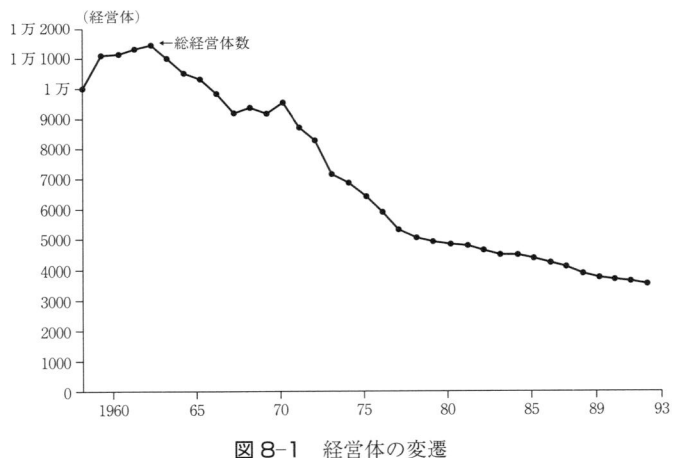

図8-1　経営体の変遷

注：1970 年以降の経営体は漁船非使用を含む。
出所：原資料は愛知県水産年表（1977年）。愛知県農林水産統計年報（第22次〜第40次）より作成。

る愛知の変貌がなぜ起こったのかを、60年代半ば以降のデータ（5年ごとに実施する漁業センサス）と、筆者が県内各漁協同組合および漁業者等へ行った聞き取り調査の結果をもとに検証する*2。

1　変容する水産王国・愛知の漁業

採貝漁業が大きく減少

　第二次大戦後、愛知の漁業者数がもっとも多かったのは 1962 年である。この当時の漁業経営体数は約 1 万 1000 経営体で、この数は以後減少の一途をたどる。1968 年に行われた「第 4 次漁業センサス」によれば、小型底引き網、船びき網、採貝で操業する愛知の漁業者数は約 1 万 885 経営体存在していた。このうちの 72％がノリ養殖業者で占められ、漁船漁業者はわずかに 20％弱であった。このころまでは、愛知の漁業はノリ養殖が中心であった。

　70 年代に入ると、愛知の漁業者数はさらに減少し、73 年の「第 5 次センサス」では 34％の減少、78 年の「第 6 次センサス」では、さらに 29％減少し、遂に 68 年当時の半分以下である 4495 経営体へと激減した。この傾向に歯止めはかからず、80 年代には減少速度が若干にぶったものの、93 年の「第 9 次センサス」では 3445 経営体にまで減っている。

　その結果、愛知の漁業構造は、最大の漁業者数を誇ってきた「ノリ養殖」から 70 年代後半からわずかずつ増加していた「5 トン未満の漁船漁業」へと主役が変わろうとしている。

　1960 年代半ば以降漁業者数が激減した最大の理由は、60 年代まで愛知の漁業の代名詞とまでいわれたノリ養殖に携わる漁業者数が、臨海工業地帯の造成に伴い大幅に減少したためである。ノリ養殖業は、1960 年代半ばまで、水産試験場と漁業協同組合との連携による品質と生産技術の改良を重ね、三河湾を全国有数のノリ漁場へと発展させ、経営体数を増加させてきた。

　しかし、図 8-2 から明らかなように、1960 年代半ば以降本格化する三河湾西部地区内の衣浦港と東部地区の三河港における臨海工業地帯の埋立造成が進み、ノリ漁場が失われていった。その結果、三河湾の西部地区では 28 漁協（3415ha）、東部地区では 27 漁協（5700ha）が解散し、ノリ養殖者の廃業が相次いだ。

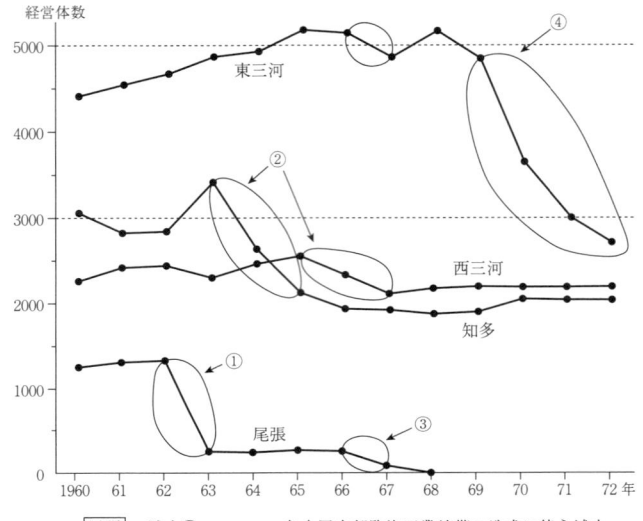

| | の減少① | ：名古屋南部臨海工業地帯の造成に伴う減少。 |

尾張 の減少①　　　　　：名古屋南部臨海工業地帯の造成に伴う減少。
西三河 知多 の減少②：衣浦港臨海工業地帯の造成に伴う減少。
尾張 の減少③　　　　　：名古屋西部臨海工業地帯の造成に伴う減少。
東三河 の減少④　　　　：三河港造成事業に伴う減少。

図 8-2　地域別の経営体数

出所：東海農政局統計情報部「昭和48年度　高度経済成長下にたどった愛知県漁業の動向」
　　　1974 年 1 月。

　そのため、沿岸漁業の種類や規模も大きく姿を変えていった。図 8-3 を見ていただきたい。1968 年当時、7855 経営体、全体の約 78% を占めていたノリ養殖者数は、先に見たとおり 70 年代に激減し、93 年には 953 経営体、28% 弱にまで激減した。ノリ養殖に代わって比重を高めたのが、小型底びき網と採貝に従事する漁業者である。

　両者は 1970 年代後半に経営体数を急増させ、とくに採貝に従事する漁業者数は 90 年代に入ってなお経営体を増やし、その結果、小型底びき網漁とともに愛知を代表する漁業となっている。

　愛知の漁業は、ノリ養殖を営む漁業者が急速に姿を消すなかで、その中心を小型底びき網漁と採貝などに代表される「5t 未満の漁船漁業」に移行してきたといえる。

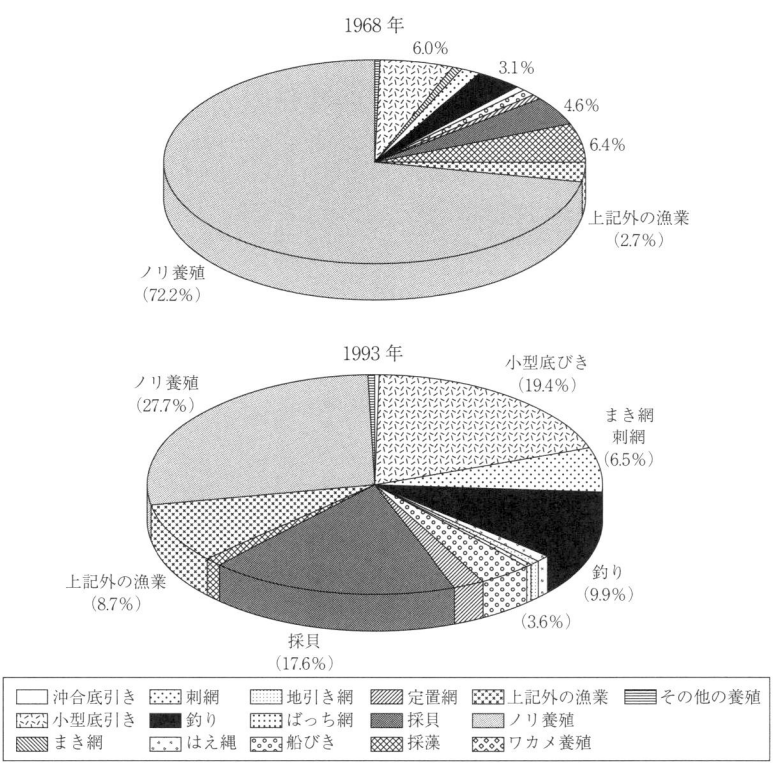

1968 年

ノリ養殖
（72.2％）

6.0％

3.1％

4.6％

6.4％

上記外の漁業
（2.7％）

1993 年

ノリ養殖
（27.7％）

小型底びき
（19.4％）

まき網
刺網
（6.5％）

釣り
（9.9％）

上記外の漁業
（8.7％）

採貝
（17.6％）

（3.6％）

□ 沖合底引き	刺網	地引き網	定置網	上記外の漁業	その他の養殖
小型引き	釣り	ぱっち網	採貝	ノリ養殖	
まき網	はえ縄	船びき	採藻	ワカメ養殖	

図 8-3　漁業種類別の経営体数

出所：農水省『漁業センサス』第 4 次および第 9 次より作成。

減少する兼業の漁業者

　愛知の漁業の特徴は、専業よりむしろ兼業形態で漁業を営む漁業者数が多い点にあった。ところが、この兼業形態の漁業者が、1970 年代を中心に激減した。これは、とくに 1968 年から 78 年かけて漁業収入を主な収入とする「第 1 種兼業の漁業者」が 41％減少したこと、さらに漁業収入以外に主な収入の道を求める「第 2 種兼業の漁業者」が 79％も減少したためである。

　この兼業形態の漁業者が、兼業してきた産業とは何であろうか。図 8-4 によれば、1970 年代以降では農業と兼業する漁業者が一貫して減少

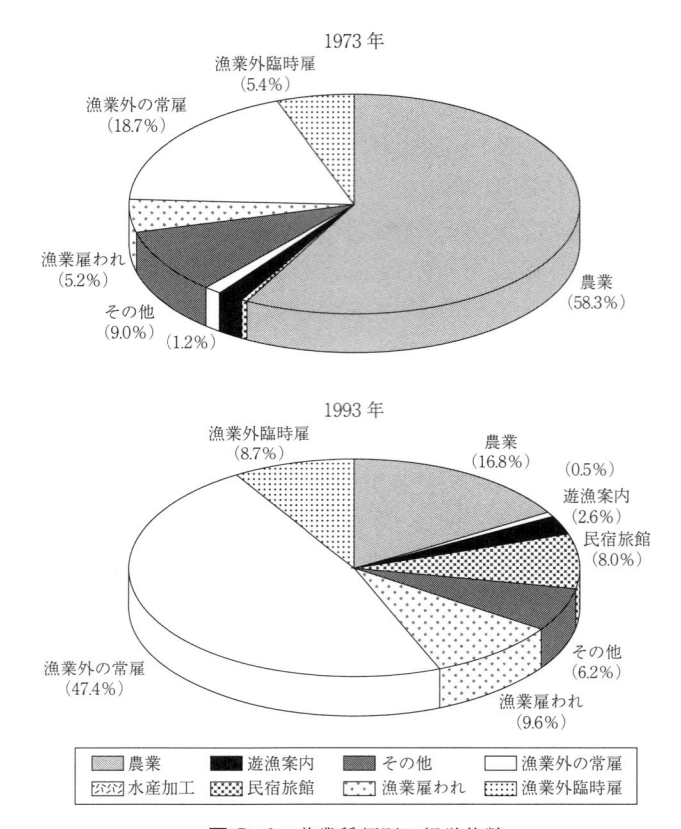

図 8-4　兼業種類別の経営体数

出所：図 8-3 と同じ。

している様子がわかる。愛知県の場合、農業と兼業しながら漁業を続けてきたのはノリ養殖者である。後継者がなく高齢化ゆえに農業をやめ、同時に漁業権を放棄してノリ生産の現場からも引退していく漁業者が増えたことが、兼業形態の漁業者全体の減少の主たる要因である。

　そのような中で、逆に漁業と直接関係のない職業から労賃収入を得たり、民宿・旅館などの観光収入に依存したりする兼業形態が増える傾向にある。それでも、主な潮流は、都市化・高齢化・後継者難・農業収入の停滞などによって農業を続けることも困難となり、農業とともに漁業

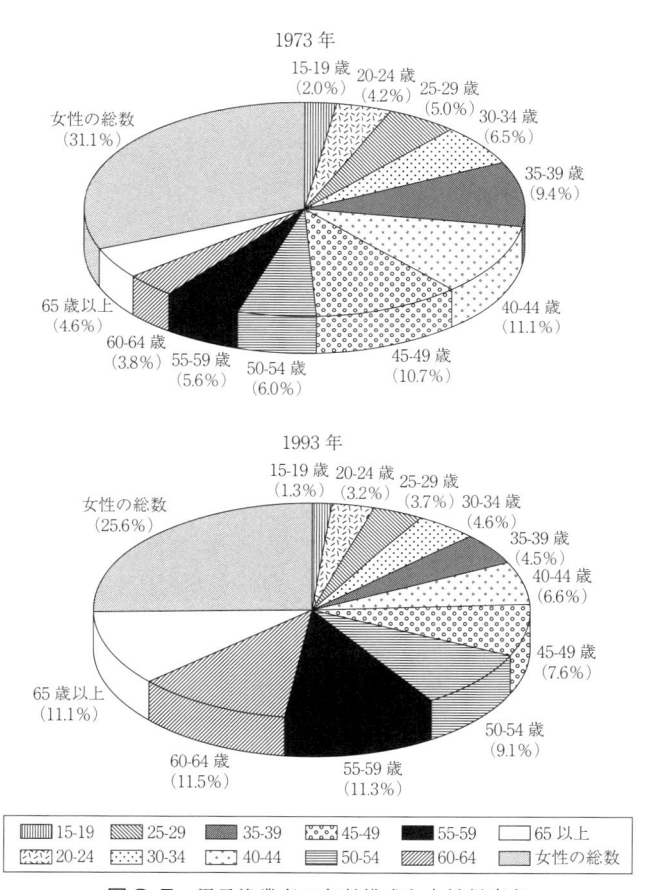

図8-5　男子漁業者の年齢構成と女性従事者

出所：図8-3と同じ。

を放棄する漁業者が増える傾向にある。農業者は漁業権を売り、漁業者は生活のために「漁業以外の観光業」に収入の道を求める傾向を一層強めている。

後継者難、高齢化、婦人の下船がますます進む

　図8-5から明らかなように、漁業の活力度をはかる年齢構成も著しく高齢化に向かっている。1973年当時、年齢構成のもっとも高かった

のは35歳〜49歳の漁業者層である。その後、この年齢層より下の層では、73年から93年までの20年間に男子の漁業者人口が70〜80%も減少したため、93年にはもっとも高い年齢層が55歳〜65歳以上の漁業者層へと移り、漁業者の高齢化が急速に進むことになった。

　さらに、ノリ養殖や小型底びき網漁などは夫婦操業が中心であり、女性就業者が73〜93年の間に60%も減少していることに注意したい。同船してきた夫人が体力の限界から舟を下りれば、夫一人ではもはや操業を続けることはできない。舟の機械化が進んだとはいえ、後継者不足、漁業者の高齢化、夫人の下船が急速に進み、漁業経営体数の大幅な減少につながったといえる。

　ただし、後継者難とはいえ、三河湾では高卒者・Uターン組、中卒者がわずかずつではあるが毎年着実に漁業へ就業してきたことも事実である。後継者としての参入条件が改善されれば、沿岸漁業は若い人たちにとってまだまだ魅力ある職業であるかもしれない。この点は第3部で詳述する。

2　愛知の漁業生産力を支える漁船漁業

小型底びき網漁中心に漁獲量は安定化へ

　すでに述べたように、ノリ養殖業者が急速に姿を消しつつある一方で、5t未満の小型底びき網漁・採貝漁では漁業者は急速に増えている。小型底びき網漁・採貝漁に従事する漁業者ともに、新たな後継者の参入が少ないまま、漁業者数を減少させ、高齢化しつつある。それにもかかわらず、漁獲量は全国的にもきわめて高い地位にあることは注意したい。1955年の愛知の小型底びき網漁獲量は北海道、愛媛について3番目、採貝は千葉、福岡、北海道、三重についで5番目に位置している。

　愛知の漁業が全国的にも依然高い生産力を保っていることを、もう少し見ておこう。愛知県における漁獲量は1968年から78年までの10年で81%も増加し、その後は80年代にかけて一旦減少するものの、再び90年代には増加傾向に向かっている。そのため、漁獲量は1968年から

93年までの間に35％もの伸びを示している。

　この動向を大きく左右したのが小型底びき網漁、まき網漁、ぱっち網漁などの漁船漁業である。この3漁業で全漁獲量の70％弱を占めるにまでに至った。愛知の漁業は、採貝漁にこの漁業を加え、全国的にもきわめて高い地位を維持してきた。

　なお、小型底びき網漁、まき網漁、ぱっち網漁とまったく対照的な傾向にあるのがノリ養殖である。ノリ養殖も小型底びき網漁と同じように漁獲量を伸ばしてきたが、生産額で見ると83年以降は逆に減少に向かっている。それでも板ノリの生産量は兵庫、佐賀、福岡、熊本につぎ第5位、全国の8％のシェア（1955年度）を占めている。生産額もほぼ同様で、全国的に見れば愛知のノリ養殖は依然として生産性の高い沿岸漁業なのである。

アサリの水揚げが愛知の漁獲量を左右

　既述の通り、1990年に入ると愛知の漁獲量の70％は小型底びき網、まき網、ぱっち網に依存するようになる。そのため愛知の漁業生産量は、これらによって水揚げされた魚の種類（魚種）と値段（魚価）の関係によって決まるといってもよい。

　小型底びき網による漁獲量は、1970年代後半に入ると急増傾向に向かう。これはアサリ、バカガイ、トリガイの漁獲量が急増したためである。

　次いでまき網漁による漁獲量は、1977年の2万tから78年は5万500tへと急増したが、このころの漁獲量を左右した主な魚種がマイワシである。しかし、80年代に入るとマイワシの漁獲量が逆に大幅に減少したことから、まき網全体の漁獲量も再び70年代の1万tレベルへと減少しつつある。

　ぱっち網漁の場合は、1970年代半ばまではカタクチイワシとイカナゴが中心であったが、それ以降はマイワシが漁獲量の大部分を占め、その減少が見えはじめる90年代には再びカタクチイワシとイカナゴが主な漁獲量になっている。

　以上から、愛知の漁獲量はマイワシ、アサリ類、カタクチイワシ、イカナゴの水揚げに依っていたということができる。この４種類の漁獲量と価格変化の関係を示したのが図8-6である。マイワシは1970年代までは漁獲量が増えたため価格が下落しているが、85年以降は漁獲量が減る傾向にあるため、わずかながら価格の上昇が見られる。カタクチイワシとイカナゴは、70年代までは漁獲量が減ったため価格が上昇するが、80年代に入ると漁獲量が増え価格の下落が目立っている。

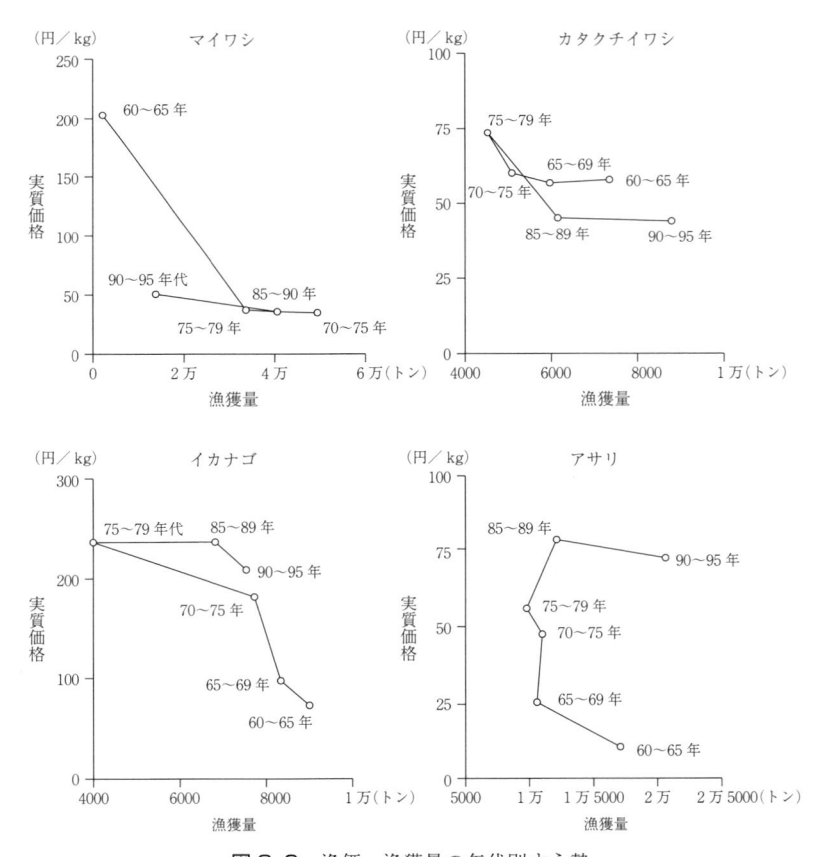

図 8-6　漁価・漁獲量の年代別すう勢

出所：日本水産資源保護協会（1996）「愛知の漁業動向調査」。

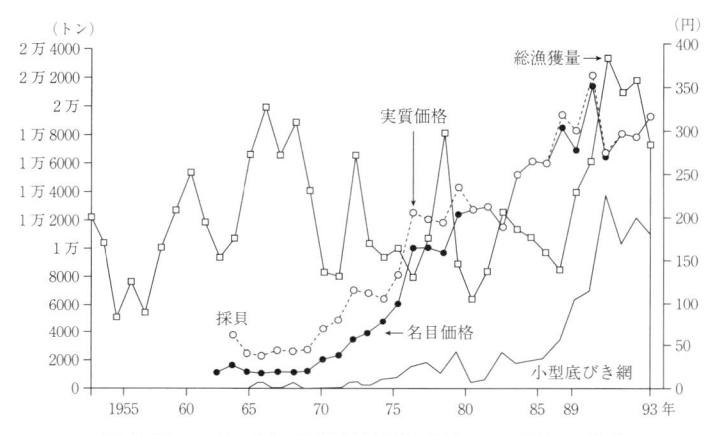

図 8-7　アサリ類の漁業種類別漁獲量および単価の推移
出所：図 8-6 と同じ。

　これに対し、アサリは 80 年代までは漁獲量に激減があるものの価格はそれと無関係にほぼ右肩上がりで上昇していることがわかる。この点は図 8-7 で一層はっきり示されている。その結果、アサリの生産額は著しく伸び、愛知の漁業生産総額を支配してきた。なお、漁業生産額でもっとも主要な魚種は、依然としてノリ養殖であるが、その比率は年々低下している。水揚げ量は漸増傾向にあるが、1979 年の 1 枚当り 17.59 円をピークに以後は低下し、93 年には 11 円台まで低下してしまった。そのため、生産額も 68 年から 93 年にかけて 68％の大幅減となった。この点が、愛知の漁業生産総額を支配するようになったアサリとまったく対照的である。

3　愛知の漁業者が直面する経営課題

漁船漁業者の経営課題

　はじめに漁船漁業者の経営実態から見ておこう。すでに述べたように漁獲量は、1980 年代半ばから 90 年代にかけて漸増し、図 8-6、図 8-7 から明らかなように魚の価格（実質価格）もアサリ類を中心に上昇した

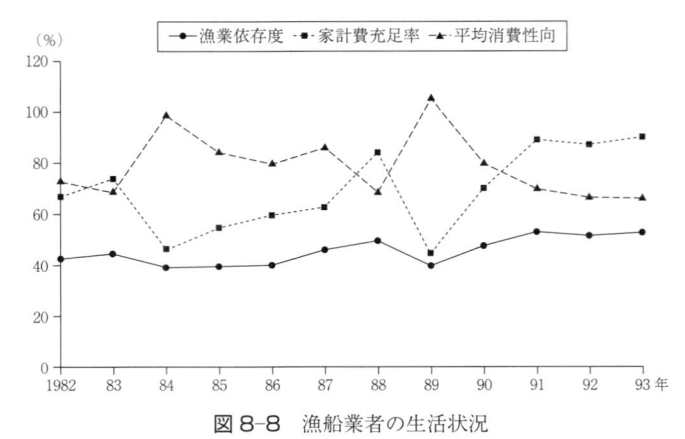

図 8-8　漁船業者の生活状況
出所：「愛知県農林水産統計年表」の各年度より作成 。

ため漁業収入も増加し、93年には755万円となった。他方、80年代後半からは雇用労賃、油代が急騰し漁業支出を急増させたが、先の漁業収入の伸びが漁業支出のそれを上回ったため、一世帯当たりの漁業所得（漁業収入 – 漁業支出）は80年代前半の200万円台、80年代後半の300万円台から93年にはようやく400万円台（436万円）に乗せることができた。

　その結果、図8-8のとおり、漁業者の世帯収入の中で漁業所得の占める割合を示す指標「漁業依存度」は50％代まで回復した。また、この漁業所得でどの程度家計をまかなっているかを示す指標「家計費充足率」は90％弱まで上昇している。

　しかしながら、これだけでは日常の暮らしを余裕をもってまかなうことは到底難しい。漁船漁家では、日常的には家族が、また出漁できない時期には漁業者本人が、家族とともに漁業以外の仕事につき家計を支えている。この漁業以外の労賃収入等に支えられて漁業者の世帯収入も上昇し、1980年代半ばまでの500万円台から、80年代後半には600万円台へ、さらに90年代に入ってようやく800万円台へと到達している。

　では、愛知の漁船漁業者の世帯収入は、他の産業と比べて高いだろうか、あるいは低いだろうか。1988年、愛知の漁船漁業者の世帯収入は

平均で 639 万円となり、はじめて 600 万円台にのった。この金額は、農家所得（一世帯当たりの農家所得の全国平均）の 746 万円を下回るものの（農家所得の 86％）、全国の勤労者世帯所得の 578 万円よりも上回っていた（勤労世帯の 111％）。

その後、93 年現在と比較した場合も愛知の漁船漁業者の世帯当たりの収入は 833 万円、農家の世帯当たりの収入は 685 万円（同 122％）である。つまり愛知の漁船漁業の漁家所得は、農業の平均世帯収入と比較しても決して見劣りしないどころか、勤労者世帯との比較ではそれを上回っているのである。

厳しいノリ養殖業者の経営

他方、ノリ養殖を営む漁業者はどうであろうか。ノリの水揚量は 1973 年に急増したものの、以後大幅な変化なく推移し、93 年は 73 年当時とほぼ同水準であった。また、愛知県の共販実績に見るノリの単価は 80 年代に入ると低下をはじめ、90 年代に入ってようやく 1700 万円まで上昇している。

しかし、雇用労賃、漁船費、諸施設費、油代、減価償却費などの諸経費が著しく増えたため、それらを差し引いたノリ養殖業者の漁業所得は、1986 年に 603 万円を記録して以後 90 年には 400 万円台まで低下し、90 年代に入ってようやく 600 万円前後までもち直している。

この点を先の漁船漁業の漁業所得と比較した場合では、200 万円ほどのノリ養殖を営む漁業者の世帯収入が漁船漁業のそれを上回り、その結果、図 8-9 の通り漁業依存も 80％代に、家計費充足率に至っては 100％を上回る規模に達している。

しかし、ノリ養殖を営む漁業者世帯は漁船漁業を営む世帯と違い、アサリ漁（採貝）との兼業によって、ほぼ一年をとおして働く機会を持っていることから、労賃収入などは漁船漁家に比べてきわめて低い。ただ、漁業所得はすでに見たとおり漸減傾向にあり、そのため労賃収入等が減少した 80 年代半ばから 90 年代にかけては漁家所得も低下し、91 年の 895 万から 93 年には 722 万円へと減少してしまった。このように、ノリ

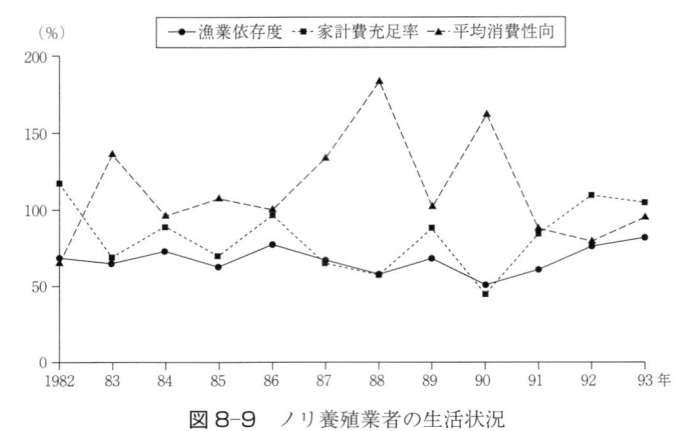

図8-9 ノリ養殖業者の生活状況
出所：「愛知県農林水産統計年表」の各年度より作成。

漁業を営む漁業者の世帯収入は漁船漁業に比べて全体的にはきわめて不安定な状態に置かれていることがわかる。

サラリーマン世帯に追い上げられるノリ養殖業者の世帯収入

ノリ養殖業者の世帯収入についても他産業と比べてみよう。1988年当時のノリ養殖者の世帯収入は614万円で、農家の世帯収入（一世帯当たりの農家所得の全国平均）746万円を下回るものの（農家所得の82%程度）、全国の勤労者の世帯所得578万円よりは上回っていた（勤労世帯の106%）。

その後、93年現在と比較すると愛知のノリ養殖者の世帯収入は722万円、農家所得は889万円（同81%）、勤労者世帯所得は685万円（同105%）で、ノリ養殖者の世帯収入も増えてはいるが農家所得との差は拡大し、勤労者世帯との差が縮小するなど漁船漁家に比べ厳しい経営環境を余儀なくされているということができる。

1990年代以降、後継者難、高齢化、漁獲高の不安定化、魚種の単純化など、漁業が直面する生活環境は年々厳しい状況に追い込まれつつある。そのなかで、愛知の漁業は、漁船漁業者よりもノリ養殖業者の経営が、他産業と比較してみても厳しい状況にあることがわかるだろう。

4　漁業後継者が育ちにくい理由

　以上から明らかなように、現在の漁家の経営状態や漁業所得の水準は、漁船漁業、ノリ養殖をはじめ農業やサラリーマンと比べても決して悪いとはいえない。しかし、将来に向けて今の関係が維持されるか、あるいは善くなっていくかどうかはわからない。今のままでは農業やサラリーマンに比べて漁業者の暮らしは、悪くなる心配もある。

　その理由の一つは、漁業環境の悪化にある。河川上流域でのダム開発や農業用水・工業用水など水資源の浪費的利用による河川流量の大幅減少、生活排水・産業排水・農薬などの流入による汚濁の進行、港湾整備・工業地造成・リゾート開発を目的とする埋め立て事業の拡大など、漁業環境の著しい悪化が、漁船漁業やノリ養殖にとって良好な漁場をますます挟めているからである。そして二つめは、安価な輸入魚介類の増加による沿岸魚介類の魚価低迷もある。

　もし、漁業の現場に若い人々が多く参入したら、漁業環境の悪化も食い止められていたに違いない。ではなぜ、若い人々が漁業の現場に入ってこなくなったのか。その理由を明らかにすることによって、水産王国愛知の課題を整理してみよう。

漁業者の誕生のルート

　男子の漁業就業者が一人前の自営業者となるまでのルートには、図8-10の通り、大きく分けて4つのルートがある*3。

　第一は、中学、高校、大学などを卒業後、直ちに漁業の現場に入ってくるルートである。

　第二は、学校を卒業後、一度漁業以外の職業に数年間雇われ、20台半ば前後に自分の結婚、親の体力の低下と下船、親からの同居を求める要請などを理由に、Uターンしてくるルートである。

　第三は、学校を卒業後、漁業以外の職業に30代から40台半ばまで従事し、父親が漁業を引退した時点で漁業を継ぐためにUターンして自

営業をめざすルートである。

第四は、自営漁家出身以外のものが、新規に自営漁業をめざして漁業就業者になるルートである。

1995年から96年にかけて、愛知県下46沿岸漁協中37漁協の後継者の参入条件調査を行ったところ、愛知県の沿岸漁業に従事する男子の漁業就業者の参入ルートの大部分は、「第一と第二のルート」であることが判明した。

そこで、この二つのルートで自営漁業へ参入してきた新規漁業就業者の参入理由を分析することにより、なぜ若い漁業後継者が愛知の海で育ちにくいかを検証してみよう。

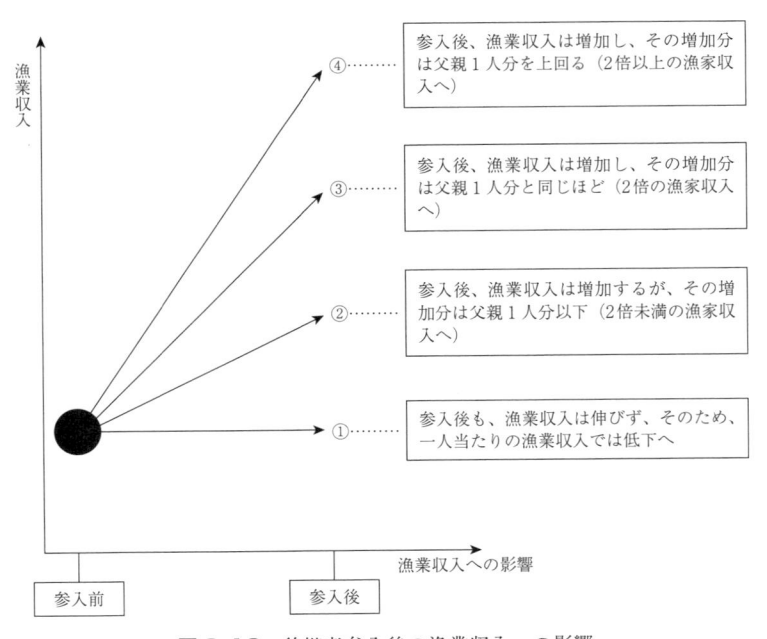

図8-10　後継者参入後の漁業収入への影響

出所：加瀬和俊（1988）『沿岸漁業の担い手と後継者』成山堂、135頁。

学卒後すぐ父親の跡を継いで漁業者になった理由

　はじめに、学校を卒業後、そのまま後継者として漁業の現場に入った理由から見ていこう。主な理由としては、漁家の長男として生まれ、親からも家業であるノリ養殖業や漁船漁業を継ぐことを期待され参入したケースが多い。これには、父親は息子を将来の後継者と見込み、小学生の頃から父親の手伝いをさせたり、釣りなどを一緒に楽しんだり、実際に漁船に同船させたりして、漁業や海での暮らしを体験する機会を与えたことが大きく影響している。

　漁業者である父親が息子に期待をかけたのは、息子が貴重な労働力であり、息子の参入がなければ最新の船や機械を購入してまでも漁業を拡大していくことが経営的にもできなかったからである。息子も小中学生の頃から漁業体験を楽しみ、家族の希望を当然のこととして受け入れ、高校進学時には卒業と同時に参入することを父親と約束した上で進学しているのである。

　そのためかノリ養殖漁家の後継者では、必ずしも大学進学を前提とせず、漁業に必要な資格取得とは関係のない近隣の専門高校へ進学する場合が大部分である。それに対して漁船漁業の息子は同様に専門高校へ進学するケースが多いものの、その際、操船免許の取得や漁船操業の技術を習得できる水産高校へと進学するケースがきわめて多い点に特徴がある。

　したがって、漁船漁業を主とする漁協や漁家の水産高校に対する期待はことのほか大きいものがある。そのため、水産高校を志望する漁船漁家の息子たちの方が、高校卒業後父親の跡を継いで参入することを強く意識した進路選択を自覚をもち主体的に行っている。

　父親は息子の在学中に卒業後の労働力化を見込んで多額の設備投資（最新鋭の漁船やノリ全自動乾燥機などの購入）を行い、息子との協業によって安定した漁業所得の確保をめざしていたことがわかる。

Ｕターンして後継者になった理由

　つぎに、Ｕターンをして父親の跡を継いだ理由を見ておこう。このル

ートでは、高校を卒業すると同時に漁業以外の職業に就職している。いずれにも就業の条件として、数年後に父親のノリ養殖業や漁船漁業を継ぐことを父親との間で約束している。

　若い青年たちがUターンの条件を受け入れた理由として、（1）長男であり家族を継ぐことを期待されていた、（2）小学生の頃から家族の手伝いや父親同伴で釣りなどを楽しみ、父親の職業を抵抗なく受け入れることができていた、（3）海が好きで自分からUターンすることを申し出た、（4）学卒後最初に就業した職場の待遇が父親の漁業所得に比べ著しく低く、しかも現場労働であるため労働時間が不規則で拘束時間も長くやりがいといった社会的使命にも欠けていた、等がUターンによる漁業参入の主な理由であった。

　とはいえ、すでに述べたとおり後継者の数は、年々少なくなっている。たとえば、1994年3月に愛知県下の高校を卒業した8万5863人の若い人たちのうち、就職した者は2万279人、このうち第一次産業に就職した者は93人（構成比0.5％）、さらに漁業者になった者はわずか25名（同0.1％）であった。ただし、Uターン者を加えると36名であった＊4。

　このように漁業後継者が少ないのはなぜだろうか。その主な理由をさぐってみることにしよう。表8-2は、漁協別に見た後継者参入ルートと漁業所得との関係である。このなかで後継者の新規参入者数は、筆者が各漁協組合長に対して行った聞き取りをもとに、過去10年間に後継者とした参入した若者の概数を示したものである。これによれば、新規参入者数が愛知県下でも伊勢湾と三河湾に接する知多地域でもっとも多く、次いで三河湾の西三河地域、もっとも少ないのが三河湾と遠州灘に面する東三河地域であることが分かる。

　後継者の新規参入が多い知多地域や西三河地域では、高校卒業と同時に漁業を継ぐケースが圧倒的に多い。しかし、参入後の漁業所得への影響を見ると、（1）後継者が参入しても漁家としての漁業所得には変化はない、（2）参入後漁家としての漁業所得は増えるが、その増加分は父親一人分の漁業所得以下である（つまり漁業所得が2倍未満）、といったケースが大部分である。

　この主な理由は、図8-11から明らかなように、ノリ養殖漁家では全自動乾燥機などへの設備投資をしたため、漁業支出に占める減価償却費が膨張し、ノリの養殖規模を増やしたりして漁業収入を増やしても相殺されてしまい、漁業所得が大幅に伸びないためである。漁船漁業の場合も、息子の新規参入を期待して父親が新船を購入するため経費が膨張し、漁業収入の増加を相殺してしまうからである。

　そこで、各漁協では栽培漁業に積極的に取り組み、稚魚の放流と管理などを行う資源管理に努め、さらに人工干潟を造成して採貝などの周年雇用の機会を増やすなどして漁業者の漁業所得向上を支援し続けている。しかし、それでも以上の理由から後継者が参入前に期待した所得が参入した後にも十分保障されていないのが実情である。その結果、若い漁業者も次第に漁業所得の不足を強く意識するようになる。それを裏付けているのが表8-3である。

5　所得以外に若者が漁業を継がない理由

　したがって、十分な漁業所得を保障できない愛知の漁業の現状が、後継者の新規参入を阻んできた経済的要因である。ただ、後継者の新規参入を阻む要因は、他にもある。以下で明らかにしておこう。

大規模開発と環境悪化が新規参入を阻む

　表8-4は、漁業後継者に対して新規参入を阻んでいると考え得る要因を聞いた結果である。後継者の新規参入を阻む要因をノリ養殖と漁船漁業とに分け、後継者となった若い人たちの意見の中から探ってみよう。ノリ養殖の場合、両地区の後継者が共通して指摘するのが「漁業所得の不安定性」「生産現場での生産者と消費者との交流不足」「結婚問題」である。

　他方、漁船漁業の場合は、3つの地区の後継者が共通して「藻場、干潟等の喪失」「埋立による漁場の縮小」「回復の見通しすらない水質悪化」「漁業資源の不足」「不安定な漁業所得」を挙げている。

つまり、愛知の漁業現場では漁業後継者として参入した若い人たちの多くが、（1）生産者が消費者ニーズを直接聞く機会がないこと、（2）女性との出会いがなく婚期を逸していること、（3）埋立によって藻場・干潟が失われ良好な漁場が縮小していること、（4）悪化した水質の回復がまったく期待できないこと、（5）漁場環境が悪化し資源の回復が望めないこと、（6）そのため安定した漁業所得が得られないこと、等の6つの主な要因を後継者の新規参入が実現しない共通要因（構造的要因）として挙げている。

その上で、地域固有の阻害要因として、つぎの指摘がきわめて多かったことにも注意しなければならない。すなわち、ノリ養殖では、知多地区で「中部新空港計画」や「空港計画を抱える自治体の消極的な漁業政策」が後継者の新規参入を阻んできたという指摘である。また、西三河地区では「操業意欲のない漁業者の存在」「埋立の進行と火力発電所の温排水被害」「藻場の喪失」「深い漁場での長時

表8-2　漁協別の後継者参入方法と

漁協名	新規参入者数	新規参入方法	漁業収入への影響
(1) 知多地区〔知多半島の伊勢湾沿岸から三河湾沿岸の地区〕			
鬼　崎	約30人	高卒	②
小鈴谷	約30人	高卒	②
内　海	2人	高卒	①
豊　浜	約30人	高卒	②
篠　島	約50人	高卒	②
日間賀島	約50人	中卒、高卒	②または③
大　井	2人	中卒	①
豊　浜	1人	Uターン	③
片　名	2人	高卒	①
美浜町	3人	高卒	②
(2) 西三河地区〔三河湾に面した碧南市、西尾市、幡豆郡（その後西尾市と合併）の沿岸地区〕			
大　浜	約7人	中卒と高卒	①
西　尾	約10人	高卒	②
一　色	約30人	高卒	②
衣　崎	約28人	高卒	②
栄　生	約25人	Uターン	②
味　澤	約11人	高卒	②
佐久島	1人	Uターン	②
吉　良	約6人	高卒	②
吉　田	約7人	高卒	③
幡　豆	約15人	高卒	①
東幡豆	約6人	中卒、高卒、Uターン	③

参入後の収入への影響

左記の主な理由
ノリ養殖の省力化と定着性の高いイシエビの放流で水揚増加。しかし、省力化投資で経費も増加。
設備投資不要の採貝と兼業し水揚増加。しかし、ノリの単価が安く漁業所得の飛躍的向上につながらない。
観光地引網、旅館や民宿客用の釣りが、不況と通過型観光地化の影響で利用者減。その影響で経費負担が増し利益減。
クルマエビ、アワビ、トラフグ等の栽培漁業で水揚増加。しかし、冬期の出漁数が激減し人件費増、設備維持費増で収入増加につながらない。
豊浜と同じ。近代化投資も影響。
クルマエビ、クロダイ、アワビ、抱卵ガザミ、トラフグ等の栽培漁業とノリ養殖の協業化によって水揚増加。
乾燥機など省力化で肉体的負担は軽減。
観光潮干狩りと採貝の兼業化に加え、もぐり船など省力化で水揚増加。
新船購入など設備投資を図り経費増加。ノリ養殖の棚数を増やし水揚増加を図ったが、労働力不足が影響し、水揚増加に結び付かなかった。
ノリ養殖と採貝の兼業化で水揚増加。しかし、ノリの品質が安定せず、漁業収入の飛躍的向上には結びつかなかった。
新船購入と省力化投資で水揚増加を図る。しかし、人件費や設備費がかさみ、漁業収入は伸びなかった。
ノリ養殖と採貝の兼業化で水揚増加を図る。しかし、他と比べノリ漁場が深く、設備費を要し漁業収入の増加につながらなかった。
機械化では対応できない魚の選別、網の整理などの業務を後継者に任せることができ、効率化を図ることができた。
ノリの高品質化、採貝との兼業化で水揚増加と収入増加を展望できるようになった。
採貝で高収入が実現し、Uターン者が過去5年間で15人誕生した。しかし、漁場の悪化で継続的、大幅な漁業収入の増加は見込めなくなっている。
ノリ養殖では棚数を増やし水揚量も増加。しかし、漁場環境が悪化し、高品質なノリ養殖を継続することが難しくなっている。
Uターンした後継者は民宿を経営し、父母が採貝とナマコ漁を営み、観光と漁業の兼業化に成功し、漁家所得の増加につなげている。
新船購入や省力化投資で水揚量は増加。しかし、経費負担で漁業所得の増加には結びついていない。
ノリ養殖の竹差しは重労働だが、後継者が担い、棚数を50％増加させ、水揚量も増加。さらに、採貝との協業化も成功し、一人当たりの漁業収入の大幅増加につながった。
新船購入の経費増加と高級魚の魚価低迷により漁業収入が減少するなど厳しい漁家経営に直面している。
採貝による水揚量を大幅に増やし、漁船漁業の水揚を安定化することに成功。さらに周年労働を保障したことで若い後継者の増加と漁家経営の安定化に成功した。

間労働」、等が同様の要因として実に多く指摘されている点である。

他方、漁船漁業の場合は、漁船漁業固有の要因と思われる「同年代の交友関係の不足」「出漁日数が少なく働きがいがない」「違反操業など悪質な印象の定着」「社会使命の欠如」「不定期な休暇」「乱獲による漁業資源の枯渇」「自然相手の危険な労働内容」などが数多く指摘されている。それと共に「中部

漁協名	新規参入者数	新規参入方法	漁業収入への影響
(3) 東三河地区〔三河湾に面した蒲郡市、豊橋市、田原市の沿岸地区〕			
形　　原	なし	—	—
西　　浦	3 人	Uターン	②
竹　　島	なし	—	—
三　　谷	3 人	高卒、Uターン	①または②
豊　橋　市	なし	—	—
田　　原	なし	—	—
泉	なし	—	—
宇　津　江	なし	—	—
福　　江	4 人	Uターン	不明
中　　山	なし	—	—
伊　良　湖	1 人	高卒	②

出所：鈴木誠「愛知県下の漁協における漁業後

新空港計画」「リゾート計画による漁場の喪失」などが若い人たちに漁業者として働く機会を奪う重大な阻害要因と考えられていることを忘れてはならない。

地域産業としての魅力低下の要因は漁場環境悪化

表8-5は、愛知県内の37漁協の組合長に対して調査した結果をまとめたものである。この表から、各漁協の組合長が考える漁業後継者の新規参入阻害要因を見ておこう。

このうち少なくとも2地区に共通する要因を挙げるとすれば、(1) 重労働で不規則な生活、(2) 漁場環境の総合的悪化、(3) 政府や地方自治体の土木行政に対する不信感、(4) 漁業所得が低く将来への展望が抱けない、(5) 未整備な下船後（退職後）の生活保障、(6) 女性との出会いがなく婚期を逸している、(7) 膨大な設備投資と借金経営、等である。これらの指摘は、ノリ養殖業および漁船漁業のいずれにも共通する要因である。

次に、漁業形態に固有の要因を見ておこう。まずノリ養殖業では、「資材費の高騰による漁業支出の膨張、漁業所得の低下」が多く、他方、

左記の主な理由
―
漁船の設備維持費、燃料代など固定経費がかさみ、大幅な漁業収入増加は望めない状況が続いている。
―
新船購入で固定経費がかさむ「外海底引き網漁」は①、固定経費の不要な採貝は②となり、漁協内で漁家経営の格差がみられる。
―
―
―
―
―
―
ミルガイ、アワビ、カキ、ナマコ、イセエビ等を獲る潜水漁業が主体。そのため新規参入はそのまま水揚増加に結び付き、漁業収入の増加にも繋がる。

継者の参入条件調査」1996 年より作成。

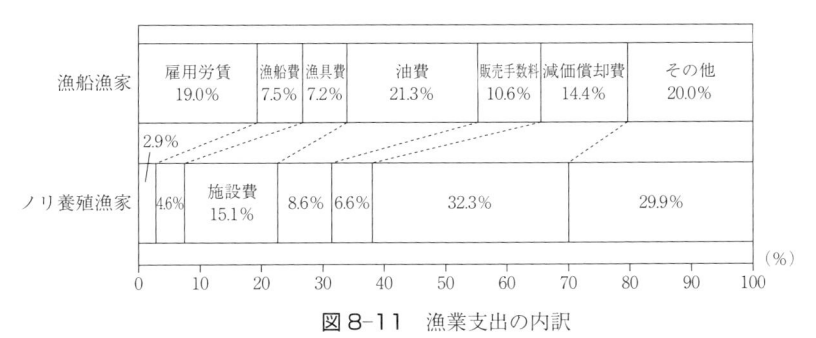

図8-11　漁業支出の内訳

出所：愛知県農業水産部（1996）「漁業の動き」。

表8-3　参入上、漁業後継者が期待する水揚金額

（単位：万円）

後継者	現行水揚額	希望水揚額	不足額	不足理由
ノリ養殖等				
ＮＡ氏	1,650	2,000	350	・今後の設備投資と減価償却、老後の生活安定を考えた上での金額。水揚金額のうち採貝が550万円を占め、生活の安定上も重要な兼業漁業となっている。
ＴＩ氏	1,550	2,000	450	・ＮＡ氏とほぼ同じ。
ＹＭ氏	1,200	1,500	300	・今後の減価償却を考えると必要な金額。兼業漁業である採貝が200万円を占め、重要な収入源となっている。
ＫＴ氏	1,200	1,500	300	・生活の安定に欠かせない金額である。
漁船漁業				
ＹＡ氏	3,000	5,000	2,000	―

出所：表8-2と同じ。

漁船漁業では「漁期が短く効率的、企業的生産が困難」「輸入水産物の増大による魚価の低迷、漁業収入の低下」「漁業資源の単純化、水揚減、品質低下」を重大な阻害要因と捉えていることが明らかとなった。

　さらに、地域固有の要因を見ると、知多地区では、「中部新空港計画」「民宿など観光の衰退による兼業難」が、西三河では「矢作川河口堰建計画による不安」がもっとも多く挙げられた。

　この点は、若い後継者の考えとまったく一致しており、愛知の水産振興が直面する重大な課題といわなくてはならない。

沿岸地域再生の視座

　水産王国愛知が1960年代以前までの繁栄を失いだした背景には、漁場環境の著しい悪化があることは疑いようのない事実である。それらがきっかけとなって沿岸漁業は漁業所得の低迷、漁業経営への不安、若い漁業後継者の参入低迷を招くことになったといえる。

　それに拍車をかけているのが、漁場環境の改善と資源管理の要となる、わずかに残された優良な漁場の埋立・開発計画である。特に、中部新空港計画、三河湾リゾート計画、火力発電所の建設、河口堰の建設計画、港湾開発の沖合展開、（人工島の建設をふくむ）等は、将来に向けて湾内に残された優良な漁場を奪い、漁業者の操業意欲・漁家経営の将来設

表 8-4　若者が漁業を継がない主な理由（漁業後継者へのヒアリング結果）

主な理由	知多地区	西三河地区	東三河地区
【主たる形態がノリ養殖の者】			
①漁業者自身が後継者を育てようとしていない	○		
②埋立や火力発電所の温排水による漁場悪化	○		
③藻場の育成が遅れ水揚額が期待できない	○		
④水揚額が少なく生活が不安定		○	
⑤長時間労働	○		
⑥中部新国際空港の建設計画があるため漁業継続ができるか不安		○	
⑦自治体が漁業振興に対して消極的		○	
⑧養殖の現場では消費者との交流、販売の機会がなく、製品ニーズが把握できない	○	○	
⑨多大な設備投資資金が必要	○	○	
⑩結婚問題	○	○	
【主たる形態が漁船漁業の者】			
①藻場や干潟など漁場の悪化	○	○	
②中部新国際空港の建設計画があるため漁業継続ができるか不安	○		
③埋立による漁場の減少	○	○	○
④水質悪化に回復の兆しがない	○	○	○
⑤乱獲規制が甘く資源が枯渇する		○	
⑥違反操業を自分の子どもにさせたくない		○	
⑦漁業資源が減り水揚額が不安定	○	○	○
⑧大型高級魚の水揚が減り水揚額が減少		○	
⑨魚が小型化し品質も低く、収入が安定しない	○	○	
⑩漁業所得だけでは漁家の生活を維持できない		○	
⑪自然相手の危険な労働のため		○	
⑫今の市場流通では消費者の声が現場に届かない	○		
⑬漁協が若い漁業者に信頼を寄せていない	○		○
⑭若者が漁業の社会的役割を知る機会がない	○		○
⑮同年代との交流関係が乏しい		○	○
⑯出漁日数が乏しく働き甲斐を感じられない		○	
⑰盆と正月以外にまとまった休みが取れない		○	○
⑱リゾート計画が進み漁場が失われる		○	

出所：表 8-2 と同じ。

計をも阻害する要因と受け取られている。他の産業が相対的に魅力を持つからではなく、職業としての沿岸漁業自体が可能性を奪われていることが新規の後継者参入を阻害する要因と受け止められているのである。

　その結果、漁業者の流動化は加速し、漁業者の子弟も地域から流出し、後継者としての参入意欲を奪い、活気を失った漁村社会から結婚適齢期

表8-5　若者が漁業を継がない主な理由（漁協組合長へのヒアリング結果）

主な理由	知多地区	西三河地区	東三河地区
①中部国際空港の建設で漁業の継続を期待できないため	○		
②新空港建設による漁業権消失が予定され新規設備投資できず新規参入を求められないため	○		
③「資材高・ノリ安」のため漁業収入が伸びない	○		
④兄弟で操業したいと希望があるが住宅がないため受け入れられない	○		
⑤民宿や海の家が衰退し、釣り客が減り、観光との兼業が見込めない	○		
⑥退職後の生活保障がなく、不安の残る仕事を継がせたくない	○	○	
⑦女性との出会いがなく結婚できない	○	○	
⑧重労働で不規則な生活を強いられるため	○	○	
⑨漁場環境が総合的に悪化している	○	○	
⑩膨大な設備投資資金の調達が不可欠		○	
⑪漁期が短く周年労働が困難なため		○	
⑫漁場破壊を繰り返す国や県への不信	○	○	
⑬流域下水道や河口堰で漁場環境の向上が見込めない		○	
⑭輸入水産物の増加で価格競争を強いられ、魚価低迷で生活不安が増大			○
⑮埋立による漁場悪化で魚介類の小型化や品質低下が進行			○

出所：表8-2と同じ。

の女性の流出をも促す事態へとつながっている。こうして愛知の漁業と漁業を中核産業とする沿岸漁村社会の空洞化が始まっているのである。

　沿岸漁業を取り巻く環境は今後も一層厳しさを増していく。例えば、(1) 漁協経営の安定化に向けた漁協自身による輸入水産物の増加、(2) 大手商社と提携した大型小売店の海外産地開発による輸入水産物の増加、によって愛知の漁業および水産業をとりまく経済的環境は一層厳しさを増していくことが予想される*5。

　沿岸漁業、水産業は愛知の沿岸地域社会の自然・文化・生活を担い続けてきた重要な地域産業である。その発展を阻害する上記の諸要因を取り除き、伊勢・三河湾の漁業・水産業を再生することが、「豊かな海、伊勢・三河湾」をとりもどす上でもっとも近道であるといえよう。

注
*1　鈴木誠（1997）「豊かな海だった三河湾」『三河湾—環境保全型開発批判—』八千代出版、29-34頁。

＊2　筆者が三河湾研究会の調査事業の一環で取り組んだものである。鈴木誠（1996）
　　「漁業後継者の参入条件調査」。本章はこの調査成果をもとに考察を行っている。

＊3　加瀬和俊（1988）『沿岸漁業の担い手と後継者』成山堂、135頁。

＊4　愛知県農林水産部（1996）「漁業の動き」7頁。

＊5　今村奈良臣、神内義人（1988）『新海洋時代の漁業』農山漁村文化協会、25-45
　　頁。

第3部　地域政策の新たな潮流

　第3部では、これからの時代潮流をとらえた地域政策の視点や方法、政策を通じて描く社会目標を、事例分析を通じ明らかにしてみたい。

　第1部および第2部では、現代のわが国における地域政策の展開過程を、地域政策の歴史的・経済的・社会的背景を踏まえつつ、地域政策の主体・目標・方法および政策がもたらした諸課題を分析し考察した。以上を踏まえ、第3部では、これからの時代を描くための地域政策について考察する。

　今、私たちは「災害の時代」を生きているといわれる。私たちは、これまでもさまざまな災害を経験し、個人の生活再建や地域社会の再生に取り組んできた。だが、災害規模が大きく被災前の社会状況とはかけ離れた事態に陥ると、生活再建や地域社会の再生は、長期にわたる巨大な公共事業の過程に取り込まれ困難の色を濃くしていく。被災から8年を経た東日本大震災の被災地、とくに津波被害が甚大であった沿岸地域では、高台の新居や災害公営住宅へ移転し、生活再建の見通しがつき始めた人々もいる。

　しかし、他方では、高齢者や病人に不可欠な病院等の再開の目途が立たないこと、取引先を失って事業再開の目途が立たないこと、住宅再建や事業再建の資金目途が立たないこと、被災前の家族再会が叶わないこと等を理由に、当地での生活再建をあきらめる人々も増えている。原発で被災し全世帯が避難を余儀なくされた市町村でも、国や市町村の帰還宣言に基づき帰還し、生活を再開する世帯はわずかである。

　2011年3月11日に発生した東日本大震災は、わが国の観測史上最大規模の地震であり、地震の直接死1万5872名、行方不明者2769名、負傷者6114名、災害関連死2303名を生んだ（2017年3月末現在）。そして、32万7000名の被災者が仮設住宅（みなし仮設住宅を含む）や災害公営住宅等での生活を余儀なくされている。失われた尊い命は取り戻せない。そうであれば、震災によって家族との平穏な暮らしや近隣社会での人間関係を失った人々が、被災前の普通の生活や地域社会を取り戻していくにはどうすればよいのか。どのような地域政策が望ましいのか。災害の時代の地域政策は、首都直下型地震や南海トラフを震源とする東

海・東南海・南海地震の襲来と復興を想定し、被害の最小化と生活再建・地域再生の見通しを高める仕組みをもたなければならない。つまり、回復力・復興力という意味でのレジリエントな地域社会づくりにつながる地域政策が求められる。

新たな地域政策の枠組みは、第２部で考察してきた政府主導の地域政策の矛盾に挑む市民主体の地域政策の中にヒントがあるかもしれない。

私たちが生きる社会の姿を考える上で、もう一つ重要な視点は「グローバル化の時代」であろう。経済のグローバル化のもと価格競争が激化する中で、地域の中小企業は従来までの製品開発や海外取引を大幅に見直さなければならなくなっている。グローバル経済に翻弄される地域社会や地域経済が露呈する中で、地域社会の未来に見通しを描ける地域経済を築かなくてはならないし、その実践も始まっている。

1970年代半ば以降の輸送機械・電気機械など製造業大手による集中豪雨型輸出に端を発する日米貿易摩擦のもとで本格化した経済のグローバル化が、21世紀以降、その舞台を先進国から新興国へと急速に拡大する傾向にある。産業界では、少子化・高齢化による国内市場の縮小を所与の前提として、製造業だけでなく非製造業も、中小企業も巻き込みながら新興国市場を新たな生産市場、巨大な消費市場と見込み、企業活動の現地主義化を推し進めている。

海外で成功と成長を遂げたとする日本企業が急増する一方で、その利益が賃金や雇用条件の改善となって還元されない事態が長く続いている。大都市圏、地方都市圏や農山漁村等の地域経済は「デフレの罠」に直面し、物価の下落の恩恵を日常生活に取り込むことを許されないほどの就業機会の不安定化や低賃金を固定化され、仕事を求める人々の流動化（東京一極集中の促進）や生活保護世帯の急増を招いている。

私たちの社会は、人々が経済のグローバル化に翻弄され、生きづらいと感じ、未来に向けて希望を抱けない社会なのかもしれない。それだけに、新たな地域政策は、誰もが希望を持って暮らし、自らの役割と社会への役立ちを実感できる社会への変革を課題とする。

では、どのようにして新たな地域政策の枠組みを描けばよいのだろう

か。その答えを探るのが第3部である。そこで、第3部では、はじめに
新たな地域政策をめぐる基本的考え方を示し、それにもとづく新たな地
域政策の社会目標と方法について、三つの事例をヒントに描いてみたい。

第9章

グローバル社会の深化と地域政策の課題

1 経済のグローバル化と地域社会・地域経済

「経済成長は、日本経済の発展と国民生活の安定に欠かすことのできない政策目標である」とする主張は、戦後の政権与党、中央省庁並びに産業界が三つ巴となって施策の目標に掲げてきた言葉としてよく知られている。米国に代表される先進資本主義諸国の巨大消費市場に依存した輸出政策によって達成されたのが日本の高度経済成長である。それは1970年代半ばから1980年代初頭にかけての自動車・家電製品・半導体など特定産業分野の集中豪雨型輸出へと続くことになる。米国の対日貿易赤字の比率を顧みると、1981年の70.8%をピークに、その後5年間平均で見ても1991-95年で48.4%を占め、米国の対日貿易収支の悪化を顕在化し、日米間の貿易摩擦の引き金にもなったことは記憶に新しい。

他方、日本の自動車に代表される輸出産業の成長と日本の貿易黒字額の累積は、1975年から79年にかけて為替相場の円高を加速させたことから（1ドル300円程から220円程へ）、輸出製品の部品生産を担うなど下請系列取引中小製造業の裾野が極めて広い自動車や家電産業等では、多数の日本人労働者の賃金水準や非輸出型産業である農林水産物の価格に対して発注元親企業や取引関連企業などから割高感が示されるようになった。

1981年以降になると米国の対日貿易赤字の割合がピークに達し、日米貿易摩擦がいよいよ無視できない国家間の通商問題へと発展していく。ここに日本型の経済成長モデル（外需依存・輸出主導型産業構造に基づく福祉社会の実現＝トリックル・ダウン効果の最大限化）の見直しが求

められ、大手製造業など輸出型産業による生産輸出調整が義務づけられるだけでなく、集中豪雨型輸出の停止とともに国内のあらゆる市場を海外資本に対して迅速に開放する要求となってあらわれた。

　それとともに政府の経済政策も、貿易摩擦の回避に向け、日本企業のグローバル投資と現地生産化を一層積極的に支援する経済政策へと転換していく。すなわち、日米貿易の不均衡是正の観点に立ち、集中豪雨型輸出の主因となった製造業の海外直接投資の促進と、現地労働力の雇用拡大や現地部材の調達拡大等である。海外直接投資は、当初こそ米国など先進国の巨大消費市場に向けられてきたが、次第に労働力が先進国に比べ安価で、将来は巨大な消費市場へ変貌すると期待された新興国市場へとシフトし、保険・金融、小売サービスなど非製造業の分野でも割合を急速に高めた。その結果、海外直接投資は全産業分野で拡大していくことになる。

　表9-1は、製造業の海外生産比率を示している。2000年代には輸送機械・情報通信機械・はん用機械等を中心に海外生産比率の割合を高めている。それとともに現地法人の製品販売先や部品調達先など取引関係にも大きな変化がもたらされた。すなわち、北米や欧州での現地生産販売比率と北米、欧州、アジアから日本への販売比率＝逆輸入比率が低下し、アジア、とくに中国など巨大消費市場での生産販売が急増していることがわかる。

　しかも、現地法人の部品等の調達先も、日本からの調達を減らす一方、各地域内での自給率を著しく高めている。とくにアジアではその傾向が強い。その結果、2005-2009年の5年間の収益状況を表9-2に見ると、2008年リーマンショックの以前では全産業が経常利益を高め、経常利益率は国内よりも現地法人のそれが2倍以上も高くなり、2009年度の内部留保残高は全産業で18兆1275億円に達している。

　海外直接投資の動機も、表9-3の通り、当初の良質で安価な労働力があることや日系企業の進出実績があるという点から、旺盛な新興国内の製品需要の高まりと今後への期待、さらに進出国の近隣諸国での経済成長による需要急増への対応に変化し、一部の日本企業は「生産のフル

表9-1　業種別海外生産比率の推移

(単位：%)

	2000 年度	2003 年度	2006 年度	2009 年度	00-09 増加率
製造業合計	11.8	15.6	18.1	17.2	45.8
食料品	2.7	4.9	4.2	4.7	74.1
繊維	8	8.4	9	6.2	▲ 22.5
木材紙パ	3.8	3.8	4.7	3.7	▲ 2.6
化学	11.8	13.6	17.9	15.1	28
石油・石炭	1.4	1.6	4.4	1.6	14.3
窯業・土石	8.1	5.3	12	11.6	43.2
鉄鋼	14	9.4	10.6	10.7	▲ 23.6
非鉄金属	9.4	7.9	10.3	17.9	90.4
金属製品	1.6	1.6	2.6	2.8	75
はん用機械	－	－	－	21.2	－
生産用機械	－	－	－	8	－
業務用機械	－	－	－	12.9	－
一般機械	10.8	10.7	14.3	－	－
電気機械	18.2	23.4	11.8	13	－
情報通信機械	上記に含む	上記に含む	34	26.1	－
輸送機械	23.7	32.6	37.8	39.3	65.8
精密機械	11.2	12.8	8.9	－	－
その他	4.6	6	9.7	8.7	89.1

出所：経済産業省「第 40 回我が国企業の海外事業活動（平成 21 年度実績）」を加工集計。

セット現地主義化」を視野に入れる段階すら迎えている。

　以上の欧米先進国や中国等新興国への海外直接投資の急増は、1985年のプラザ合意によって加速したものである。プラザ合意は、レーガン政権下で膨張した双子の赤字（財政赤字と貿易赤字）の削減と双子の赤字に起因する国際通貨ドルの暴落を回避する目的で、為替相場を「円安ドル高から円高ドル安」へと政策転換させた対米協調型経済政策である。

　その結果、欧米市場の外需に依存して国際競争力を高めてきた日本の自動車・電機など外需依存型製造業は、海外子会社の設立と生産を徐々に拡大するとともに、これまで国内総生産への寄与度と雇用吸収力が極めて大きかった自動車・電機などでは国内地方生産工場を縮小、閉鎖・撤退し、事業部や子会社体制の再編縮小、大規模な雇用調整を実施した。

　製造業の海外生産比率は、バブル経済崩壊後の1992年以降、右肩上がりで上昇し、とくに貿易摩擦の原因業種である自動車の現地生産比率は、2004年に48.2％、2007年には初めて海外生産額が国内生産額を上

表9-2　現地法人の収益と利益処分の状況

	2005 年度	2007 年度	2009 年度	05-07 増減率
①現地法人の経常利益（100 億円）				
全産業	761	1135	701	49
製造業	395	552	353	40
非製造業	366	583	348	59
②現地法人地域別経常利益（100 億円）	—	—	—	—
北米	241	240	104	▲ 0
アジア	250	381	367	52
ヨーロッパ	94	167	47	78
③現地法人の経常利益率（％）				
全産業	4	5	4	17
製造業	5	5	5	8
非製造業	4	5	4	27
＊国内法人の経常利益率（％）	—	—	—	—
全産業	3	3	2	0
製造業	5	5	2	2
非製造業	3	3	2	▲ 4
④現地法人の当期純利益（100 億円）				
全産業	515	773	471	50
製造業	273	419	243	53
非製造業	242	354	229	46
⑤現地法人全産業の内部留保等（兆円）	—	—	—	—
当期内部留保額	2	4	2	57
内部留保残高	13	20	18	61
⑥ 2009 年度内部留保額（億円）				
全産業	—	—	18,425	—
製造業	—	—	4,505	—
非製造業	—	—	13,920	—
⑦ 2009 年度内部留保残高（億円）				
全産業	—	—	181,275	—
製造業	—	—	79,837	—
非製造業	—	—	101,438	—

注：売上高経常利益率＝経常利益率／売上高×100、当期内部留保額＝当期純損益－配当金
　　内部留保残高＝自己資本－資本金－資本準備金
出所：経済産業省「第 40 回　我が国企業の海外事業活動（平成 21 年度実績）」を加工集計。
　　なお、原典は財務省「法人企業統計」。

回り 50.6％に達した。この割合はその後も上昇し、2010 年には 57.8％に
達している。
　ところで、1986 年の前川リポートは、欧米市場への集中豪雨型輸出
によって日米貿易摩擦の要因となってきた自動車や電機など外需依存型

産業が主導する日本の経済構造の見直しも

提唱した。すなわち、日本市場の規制緩和と市場開放（公共事業も含む）、海外資本による国内直接投資環境の整備、公定歩合の引下げと市中金利の引下げによる超低金利政策を導入し、内需主導型経済構造への大転換を強く求めるものであった。

一連の貿易摩擦の軽減と内需主導型経済への転換は、地域経済に対して、下記の面で影響を及ぼすこととなった。その主な点を整理しておこう*1。

第一は、急激な規制緩和（1998年には規制緩和推進３カ年計画策定）によって巨大地域開発プロジェクトを計画し、余剰化する民間資金を全国各地へ分散させ、内需拡大の起爆剤とした。その結果、大都市圏では、日本プロジェクト産業協議会の提案や日米構造協議・日本建設協議会の公約による東京都心再開発、東京湾横断道路、関西新国際空港、本四連絡橋等の建設や、中部新国際空港構想の策定が着手された。

また、農山漁村では土地利用規制の緩和や自治体の優遇税制、金融緩和を誘い水にして、民間資本と自治体が合同出資し株式会社化した第３セクターによって、長期滞在型リゾート開発事業が構想・計画化され、一部は実施に移された。都市でも農村でも一連の巨大地域開発プロジェクト構想は、余剰化していた民間資本を投機的利用へとつなげ、内需主導型経済構造への転換を促した。

その結果、大都市圏では過剰資金が再開発需要に当て込み土地売買に

07-09増減率	05年＝100の際の 2009年度指数
▲38	92
▲36	89
▲40	95
—	—
▲57	43
▲4	147
▲72	50
▲10	105
▲8	100
▲15	108
—	—
▲32	68
▲53	48
▲15	82
▲39	91
▲42	89
▲35	95
—	—
▲50	78
▲11	144

表 9-3　製造業現地法人への投資決定ポイント

	2004 年度
①現地の製品需要が旺盛又は今後の需要が見込まれる	61.2
②良質で安価な労働力が確保できる	46.7
③納入先を含む、他の日系企業の進出実績がある	41
④進出先近隣三国で製品需要が旺盛又は今後の拡大が見込まれる	18.2

注：調査の対象は本社企業。2009 年度に新規投資または追加投資を行った企業に対して、投
　　は、回答企業総数に対する該当項目の回答企業数の比率。
出所：経済産業省「第 40 回　我が国企業の海外事業活動（平成 21 年度実績）」を加工集計し

投入され、土地投機の連鎖を生み出し、土地や住宅を奪われる住民の都
心流出と都心地域の空洞化を拡大した。他方、農山漁村地域では、自然
海浜、保安林等の林野が規制緩和によって開発対象となり、リゾート開
発構想が計画化され着手されていった。だが、３セクの多くが経営難と
なり、不良資産を生み、開発自治体の財政悪化と農林漁業など地域産業
の衰退、農山漁村など地域社会からの人口流出を招くことになる*2。

　第二は、農林水産物の輸入自由化による農山漁村社会への影響である。
農林水産業はもともと非輸出型産業であり、貿易摩擦とは無関係な食糧
自給産業・国土保全産業である。しかし、貿易黒字と円高に伴う製品の
割高感も手伝い、市場開放の対象に差し出されてきた。その結果、内外
価格差の著しい農産物の輸入促進と市場メカニズムを活用した構造政策
の徹底が具体化された。

　牛肉・オレンジは輸入自由化され、ガット・ウルグアイ・ラウンドの
妥結によりミニマム・アクセス米の輸入も開始されることになった。
1995 年にはコメの輸入に伴って新食糧法が食糧管理法にとって替わり、
農業保護政策は根本的に見直され、農産物・食糧品の輸入品目と輸入額
は急増し、日本を世界最大の「食料純輸入国（食料自給率低水準国）」
へと変貌させてきたのである。

　第三は、中小企業や地場産業が集積する地域社会への影響である。日
本の製品輸入額は1986 年から 90 年にかけて倍増したが、これは円高ド
ル安への為替操作や海外直接投資で生産機能を海外に移転させた大企業
からの逆輸入品と NIES 諸国からの輸入品が急増したことによる。

　問題は、表 9-4 の通り、中小企業性製品の輸入伸び率が大企業性製

（上位４項目の場合）

2005 年度	2006 年度	2007 年度	2008 年度	2009 年度	04-09 増減
53.9	66.3	63.8	65.1	68.1	11.3
29.4	34.5	29.8	29.6	26.2	▲ 43.9
27.1	31.9	31.3	27.2	25.6	▲ 37.6
19.1	21.7	21.6	21.7	22.5	23.6

資を決定した際のポイントについて、該当する項目を３項目まで選んだものを集計。構成比

て作成。

品の伸び率を大幅に上回り、とくに食糧品、繊維・繊維製品分野での輸入増加と国内市場への輸入浸透度が深まったことである。そのため、中小企業者が集積する繊維産地や陶磁器産地等の産地経済は、安価な輸入製品との間で価格競争に追い込まれ、取引市場の縮小、中小企業の倒産・廃業、事業所数や従業者数の激減による産業集積効果の脆弱化、産地経済の低迷、自治体財政の悪化など悪循環に直面するようになる*3。

　1980年代半ば以降、日本経済のグローバル化はますます深化し、海外生産比率や証券投資額が上昇する中で、首都圏・東京など本社機能が集積する地域への海外利益の集中型流入と雇用・所得・支出など地域経済活動の活発化、地方での工業撤退や産地縮小による生産・分配・消費など地域経済全般の停滞が同時並行的に表れる事態を迎えている。とくに地方では、中小製造業や農林水産業が逆輸入製品との価格競争に敗れ、事業所数や就業者数が著しく減少し、地方で生まれ生活を続ける機会・

表9-4　規模別輸入額・輸出額の動向

（単位：億円）

	2005 年	2007 年	2009 年	2011 年
輸入額				
中小企業性製品	155,098	175,210	138,185	151,230
大企業性製品	124,085	95,227	98,833	130,136
輸出額				
中小企業性製品	88,920	101,235	71,135	93,512
大企業性製品	275,409	336,857	200,496	227,323
対ドル円相場	110.16	117.76	93.54	79.81

注：原資料は、経済産業省「工業統計表」、財務省「貿易統計」。中小企業性製品（大企業性製品）とは、日本標準産業分類細分類で中小事業所（大事業所）の出荷額が70%（1999年基準）を占めるものをいう。
出所：中小企業庁編「2012年度中小企業白書」より作成。

生活の再生産条件が失われ、生産年齢人口の流動化、とりわけ不安定で
はあるが雇用機会が相対的に多い大都市への若者流出を促してきたとい
える。

　大都市に比べ、地方であればあるほど事業所数・就業者数・付加価値
額の面で中小企業の占める割合が高くなる。その中小企業が大部分を占
める医療・福祉分野では、製造業で失われた雇用を安定した雇用条件の
下で吸収することは果たせず、結果として生産と消費の両面で停滞する
地域経済の構造化・固定化を生み出した。

2　今、なぜ地域経済政策を問い直すのか

混迷する地域社会

　1992年以降の実質GDP成長率は1–2％の低成長で推移する一方で、
製造業の海外直接投資比率は急伸し、図9–1の通り、2005年以降日本
の経常収支の黒字は所得収支が貿易収支を上回る形で生み出してきた。
所得収支の黒字は、海外生産比率を高める日本企業が内部留保を生み、
配当金として国内へ還流させてきた結果である。

　2009年4月以降、この仕組みを使った海外利益の国内還流が加速す
ることになった。その最大の要因が2009年4月以降自社の海外子会社
から受け取る配当を原則非課税とする「外国子会社配当益金不算入制
度」の導入である。これは、一定の海外子会社から還流された配当を、
原則として日本の親会社で課税対象としないことにより、日本国内に還
流させる仕組みである。この結果、国内に還流した配当は、2008年の
2.4兆円から2009年には3兆円と約2割強の増加を実現している。

　だが、注意すべきは、海外進出企業の利益の還流先である。海外子会
社の利益が本社に吸引されていく場合、その利益はまず企業本社が集積
している東京など首都圏に向かうことになる。企業の国内生産による利
益率よりも海外子会社からの配当の増加率が高まり、本社に集まる利益
が大きくなれば法人税収も増えて自主財源比率は高まっていく。

　本社が集積する東京など首都圏は財政自立度を向上させていくことが

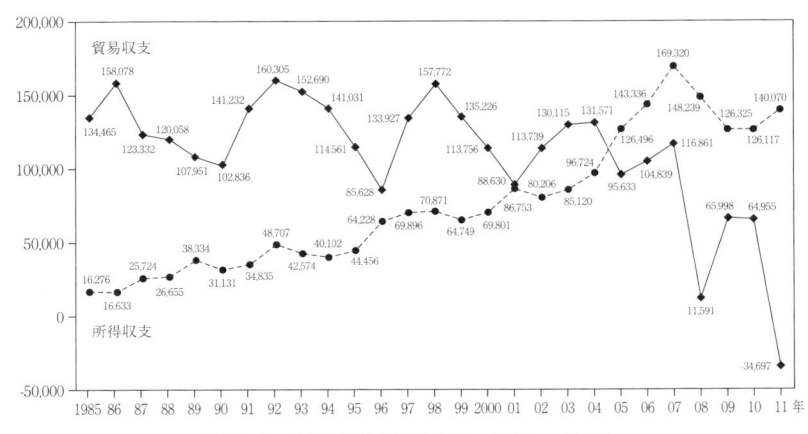

図9-1　貿易収支と所得収支（単位：億円）

出所：財務省「国際収支」より作成。

できる。しかし、本社が少ないことに加え、海外への工場流出や国内工場の再編縮小が進む地方都市では、雇用者報酬や家計消費支出の減少、受注取引高や機会の減少などに直面するなど、グローバル経済の果実である利益の還元は届かないことが多い。

　それ以上に、今後は「海外子会社の利益は国内の本社に還流される」といった経済のグローバル化政策の推進根拠それ自体が失われていくことに注意が必要であろう。財務省・日銀がまとめている「国際収支統計」では、海外現地法人の内部留保を示す「再投資収益」が2012年1月から10月までの月平均で1665億円と、前年（2011年）の月平均より60％も増え、リーマンショック後の2009年以来4年ぶりの高水準となり、国内の本社に還流したお金を示す「配当金・配分済支店収益」が1997億円で、前年を下回ることになった。

　これは、部品や原材料の現地調達が進んでいることが一因で、国際協力銀行が海外現地法人を多く持つ企業に2012年の夏実施したアンケート調査でも、現地調達比率を引き上げると回答した企業は65％に達し、中期的に日本からの調達を減らすと答えた企業の割合は52.4％に及んだ。つまり、海外で得た利益は国内に還流せず、そのまま海外での現地調達

や技術開発、人材育成等に回される傾向を強めている。

　金融庁では、この潮流を加速する目的で金融規制緩和の検討を進めている。親企業や取引先大企業の海外進出にあわせて中小企業の海外進出を支援できるように、進出先の海外銀行に代わってこれまでの取引地方銀行が融資や海外送金の窓口を担えるよう代理業務を解禁する方針が銀行法改正案に盛り込まれ、2014年度施行に向け金融審議会で検討案が示されている*4。

　法人所得のみでなく、雇用者報酬でも影響は大きい。表9-5は、一人当たりの県民所得のうちの雇用者報酬を47都道府県で比較したものである。東京を100とした場合、神奈川・埼玉・千葉など首都圏3県、愛知・三重など東海2県、大阪・兵庫・奈良・京都など関西2府2県が70台から80台、それ以外の県は非常に低く、報酬格差が歴然としている。さらに、企業の法人課税所得を同様に見ると、東京対地方という格差も顕著である。先にも述べた通り、海外企業の利益は、企業本社が集積する東京など一部の大都市に集中し、所得の地域間格差を生み出してきているのである。

　東京に比べ、所得による分配が少ない地方では、個人の預貯金も削減させている。一世帯当たりの預貯金など貯蓄格差の実態を見ておこう。表9-6は、都道府県における一世帯当たりの預貯金額を比較したものである。2007-2012年間に1世帯当たりの預貯金が増えたのは東京を中心に東北各県（特に宮城）において顕著である以外は、大部分の府県で減らしている。また、地域間の貯蓄格差を見ても、一世帯当たりの預貯金額が最高の東京は最少の沖縄に比べ、同期間に2.7倍から約3倍に差を広げている。所得や貯蓄から見た地方の生活基盤は弱体化しつつある。

　所得や貯蓄の地域間格差が広がる背景には、就業機会の偏在という課題もある。表9-7によれば、2005-2011年間の労働力人口の地域別動向に大きな変化はなく、労働力人口の61.4％が南関東以外の地域に分散しているにもかかわらず、同期間に就業者数が増加したのは南関東のみで、他地域ではすべて減少していることがわかる。

　就業率の低下は東北で6.6％、四国で5.1％、北陸で4.5％、北海道で

表9-5　2009年度、都道府県別の雇用者報酬、法人所得の比較

	一人当り雇用者報酬	東京100	内国法人の所得金額	東京100	構成比（％）
北 海 道	4,523	72	530,820	4	1.8
青 森 県	3,752	60	78,205	1	0.3
岩 手 県	3,782	60	67,061	0	0.2
宮 城 県	4,457	71	180,327	1	0.6
秋 田 県	3,396	54	52,601	0	0.2
山 形 県	3,703	59	70,249	1	0.2
福 島 県	4,002	64	147,604	1	0.5
茨 城 県	4,374	70	252,694	2	0.9
栃 木 県	4,551	72	144,464	1	0.5
群 馬 県	4,475	71	332,392	2	1.1
埼 玉 県	4,779	76	548,089	4	1.9
千 葉 県	4,740	75	544,631	4	1.9
東 京 都	6,285	100	13,658,348	100	46.8
神奈川県	5,192	83	921,918	7	3.2
新 潟 県	4,046	64	258,266	2	0.9
富 山 県	4,278	68	152,384	1	0.5
石 川 県	3,970	63	113,798	1	0.4
福 井 県	4,056	65	95,466	1	0.3
山 梨 県	4,386	70	99,903	1	0.3
長 野 県	4,394	70	181,968	1	0.6
岐 阜 県	4,095	65	214,048	2	0.7
静 岡 県	4,062	65	444,331	3	1.5
愛 知 県	4,528	72	1,868,045	14	6.4
三 重 県	4,391	70	174,068	1	0.6
滋 賀 県	4,110	65	195,261	1	0.7
京 都 府	4,495	72	715,637	5	2.5
大 阪 府	5,405	86	3,211,773	24	11
兵 庫 県	4,771	76	728,803	5	2.5
奈 良 県	4,794	76	77,926	1	0.3
和歌山県	4,440	71	75,087	1	0.3
鳥 取 県	3,837	61	35,238	0	0.1
島 根 県	4,017	64	55,228	0	0.2
岡 山 県	4,481	71	262,272	2	0.9
広 島 県	4,502	72	440,826	3	1.5
山 口 県	4,137	66	249,066	2	0.9
徳 島 県	4,035	64	67,494	0	0.2
香 川 県	4,508	72	120,355	1	0.4
愛 媛 県	3,683	59	276,073	2	0.9
高 知 県	4,426	70	45,177	0	0.2
福 岡 県	4,493	71	663,708	5	2.3
佐 賀 県	3,642	58	90,404	1	0.3
長 崎 県	3,844	61	122,130	1	0.4
熊 本 県	4,094	65	125,911	1	0.4
大 分 県	4,034	64	125,573	1	0.4
宮 崎 県	3,591	57	72,283	1	0.2
鹿児島県	3,752	60	130,615	1	0.4
沖 縄 県	3,811	61	162,348	1	0.6
全 県 計	4,674	74	29,180,871	214	100

注：単位は、一人当たりの雇用者報酬は1,000円、法人所得金額は100万円。
出所：内閣府編「2009年度版、県民経済年報」財務省「国税庁直接税統計情報」より作成。

表9-6　1 世帯当たりの預貯金残高に見る地域間格差

	1 世帯当たり 預貯金残高（円）	左記に同じ	1 世帯当たり 預貯金残高の増減	1 世帯当たりの 預貯金残高格差 （東京100）	左記に同じ
	2007 年 3 月末	2012 年 3 月末	2007 − 2012 年度	2007 年 3 月末	2012 年 3 月末
全　　国	10,287,514	10,412,397	124883	72	65
北 海 道	6,290,802	6,271,407	▲ 19395	44	39
青 森 県	7,052,880	7,118,200	65320	49	44
岩 手 県	8,406,050	8,904,101	498051	59	55
宮 城 県	8,745,390	9,773,779	1028389	61	61
秋 田 県	8,348,182	8,432,185	84003	58	53
山 形 県	9,566,173	9,808,799	242626	67	61
福 島 県	7,922,036	8,514,631	592595	55	53
茨 城 県	10,541,430	10,422,133	▲ 119297	73	65
栃 木 県	10,775,323	10,412,178	▲ 363145	75	65
群 馬 県	9,987,883	9,668,187	▲ 319696	70	60
埼 玉 県	9,925,344	9,901,212	▲ 24132	69	62
千 葉 県	10,469,893	10,723,427	253534	73	67
東 京 都	14,360,577	16,050,341	1689764	100	100
神奈川県	9,789,864	9,874,786	84922	68	62
新 潟 県	10,324,036	10,175,610	▲ 148426	72	63
富 山 県	12,244,318	12,275,432	31114	85	76
石 川 県	10,491,405	10,304,495	▲ 186910	73	64
福 井 県	12,594,588	12,025,769	▲ 568819	88	75
山 梨 県	9,279,368	9,117,092	▲ 162276	65	57
長 野 県	9,703,558	9,295,622	▲ 407936	68	58
岐 阜 県	10,194,692	9,821,871	▲ 372821	71	61
静 岡 県	9,366,728	9,044,794	▲ 321934	65	56
愛 知 県	10,889,445	10,637,381	▲ 252064	76	66
三 重 県	11,420,774	11,175,622	▲ 245152	80	70
滋 賀 県	11,098,117	10,734,753	▲ 363364	77	67
京 都 府	10,009,840	9,578,751	▲ 431089	70	60
大 阪 府	12,530,676	12,208,862	▲ 321814	87	76
兵 庫 県	9,872,331	9,945,027	72696	69	62
奈 良 県	13,229,869	12,603,144	▲ 626725	92	79
和歌山県	11,163,857	10,668,928	▲ 494929	78	66
鳥 取 県	9,866,177	9,792,808	▲ 73369	69	61
島 根 県	8,904,610	8,860,469	▲ 44141	62	55
岡 山 県	10,314,038	10,021,495	▲ 292543	72	62
広 島 県	9,623,958	9,495,241	▲ 128717	67	59
山 口 県	9,273,992	9,526,247	252255	65	59
徳 島 県	13,721,447	13,444,537	▲ 276910	96	84
香 川 県	12,408,063	12,281,801	▲ 126262	86	77
愛 媛 県	9,725,943	9,592,569	▲ 133374	68	60
高 知 県	8,296,556	7,787,470	▲ 509086	58	49
福 岡 県	8,750,188	8,721,333	▲ 28855	61	54
佐 賀 県	8,739,520	8,275,492	▲ 464028	61	52
長 崎 県	8,063,471	7,870,512	▲ 192959	56	49
熊 本 県	8,261,847	8,152,497	▲ 109350	58	51
大 分 県	7,926,765	7,737,855	▲ 188910	55	48
宮 崎 県	5,638,668	5,701,579	62911	39	36
鹿児島県	6,234,616	6,181,233	▲ 53383	43	39
沖 縄 県	5,309,299	5,617,504	308205	37	35

注：世帯数は、各年 3 月末の住民基本台帳の数値を示す。預金とは国内の都市銀行及び地方
　　銀行の預金合算数値を示し、信用金庫等の「その他」の金融機関の預金は含めない。
出所：東洋経済新報社「2012 年度地域経済総覧」「2013 年度地域経済総覧」より作成。なお、原資料は
　　日本銀行、信金中央金庫、ゆうちょ銀行等の発表資料。

3.4％と高い減少率を示している。同地域は、2002年以降、1億円以上の補助金を投じて企業誘致を積極的に行ってきた地域である。だが、誘致した企業のうち、10年以内に撤退や事業規模を縮小した製造業が多数立地していた地域でもある*5。同地域から大手製造業が撤退を続けた背景には、円高やアジア新興国との競争がある。それによって国内から海外へと生産を現地主義に切り替える企業が増加したこと、さらに地方分工場から国内母工場へと生産を集約した企業が増えたこと、誘致企業の撤退や事業縮小再編で下請中小企業群との取引を減らしたことが、地方都市の製造業就業者の減少に影響を与えている。

　さらに、公共事業抑制による建設業就業者の減少、農林水産業・加工業での就業者数の減少も挙げられる。表9-7の完全失業率の地域別動向によれば、多くの労働力を抱えながら就業者数が減少傾向にある地方では、完全失業率も高い傾向にあり、人々が希望通りに就業できない状況に置かれていることがうかがえる。

　表9-8は、産業別の就業者数の動向である。2005-2010年間の就業者数を見ると、運輸・郵便業をはじめ製造業、建設業、卸・小売業などで就業者を大幅に減らしている。この減少は、医療・福祉分野における就業者数の増加をもってしても吸収されていない。その結果、就業者数は、総数で見ても99万人の減少に至っている。

　東京都墨田区や大田区、大阪府東大阪市など従業員数4人以下の中小零細製造業が集積する大都市地域では、親企業の海外進出に伴う取引停止や下請発注価格の大幅削減で仕事量を減らす傾向にある。それが従業員数の削減・事業所の倒産を誘発し、地域経済を脆弱なものにしている*6。

　経済のグローバル化は、大都市から農山村に至る多様な地域において雇用や所得を喪失させる傾向にある。それはさまざまな地域で民間および地方自治体による再投資が減り、雇用と所得を再生産する民間や自治体など公民の地域管理条件が失われてきていることを意味する。

表9-7　労働力、就業者数、完全失業者数、就業率、

	労働力人口と構成比					
	2005年度	構成比	2010年度	構成比	2011年度	構成比
全　　　　国	6,650	100.0	6,590	100.0	6,545	100.0
北　海　道	281	4.2	274	4.2	271	4.1
東　　　北	498	7.5	476	7.2	468	7.2
南　関　東	1,840	27.7	1,887	28.6	1,880	28.7
北関東・甲信	541	8.1	529	8.0	525	8.0
北　　　陸	299	4.5	287	4.4	285	4.4
東　　　海	811	12.2	808	12.3	801	12.2
近　　　畿	1,041	15.7	1,023	15.5	1,016	15.5
中　　　国	395	5.9	385	5.8	378	5.8
四　　　国	207	3.1	198	3.0	197	3.0
九　州・沖縄	738	11.1	725	11.0	725	11.1

	完全失業者数				就業率	
	2005年度	2010年度	2011年度	05-11年度増加率	2005年度	2010年度
全　　　　国	294	334	300	2.0	57.7	56.6
北　海　道	15	14	14	▲ 6.7	54.2	53.8
東　　　北	25	27	25	0.0	56.7	55.4
南　関　東	80	96	86	7.5	59.1	58.3
北関東・甲信	20	25	23	15.0	60.0	58.4
北　　　陸	10	12	11	10	60.0	58.3
東　　　海	26	33	30	15.4	61.3	59.5
近　　　畿	54	60	51	▲ 5.6	55.0	53.5
中　　　国	15	16	14	▲ 6.7	57.4	56.4
四　　　国	9	9	9	0.0	55.8	54.3
九　州・沖縄	39	41	38	▲ 2.6	55.4	54.8

注：労働力調査では、2011年3月11日に発生した東日本大震災の影響により岩手県、宮城
　　県及び福島県で調査実施が一時困難にとなった。したがって、ここに掲載した2011年の数
　　値は、総務省が2005年国勢調査を基準に補完的に計算した値である。
出所：http://www.stat.go.jp/data/roudou/120424/index.htm

デフレ構造下の地域経済

　経済のグローバル化によって、日本経済の再生を目指すという政府の
「日本再生戦略」では、地域経済は衰退するばかりではなかろうか。正
規雇用下で働く人々でも、雇用者報酬の要である賃金の伸び悩みや削減
が依然続いている。この状態は、人々に生活防衛のために節約志向によ
る安価な商品やサービスの選択を促し、商品等の単価を下落させ、人口

完全失業率の地域別動向　　（単位：万人、%）

就業者数			
2005 年度	2010 年度	2011 年度	05-11 年度増加率
6,356	6,257	6,244	▲ 1.8
266	260	257	▲ 3.4
473	450	442	▲ 6.6
1,760	1,790	1,793	1.9
521	504	503	▲ 3.5
288	275	275	▲ 4.5
784	775	771	▲ 1.7
987	962	965	▲ 2.2
380	369	374	▲ 1.6
198	188	188	▲ 5.1
699	684	687	▲ 1.7

就業率	完全失業率		
2011 年度	2005 年度	2010 年度	2011 年度
56.5	4.4	5.1	4.6
53.3	5.3	5.1	5.2
54.8	5.0	5.7	5.3
58.3	4.3	5.1	4.6
58.4	3.7	4.7	4.4
58.4	3.3	4.2	3.9
59.3	3.1	4.1	3.7
53.7	5.2	5.9	5.0
55.8	3.8	4.2	3.7
54.5	4.3	4.5	4.6
55.0	5.3	5.7	5.2

減少による売上数量の伸び悩み要因も加わって、小売・卸売業をはじめ就業構造の要となる企業の収益を減少基調に向かわせている。

企業が設備を維持し利益を生みだし所得分配に至るには、あらゆるコストの削減を優先することになる。ここで人件費はコストと見なされ削減対象となる。人件費の削減による賃金の減少は家計所得を減少させ、人々はさらに低価格志向を強めざるを得ず、企業もコスト削減姿勢を強め再び賃金を減らすなど、地域経済の悪循環の構図（デフレ構造）を定着させる*7。

問題は、この構図の要因とも言える「物価と賃金の下落基調」が先進国の中で日本のみ、10年以上にわたり続いているという点である。経済のグローバル化が加速した2000年以降の約10年間について、海外生産を加速させた各国製造業の賃金を比較検討してみよう。この間、欧米製造業は賃金を上昇させてきたにもかかわらず、日本の製造業だけが賃金の下落基調にある。1960年から2007年までの日本の労働分配率の推移を見ると、労働分配率は過去6度の低下過程（＝景気拡張過程）があるが、2001-2005年間の期間は最大の労働分配率の下落値（－4.2%）と雇用者報酬の下落値（－

表9-8　産業別に見た就業者数の動向

	2005 年	2006 年	2007 年	2008 年	2009 年
総数	6,356	6,382	6,412	6,385	6,282
農業、林業	259	250	251	245	242
漁業	23	22	21	23	20
鉱業、採石業、砂利採取業	3	3	4	3	3
建設業	568	559	552	537	517
製造業	1,142	1,161	1,165	1,144	1,073
電気・ガス・熱供給・水道業	35	36	33	32	34
情報通信業	175	180	192	189	193
運輸業、郵便業	320	180	192	189	193
卸売業、小売業	1,084	1,075	1,077	1,067	1,055
金融業・保険業	157	155	156	164	165
不動産業、物品賃貸業	101	107	113	111	110
学術研究、専門・技術サービス業	207	204	198	200	195
宿泊業、飲食サービス業	381	374	380	373	380
生活関連サービス業、娯楽業	238	242	233	236	241
教育、学習支援業	281	282	279	283	287
医療、福祉	553	571	579	598	621
複合サービス事業	76	75	71	56	52
サービス業（他に分類されない）	447	467	478	485	463
公務（他に分類されるものを除く）	229	222	227	223	222

出所：http://www.stat.go.jp/data/roudou/120424/index.htm

3.9％）を経験した。つまり、景気が上昇し企業は利益を生みながら、利益は賃金に反映されてこなかったのである*8。

　物価も 10 年余り下落局面にあるが、その間でも 2005-2007 年頃は、円安による輸出急増で上場企業が史上最高益を記録した時期である。その時期こそデフレ脱却の可能性はあったはずである。賃上げを行うのに十分な利益水準を企業は確保していたにもかかわらず、労働分配率が大きく下落して賃金が伸びなかった。たとえ、新興国との競争激化を理由に経営者側が賃上げを渋ったからであっても、また労働組合も将来の業

（単位：万人、％）

2010 年	2005-2010 年増減数	2005-2010 年増減率
6,257	▲ 99	▲ 2
234	▲ 25	▲ 10
18	▲ 5	▲ 22
3	0	0
498	▲ 70	▲ 12
1,049	▲ 93	▲ 8
34	▲ 1	▲ 3
196	21	12
196	▲ 124	▲ 39
1,057	▲ 27	▲ 2
163	6	4
110	9	9
198	▲ 9	▲ 4
387	6	2
239	1	0
288	7	2
653	100	18
45	▲ 31	▲ 41
455	8	2
220	▲ 9	▲ 4

績悪化時の人員削減に備えて内部留保の積み上げを容認したからであっても、地域経済のデフレ構造と疲弊を深化させたことに変わりはない*9。

　まずはグローバル化の果実を内部留保してきたグローバル企業が、業績回復と収益性の向上を賃金として雇用者報酬に反映し、生活の基本を為す国内農林水産物の消費向上や住宅・福祉等へ人々が再投資できる諸条件を形成する責務があるといえよう。

　そうしなければ、早晩デフレ経済下で地域の産業基盤が空洞化し、人口の再生産は困難となり、住民の流出は加速するに違いない。それゆえに、経済のグローバル化に翻弄され続けてきた経済社会を脱し、人々が一人ひとり人間らしい生活と労働を通じて地域社会の安定を図れるような地域政策の再設計も急がれる。その主体とは、地域の経済社会課題を熟知した地域住民を中心に中小企業、協同組合、NPO、地方自治体など多様な地域経済の担い手でもある。

　この多様な担い手が、地域課題を共有しながら協力連携し、年齢や障害の有無に関係なく地域の多様な人材を活用し、地産商品やサービスの開発・販売を通じた地域産業の振興を促進し、雇用や所得の形成、移住・定住者の増加と地域消費の拡大に結びつけていくことが期待されている。つまり、地域経済循環の構造を再生産していける地域主体間の協働による地域産業政策の構想と展開が待たれている。

　その際、地域経済の循環は、特定の市町村内に閉じられた循環ではなく、人々の生活圏の拡大に伴い、地方農山漁村の生産市場と地方都市や大都市の消費市場、大都市内部の近郊農家と新興住宅地区を結ぶ開放的・広域的な循環が中心となる。異業種や同業種の中小企業間での取引や技術力向上に伴う協同組合・協議会の設立、それに伴う新たな市場の開拓に結び付くものであることも期待されている。

　2004年以降日本の人口は減少に転じ、今後の日本は先進国の中でも比類のない早さで高齢社会を迎える。それは、大手の製造業やサービス業にとっては消費市場と労働市場の両面において利益を生まず、魅力のない社会構造として扱われ、新たな設備投資を伴わず雇用も減らし、意思決定組織など従来からの本社機能も含めた海外完全現地体制などに移行する動機ともなっている*10。海外で生産した製品を同国内や近隣諸国の消費市場で販売し、その利益を本社のある東京に吸収せず海外市場で再投資し、企業の成長と多国籍化を促進する構図といえよう。

　円高の容認と個別・地域間貿易自由化協定（EPA や TPP などの経済構造調整政策）への協調が進めば、安全を重視する都市部の消費者・消費団体とともに成長してきた地方中山間地域や都市近郊の生産農家・協同組合の生産基盤は価格競争に洗われ、良好な生産・雇用条件を失い、都市と農村の共生、都市と農村の国土保全機能などを喪失しかねないであろう。

　地域経済の発展と企業の成長が、もはや別ものとなり、グローバル企業の国際分業構造と東京の世界都市化のみが進展する状況のもとでは、地方都市や農山村では、安定した正規雇用の機会を失い、職業・職場を求める若者たちが地元を離れ、パートやアルバイトなど不安定就労や外国人研修生に依存した安価な労働力による就業構造の固定化を招いていく。それは地域経済の劣化やコミュニティによる地域共同管理機能の崩壊につながり、決して放置するわけにはいかない*11。

　こうした現状や趨勢が顕在化しながらも、経済のグローバル化や経済構造改革に一定の社会的規制をかけるという政府の地域政策はどこにも見当たらない。既述のように、それらに翻弄されない地域社会を、国の

制度・政策に従属するだけでなく、地域から築き上げていく地域政策への挑戦が始まっている。

　従来は国の産業政策に従属しながら地域経済を展望することしかできなかった地域において、それを見直しながら能動的に地域の経済や社会課題に向き合い、自立した地域経済を模索する自治体の存在感が増している。

　地域の多様な主体が協働し、人々が人間的な暮らしを維持または回復していくには、住民が働き、収入を得て自らが求める生活の幅を広げていける地域社会と地域経済を再生産していかなくてはならない。その場合の地域とは、単なる空間や場所という意味にとどまらない。私たちにとっての「地域」とは、誰もが人間らしい生活を獲得していく社会である。また、個人ではなく住民と住民、住民と自治体、住民と産業が協働し、質の高い共同の生活環境や労働環境、自然との共生関係を生み出していく共同の空間でもある。

　現代社会の地域をこのように定義すれば、地域産業とは、生活と経済を乖離させ、経済の成長が生活の豊かさに結びつかない産業活動を展開する企業や産業団体を意味しない。同時に、自然と人間の健全な物質代謝を破壊する産業主体を意味するものでもない。

　これからの地域産業とは、次の5原則を事業内容や経営理念にもつ経済主体と捉えてみたい。その5原則とは、(1) 雇用を通じて働く者の生きがいや人間としての尊厳を大切にする産業、(2) 安定した雇用契約を通して、働く者が能力を活かし、潜在能力の発現に努め、家族や地域の絆づくり（地域コミュニティ活動）を積極的に支援する産業、(3) 地域固有の原材料や労働力を優先して使い、製品やサービスの販売を通じて生まれた利益を所得・納税・取引等の形で地域に還元し、経済活動を通じた資金の地域内循環を持続的に形成する産業、(4) 自然との物質代謝・物質循環を重視し、環境への負荷の低減化に取り組む産業、(5) 国内外並びに都市と農村の生産および消費が常に互いのニーズを把握し、生産と消費の信頼関係を築きながら海外と日本、日本国内の都市と農村の共生と再生産を担っていく産業、である。

　地域産業は社会目標であり、かつ地域条件によっては民間事業者以外であることもある。とくに、民間事業者の立地が少ない農山漁村では、雇用や所得を守り、環境や文化の保全を担ってきた市町村（３セクを含む）、農協・漁協・森林組合・商工会・商工会議所、中小企業団体、生活協同組合等が地域経済を担うこともあり得る。

　また、地域産業が上記の機能をはたすための地域産業活動の仕方も多様である。市町村域を超えて、さらに国境を越えて産業活動を展開し、相互の地域問題の解決と人間的な暮らしの実現に取り組むことの重要性が増している。国内の農山漁村地域の生産系協同組合と都市地域の生活協同組合との「協同組合間提携」「産消提携」事業、新興国や発展途上国で人権保護、貧困克服、環境保護を目的に生産活動をする NGO・NPO・生産組合と日本の NGO・NPO・生活組合との「フェアトレード」も、地域産業主体間の地域経済ネットワーク（広域的地域経済循環事業）であり、グローバル経済時代の地域産業課題として重要になっている。

3　住民、中小企業、自治体の協働による地域産業政策

　とくに 21 世紀に入り、地域社会は、経済のグローバル化による様々な負の影響を受け、人々が生活し辛い状態に直面している。

　例えば、農山漁村を抱える地域や地方都市は、小中学校の統廃合によって子供を持つ世代の市外・県外流出を加速させ、地域コミュニティの共同管理能力が著しく低い地域や集落を抱えつつある。高度な技術教育を受けた若者たちが地元に残り仕事に就くための職場が、海外生産比率を高める大企業の影響を受けて倒産・廃業・合理化する中小企業の増加によって減少し、市町村合併や農協・森林組合の合併による就業機会の減少がそれに追い打ちをかけ、人々の定住条件を悪化させている。

　雇用・賃金・職種や教育・医療等の面で定住条件を失う地域では、20代、30 代の人口再生産が可能な住民の流出を生じている。人口が地域で再生産されない状況では、次第に個々の生活や地域コミュニティ活動

の維持、労働を通じた自然への働きかけも弱くなり、地域単位での国土保全機能も低下していくことになる。人生設計の困難な不安定で劣悪な労働条件や雇用環境が増えれば、独り暮らしを選択せざるを得ない若者や中高年齢者が増え、地域での住民相互の互酬関係も断絶し、無縁社会の広がりすら危惧される。

　だが、この危惧は現実のものとなりつつある。すでにわが国では、人生や仕事に希望を失った人々の自死（自殺者）が毎年増加し、1998 年以降、大都市や地方を問わず全国で毎年 3 万人以上の人々が自ら尊い命を絶っている。この悲しい現実が、1998 年以来 14 年もの長期にわたって続いているのである *12。

　私たちは、この現実から、まずはグローバル経済を主導する産業活動やそれを推進する国・地方の経済政策が、人々の暮らしや生活基盤の充実に結びついてこなかった事実を直視しなければならないであろう。その上で、人々が生きがいを失った社会を、希望を持って暮らし続けられる地域社会へと転換していく地域産業の育成と産業活動の支援、地域産業活動を通じた地域経済の実現に取り組んでいかなければならない。

　経済のグローバル化に翻弄されてきた時代の克服が急がれる。一人ひとりの住民が希望を持って生活を続けていける雇用条件や労働環境を築き、それとともに個人や家族の異常を察知し手を差し出せる「包摂社会」を築かなくてはならない。そのためには、従来のように地域政策の主導権を国任せにするのではなく、住民、地元産業団体、地域住民組織や NPO、さらに市町村など地域の自治を担う諸機関の下へ権限を移譲し、住民の自治、地域の自治、産業の自治によって地域に必要な地域政策を運用していくことが重要である。

4　地域内への分権と自治に基づく地域産業政策

　上記の問題意識にそった地域政策のモデル事例を見ておきたい。まず取り上げたい事例が、食料・農業・農村振興一体型の地域づくりを目標とする地域内分権型の地域産業政策である。

　農林漁業地域を抱える地方都市の中には、自然の物質循環を維持しながら安全な食料生産体制を築き、都市内の流通と消費の拡大、地域ブランド開発と認証化、域外・国外の消費市場を包摂しながら地域経済の循環構造をめざす地域産業政策が生まれている。そこでは、住民のための安全な食料の生産と流通・消費を、地域内の農地と生産者・協同組合・消費者団体・教育機関との連携のもとで取り組み、食料自給率の向上と環境保全との両立を図る事業が地域産業政策の柱となる。その理念、仕組み、推進体制など一連の政策体系の根幹をなしてきたのが、グローバル経済や人口減少に翻弄されない地域産業政策づくりに向けた自治体の条例制定であり、条例に依拠した計画的な地域産業政策の展開である。

　そのモデル事例の一つを、小規模な集落営農や市街化区域の農業を含め地域農業全体の振興を軸とする新潟県上越市の地域産業政策であり、1999 年制定の食料・農業・農村基本法を活用した自治体地域産業政策である。

　旧法である農業基本法（1999 年廃止）は、農業の発展と農業従事者の地位向上を国の農業政策の目標に置き、自治体農政を「国の施策に準じる」立場として扱ってきた。2000 年から同法に代わって制定された食料・農業・農村基本法では、国に準じる自治体農政の姿を見直し、地域農政の目的についても農業生産単体の振興から、「食料の安定供給の確保」「多面的機能の発揮」「農業の持続的な発展」「農村の振興」「水産業及び林業への配慮」へと広げ、その具体的施策の実施に向けて自治体農政の役割を強く求めるようになった。同法第 8 条では「地方公共団体は、基本理念にのっとり、食料、農業及び農村に関し、国との適切な役割分担を踏まえて、その地方公共団体の区域の自然的経済的社会的諸条件に応じた施策を策定し、及び実施する責務を有する」と述べ、自治体農政の責務を明文化したのである。

　第 8 条を法的根拠とし、地域内分権と地域自治の理念に基づく地域産業政策に踏み出したのが新潟県上越市である。上越市は全国の自治体に先駆けて 2000 年に食料・農業・農村基本条例を制定した。同条例では農業重視にとどまらず、市内の食料自給率向上、物質循環を重視した環

境保全型農業の推進、地場産業として持続的な発展を展望できる農業の追求、農業・農村と都市の消費が連携する広域連携型地域経済の形成を地域農政の方針として明文化し、2001年「上越市食料・農業・農村基本計画」を策定している。

　同計画の目標は、農業資源を活かした「農業がひかりかがやくまちじょうえつ」（豊かな食と自然を活かした産業の育つまち）という地域農政の実現にある。その地域農政では上越市の将来像を「農業都市」と定め、自治体が都市的機能のみに純化するのではなく、自治体内の農村的機能とも両立し、安全な食料生産を産業としても自立させることで自然環境と調和した都市を実現できるとしている。農業関係者だけでなく家庭菜園を楽しむ都市生活者や食育を重視する教育機関とも連携し、「地域全体で農業を支えていく」ことを宣言し、成果を生み出している点に注目したい。

　上越市の集落間営農の振興は、この宣言を具体化していくための主要施策である。上越市は2005年に周辺13町村と合併し21万人の人口規模を持つ都市となった。それとともに、2009年には地方自治法の一般制度としての地域自治区を旧上越市内15地区、旧町村単位13地区の合計28地区に設け、地域自治区を構成する地域協議会を市の諮問機関としてだけでなく、地域固有の課題であっても住民自らが協議し全市の政策に反映できるよう自主的審議機関として重視し、住民の地域自治活動による地域内分権体制を構築してきた*13。

　合併により編入した13地区には中山間地域が多いことから集落営農の振興とともに、集落間連携による中山間地域農業全体の振興を図ることが、編入地区の地域協議会の重大な関心事であり、地域自治活動と集落衰退防止の観点からも重要な課題と位置づけられている。集落間連携は旧町村単位での連携組織、複数集落で連携する組織など実に多様である。ただし、農業は自治会・町内会や区等の住民組織による地域共同管理のもとで成り立ち、主体は住民組織の地域単位となる集落にある。そうした認識に立ち、集落を地域農業の基本としながら、現実には高齢化と担い手不足が加速する中で土地利用や農業機械・施設の共同利用等の

課題もあることから、集落間に「横串」をさす必要性も検討されてきた。そこで、集落間に横串をさし、集落間連携による地域自治活動と、農業・農村の維持発展を図るために設置されたのが上越市の「地域マネジメント組織連絡会議」である。

　同会議は 2011 年 2 月に設立され、集落間の情報交換、共同の取り組み活動や農地の利用調整など集落間・旧町村間・旧町村域と旧上越市域との連携、農業生産の担い手育成と営農体制の整備（新規就農者の確保、法人化、機械の共同利用）、地域資源を活用した農産加工・6 次産業化等に着手しはじめている。合併後の上越市が直面してきた都市地域と連携した地域農政の展開は、自治体内や自治体外の消費市場との間に新たな地域経済循環の形成を進め、地域経済を土台とした集落自治活動・地域自治活動・自治体外との住民交流・ネットワーク経済の可能性を引き出している*14。

　愛媛県今治市は、1999 年国の食料・農業・農村基本法が品目横断的経営安定対策を打ち出すなど経営規模拡大策を農業の担い手育成の柱に据えていることへ危惧をいだき、「有機農業の振興」「地産地消の推進」「食育の推進」を 3 本柱とした自治体農政を地域産業政策として 2006 年 9 月制定の「今治市食と農のまちづくり条例」に基づき取り組んできた自治体である。同条例を制定する以前から、今治市は、地元農産物の地域内循環による地域経済の確立など農業を活かした独自の地域産業政策の導入と浸透で注目を集めてきた都市である。その政策の原点は、1983 年の学校給食調理場の自校化と学校給食への地元有機農産物の導入、地元食材の地元使用、以上の実績を踏まえた 1988 年市による「食糧の安全性と安定供給体制を確立する都市宣言」にまでさかのぼる。

　同市では 2005 年 1 月に 12 市町村との広域合併を遂げ、農漁業・加工業を主とした産業地域を新たに包摂したことにより、1988 年の同宣言の策定に関わった農業団体、商工団体、消費者団体、PTA 等から要請を受け、旧今治市の地域農政の指針でもあった都市宣言を、編入旧町村域も含めた新市の宣言として扱うことを決め、同年 12 月新市議会で議決し、新今治の地域産業政策の目標に掲げた。同市では、農林水産業

の振興ビジョンを描き、この都市宣言を着実に実行していくための条例案を策定し、2007年の９月議会で「今治市食と農のまちづくり条例」として全会一致を可決成立させた。

　この条例は、食と農林水産業を基軸とした地域経済を構築するための「地産地消の推進」「食育の推進」「有機農業の振興」を柱とした市の責務、市民や農林水産業者、食品関連事業者の役割を明示し、基本計画に従って施策を推進するためのルールである。同市では、先の上越市と同様、家庭菜園などで安全な農作物を生産し自給に活かそうとする市民も、農業生産者とともに「安全な農業」の担い手と位置づけ、安全な地域農業の振興を全市的観点から推進するため助成活動も行ってきた。

　同条例の意義は、次の９点にある。すなわち、①「食料の安全性と安定供給体制を確立する都市宣言」（2005年新市議会議決）の実効性を担保、②「地産地消の推進」「食育の推進」「有機農業の振興」における「市の責務」と「市民、農林水産業者、食品関連事業者の役割」を明確にし、今治市のまちづくりを食と農の振興で推進していくことを明文化、③「地産地消の推進」「食育の推進」「有機農業の振興」を３本柱にまちづくりの基本理念を構築、④本来は法律に準拠して地産地消・食育・有機農業・地域農林水産業・遺伝子組み換え作物栽培規制等をばらばらに制定するところを、一本の条例にまとめ、地産地消推進計画、食育推進基本計画、地域農林水産業振興基本計画、有機農業推進基本計画を総合的に推進し、全庁的対応の促進と庁内セクショナリズムを排除、⑤有機農業の推進、有機農産物や特別栽培農産物の消費拡大を明示するとともに有機農業に対する姿勢を宣言し、市から国や県の有機農業政策をバックアップ、⑥市町村で初めて遺伝子組み換え作物の栽培に罰則付きの規制を導入し、交雑・混入の防止、種苗法による権利侵害の防止、栽培に伴う住民トラブルを回避、市内での遺伝子組み換え作物の栽培の抑止効果を期待、⑦基本計画に品目別自給目標を明示し、地域農業全体の振興を有機農業に向けて図る方向性を明示、⑧認定農業者、エコファーマーはもちろん、安全な作物を生産するために耕作する者をすべて地域農業の担い手と位置づけ、施策や助成の対象とする、⑨市民主体の「食と農

のまちづくり委員会」を諮問機関としての審議機能だけでなく、施策の実施主体となって、まちづくり運動を展開できるように設置、等である。

　この9原則を着実に実行することで、地域の農林水産業者に消費者の顔が見える位置で安全で高品質な農産物生産を促し、市民や子どもたちには今治産農産物の消費を優先してもらいながら、農林水産業と市民との間に食と経済の循環を確立し、安全な食生活、雇用と所得の維持安定を図ろうとしている。

　この条例に基づく地域農政の成果は、着実に生まれている。その一例が、今治市の学校給食に見られる。今日では、学校給食に用いられる野菜と果物の重量割合を見ると、市内産がほぼ40％の割合で使用されており、市内で自給できない農産物を、今治市以外の県内他市町村に20％、県外市町村に40％の割合で補っている。また、学校給食の食材の約1割が、市内産の有機農産物で占められ、その割合を今後は徐々に高める方向で模索が始まっている。

　今治市が「地産地消の推進」「食育の推進」「有機農業の振興」を地域農政の3本柱に据えて、同条例に基づく推進計画を展開する背景には、地産地消による学校給食事業が、学校卒業後に市が進める地域農政を理解し、生産・流通・消費のいずれかに参画し、地域づくりを担う人材の形成に、大きく貢献していることにもよる。

　2003年2月、市では「26歳の市民を対象に食材選択アンケート」を実施し、同市が地産地消の給食を始めて5年目の1988年に小学校3年生だった世代から、同市の地域農政を検証している。検証の結果、同市の学校給食を食べて育った若者たちの方が、そうでない同世代の若者たちよりも食に対して望ましい消費行動を取っていることが判明したとしている。とくに、大人になってからも地元産の食材を求めようとする行動が、市外の12％に比べて同市の給食を食べた若者たちの方が約2倍と高く、積極的に地元農産物や有機農産物など付加価値の高い安全な食材を購入しているという結果が得られたのである*15。

　この事例は、経済のグローバル化にともない地域の消費市場にも価格競争力に勝る輸入農作物や加工品が浸透するなかで、価格競争に翻弄さ

れない農林水産業や消費生活を求める世代が再生産されていることを裏付けている。安全な農林水産物の生産と流通・消費を図り、土地の遊休化防止と安全な土地利用促進、地域生産者の所得保障、地域産品ブランド認証化を全市的に取り組む重要性を、今治市の地域産業政策から学ぶことができる。

　国が推進した市町村合併では、疲弊する自治体や地域経済の実態が数多く紹介される中で、上越市、今治市の事例は、合併による弊害を予測し、弊害を生み出さない地域づくりを制度・政策化してきた好例といえる。とりわけ、都市内分権とそれに基づく地域産業の起業や人材育成支援、雇用と所得保障、高付加価値ブランド商品の開発と広域連携による消費市場の形成など、包括的な地域産業政策の形成過程は注目に値するといえよう。

5　中小企業振興基本条例を根拠とした
　　地域経済再生への挑戦

　国内の中小企業では、とくに2000年以降の円高による大企業の海外進出、逆輸入製品との価格競争を受けて、取引量の減少・取引価格の引き下げと低収益性による経営難を露呈する事業所が急増した。それに労働力不足や後継者難が追い打ちをかけ、倒産・廃業に至るケースも増えている。中小企業の衰退は、地域内の民間事業者各々の減少に留まらず、人口の再生産にも寄与する若い世代の就業を困難にし、定住条件を失わせ、人口の社会減と自然減を招き、生活保護世帯の増加や地域コミュニティの空洞化に至る深刻な地域問題へとつながっていく。したがって、こうした地域課題と向き合い、経済のグローバル化や国の経済構造調整政策などに翻弄されることのない地域経済をめざす地方自治体が増えている。それは、中小企業振興基本条例や地域経済振興条例に基づく地域産業政策の展開となってあらわれている。

　自治体による中小企業振興策や地域経済振興策のモデルと言われるのが東京都墨田区の地域産業政策である。東京都墨田区では1979年に独

自の地域経済振興策の出発点として中小企業振興基本条例を制定した。墨田区は、戦後復興期から1960年代の高度成長期まで、都内で最大の中小製造企業集積地域であった。ところが、70年代の２度に及ぶ石油危機の影響で中小企業（特に従業員５人以下の零細製造業）への発注が激減するとともに後継者難が加わり、小規模ながら高度な技術と異業種が集積し横請け等の共同受注の仕組みも抱え成長してきた区の経済は、倒産や廃業の連鎖に直面し、ものづくりの文化や技術の消失に向かうこととなった。墨田区の条例制定は、こうした事態の中で取り組まれた区独自の地域産業政策である。

　では、墨田区の中小企業振興基本条例の意義はどこにあったのか。それは次の３点に集約できる。第一は、自治体が国から自立して中小企業の振興に取り組む事例が少ない時代状況の中で、自治体独自の判断に基づき地域固有の文化や高齢技術者・職人の雇用・技術力を支える中小企業の振興策に取り組んだこと。第二に、制定を目指した条例の中身づくりのために、まず自治体職員が区内の全中小製造業を直接訪問調査し、経営状態や事業の振興に必要な行政施策が何であるかを探り、生産現場と地域づくりに役立つ条例の中身に仕上げていったこと。第三に、専門家・地域中小企業経営者等との情報共有や政策協議を進めるための推進体制（産業振興会議と呼ぶ）を庁内に設置し、既存の中小企業の経営革新や起業に役立つ支援体制を整備したこと、等が挙げられる。

　「条例、実態調査、振興会議」の３点セットが、墨田区の中小企業振興を進めていく基本をなし、現在も墨田区が中小企業振興のモデル自治体と称される理由である。

　とくに、1977年から79年にかけて、区内9000以上の事業所を対象に、係長級職員約180人が取り組んだ墨田区内全製造業の経営実態調査は、条例制定の確信となり、その後、墨田区の地域ブランドを積極的に押し出すハード・ソフト両面での仕組みづくり、区内中小製造業と区外ビジネスとのマッチング、技術力の底上げを図るための基本情報・データベースともなる重要な政策過程であった。

　その上で、中小企業振興策の推進体制として設置された「産業振興会

議」からの提言は、中小企業経営者からの情報をもとに、「すみだ中小企業センター」（1986 年）の開設へと結実していく力となる。それは、小規模零細企業では導入が難しかった高性能機器を区で導入し、事業者に対して低料金で利用を促すことによって技術力と製品の付加価値を区全体で底上げする拠点機能を担ってきた。拠点機能はセンター常駐の専門家が区内中小企業への巡回相談をしながら、事業者カルテを作成し中小企業のデータベースを作成（センター開設前 2 年かけて約 9600 社の製造業・卸売業の企業台帳も整備）して、企業台帳として定期的にデータ更新しながら技術情報や取引商談用の企業ガイド（冊子）へと仕上げることによっても発揮されてきた。こうしたビジネスマッチング機能は、今日でも自治体の地域産業政策として高い完成度をもつ。

　産業振興会議から生まれた施策は以上にとどまらず、ものづくりのイメージアップ戦略「3M 運動」を生み、産業振興を超えて墨田区全体のまちづくりへ広がっていったことでも知られている。「3M 運動」とは、地域イメージを高めることによって産業振興と地域活性化を同時に実現するという視点を持った地域づくり戦略と言える。具体的には「小さな博物館（ミュージアム）運動」「モデルショップ運動（現在は工房ショップ）」「マイスター運動」という三つの M の事業を展開していくことを意味する。

　産業振興会議委員からの提案である「真の活性化は墨田という都市がアイデンティティ（主体性）を取り戻すことによって実現される。そのためには墨田区の特性、風土、歴史、伝統を考え、それを未来にどのように成長させていくべきかを考えていく必要がある」という指摘は、自治体の地域産業政策の基本理念になりえると言っても過言ではなかろう。

　墨田区では、三つの M と神社仏閣などの史跡の接続、食の老舗を巡るガイドツアーとの接続等を区の観光協会が実施し、産業観光として 5 次産業化による地域づくりへと発展させる新たな試みにも挑戦している。民間旅行会社と連携し、修学旅行生を対象に「工場マイスター」によるものづくり体験を組み込むなどして、集積力が弱くなってきた区内中小企業を観光など異業種との交流に繋ぎ合わせることにより、墨田区内に

新たな産業観光交流ビジネスの可能性を探る試みにもつなげている[16]。

　墨田区の中小企業振興策は、従来の中小製造業の雇用・技術の維持と高度化を、緻密な現状分析を通じて域外市場とのマッチングを図り振興する施策である。それとともに、技術や製品、人材を地域資源として活用し、観光資源としての価値を付与しながら交流人口の誘導、観光産業としての可能性へと広げ、墨田区の地域産業構造の転換を地域自治的なまちづくりの観点から推し進めている点に注目したい。

　中小企業振興条例の制定という初期の墨田区における中小企業振興策は、その後、全国の地方自治体でモデルと位置づけられ、2010年までに67の自治体で中小企業振興条例が制定されるに至っている。墨田区の地域産業政策が、中小企業振興条例や地域経済振興条例として高く評価を受け、同類の施策に取り組む自治体が急増したのは2000年に入ってからである。そこには1999年の中小企業基本法の改正があったことも無視できない点である。

　改正前の基本法では、「地方公共団体は、国の施策に準じて施策を講ずるように努めなければならない」と規定され、事実上、地方は、国が施策を考えて、それを実行する役割に留められていた。だが、同法の抜本的な改正によって、中小企業の振興策はそれぞれの都道府県や市町村の特性を踏まえ、市民や中小企業と協働しながら策定し、実行しなければならないと改められた。折しも、小泉自民党政権による大胆な規制改革と円高を契機に海外直接投資を加速する大企業が急増し、産業の空洞化や製品の逆輸入により地域経済の要である中小企業の経営悪化と地域経済の疲弊が顕著になった時期でもある。

　こうした危機感を背景に、中小企業の集積する自治体では中小企業振興基本条例制定と条例に基づく中小企業振興計画の策定、および振興計画の推進体制の確立による持続的な中小企業政策の展開と地域経済の確立を目指すようになった。

　例えば、北海道上川郡下川町では、2007年に中小企業振興基本条例を制定し、町内に事業の拠点をおく中小企業が、新事業の創出・後継者育成など「地域特性に適した新事業」を展開する際、地元地域金融機関

による融資の斡旋や資金貸付、損失補償など、中小企業が求める多様な支援策を、積極的に展開してきた自治体として注目されている。今日では森林組合、製材業など林業・林産業者との異業種交流・連携を通して、町内の豊富な地域資源である森林を活用した木質バイオマスエネルギーの生産と町内の公共施設などでの活用を図ることで「循環型地域社会」を構想し、「エネルギーの地産地消による新たな地域産業構造と雇用の形成」に向けた地域産業政策に着手している。

2011年には「下川型環境共生型モデル住宅」の導入や、同年町内の42％の公共施設で木質ボイラーによる暖房を得るなど自然エネルギーの自給システムを構築し、新たな事業分野の開拓によって地元雇用の増大などを実現している。同町では、住民主権に基づく町政を推進するために、自治体の憲法といわれる「自治基本条例」も制定し、同条例が謳う「町民主権」を理念とした中小企業振興策、林業振興策、エネルギーの地産地消戦略などに着手してきたのである*17。

円高・デフレの浸透と人口減少を理由に、海外市場の優位性を強調し、「子どもが親を育てる」という例えを持ち出し、海外生産の利益・配当によって国内母工場の技術革新と技術力の向上、人材育成を図ることが、わが国の経済政策・中小企業政策に残された選択肢であるという主張が、声高に叫ばれるようになっている*18。

だが、自動車産業や家電産業は、海外消費市場やその近隣諸国に立地し、部品の生産・調達をも海外で賄い、組立・販売・技術革新や人材育成まで総合的・包括的な現地主義化を推進している。それは利益・配当が国内に還流する時代の終わりを意味し、経済と生活が完全に分離し、国土を保全し暮らしを再生産する経済活動が、地域から姿を消していく「経済砂漠」の時代を意味している。

人間らしい暮らしを展望する上で必要な「あらゆる生活財とサービス、そのための雇用、人々の互酬性、地域共同管理能力、自然の健全な物質循環」が持続的に保たれていく地域産業政策こそ、自治体を核に地域の多様な協働のもとで形成・展開していかなくてはならない。

6　三つの自治が相乗した地域産業政策

　すでに繰り返し述べたように、2000年の地方分権一括法を受け、地方自治体、とくに市町村では条例制定権を積極的に活用し、自治事務として自立的な地域産業政策に取り組んできた。中山間地域の自治体では、農林水産業や地域資源である景観・伝統文化・人材を活用し、地域経済振興条例の制定と施策に着手し、一定の成果を生み出してきたことを紹介した。既述の上越市の食料・農業・農村基本条例、今治市の食と農のまちづくり条例はそのモデル事例である。また、大都市や地方都市の市区でも、さまざまな業種におよぶ中小企業の振興に着手し、事業の維持のみでなく、観光交流や環境保全にも投資環境を広げ、雇用や所得の拡大を目指した地域経済振興策に着手してきた。墨田区や北海道下川町の中小企業振興基本条例もその代表例である。

　以上は、自治体が地域経済振興関連の条例を制定することによって、農林漁業や中小企業の活性化を図り、市町村エリアを中心としながらも周辺地域に及ぶ広域的な地域の活性化に結びつけていこうとする自治体の地域産業政策と言い換えることもできる。

　条例の制定はもちろん自治体によるが、条例の制定にいたるまでの運動や制定後の運用の各面において、中小企業家や中小企業家同友会、商工会議所・商工会、協同組合等の参加は、実効性の面でも不可欠である。その意味で、産業の担い手が、自社等の利益に繋がらなくとも人材・施設・資金等をもって地域の諸主体と連携し、地域の公共的課題の解決に取り組む意義は大きく、これを「産業自治」と呼ぶこととしたい。

　さらに、地域産業政策が効果を生み出すには、行政や事業者とともに、住民・消費者が参加連携する仕組みがなくてはならない。住民の多くは、市町村内に住み、自治会・町内会やPTAなど地域の親睦的住民組織に属して活動する一方、防犯・防災・公害監視・無縁防止など地域の課題解決にむけて専門的な住民組織を起ち上げ活動する役割を持っている。しかも、住民による自治活動、産業による自治活動は、上越市の事例か

ら明らかな通り、市域を構成する小中学区など特定のエリアで始まり、全市へと広がっていく。その意味で住民や事業者の協力連携は、同質な人々の結束に留まらず、異質な人々や事業所を巻き込み市域全体へと広がりを見せていく。

　現代の地域産業政策は、住民自治、地域自治、産業自治という三つの自治が相乗することで、災害やグローバル経済の危機に対しても回復力、復興力を備えた社会経済の形成を導く原動力となり得る。次章以降では、この視点に立って現実の地域問題に向き合ってみたい。

注

＊1　岡田知弘「現代日本の地域経済と地域問題」岡田知弘編（2011）『第3版・国際化時代の地域経済学』有斐閣、89-94頁。

＊2　鈴木誠「地域開発政策の検証」同上、197頁。

＊3　工業製品の状況を見ると、1980年を基準にした場合、1997年の大企業性製品の輸入は2.8倍なのに対し、中小企業性製品は3.2倍に増加している。『平成11年度版中小企業白書』。

＊4　『日本経済新聞』2012年10月11日付。

＊5　朝日新聞社が2012年2月から3月にかけて47都道府県に対して行ったアンケート結果による。『朝日新聞』2012年3月19日付。

＊6　山田伸顕「グローカル展開に活路を見出す大田区モノづくり産業」伊藤正直、藤井史朗（2011）『グローバル化・金融危機・地域再生』日本経済評論社、210-213頁。

＊7　山田久「賃金デフレの罠からの脱却には労働市場改革が必要」『エコノミスト』毎日新聞、2012年11月20日、25頁。

＊8　厚生労働省編（2009年）『平成21年度版、労働経済白書』254頁、なお、原資料は内閣府「国民経済計算」並びに財務省「法人企業統計調査」。

＊9　山田久、前掲書、26頁。

＊10　トヨタ自動車は海外で販売する車を対象に開発機能を現地に移す。まず米国で現地技術者が全面的に開発した乗用車を2012年内に販売する。同様の手法を中国などにも段階的に広げ、日本に集中する開発機能を世界の主要市場に移し、現地のニーズを取り込むグローバル経営を加速させる。『日本経済新聞』2012年4月6日付。

＊11　高齢化が進む日本は、もはや市場として縮小し、製造業が利益を上げる環境でなくなっている。外で生産した製品を海外で販売し、利益を日本に持ち込む

　　ための装置になることが日本の製造業には必要である、との指摘は日本経団連
　　などの多国籍化した大企業経営者の共通認識となっている。入交昭一郎「製造
　　業から見た日本と世界」『朝日新聞』2011 年 12 月 24 日付。
＊12　警察庁生活安全局生活安全企画課「平成 22 年度中における自殺の概要資料」
　　平成 23 年 3 月。
＊13　池田浩「上越市における地域協議会の実際と可能性」西村茂編（2011）『住民
　　がつくる地域自治組織・コミュニティ』自治体研究社、47-68 頁。
＊14　笹川肇、布施良之「『農業がひかりかがやくまち』をめざす―新潟県上越市農
　　政の骨格―」中嶋信編著（2011）『自治体農政の新展開』自治体研究社、20-35
　　頁。
＊15　安井孝「食と農のまちづくり条例による地域の活性化」『平成 19 年度、自治
　　体農政総合研究会報告書』。
＊16　高野裕次「条例に魂を入れてきた墨田区の商工観光行政」岡田知弘編著
　　（2011）『中小企業振興条例で地域をつくる』自治体研究社、88-91 頁。
＊17　大友詔雄（2012）『自然エネルギーが生み出す地域の雇用』自治体研究社、
　　169-179 頁。
＊18　詳細は大島大輔（2012）『空洞化のウソ―日本企業の「現地化」戦略―』講談
　　社。

第10章

閉鎖性内湾の開発不利益と沿岸漁業政策の展望
―沿岸域管理のための地域政策論―

　本章では、わが国の三大内湾の一つ伊勢湾を構成する三河湾を取り上げ、閉鎖性内湾の環境再生をめざした地域政策の諸条件を、人々の生活領域や生業を沿岸域に再生・回復する観点から提示する。

　図10-1の通り、伊勢湾の東部・三河湾（主にNo.4と5のエリア）は、外界（太平洋海域）と海水交換が物理的に難しい内湾で、日本の閉鎖性内湾の中で最も深刻な富栄養化状態にある海域とされる。すでに長期にわたり赤潮・貧酸素水塊・苦潮等が周年的に発生し、内湾生態系を悪化させ、沿岸漁業・水産業や観光関連産業など内湾環境に依存する地域産業に影響をもたらし、その改善が急がれている。

　その一方、内湾環境の状態とは関係性の薄い港湾物流機能は著しく発展し、とくに三河湾の東部・渥美湾に位置する三河港は、特定重要港湾・名古屋港に次ぐ全国第2位の自動車輸出実績を有し外貿コンテナ取扱需要に対応する工業港として機能を強化している。

　2011年3月11日に発生した東日本大震災は、太平洋沿岸域の港湾や漁港、その背後地に甚大な被害をもたらし多くの教訓を残したが、その一つに沿岸土地利用のあり方があった。すでに人間の手を加え利活用してきた沿岸域から人々の生活や生業を切り離し、海と生活との関係性を断つことは災害に脆弱な沿岸地域をつくってしまうという点である。それだけに、かつては良好な内湾生態系に支えられ内湾漁業・水産業や沿岸観光を発展させ、人々の生活や生業が湾内沿岸域一帯で展開されながら、今日ではそれら沿岸地域産業の高い集積力を失いつつある三河湾は、災害に脆弱な地域を工業港以外の沿岸域一帯に生み出しつつあると言い換えることもできる。沿岸域における人々と自然との断絶は、内湾で起きている環境悪化や水産資源に対する関心を低下させ、今後予測される

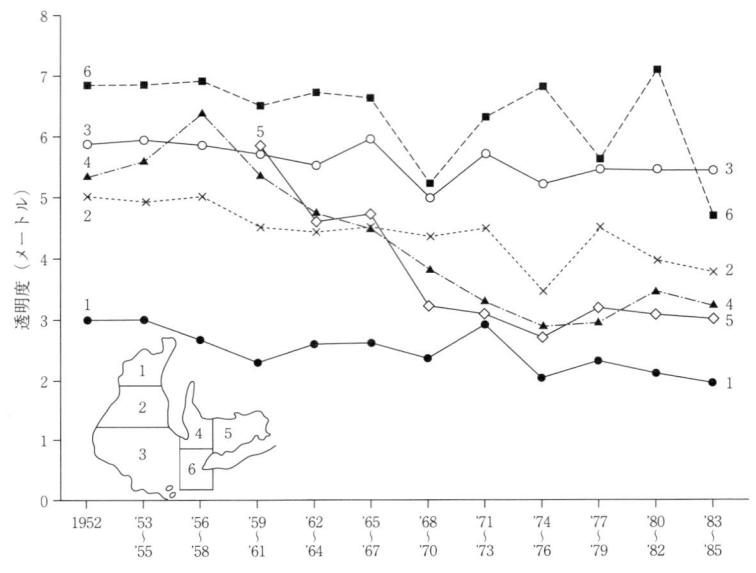

図 10-1　伊勢・三河湾各水域（左下図）における透明度（３年間ごとの平均値）の経年変化

出所：宇野木早苗「伊勢・三河湾の物理環境」(1978)『沿岸海洋研究ノート　15 巻』および佐々木克之「失われゆく三河湾の生態系」(1997)『とりもどそう豊かな海　三河湾』八千代出版、40 頁。

大震災・沿岸被害に対する防災・減災対策をも怠らせることにも繋がる。

　そこで、本章では、沿岸域に人々の生活領域や生業を回復し、自然と人間との断絶を防ぎ、防災・減災へと導く沿岸地域を再構築することを目指して、三河の内湾環境の諸課題と環境再生に向けた地域政策条件を指摘する。

1　臨海部開発と沿岸域管理

　明治以降、日本の港湾開発は、陸上と海上の物流（工業製品・半製品・原材料）を中継する社会資本として重視されてきた。わが国近代資本主義が、欧米列強やアジア諸国との物流によって進展してきたからで

ある。第一次世界大戦から第二次世界大戦にいたる戦間期は、わが国の第一次重化学工業化および第一次都市化の時代といわれ、大都市近郊では港湾に隣接して工業用地を埋立て整備し、鉄道や産業道路で内陸と結ばれた重化学工業地帯が港湾区域として形成されてきた[1]。

　第二次世界大戦の敗戦を経て戦後復興から高度経済成長にいたる間は、首都圏、関西圏、東海圏を含む太平洋ベルト地帯内の既存臨海工業地帯の開発と、地方政財界の要請に呼応し太平洋ベルト地帯以外の地方都市の重化学工業化政策が進められた。第二次の重化学工業化および都市化の時代に当たり、重化学工業化を推進する社会資本充用政策として港湾の大規模化・沖合展開が加速的に推進されてきたことは、第2部で詳述したとおりである。

　大都市臨海部の港湾整備は、日本経済の産業構造の高度化に伴い、1980年台初頭まで、物流機能に生産機能を加えた近代的な生産物流空間として整備が続けられた。1970年代から80年代初頭までは、円安ドル高の為替環境下、米国など先進諸国に向けて輸送機器や電化製品が集中豪雨的に輸出された時期である。そのため輸送機器の組立輸出基地や石油化学系プラントも港湾区域に集積され、経済合理性の高い生産輸出基地として整備が進められてきたといえる。

　だが、集中豪雨型輸出政策による貿易摩擦の激化は、日本の産業構造を外需依存型から内需主導型へ転換することを迫る契機ともなる。1985年プラザ合意と翌86年前川リポートは、円安ドル高から円高ドル安への為替操作と低金利政策を導き、海外直接投資の促進と規制緩和による内需拡大策を強力に推し進めた。

　その結果、大都市港湾区域では輸出額の大幅な減少によって生産・輸出機能が著しく遊休化するようになる。代わりに埋め立て事業で失われてきた自然環境や生態系の再生、内湾漁業・水産業等の再生策を組み込んだ新たな民間開発＝ウォーターフロント開発に関心が集まるようになる。だが、実際の再開発は、民間資本の投資を呼び込みやすい業務ビル・マンション・ヨット施設等に偏り、再開発事業として着手されていった[2]。

　従来の政府による産業基盤投資と生産物流関連企業による設備投資により専有化・独占化されてきた港湾機能及び港湾空間を、ウォーターフロントの名のもと規制緩和によって都市生活型公共投資やサービス産業投資へと開放し、内需拡大を図るという経済構造調整下の地域開発政策が展開されるようになる。運輸省（現在の国土交通省）港湾局が「市民社会に開かれた港湾づくり」の一環として1994年に公表した「エコポート」構想はその典型事例であった*3。

　表10-1のエコポート構想を推進するため、わが国初の港湾計画の改訂が、1995年11月愛知県を港湾管理者とする重要港湾「三河港」に対しても求められることになった。1997年6月27日、伊勢・三河湾内で水質汚濁がもっとも深刻な三河港蒲郡地区が「エコポートモデル港」に指定され、愛知県蒲郡市の沿岸地域「蒲郡地区」の港湾整備がエコポートモデル事業として着手されることになった。これによって、同地区の浅海域（蒲郡市竹島付近）では、ヘドロ化した海底を砂の層で覆う「覆砂事業」、通称「シーブルー事業」が実施され、覆砂の上にはアサリの

表10-1　エコポート構想の概要

（1）自然にとけ込み、生物にやさしい港づくり
　・沿岸部の浅場・干潟を保全する沖合人工島式の港の採用
　・潮流や自然地形への影響を少なくする透過式の防波堤の採用
　・生物生息環境への影響の少ない構造形式（緩傾斜護岸）、材料（自然石）の採用
（2）良好な自然環境を再生する港づくり
　・人工海浜、人工干潟、護岸・防波堤の活用による人工藻場の造成による生物生息環境の創出
　・汚泥除去、覆砂、導水による水質・低質の浄化
（3）アメニティが高く、人々に潤いと安らぎを与える港づくり
　・水棲動物や植物との触れ合い場の確保
　・近づきやすく、親しみやすい水辺の確保とネットワーク化
　・高齢者や障害者にも配慮した水辺空間の演出
　・歴史的、文化的価値の高い景観の保全
（4）環境に与える負荷が少なく、環境管理の行き届いた港づくり
　・省資源、省エネルギー、リサイクル型の港湾空間の整備による環境負荷の低減
　・環境の状況を的確に把握し、最適な水辺環境の維持と管理を図る

出所：運輸省港湾局編（1995）『環境と共生する港湾―エコポート』。

稚貝の放流・繁殖によって水質汚濁の原因となる堆積した有機物の分解と水質浄化事業が着手された。

2　内湾の水質悪化と物質循環の変容

　だが、港湾区域内における「覆砂事業」程度では、すでに著しく富栄養化し周年的に赤潮や貧酸素水塊を発生させてきた三河湾全体の汚染を改善することは難しい。重要なことは、水質環境をこれほどまでに悪化させてきた「三河湾の水質環境悪化のメカニズム」を正確に検証し、悪化の進行を食い止めるとともに、生態系の回復策とそれに寄与する沿岸地域経済の再生が急がれる。

赤潮や苦潮が大発生した要因

　三河湾の水質汚濁が注目されるようになったのは、1968年に赤潮が大量発生し、水産資源の死滅など深刻な影響を危惧する社会問題として新聞紙上で取り上げられてからである。それ以後、赤潮の発生は、二つの時期において顕在化しながら、三河湾をわが国の閉鎖性内湾で最も深刻な富栄養化した海域へと至らしめてきた。

　第一の段階は、1960年から70年にかけての時期である。図10-1の通り、三河湾の透明度は、1960年頃から10年ほどの間に6mから3mへと半減した。透明度の半減は、海水中の汚濁物質が2倍ではなく約10倍になったことを意味する。汚濁物質が10倍にも増えた理由はどこにあったのか。その主な原因は、沿岸に集積した畜産事業の排水と、家庭の生活排水を発生源とする窒素とリンの急増にあった。畜産排水や生活排水に汚染された河川水が海に入り（一時汚濁）、河川水に含まれる大量の窒素とリンが栄養分となって藻類に取り込まれ（二次汚濁）、富栄養化が進行したことが判明している*4。

　第二の段階は、1970年から90年にかけての時期である。三河湾では、とくに1980年代に入って赤潮の年間発生件数・年間発生延べ日数が急増し、年間300日から400日に及んでいる。この傾向は、三河湾でも東

側の渥美湾（三河港を含む）と呼ばれる海域で顕著となっている*5。赤潮は、大量のプランクトンが発生したものであるが、それらが死滅した後に沈降分解し、海底の溶存酸素（Dissolved Oxygen ＝ DOと略）を消費して、海底に大規模な貧酸素水塊を形成するようになる。この現象は、夏季の渥美湾の海底で頻発し、底生魚介類を死滅に追いやることが知られている。

　この海域では、移動性の少ない底生魚貝類が十分な成長を遂げる前に、夏季に発生した貧酸素水塊の影響で、秋には死滅するなど最悪の事態を繰り返してきた。また、冬季に北北西の風が三河湾上を吹き抜けるようになると、深層の貧酸素水塊が沿岸付近に押し上げられ、青潮（苦潮とも呼ぶ）という洋上を青く照らした状態を生み、三河湾東側の渥美湾内に生息する魚介類の多くを死滅に至らせてきたことも知られている*6。

　貧酸素水塊が三河湾東部湾奥部の渥美湾・三河港海底で頻発するようになったのは1975年頃からである。その要因として、70年代までの大規模な沿岸域の埋立事業による干潟など浅海域の喪失との関連性が指摘されている*7。

　図10-2は、三河湾東部沿岸域における埋立事業の経過である。三河湾でも有数の干潟・藻場が集まっていた東部・渥美湾で埋立事業が進み、水深5メートル以浅に分布し水質浄化機能をもつ干潟や藻場が姿を消したことが有機物の流入と堆積を許し、1975年以降の赤潮の大発生と貧酸素水塊の発生の要因になったと考えられる。

三河湾は海水交換が極めて悪い

　三河湾において富栄養化が進んだ背景には、三河湾の海水交換が物理的に悪いことも指摘されている。例えば、渥美湾は、東京湾と同程度に汚濁し、夏季の貧酸素化も著しい。しかし、表10-2によれば、渥美湾への窒素とリンの単位面積当たりの負荷は、二つの指標で見ても窒素では東京湾の6.2％から11.3％、リンでも同6.8％から11.3％である。東京湾に比べて渥美湾の汚濁負荷量は小さいが、それにもかかわらず渥美湾を中心に三河湾では、ほぼ1年中赤潮が発生し、その後は貧酸素水塊や

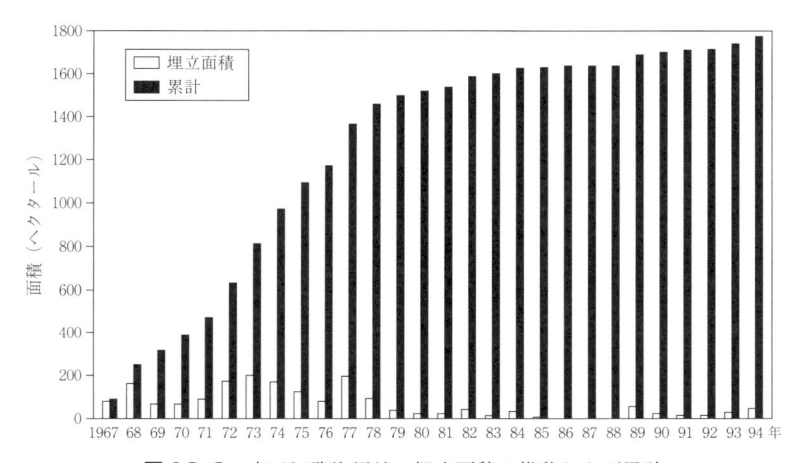

図10-2　東三河臨海用地、埋立面積の推移および累計

出所：愛知県企業庁資料。佐々木克之「干潟・藻場の重要な働き」(1997)『とりもどそう豊かな
　　海　三河湾』八千代出版、178頁。

苦潮を発生させている。その理由の一つが、三河湾の中でも東部湾奥部
の渥美湾で、内湾水と外洋水との海水交換が著しく悪い点にある。

　すなわち、渥美湾の地形と卓越風の関係、渥美湾に注ぐ一級河川豊川
からの淡水流入量が年々減少してきたことが相乗し、海水交換を悪くし
てきたと考えられる。1968年に豊川用水が完成したが、その前10年と
その後10年との比較では、後者の流量が20-25％減少したことが明ら
かとなっている。雨量が少ない年には、用水完成前と比べ40％も河川
流量を減少させている。こうした主要河川の流量減少が、渥美湾の内湾
水を外界へと押し出す力を失わせ、三河湾内外の海水交換を悪化させて
きたと考えられる*7。

　また、赤潮などが海底に沈降してできた有機物を多量に含むヘドロか
ら溶出する窒素・リンも富栄養化の重大な要因であることが明らかとな
っている。図10-3によれば、ヘドロの表層が十分に溶存酸素（DO）
を含んでいる好気条件の場合、窒素・リンの溶出量はわずかであるが、
夏季に溶存酸素が減少して貧酸素水塊が発生している嫌気条件の場合、
溶出量が著しいことがわかる。この対策として、海底から窒素・リンが

表 10-2　伊勢湾・三河湾（うち衣浦湾＝知多湾、渥美湾）の汚濁負荷

水域	面積（km²）	容積（km³）	平均深度（m）	流域面積（km²）
伊勢湾	1,738	33.9	19.5	13,411
三河湾	604	5.54	9.2	3,624
三河湾西部の衣浦湾（知多湾）	149	1.04	7.1	1,911
三河湾東部の渥美湾	455	4.5	9.9	1,713
東京湾	1,000	17.9	18	7,000

出所：服部明彦他「沿岸の生態系と生物地球化学」堀部純男編（1979）『環境としての海洋学3』東京大学出版会、112頁。

溶出することを防ぐための海底表層付近のヘドロを浚渫除去したり、覆砂事業を行うなど水質汚濁防止対策が採られてきた。

　しかし、赤潮が恒常的に発生することで毎年1cm程度のヘドロが海底に新たに堆積している状況にある。そのため、浚渫や覆砂事業は、一時的な対症療法に留まらざるをえない。とくに渥美湾の場合、水深5メートル以深では毎年夏季に貧酸素化しており、その海域で覆砂事業を行ってもヘドロ中の窒素・リンが覆砂の表層にまで出て来ることが確認されている。したがって、覆砂事業を行う場合は、貧酸素の影響が少ない5メートル以浅の海域に限定しなければ効果が低いことも判明している*8。

　海水温が上昇する夏季の三河湾での富栄養化は、三重県も沿岸とする伊勢湾からも重大な影響を受けている。図10-3によれば、伊勢湾から三河湾へと流入してくる深層水には、集水域から供給される量の2倍もの窒素・リンが含まれている。そのため、三河湾の水質汚濁を抑えながら水質浄化を図るには、三河湾の集水域や海底からの負荷を削減するこ

（東京湾を比較資料として示す）

負荷			
種類	t/日	mg/㎡/日	mg/㎡/日
窒素	248.3	143	7.3
リン	18.9	10.8	0.6
COD	415	239	12.2
窒素	35.3	58	6.4
リン	3	5	0.5
COD	69.1	114	12.5
窒素	26.9	181	25.9
リン	2.3	15.4	2.2
COD	53.4	358	51.4
窒素	8.4	18.5	1.9
リン	0.7	1.5	0.2
COD	15.7	35	3.5
窒素	300	—	16.8
リン	22	—	1.2
COD	1117	—	62.4

とにくわえて、伊勢湾から三河湾へと流入する窒素・リンを抑制することも不可欠な課題である。

それだけに、伊勢湾自体の自浄能力を高めるためには、沿岸の浅海での埋立事業を抑制し、人工干潟の新規造成、木曽川・長良川・揖斐川など主要一級河川集水域から伊勢湾へ流入する窒素・リンの流入抑制対策など大規模な集水域の環境管理事業にも取り組まなければならない。

3　三河湾の環境改善の目標と方策

1996年1月、愛知県沿岸漁業振興研究会（愛知県漁業同組合連合会内）が「愛知県の沿岸漁業環境を改善するために」と題する提言を公表した（以下、提言と略す）。この提言は、沿岸漁場である三河湾で水質環境が一向に改善を見ないことを重くみて、既述の水質汚濁メカニズムを再確認した上で、次の二つの三河湾浄化対策へ着手すべきことを提言している。

第一の対策は、汚濁負荷の大幅な削減である。三河湾集水域や伊勢湾の深層水から供給される窒素・リンを削減し、同時に海水の自浄効果がきわめて高い干潟・藻場が集まる浅場（太陽光が届く水深5メートル程度まで）を保護すること、それとともに過去の埋立事業によって失われた浅場を人工的に回復する必要性を指摘する。

第二の対策は、沿岸漁業の再生である。沿岸漁業を維持発展させ、漁場の監視を強化し、干潟・藻場・人工干潟、魚介類等からなる沿岸海洋

361

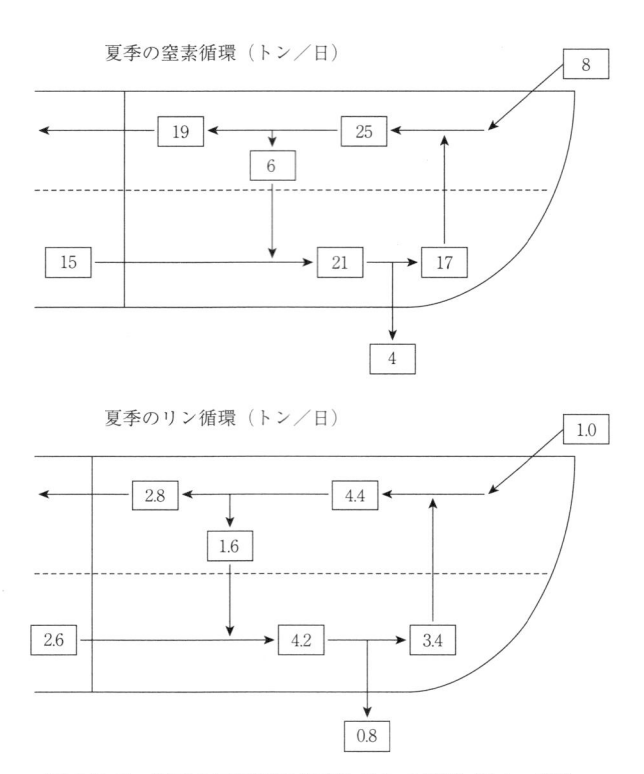

夏季の窒素循環（トン／日）

夏季のリン循環（トン／日）

図 10-3　夏季の三河湾の窒素とリンの循環（トン／日）

出所：図 10-1 の書籍の、52 頁。なお、原資料は J. Oceanogr., Soc. Japan, 41, pp.407-426, 1985.

生態系が効率よく窒素・リンを回収する仕組みを作ることで、沿岸海域と集水域との物質循環を復元していく必要性を指摘している。

　そこで以下では、二つの提言に即し、沿岸域の内湾環境と沿岸漁業の再生に向けた地域政策課題を提示したいと思う。

沿岸漁場の環境容量とは

　沿岸漁場の環境容量とは、豊富な魚介類が生息できる沿岸漁場の回復値を意味する。三河湾は、かつて内湾で生まれ成長する魚介類が豊富に生息する漁場であった。表 10-3 は、正常な物質循環のもとで形成され

表10-3　三河湾に生息する漁業生物の生態的特徴

（A）一生を三河湾で生活するため、環境悪化の影響をもっとも受けやすい主な漁業生物
イシガレイ、マコガレイ、アイナメ、メバル、イシガニ、シャコ、マダコ、テナガダコ、ジンドウイカ、ミミイカ、ナマコ、アカガイ、トリガイ、サルボウ、アサリ、タイラギ、ミルクイ、バカガイ、ウチムラサキ、オゴノリ、テングサなど
（B－1）産卵場所と成育場所は三河湾内であるが、秋には越冬のため三河湾外へと出ていく漁業生物。（A）程ではないが環境悪化の影響を受ける
サヨリ、ヒラギ、ギマ、シロギス、コウイカなど
（B－2）産卵場所と成育場所は三河湾内であるが、成育期に干潟を必要とするため、埋立事業の影響を受ける漁業生物
コノシロ、カタクチイワシ、イカナゴ、クロダイ、コチ、クルマエビ、アカエイ、ヨシエビ、サルエビ、シバエビ、ガザミなど
（C）産卵場所は外海であるが、成育のために三河湾内へと来遊する。そのため比較的、環境悪化の影響を受けにくい漁業生物。
スズキ、ボラ、マアナゴ、マイワシ、マサバ、マアジなど
（D）成育の一時期、三河湾内に来遊する漁業生物
サワラなど

出所：水産庁東海区水産研究所編「さかな」1981年3月、第26号。

てきた三河湾内の漁業生物の生態構造を表している。（A）からは、三河湾内で一生を過ごす漁業生物が大変多いことが明らかであろう。（B-1）と（B-2）にも豊富な漁業生物が存在している。これらは豊かな漁場であることを示す漁場環境指標生物と言い換えることもできよう。

　重層的な生態構造を三河湾内に再生するには、三河湾の底層に一定以上のDOが必要となる。これを水産庁の環境容量定量化事業に従って見るならば、表10-3の（A）や（B）の生態階層に含まれる魚類やエビ類、カニ類が持続的に生き続けるためには湾奥の底層で、約3ml／ℓのDOが必要となる。さらに、（A）内の多様な貝類やゴカイ類など底生生物が生息できるようにするには、約2ml／ℓのDOが必要とされる*9。

　このDO値を下回ると、三河湾奥の底層では漁業生物は生息できず、海水中の生態系はプランクトンやバクテリアに偏り、赤潮や苦潮の発生原因になることが判明している。

　この目標を達成するには、窒素の負荷量を現行から60%、リンの負

荷量を 40% 削減することが求められる。現行の流入負荷の約 50% 削減が、三河湾の漁場回復目標となる*10。

　三河湾東部の渥美湾への流入負荷は、１日当たり窒素約 10t、リン約 1.5t である。したがって、漁場回復のための環境容量は、その 50% ほどである１日当たり窒素 5-6t、リン 0.7-0.9t とされている。さらに、三河湾東部の渥美湾には、西部の知多湾への流入負荷の影響も及ぶ。そのため、知多湾への流入負荷も含めた全体の流入負荷を「三河湾への流入負荷」とする必要がある。そうすると、流入負荷を２倍にして、１日当たり窒素 20t、リン 3t となり、環境容量はその 50%、１日当たり窒素 10-12t、リン 1.2-1.5t となる。このレベルまで流入負荷を削減することが必要である。

　ただし、一度に半減させることは容易でないとすれば、第一段階として渥美湾奥で深刻な貧酸素水塊（苦潮）が発生しないように底層の DO を 1ml ／ℓ のレベルまで回復すれば、流入負荷削減目標は 20% 程度となる。その上で、さらに 20% の削減を図ることも可能であり、この目標に向け流入負荷を削減し貧酸素状態を改善することができれば、表 10-3 の（A）から（D）までの多様な漁業生物に対して良好な生息環境を提供することにつながり、重層的で安定的な生態系の回復を図ることになるといえる*11。

漁業生産量の向上によって水質改善を図る

　愛知県の漁業生産量（海面漁業）は、年々減少傾向にあり、1995 年現在約７万 t である。しかし、1980 年を頂点とする最盛期には年間 14 万 t の生産量を誇っていた。このピーク値をもとに検討すると、年間 14 万 t のうち三河港の位置する渥美湾での生産量が、その３分の１と仮定して年間約 4.7 万 t となる。この生産量は１日当たりに直すと約 130t であり、この数値を窒素量に換算すると１日当たり約 1.3t となる。

　この値は、夏季に豊川集水域から三河港に送り込まれる１日当たりの窒素量（下水 1.4t ＋屎尿 2.2t ＋家畜 3.2t ＋肥料 1.8t）の約 16% に及ぶ。さらに、伊勢湾の深層水からの窒素の供給を含めた１日当たりの総窒素

25t の約5％に換算できる。愛知県民の生鮮魚介類推定需要量は49万 t、愛知県の生鮮魚介類生産量は6.9万 t であり、愛知県民の需要の14.2％（1997年現在は12％）を満たすに過ぎない。仮に、県内の需要を海外からの輸入魚や伊勢湾・三河湾・渥美外海の県内以外の地域に依存せず、すべて県内の生産で賄うことができたとすれば、渥美湾の1日の漁獲量による窒素の回収量は、現在の約7倍にすることができ、渥美湾で発生する総窒素を100％回収できる。また、伊勢湾から三河湾へ深層水が持ち込む窒素も含めた総窒素の36.4％を回収できることになる[12]。

　以上のように、三河湾の漁業生産力と漁獲量を高めることは、三河湾全体から窒素やリンを持ち出し、渥美湾、ひいては三河港の水質浄化を促すことにもなる。その際、水産資源の再生可能範囲を超えて過剰に漁獲することがないよう資源管理を厳格に運用し評価していくことが前提条件であることはいうまでもない。

4　藻場・干潟の維持回復と海水のろ過促進

　図10-4は、愛知県水産試験場が作成した三河湾の貝類生息分布図である。夏、三河湾東部の渥美湾奥部では貝類が見当たらず、秋になっても生息を確認できない。これは、夏季の渥美湾奥部底層で発生した貧酸素水塊によって、貝類が生息できない環境となっていることを表している。この貧酸素水塊は、三河湾東部の渥美湾で1970年代のほぼ10年間に約1200ha の埋立が行われた時期と同じくしている。したがって、埋立事業により干潟・浅場・藻場が沿岸域から姿を消したことが、貧酸素水塊発生の要因の一つであると推察できる[13]。

　三河湾は、東京湾や大阪湾など他の内湾に比べて海水交換による水質浄化力が小さい。そのため、浅場の干潟や藻場が内湾の水質浄化に果たす役割が東京湾や大阪湾に比べ相対的に大きいとされる。浅場の干潟・藻場は、大気からの酸素の供給と豊富な水生植物や植物プランクトンの光合成によって、DO が飽和か過飽和状態になっている。たとえ貧酸素水塊が湾内低層で発生しても、クルマエビ、カレイなど移動が可能な底

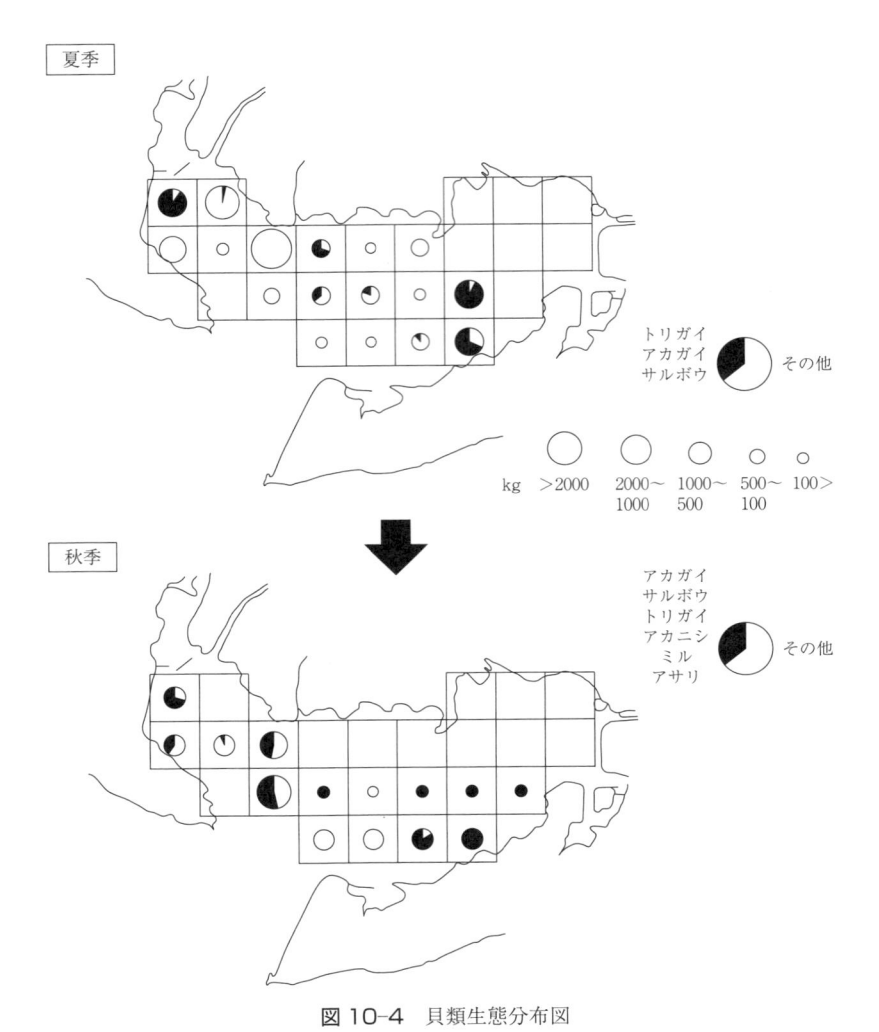

図 10-4 貝類生態分布図

出所：鈴木輝明「三河湾の環境」（1995）『三河湾の生きものと自然』三河湾海洋利用研究会、
119-120 頁。

生魚介類は浅場の干潟・浅場へと逃げ、酸素を得て生き延びることができる。

　さらに浅場の干潟・藻場は、有機懸濁物を浄化する場としても重要な働きをすることで知られている。内陸から淡水に交じり運ばれてきた有機懸濁物や、海域で生産された有機懸濁物は、浅場に生息するアサリ、ゴカイ、バクテリアによって消費・吸収され、海中から除去・分解される。有機懸濁物が分解されて生まれた栄養塩は、ノリ等を養殖することに再利用される。栄養塩の一部は底質にも吸着し堆積される。このようなメカニズムを通じて栄養塩は海水中から除去されていく*14。

　例えば、三河湾の西部海域に位置し、幡豆郡一色町の地先海域に10㎢に渡って広がる「一色干潟」（図10-5）では、その10㎢の海域中で、夏季に1日当たり窒素1.5t、リン0.3tを海水中から除去する。DOを2ml／ℓ以上に維持するために必要な三河湾への窒素・リンの流入負荷削減目標は、1日当たり窒素が10-12t、リンが1.2-1.5tである。したがって、一色干潟が海水中から除去する窒素とリンの量は決して小さな値ではない。

　浅場の干潟・藻場に生息するアサリなど二枚貝は、強力な海水ろ過能力を持ち、貧酸素化の原因物質となる赤潮プランクトンを摂取し、海水中の有機懸濁物を著しく減少させることが知らされている。10㎢の面積をもつ一色干潟に生息する二枚貝の「ろ過水量」は、1日当たり平均5㎥／㎡で、干潟上の海水を1日2回ろ過すると報告されている。一色干潟全体（10㎢）では1日に5×107㎥をろ過することになるので、三河湾全体の海水5㎦の場合は約100日でろ過する計算になる。仮に、埋め立てされる以前の1945年当時の26㎢の干潟が今日の三河湾にあれば、1カ月強（38.5日）で三河湾全体の海水をろ過することができた計算になるのである*15。

　また、一色干潟全体に生息するアサリなど二枚貝による有機懸濁物の除去能力は、少なく見積もっても1日当たり最大処理水量7.5万㎥で計画処理人口10万人程度の中規模下水処理場の処理能力に相当するという調査結果も出ている。同様に、1945年当時の干潟が今あれば、単純

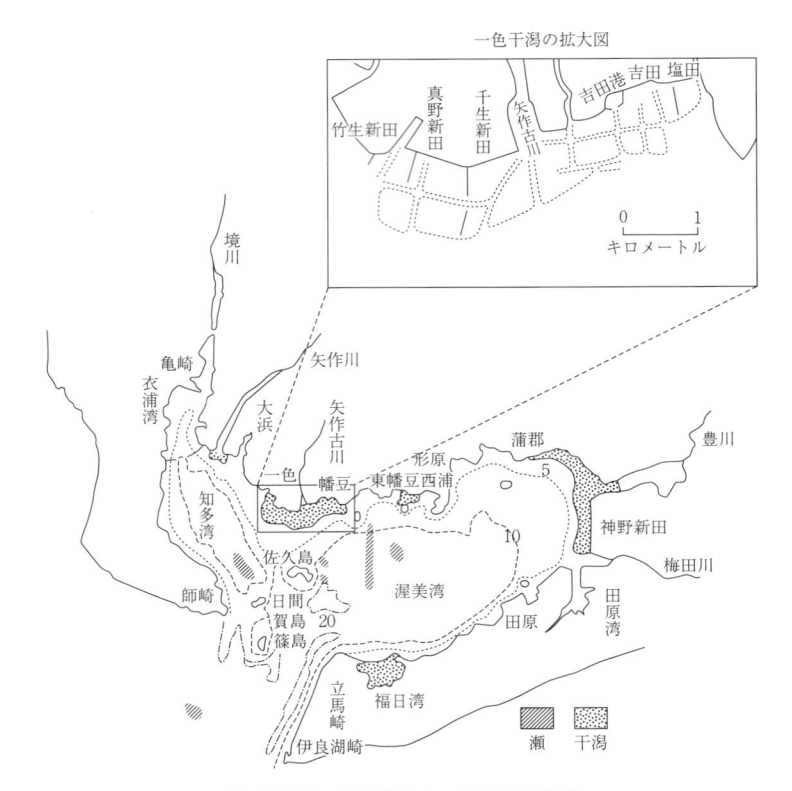

図10-5　三河湾内の一色干潟の位置

出所：一色干潟の拡大図は佐々木克之（1994）「内湾および干潟における物質循環と生物生産（9）」
『海洋と生物 92』16 巻、3 号、200 頁。下の三河湾の水深および干潟、瀬の分布図は、佐々木
（1995）同上（15）『海洋と生物98』17巻、3号、204頁。

に計算しても、19.5万㎥で計画処理人口26万人の下水処理能力にも相
当したと見ることができる。

干潟・藻場の造成事業は、経済的合理性に適う地域政策

　以上の考察から、既存の浅場の干潟・藻場を保護する一方で、一色干
潟と同程度の規模・機能を備えた干潟・藻場を、渥美湾沿岸域に造成す
ることができれば、自然界の自浄能力を活用して三河湾の水質改善を促

すことが可能になる。それと同時に、魚介類の繁殖環境を増やすことにもつながり、沿岸域に沿岸漁業・水産加工業などの生業を再生していく条件整備にもつながることになる。

　そこで、一色干潟と同程度の干潟を新たに造成する投資効果を、愛知県沿岸漁業振興研究会の報告書「愛知県の漁場環境修復策としての干潟・浅場の造成について」（1997年）をもとに検討する。筆者が所属した研究会では、一色干潟に少なくとも次のような諸機能と経済的価値（市場価格）を認めることができると指摘した[16]。

　図10-5は三河湾内の一色干潟の位置を示している。この一色干潟は、三河湾内において多元的な機能を持つ干潟として注目され続けてきた。その多元的機能のうち経済的価値を認められる五つの機能を取り上げ、投資効果を試論してみよう。

　第一は、水質浄化機能である。一色干潟全体（10km²）での懸濁物除去能力を活性汚泥法による下水処理施設に置き換えてみると、その浄化能力は計画処理人口10万人、処理対象面積25.3km²程度の下水処理施設に相当する。この下水処理施設を建設すると建設費が122億1000万円、その維持管理費が毎年5億3000万円かかると試算され、さらに下水処理施設として必要な用地費、管きょう費（200km）、ポンプ施設費を含めると、総投資額は878億2000万円相当になると試算できる[17]。

　第二は生物生産機能である。この海域におけるアサリの漁獲量は年間4000t程度であり、一色漁協の産地市場の卸値を1キロ当たり250円とすると、漁獲高は年間10億円となる。干潟の造成事業の減価償却期間を仮に10年とすれば、生産力は100億円と評価できる。

　第三は稚魚の保育機能である。瀬戸内海の干潟喪失とクルマエビの漁獲量の減少から10km²当たり70tの保育機能が失われたと試算されている。クルマエビを1万円／kgとして、減価償却期間10年で65億円、その他カレイ類などを含めて約3倍の200億円を保育機能として評価できる[18]。

　第四は潮干狩り等のレクリエーション機能である。一色干潟を例にとって、1日当たり60万円の潮干狩り収入として3カ月間の入漁期間（3

月から６月までの間）では年間5400万円、10年間では５億から６億を
レクリエーション機能の金額と評価できる。駐車場や売店などの付帯機
能を整備し、来場者を増やせば、この機能の評価額はさらに増すであろ
う。

　第五は、人間性の醸成機能である。干潟や浅場が三河湾沿岸域の各所
に存在していた30〜40年前、沿岸域は子どもたちの情操教育に役立ち、
豊かな感性の形成に大きく寄与する存在であったと思われる。また、
1959年の伊勢湾台風の来襲時、内陸では被災により多くの家屋の喪失
と死者を生んだが、日ごろ海と過ごしていた人々は満潮時の危険を察知
し避難や備えに取り組んでいたともいう*19。この様な価値を経済的に
評価することも重要であろうが、ここでは省略する。以上の第１から第
４の諸機能を積算すると、878億円＋100億円＋200億円＋５億円＝約
1200億円程度になる。一色干潟と同程度の干潟を１か所整備すれば、
約1200億円程度の経済効果が生まれることになると考えられる。

新たな干潟の造成条件と適地、活用方向

　三河湾において、一色干潟のような複合的機能を持つ干潟を新たに造
成することは、内湾の環境再生に繋がるとともに、新たに1200億円も
の経済効果を沿岸域に生み出すことになり、経済合理性をともなう投資
事業であるということができよう。そこで、この規模の干潟を、どのよ
うな条件下で人工的に整備すればよいだろうか。本章では６点に絞り試
論する。

　第一は、海水浄化能力が比較的高い沿岸域の浅場（浅瀬）に造成する
ことが効果的であろう。アサリやバカガイなどの二枚貝やバクテリアに
よる海水浄化効果は、有機懸濁物の濃度が高いところほど大きい。三河
湾内であれば、とくに底層に貧酸素水塊が発生しやすい三河湾東部の三
河港の港湾区域内沿岸を中心とした渥美湾沿岸地域が適地である。

　第二は、夏季に貧酸素や苦潮の被害を受けていない沿岸域に造成する
ことが効果的であろう。夏季の貧酸素や苦潮によって二枚貝が激減する
と、それに伴って生物生産機能と浄化機能も激減する。したがって、こ

れまでに貧酸素や苦潮による被害が多く発生していない海域が適地となる。しかし、第一の条件を満たす湾奥地の三河港は、貧酸素や苦潮の影響を受けやすい海域でもある。そこで、曝気装置など付帯施設の整備が同時に考慮され設置可能な地域が求められよう。

　第三は、造成費用とその後の維持管理費が高価でない沿岸域がふさわしい。人工干潟の造成コストのみを見れば、既述の通り1ha当たり1.2億円までに抑えれば、投資効果が見込まれる。したがって、この上限投資額を満たす海域としては、波浪や潮流による砂の移動が少ない沿岸域がふさわしい造成地といえよう。

　第四は、沿岸漁場としてあまり利用されていない沿岸域を新たに候補とすることも重要であろう。すでに漁場として利用されているところでは、上積みされるプラスの効果が少ないからである。逆に、漁場として利用されていない沿岸域ほど効果は大きくなる。従来は良好であったが現在はヘドロが堆積しているような箇所、しかも港湾区域のように漁業権に制限が加えられている箇所を特別に指定し造成することも考えられる。渥美湾内では三河港内の、とくに蒲郡市の竹島地区から豊川河口域までの沿岸域、さらに豊川河口域から神野埠頭付近にかけての海域は、適地といえる。

　第五は、採貝を行う漁業者が漁場管理者として存在する沿岸域が求められる。せっかく造成した干潟・藻場であっても、人々が監視し清掃を続けなければ、たちまち浮遊ゴミが堆積したり、アオサが漂着し堆積・腐敗し、景観の悪化や悪臭問題を生んでしまう。満干や潮流で地形も変化するため、監視が必要となる。さらにイガイ科のホトトギスが増殖し干潟の表面に付着すると、アサリやハマグリが窒息したり、砂泥が移動せず汚濁物質や重金属が底泥中に溜まり、浄化機能を低下させる。それゆえ、採貝漁業者による漁場管理は一層重要になる*20。

　港湾区域以外であれば、この条件を満たす海域は多い。しかし、ここではあえて漁業権の補償が完了し、漁場ではなくなった港湾区域内をあえて選定し、漁業者・漁業協同組合の協力を得て、操業を一定の条件付で認めることも検討すべきである。例えば、愛知県漁連が愛知県からの

受託機関となって、適地付近の単位漁協と共同で沿岸域再生に取り組めるようにすべきである。そのもとでなら、アサリなど二枚貝の養殖の他にも、クルマエビやガザミなどの中間育成の場として人工干潟を活用することも可能になるはずである。

第六は、漁協が海産物の域内循環システムに取り組める沿岸域がふさわしい。渥美湾内の三河港内汐川干潟では、環境NPOが地元高校生を対象に干潟の環境学習事業を継続している。漁業者が講師となって生きた環境教育の実践の場にもできる。さらに、三河湾沿岸は、蒲郡市のように観光交流資源に恵まれた沿岸域を多くもつ。水揚げされた二枚貝等を、PB（プライベートブランド）商品として加工したり、地元漁協が主体となって観光客に海の幸を提供し、沿岸の自然資源を活用した複合型観光特区に指定していくことも可能である。

動力船が導入される以前の三河湾の代表的漁船であった打瀬船を復活させ、三河湾沖合での体験型漁業と連携を図れば、海の幸を味わい、内湾の価値を考える絶好の機会になると同時に、沿岸に新たな雇用機会を創出することにも繋がる。

5　沿岸漁業再生をめぐる地域産業政策の意義

愛知県の沿岸漁業は、主要指標で見れば、高度成長から今日に至るまで生産量並びに生産額ともに全国20位前後に位置する。しかし、漁業種類・品目で見ると、上位を占める漁業種類や魚種の多さに驚かされる。

沿岸漁業の形態は、小型底びき網、船びき網、採貝が盛んであり、それらによる生産量の割合は全国的にもきわめて高い。第8章の表8-1によれば、板ノリ、アサリ類、クルマエビ、シラス、スズキ、イカナゴ、クロダイ等は、1960年代から2009年に至るまで、常に全国上位に位置する魚種である。

その中でも三河湾を主要な漁場とするアサリ類の生産量は、全国生産量の57.7％（2009年現在）を占めるに至っている。背後地に富栄養化の負荷源ともいえる大都市圏を有しながら非常に高いシエアを維持でき

た背景には、漁業者・漁協（単協および県漁連）と水産行政（水産試験場）が連携し、減少傾向の著しい天然干潟の保護をはじめ、人工干潟や浅海など漁場環境の整備と保全、乱獲を防ぎ生産量の安定化を図る資源管理型漁業の厳格な実践がある。

　しかし、高い生産量を誇る沿岸漁業も、既述の通り、1960年代から70年代にかけて沿岸域の埋立や海洋汚染など漁場環境の悪化、単独あるいは共同で漁業に従事する漁業者数（漁業経営体数）の大幅な減少の中で、沿岸域を総合的に保全する地域産業としての機能を喪失する傾向を強めている。

　漁家やそれ以外の若者にとって沿岸漁業を魅力ある地域産業へと復活させていくには、現状をどのように改善していく必要があるのだろうか。若者が後継者・自営漁業者として沿岸漁業に参入し、環境保全産業・食糧供給産業として沿岸漁業を再生させていくには、どのような条件整備が必要となるのであろうか。筆者は、こうした疑問の回答を得るため、伊勢・三河湾沿岸で漁業を展開する愛知県下の17漁業協同組合（1997年現在）の協力を得て「自営漁業者のご子息の漁業に対する意識調査」（意識調査と略す）と題する調査を実施した。

　この調査では、467名の若手漁業後継者から回答が寄せられ、「漁業を魅力ある地域産業へと高めていくための条件と改善すべき方向」を探る上で貴重な情報を得ることができ、さまざまな政策提言を重ねてきた。

　しかし、残念ながら、沿岸漁業や沿岸社会の再生は進まず、しかも今日に至るまで同類の調査も行われていない。そのため、当時と現在を比較し、新規参入者を得るための諸条件を探ることも困難である。ところが、既述の通り、愛知県の沿岸漁業の生産高や全国に占めるシエアなどは調査当時と大きく変化をしていない。また、内湾の自然環境が直面する諸課題も、調査当時と大きな相違は見当たらない*21。

　そこで、あらためて、本調査によって明らかにした「地域産業としての沿岸漁業」再生のための政策条件について、調査結果をもとに提起したいと思う。

若い後継者は本当に父親の跡を継いでいく意思がないのか

　意識調査は、すでに父親とともに漁業に取り組んでいる後継者と、現在はまだ漁業に就いておらず他の職業に従事している人々（後継予定者と仮定）の両者を対象に行った。この両者を広義の漁業後継者と考え、5年以内（2002年頃まで）に父親とともに漁業を営む意思があるか否か、あるいは5年以内に漁業で新規に参入する意思があるか否かを聞いた。

　調査の結果、漁業を辞めるか継ぐ意思を持たない若者が後継者の42％を占め、逆に継続するか新たに漁業を継ぐ意思のある者は後継者の29％に過ぎなかった。この結果から判断すれば、若者の漁業離れは5年間で（2002年頃までに）相当進み、漁村など沿岸社会に経済活動やコミュニティ活動をとり戻すことは困難になっていくように見える。

　しかし、この設問に対する回答者を息子と、息子の代わりに回答した父親に分けてみると結果はまったく異なってくる。息子自身の回答では、漁業を「継続する」「漁業へ新規参入する」という回答が43％を占め、「継続しない」「新規参入しない」という回答は31％にとどまった。他方、父親の回答では、前者18％、後者51％であった。

　若い後継者は、父親が考える以上に漁業を継いでいくことに意欲をもっていると考えることができる。「普通に生活するだけの所得ならは充分得られる」「何よりも海が好きだから」という意思が後継者の参入意欲を支えてきたといえる。

魚を食する消費者に求めるものは何か

　沿岸漁業の将来に希望をもつ多くの若手後継者は、これからの漁業を「漁業者の生活のためだけの漁業」であってはならないと考えている。消費者ニーズを満たし、また消費者とともに漁場環境を改善していく環境保全産業・食糧産業ととらえ直し社会的責任を果たすべきであると考えている。

　では、彼らは、市民・消費者に対して何を求めているのであろうか。図10-6によれば、悪化する漁場環境の実態を消費者自身がよく認識すべきであるという回答がもっとも多く47％を占め、ついで生活排水対

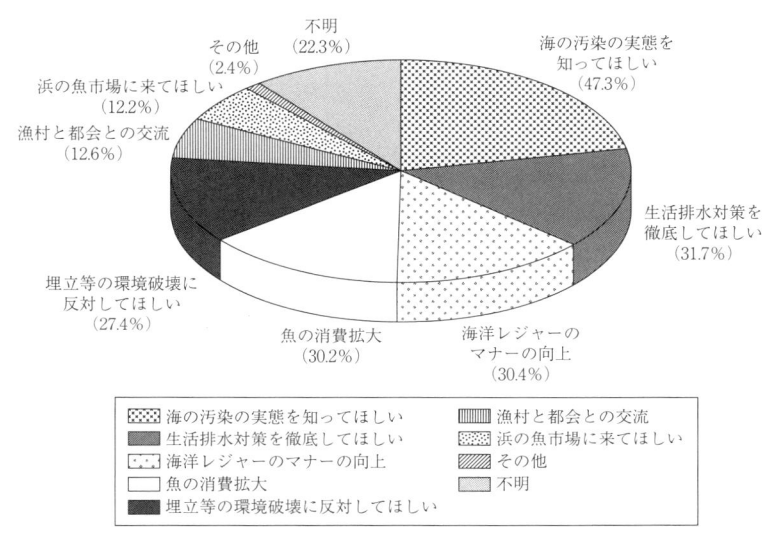

図 10-6　消費者に求めることは何ですか

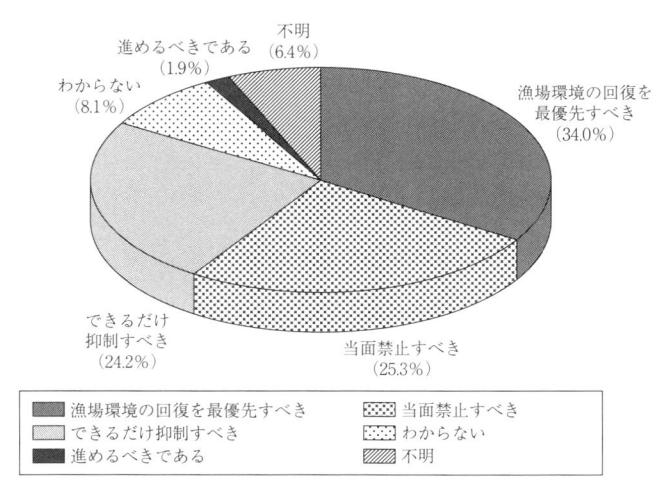

図 10-7　今後の埋立開発等をどう考えますか

策の徹底が32％、海洋レジャーのマナー向上が30％、埋立反対への協力が27％の順であった。

　したがって、今後若手後継者が父親とともに漁業を継いでいけるようにするには、市民・消費者が漁業者と連携して、漁場環境の回復とこれ以上の悪化を許さない姿勢を共有し実践していくことがとくに重要な条件となる。漁協青年部や婦人部と消費者団体・市民団体との日常的交流の機会をつくり、環境保全産業・食糧供給産業としての沿岸漁業が直面する問題をともに考え行動していくことが求められている。

今後の埋立開発事業をどう受けとめているか

　漁業の未来に希望を託す若手後継者たちは、働く場となる海を埋立て、漁場環境にも影響を及ぼしてきた開発事業をどのように見ているだろうか。図10-7によれば、新たな海の開発事業に向かう前に、まずは現状の荒廃した漁場環境の回復事業を最優先し、漁場環境の回復によって沿岸漁業を継続できる見通しを立てるべきと考えている。したがって、その見通しが得られない間は新たな開発事業に着手すべきではないという回答が34％でもっとも多い。それに「当面禁止すべき」「できるだけ抑制すべき」との回答を含めた場合、若手後継者の84％が漁場環境の回復を最優先すべきであると考えていることが判明した。

　第8章の表8-4は、漁業後継者が所得以外の理由で漁業に参入することを拒む理由を整理した一覧であった。ノリ養殖と漁船漁業とでは理由に違いもあるが、他方、中部新空港計画のように、1966年に同事業の計画が発表されて以来、伊勢湾や三河湾の漁業者は常に漁場を失い漁業という職業を失う不安にさらされながら操業や設備投資、そして後継者を迎えるべきか否かの問題に直面してきた。その不安は後継者の沿岸漁業への参入と積極的な採業意欲を阻み、漁場環境や資源管理への関心を低下させてきたといえる。大規模な埋立計画や漁場環境の悪化等に直面するたびに、浜の若者の夢が奪われてきたといわなくてはならない。

漁業協同組合の事業運営に求められること

　若手後継者は、父親が所属あるいは自らも所属する地元漁業協同組合の運営に対しても、さまざまな課題を指摘してきた。その主な課題とは何かを見ておこう。若手後継者の指摘としてもっとも多かったのは、「若者に夢を与えられる漁協経営の実践」という指摘である。これは何を意味しているのだろうか。大別して２点挙げられよう。

　第一は、三河湾の漁業資源を活かし、沿岸域の産業振興と社会再生に貢献する漁協経営への転換とでもいえよう。三河湾の漁場環境の回復は、漁場悪化の原因がある程度判明しているだけに回復に向けた対策の導入効果は十分あると考えられてきた。漁場環境が回復すれば漁業資源も回復をはやめ、沿岸漁業や水産加工業などの生産額を高め、新規就業者の育成、漁船等の新たな設備への投資など沿岸地域の経済活動も積極的に取り組まれるはずである。若手後継者の夢、期待はまさにここにあるのであって、漁場環境の保全、漁業資源の回復、地域社会や地域産業の再生をめざした漁協ビジョンの提示と実践、さらに市民・消費者との共有・ネットワーク化が強く求められている。

　第二は、社会的使命の自覚である。何人もの漁業者が協力し合い営む沿岸漁業は、沿岸地域の雇用を守り、漁村コミュニティの共同管理を行ない、文化と食糧と環境を守る社会的産業として営まれてきたはずでる。この役割をまずは漁業者自身があらためて認識し、沿岸の地域住民や都市の消費者と協働して、父親である漁業者自身が息子に漁業の意義を語り、自営漁業への参入を勧めることができるよう、常に漁業の公益的機能を強め広めていくことが各漁協運営に求められている。漁業者の子息以外でIターンやJターンによって新規参入をめざす若者たちに対しても同様である。

漁業以外にも雇用機会をつくり漁家所得の向上をはかる

　若い後継者は、三河湾沿岸の社会に漁業以外の雇用機会をつくっていくことも重要であると考えきた。愛知の沿岸では、問屋（仲卸業者）や漁協役員に名前を連ねる地元商社が自ら水産加工場を経営しているが、

従業員の雇用条件は正社員ではなくパートタイムなど臨時雇用の社員である場合が多い。これでは沿岸漁業に関わる資格を取得したり、技能を持った水産高校卒業の若者や若手後継者の関心を呼び起こすことはできない。さらに、Ｕターンを希望する後継者や地元で働くことを希望する若い女性が、雇用の機会を得て漁業者とともに沿岸地域社会を支えていくことも難しい。

　漁業以外であっても、資格や技能を持った若者や漁業経験豊かな高齢者が経験を活かし、働き続け、共助の関係を築いていかなければならない。

　三河湾沿岸の漁協のなかには、(a)「漁協と組合員の共同出資によって株式会社を設立し、三河湾で水揚げされた魚介類を利用し、他では真似できないＰＢ（プライベート）製品の開発と即売・それを利用したレストラン経営を展開し、直接消費者・観光客へ販売活動を行っていく」道を探る動きも現れている。

　また、(b)「漁協が、三河湾で水揚げした魚介類を利用し、自前で商品企画から加工・生産調整（価格管理）・共同出荷の体制を整備し販売していく」といった漁協による自主販売システムを探る動きも十分にある。

　いずれも、沿岸の漁協が主体となって新たな雇用機会をつくり、若い女性や資格・技能をもつ若者、経験豊富な高齢者を、漁場に出ていく漁業者とともに沿岸社会の担い手として活かそうとするものである。

　以上を「地域資源活用型水産振興策」と総称するならば、この方策を通じて若者や高齢者の雇用促進と共助による沿岸コミュニティの充実を図るなど、地域内で再投資を繰り返し、地域経済の循環構造と生活の共同化をめざすケースが散見されつつある。表10-4の漁協は、Ｕターンや新規就業を目指す若手後継者が多く所属し、沿岸地域経済と社会の再生産が活発に行われている実例の一部である。この実例は、加工による高付加価値化の過程で自ら水揚した魚介類の利用を基本として、自家労力が主体的役割を担い、利益を最大限自らに還元している点に共通点がある。

　さらに、事例1・2・5・7は、漁家と沿岸漁業の振興が沿岸地域経済の投資主体となり地域経済を牽引するケースとして注目を集めてきた。「魚介類を産地市場に出すだけでおしまい」といった沿岸漁業の時代は終わりを告げている。漁家及び漁協経営の安定とともに沿岸地域への再投資を図り、持続的な地域経済活動と共助による沿岸コミュニティの再生を実現していくことが強く期待されている。

　従来からの「ノリ養殖であれば県漁連のみを見た生産活動」、「鮮魚であれば問屋を主な取引相手とした流通」では、魚介類や加工品の最終消費者が求める水産物ニーズの中身を主体的にキャッチすることは難しい。知りたい情報を得ながら沿岸地域の多様な経済主体が協働し、消費者に安心を与え消費者と信頼関係を築いた生産活動や流通の仕組みへと変えることが必要である。

　そのために、「市場や共販場での商品取引のみを業務とする漁協」から「都市の消費者や観光客を迎え入れ、魚食の普及、漁場環境の改善、漁業・漁協経営の社会的責任性」を意識した漁協へと転換していくことも、若手後継者は強く求めている。

　漁場環境の保全、地場の魚介類の普及、地場の魚介類を生かした安全な水産加工品の開発、生産者と消費者の相互理解と信頼をもとに持続可能な地域経済を沿岸域へ構築することが、これからの漁協運営に強く求められている。

沿岸漁業振興をめぐる行政課題

　若手漁業後継者が水産行政に対して求める点も多々示された。もっとも多い指摘は、(1) 魚介類の生息を脅かす漁場破壊の防止と漁場・資源回復を推進すること、(2) 火力発電所の温排水がノリ養殖に及ぼす影響の調査と監視を強化すること、(3) 生活排水・工場排水・農畜産排水の浄化と農薬などの流入規制を徹底すること、(4) 大規模な赤潮や苦潮被害に対する漁家の緊急救済策を充実させること、(5) 天然の藻場や干潟の保護と失われた面積以上の藻場・干潟の人工的回復を急ぎ魚介類の保育機能を強化すること、(6) 酸処理残液・漁船オイル・廃棄物の投棄に

表 10-4　水産資源を活用した地域政策

【事例 1　地場産物を目玉にした漁業民宿地域の形成】
①三重県相差漁協、②漁家、③漁家・漁業・農業・地域活性型の地域政策
　　近鉄鳥羽駅からバスで 40 分、景観や観光に特長のない半漁半農地域である。しかし、この地域に漁協組合員の 3 割が兼業する漁業民宿地域が形成されている。この地域では、自家生産の農水産物を中心とする「獲り」と「耕作」による「食の提供」という地場産物の高付加価値化を図っている。この収益増を通じ、「磯根資源の適量採取」「漁船漁業の大型化」「米作の維持拡大」など、生産の維持と拡大、資金の再投資、兼業化による雇用安定を実現した。さらに、かつての仲買は、従来機能に加えて、ブリ・マダイ・イシダイ・イセエビ・アワビ・サザエ・ミルクイなどの大量需要に応じた活魚の集荷・供給の機能を新たに兼ね、事業規模の拡大に成功した。地域経済が実現したことで若者の参入と定着、幼児の増加による保育園の増設など社会資本の充実も始まった。

【事例 2　シャコ漁業・自家加工・共同出荷による高収益漁業地域の形成】
①浜市漁協芝支所地区、②漁家・漁協、③漁家・漁業・地域活性型の地域政策
　　埋立・漁業補償・転職など都市化の影響を受けながら、小型底引網のシャコを主体とした「自家加工・生産調整・共同出荷」による高収益型漁業地域を再生させた。特長として転職者・学卒サラリーマンの U ターン者、I ターンの新規加入者など若い世代の参入が多い点にある。その結果、若者主体の研究会活動が活発化し、研究成果が漁協に吸収され、「網目制限」「禁漁期・禁漁漁区」の設定、「2 勤 1 休の勤務体制」「剥きシャコ生産枚数調整」など漁業管理と価格管理の実現に至っている。さらに、漁場環境の保全に関心を高め、自らを「海の常時監視者」と位置付けるなど、漁家の社会的役割の主張を始めている。その一環として、海底ゴミの船団清掃によるキャンペーンや、地場産物を通して東京湾漁業の存在を市民へアピールするための土日市を開催し、消費者の活況を呈している。

【事例 3　ワカメとコンブ養殖・珍味自家加工・直販による高収益漁家経営の実現】
①神奈川県横須賀市東部漁協、②漁家、③漁家・漁業活性型の地域政策
　　ワカメとコンブを養殖し、独自の珍味加工を行い、直販するという生産・流通・販売の一体型事業を実現し、同業漁家以上の高収益を実現している。冷凍雌株とろろ、芽ワカメの味噌漬け、コンブの味噌漬けなど独自の製品開発と加工機器の開発のために新規投資を行い、拡大志向ではなく自家労力を基準とした規模で養殖・製造・販売に徹し、漁家経営の持続性を重視している。製品は好評で、見込みの半期で完売している。

【事例 4　シラス漁・自家加工・直販による高収益漁家経営の実現】
①相模湾、湘南地区のシラス船曳網漁業、②漁家、③漁家・漁業活性型の地域政策
　　相模湾のシラス船曳網漁業は、他の漁業と同様に 1970 年代前半までに多くが淘汰された。その中で、自家加工と直販を行う経営体のみが生き残り、地域の顧客に支えられた堅実な経営を維持し、その結果、後継者の参入を実現している。特に、江ノ島片瀬の湘南丸は際立った漁家経営を成功させた都市型漁家である。現在の相模湾漁業の中で、シラス船曳網漁業は唯一例外的に漁家経営が続く漁業でもある。漁家経営の安定を図る湘南丸の漁家を中心に「相模湾しらす協議会」が結成され、漁業技術の革新のための情報交換をはじめ地域漁業の維持発展のための地域政策が展開されている。

【事例 5　確かな暖簾をバックに地域漁業振興を推進する一本釣り地域の形成】
①神奈川県三浦市松輪、②漁家・漁協、③漁家・漁業活性型の地域政策
　　東京湾の「松輪のサバ」という先人が築いた暖簾を守り続け、豊かな前浜と年々変化する来遊群へ直ちに対応する集団操業、生産意欲の高い操業効率で高収益を実現し、後継者の参入も導いている。高付加価値の最終製品を安定的に生産・供給することを目標に漁家経営を支える漁協運営が実践され、漁村風景の形成という地域社会の共同管理も行われている。

【事例 6　徹底した省力化と有力仲買人との提携による高収益定置網漁業の実現】
①神奈川県三浦市毘沙門、②漁家、③漁家・漁業活性型の地域政策
　　好漁場に恵まれ、大型定置網と最大日量 40 t から 50 t の漁獲があるマイワシ主体の小型定置網が営まれている漁業地域である。各網では、2 世代の漁師4－5 人の操業と 1 時間で揚げ網可能な機械化投資を導入した。さらに、高い鮮度の〆を前提とする有力仲買と連携を果たし、生産・加工・流通・販売の一体化により、同業者の数倍の年収を得るまでに至っている。兼業する農業でも高付加価値製品の販売と売り上げ・高収益を実現し、漁家経営の安定を果たしている。

【事例 7　機械化と遠距離出荷による漁協営定置網漁の実現】
①高知県佐喜浜、②漁協営定置網、③漁家・漁業・地域活性型の地域政策
　　操業船の上陸用船艇化で無漁港の問題を解消し、主要漁獲物のマイワシを海上輸送で大阪市場や神戸市場へ直接出荷することに成功。その結果、経営の黒字化を果たし、U ターンによる新規就業者の誕生へと導いた。

注：表中の①は地区名、②は水産振興の実施主体、③は水産振興の類型化、を示す。なお、
　　③は表現方法を本論文と整合させるため変更している。
出所：木幡牧（1994）『漁業の理論と実態』成山堂書店、203 頁。

　　よる漁場環境の悪化を防ぐために監視強化をはかること、等である。

　愛知県漁連や愛知県の水産行政は、これら諸課題に対し具体的な対策に取り組んでいる[*22]。しかし、環境・水産行政の領域を越え根本的解決に至れない問題が多く、新規参入を目指す後継者や若い漁業者の間からは従来の対症療法的対策の成果を疑問視する声が挙げられているのも確かである。その意味で、（1）から（6）までの諸課題は、依然として三河湾の漁場環境の保全と回復に向け重大な課題のままである。

　自然生態系のバランスが崩れ、激しい漁獲競争も加わって安定した水揚の達成が難しくなっている。それゆえ、漁場悪化要因をなくし、漁場環境を回復に結び付けていくことは、沿岸漁業への新規参入と継続をめざす若手後継者にとって重要な参入および継続条件となる。漁場環境の回復にむけ開発行政とともに漁場環境の変化を一層厳しく監視していく

ことが、県漁連や水産行政・環境行政に期待されている。

　若手後継者の指摘でとくに目立つのが、漁業者への十分な説明および合意なしに進めてきた沿岸開発に対する批判と、今後の計画の見直しを求める要望である。

　すでに述べたように、伊勢・三河湾では、限られた漁場に群がるようにノリ養殖・採貝・小型底びき網漁などの沿岸漁業が行われている。沿岸漁業への後継者参入を求めるのであれば、漁場をさらに狭め漁業資源に悪影響を与える大規模埋立計画などを凍結し、漁場環境の回復など沿岸漁業の再生を優先しなくてはならない。

協同組合間提携による漁業所得の安定と漁場環境の向上にむけて

　協同組合相互の提携には、同種協同組合間提携、異種協同組合間提携、同種系統組織間提携などがある。愛知県内の漁協（単協、県漁連）では生活協同組合との間で提携を図っている[*23]。その交流と業務提携を通して、漁場環境保全を消費者に訴えるとともに、海の環境を監視しているのが漁業者であることに理解を求め、三河湾の魚介類と漁場環境の保全および魚介類と水産加工品の消費普及に協力を求めている。

　漁船漁業に従事する若手漁業者の中には、年間の操業日数が100日を切るケースにも直面し、海に出ない日（とくに冬季）を生協組合員との交流や消費者ニーズにもとづく高付加価値商品の研究開発と普及、加工品の産直事業につなげ、漁業所得の安定化や漁業・魚食に関する情報提供などに貢献する者もいる。

　また、漁場環境の悪化は、漁業者自身の意識の低さにも問題があるといった指摘もあり、それを改め、真に海の守り手になるために、現行の市場流通以外にも「美味しさ、安全性、安定価格、安定供給」を原則とする消費者との交流、生協との産消提携によるもう一つの流通システム（市場外流通）を重視する漁協も多い。そのための情報提供・技術研修・市場調査の支援などが県漁連などに期待されてきた。

漁業・水産業の将来ビジョンの策定と実現にむけて

　三河湾西部の知多地区の若手漁業後継者のなかには、愛知県と中部財界が推進する中部新空港の建設を控え、後継者として新規参入することをあきらめた者もいた。三河湾でも埋立による干潟や藻場といった漁場の喪失、大型貨物船の航行、レジャーボートの激増、東三河の海を中心に頻発する赤潮や苦潮など、漁業生産条件の著しい悪化を理由の一つにして新規参入を見合せたり、本人が後継者として参入を希望しても家族が止めるといったケースも生まれていた。

　そのため、若手後継者のなかには、水産高校において漁業・水産加工に関する資格や高度な技能を習得しても、卒業後その資格や技能を生かして漁業の現場や水産関連の職場に就かない者も増えている。また、若手漁業後継者の間からは、伊勢・三河湾の漁業・水産振興を重視しながらも、他方で港湾整備や大型プロジェクトによって漁場環境の悪化を招く国や県の縦割り行政に対して厳しい批判の声も多く聞かれる。

　その一方で、三河湾の漁場環境保全や漁業振興にとって重要な支援機能を果たしてきた水産試験場など水産研究の充実と実用に対して期待する声は依然として大きい。三河湾の漁業が直面している漁場環境の回復策や回遊魚の生態・付加価値の高い水産加工品の研究などを積極的に推進し、その研究成果を実践の現場である沿岸地域や漁協経営に活かすこと、さらに漁場環境に関する情報公開を推進し、三河湾が直面する深刻な事態を消費者・市民が一人でも多く知り、認識を高め、三河湾の漁業・水産業の重要性を正しく理解し行動できるよう漁場環境再生ビジョンの策定と実現に期待があつまっている。

沿岸域管理条例による環境再生と沿岸漁業の復興

　三河湾沿岸の漁業者や漁協を訪ねると、必ず「魚が減ったこと」「一攫千金は、今は昔」「もはや安定した収入が得られなくなったこと」「後継者がおらず高齢化がどんどん進んでいること」「借金から依然のがれられないこと」「埋立や開発事業によって漁場が奪われるかもしれない不安」など、辛い、暗い話を何度も聞かされる。

　しかし、そうした絶望的現実がある一方で、これまでに広大な埋立を許し、資源の乱獲を繰り返し、消費者や市民の理解を遠ざけてきた反省も漁業者自身から何度となく聞かされた。

　消費者、市民は、安い輸入水産物が巷に溢れる日々の中に身を置きながらも、身近で優れたレクリエーションの場を提供してくれ、新鮮な水産物の供給源でもある三河湾の重要さを理解し始めている。かたや漁業者も、食糧生産の場である海が有限な存在であり、それを守ることは漁業者や漁協の責務であることに気付き、沿岸や河川流域の消費者・市民、ボランティアやNPO法人、沿岸の観光業者や埋立地に立地する大手製造業、沿岸市町村や河川上流域の山村自治体など、多様な主体との連携を通じて三河湾の環境と漁業・水産業の再生に理解と協力を求める取り組みを進めている。愛知県などが主催する里海再生プロジェクトへの積極的な参加は、その証しでもあろう[24]。

　持続的で豊かな沿岸漁業と水産資源を活用した沿岸水産業が営まれるようになってはじめて内湾は自然環境の面からも再生し、漁労文化の伝承や多様なレクリエーションが復活し、人々が望む豊穣の海を取りもどす希望が見えてくる。人々が手を加え守ってきた海は、生態系とバランスのとれた漁業・水産業を再生することによってよみがえる。その意味で、水産加工業を含めた沿岸漁業は環境保全型産業であり、安全な食糧の供給産業でもある。そして、その健全な成長発展と内湾環境の再生に、沿岸や河川上流域の消費者・市民・産業界の参加と協力を得ながら自治体行政も、理解と協力を惜しんではならない。

　伊勢・三河湾の漁業を再生するには、こうした理解を前提として、三河湾の漁場環境保全を最優先課題とし、沿岸漁業を環境保全型産業・食糧供給産業と位置づけながら、同時に流通システムと消費生活を環境保全型へ転換させていくことを共通目標とした「沿岸域管理条例」の策定を、沿岸自治体で検討すべきであろう。愛知県では2012年10月に愛知県中小企業振興条例を制定し、県内の地域経済にとって中小企業のはたす役割が極めて大きいことを踏まえ、中小企業に対する就業者支援、南海トラフ地震での被災を想定した中小企業BCP（事業継続計画）策定

の支援など地域まちづくりと共生した地域経済の振興に取り組むことを宣言している。

　しかし、残念ながら、その場合の中小企業に漁業・水産業は位置づけられていない。他方、愛知県では環境部・農林水産部・建設部が合同で2008年から3カ年におよぶ三河湾再生のための総合的研究に取り組み、「三河湾里海再生プログラム」を完成させた。現在、その主要施策には沿岸漁業者も積極的に参加し、漁場環境の回復にむけた努力を続けている*25。

　今後は、地域産業に関わる部局が連携し、中小企業振興条例制定の経験を活かし、新たに市民・消費者団体・漁業者・漁協・県漁連・水産行政・河川流域の市町村行政が一堂に会し、協力・提携して内湾環境の再生を視野に置いた三河湾の内湾並びに沿岸、さらに流域の管理を含めた「沿岸域管理の自治」体制を構築することが求められよう。その第1弾が「三河湾沿岸域管理条例」の制定と「沿岸域管理計画」の策定であってもよい。

　同条例によって、当面は三河湾の開発を規制し、漁場環境の回復をはかりながら漁業・水産加工業や漁協の振興を最優先すべきである。そのうえで、漁場環境の回復に負荷のない定住環境を沿岸域に整備していく。沿岸漁業を、農林業や観光業とともに環境保全型産業へと転換させ、沿岸社会の雇用・自然・文化を守り続ける沿岸地域産業へと育てていかなくてはならない。沿岸漁業・水産加工業の担い手が高齢化するなかで、漁業後継者を新たに再生産する原動力ともなる本施策の実現が急がれるところである。

注
*1　鈴木誠「第一次大戦前における大都市港湾開発と都市財政政策（2）」『岐阜経済大学論集』第26号第4号、1993年3月、54-56頁。
*2　長尾義三、藤井敬宏、北上慶智「港・ウォーターフロントと環境」日本港湾経済学会創立30周年記念論文集『港・ウォーターフロントの研究』成山堂書店、1991年、157-171頁。
*3　運輸省港湾局編（1995）『環境と共生する港湾―エコポート』を参照。

＊4　西條八束「内湾の富栄養化」西條八束編『内湾の環境科学、三河湾・伊勢湾の研究を中心として（上）』培風館、1984年、23-29頁。

＊5　渥美湾とは、愛知県南部、渥美半島に抱かれた内湾域を指す。三河湾の東部を占める支湾で、知多半島南端の羽豆（はず）岬と矢作古（やはぎふる）川河口西方の生田鼻（いくたはな）を結ぶ線で北西の知多湾と分けた海域。渥美湾の東部は重要港湾の三河港を有している。

＊6　宇野木早苗「内湾の物理環境」西條八束編、前掲書、68-81頁。

＊7　市野和夫（2007）『持続可能な社会を求めて』岩田書院、46-66頁。

＊8　佐々木克之「失われゆく三河湾の生態系」西條八束監修・三河湾研究会編（1999）『改訂版・とりもどそう豊かな海　三河湾―「環境保全型開発」批判―』八千代出版、37-53頁。

＊9　平野敏行（1992）『漁場環境容量』恒星社厚生閣、20-35頁。

＊10　松川康夫「汚濁負荷の削減」三河湾研究会、前掲書、206-209頁。

＊11　愛知県沿岸漁業振興研究会編（1996）「愛知県の沿岸漁場環境を改善するために」を参照。

＊12　佐々木克之「失われゆく三河湾の生態系」、三河湾研究会編、前掲書、47-53頁。

＊13　佐々木克之「内湾および干潟における物質循環と生物生産（1）―（15）」『沿岸研究ノート』1989年を参照。

＊14　佐々木克之「干潟・藻場の重要な働き」、三河湾研究会編、前掲書、184-186頁。

＊15　同上、187-190頁。

＊16　同上、191頁。

＊17　青山裕晃・今尾和正・鈴木輝明「干潟域の水質浄化機能」『月刊海洋28』1996年、178-188頁。

＊18　平野敏行、前掲書を参照。

＊19　伊勢湾台風の被災者並びに同台風で被災した名古屋港管理組合職員に対するヒアリング調査の成果をまとめたものとして、鈴木誠「伊勢湾台風からの教訓」中部の環境を考える会編『環境と開発』1989年を参照。

＊20　釘宮大輔、渡辺亮一、山崎惟義、楠田哲也「ホトトギスガイが形成するマットが砂泥の移動に及ぼす影響」土木学会西部支部研究発表会、2009年3月。

＊21　鈴木誠「愛知県における沿岸漁業協同組合の漁業後継者参入実態調査」1996年。その詳細な分析内容は鈴木誠「水産王国の変貌」三河湾研究会編（1999）編『改訂版・とりもどそう豊かな海　三河湾―「環境保全型開発」批判―』八千代出版を参照

＊22　鈴木輝明「三河湾の環境」三河港海洋利用研究会編（1995）『三河湾の生きも

のと自然』、119-120頁、愛知県沿岸漁業振興研究会編（1996）「愛知県の沿岸漁場環境を改善するために」を参照。

＊23　木幡牧（1994）『漁業の理解と実態』成山堂書店、203-205頁、（財）協同組合経営研究所編（1992）『協同組合間提携の理解と実践』全国協同出版を参照。

＊24　石原義剛「漁業をどうよみがえらせるか」伊勢湾研究会編（1995）『伊勢・三河湾再生のシナリオ』八千代出版、151-170頁。

＊25　愛知県（2011）『三河湾里海再生プログラム』及び伊勢湾再生海域検討会三河湾部会（2011）「三河湾の貧酸素水塊発生抑制に向けて」を参照。

第 11 章

開発不利益と地域自治政策
―長野県阿智村の社会環境アセスメント政策の意義―

　本章では、長野県下伊那郡阿智村で計画中のリニア中央新幹線工事に伴う発生土運搬事業を取り上げ、同事業に伴う開発不利益が地域社会や地域経済に与える影響予測を事前調査によって明らかにする。筆者は、この事前調査を社会環境アセスメントと呼び、住民自治、地域自治充実強化を促す地域政策の新たな仕組みであることを本章において明らかにしたい[*1]。

　2015 年 5 月、筆者は、リニア中央新幹線工事が阿智村内で行われた場合の住民生活並びに観光産業等に与える影響を、調査し提言する目的で、村長の諮問機関「阿智村社会環境アセスメント委員会」委員に就任した。リニア中央新幹線工事は大量の土砂を発生する。これを廃棄場まで運搬する作業を発生土運搬という。具体的には、発生土運搬とは、東海旅客鉄道（JR 東海と略す）が 2027 年開業をめざし着工したリニア中央新幹線工事に伴い阿智村区間の地下トンネル工事等で発生する土砂を地上へ取り出し、最終処分地へ移動させる運搬事業の総体を意味する。

　全事業の実施責任者は JR 東海であるが、トンネル工事で発生する土砂を地上へ取り出す場所＝「斜坑」の開発と最終処分地への運搬並びに処分（公共事業としての利用を含む）に当たっては、トンネル区間地上部の市町村および都道府県との協議が義務付けられている。

　JR 東海が、今後約 10 年間にわたって行う発生土運搬を、阿智村内の既存国道及び村道を利用して取り組む意向を表明したことから、国道および村道沿いで生活や事業を営む住民や観光産業関係者等の不安が急速に高まることになった。阿智村としては、不安をかかえる住民や観光産業関係者等の要請を受けとめ、村として独自にその影響を調査し、長野県を通じ JR 東海に対して対策を要請する目的で、2015 年 5 月に先の社

会環境アセスメント委員会を立ち上げたわけである。筆者も上記の通り委員として参加し、発生土運搬の影響を計画段階にある現段階から調査予測し、成果を委員会へ還元し協議に参加した[2]。

　リニア工事に伴う同類の発生土運搬は、リニア工事区間を抱える大部分の市町村で直面する重大な課題の一つとなっている。したがって、運搬経路を生活圏や学区に抱える住民団体や地域コミュニティ団体、教育機関では、行政を通じ JR 東海に対して安全対策を中心とする要望等を提出し協議を行っている。しかし、事業計画の段階で社会環境アセスメントという手法を用い独自に予測調査や協議を行う市町村は、阿智村を除いて他にはない。

　それゆえ、阿智村の取り組みは、リニア中央新幹線工事の発生土運搬問題に直面する他の市町村にとって参考となるであろう。

　なお、社会環境アセスメントとは聞きなれない言葉である。環境アセスメントの頭に「社会」を付けているが、環境アセスメント法で謳う環境アセスメント事業に「社会」を付け加えているわけではない。

　そこで、筆者は社会環境アセスメントを、「リニア工事に伴う発生土運搬が住民の日常生活や観光関連産業等に及ぼす影響を計画段階で調査・予測し、開発に伴う不利益が生活や観光関連産業等を含め地域社会に及ぶことの有無や規模を評価し、代替案を含め事業者である JR 東海に対して対策を要望・提案するための調査・協議・提案の総体」と定義する[3]。本章では、この社会環境アセスメントの地域政策的意義について詳しく述べてみたい。

1　社会環境アセスメントに至る経緯

　阿智村及び村議会は、JR 東海が 2013 年 10 月 2 日、阿智村において「リニア中央新幹線環境影響評価準備書（以下、評価準備書と略す）」の説明会を行って以降、リニアの阿智村内建設工事に関して危惧される諸課題を取りまとめ、長野県を通じ JR 東海に対して度々の要望を行っている。

　具体的には、2013年11月1日、リニア中央新幹線環境影響評価準備書に対する意見を阿智村議会議長名で、また2014年1月9日には同評価準備書に関する環境保全の観点からの意見を阿智村から、さらに2014年7月8日、リニアに対する要望書を阿智村と村議会が連名で提出している。

　要望書の中で、すでにリニア工事の発生土運搬に関しては、「現在示されている村道1−20号線（図11−1参照）を使用しての発生土運搬については、付近住民の唯一の生活道路であること」や、村道1−20号線が走る清内路地区が「大変狭隘な地域であること」、さらに「道路の幅員が狭く住宅が道路と隣接している」との事情から、騒音・振動・粉塵等によって住民生活に多大な支障をきたすことが考えられるとも指摘している。

　また、発生土運搬用の大型ダンプが国道256号を通行する場合は、閑静な清内路地区や南信州の一大観光保養地である昼神温泉郷に、一日最大920台もの大型ダンプが通行すると想定され、その影響も極めて大きいとの指摘もされている。

　こうした理由から、阿智村および村議会では、JR東海に対して、長期大規模開発にともなう不利益が村内に及ぶことを回避するためにも、生活道路となっている既存の道路利用を前提とした工事計画ではなく、新たに工事専用道路を建設することを検討し、既存の村道および国道を利用する住民、観光事業者、観光客に理解の得られる工事計画を策定するよう求めている。

　同様の危機意識は、JR東海が住民に対して行ってきたリニア工事に関する説明会の機会に、参加住民からも示されている。その主な危機認識と要望は次の通りである。

　第一は、清内路地区の利便性の喪失に対する危惧である。村道1−20号線は非常に狭隘な道路である。その村道を沿線住民は日常的に山林や畑の耕作等で利用している。そのため大型工事用車両が村道を通過することは住民にとって非常に危険であり、日常の利便性が著しく損なわれるとの指摘がなされている。

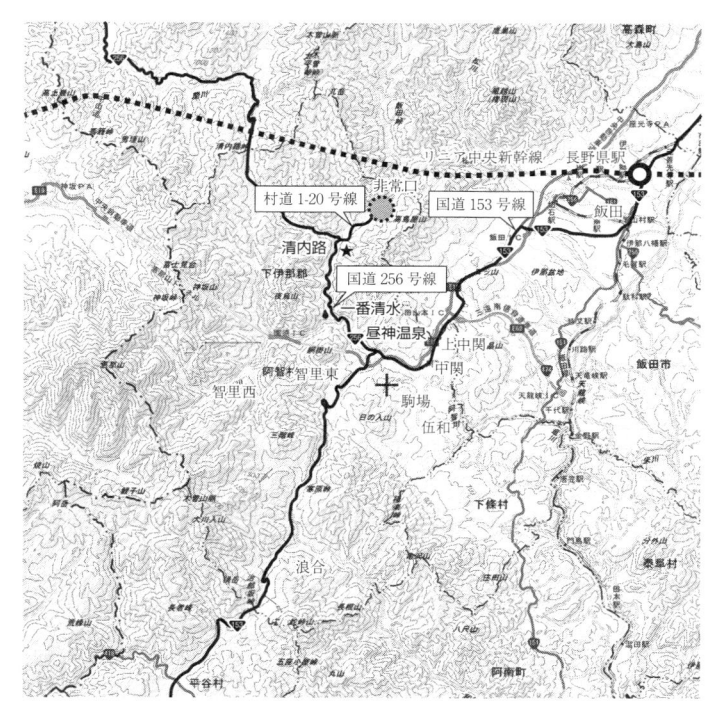

図 11-1　阿智村内の発生土運搬予想図
出所：国土地理院の電子地図から作成。

　第二は、自然環境の破壊に対する危惧である。村外から移住し定住する若い世代の住民が定住の理由に挙げているのが、清内路地区の豊かな自然環境である。この環境が、今後10年間にわたり、村道1-20号線を大型工事用車両が通行することで失われていくことが危惧されている。しかも、失われていくことは新たな移住者の定住を困難にし、既存移住者が清内路地区から転出していく動機につながるとの指摘がなされている。

　第三は、村の人口政策に及ぼす影響であり、上記の第二と関連する。清内路地区は人口減少が激しく、小学校・保育園等の施設維持が困難な地区であった。この状況を打破するため、地区の将来ビジョンを住民が

共同で描き、その実現に向けて地区計画を策定し、村当局と連携して政策を繰り広げてきた。その結果、近年では村外から移住者を迎え、将来村内でもっとも人口増加率の高い地区に転じる可能性が生まれている*4。

　ところが、地区内を縦断する国道256号や、集落内の村道1-20号線を大型工事用車両が10年間にわたって通過することで生活環境が一変し、村外から移住者を迎える力を弱め、移住者の減少、移住後定住をはじめた人々の地区外転出を生むといった問題が指摘されている。したがって、国道256号線や村道1-20号線を工事車両が通行することは、清内路地区の地域自治が困難に直面するだけでなく阿智村の自治体経営を脅かすことにもつながると考えられている。

　第四は、主要産業である昼神温泉郷の衰退への危機感がある。図11-1から明らかなように国道256号は昼神温泉郷内を横断している。この道路を大型工事用車両が10年間にわたり通過すれば、騒音・渋滞・事故等の広義の道路公害を年間70万人もの観光客に及ぼす可能性が生まれる。もし、道路公害に観光客が巻き込まれれば、昼神温泉郷を保養地として利用する観光客は次第に減ることになろう。

　その結果、阿智村は大きな経済的損失を被ることになっていく。JR東海には、観光客をはじめ観光事業者等にも悪影響を及ぼす工事計画自体を見直すことを強く求めている。

　第五は、大型工事用車両が通過した場合の道路状態の悪化である。予定の国道256号と153号は、国・県の基幹道路であると同時に村民の生活や観光客の通行に欠かせない道路である。ところが、大型ダンプなど工事用車両の通行が増加すると、道路状態を悪化させ、交通事故の原因ともなる。とくに積雪や凍結の際には一層危険が増すことになる。歩行者・バイク・自家用車が往来する国道での事故を未然に防ぐための安全対策が強く求められている。

　以上の5点に及ぶ諸課題や提案が、住民や地縁組織、教育機関や地域産業団体等から指摘されてきた。だが、後述するように、村および議会への回答が出されるまでは、JR東海の回答はなく、現行の工事計画を

説明することに終始するのみであった。

　これに対し阿智村では、既述の住民等が抱く不安や要望をもはや看過することはできないとの判断に基づき、村長の諮問機関として「阿智村社会環境アセスメント委員会」を立ち上げるに至ったのである。

　この委員会では、JR 東海のリニア工事に伴う発生土運搬事業、すなわち大型ダンプの通行が村内の国道 256 号、153 号の交通事情に与える影響を定量的に予測するとともに、村道 1-20 号線を利用する住民生活や国道を利用する住民及び観光客、昼神温泉郷の観光事業者等に与える影響を定性的に調査し、発生土運搬計画が与える社会環境的影響を科学的に評価することを試みた。

2　検討範囲の絞り込みと調査方法

　国の環境影響評価法による環境アセスメント（以下、環境アセスと略す）は、開発事業の構想が決まった後に、開発事業が自然環境等に与える影響を事業者自らが調査・予測・評価までを行い、その結果を公表し一般住民や行政等の意見を聴取しながら、開発事業計画を作り上げていく制度として今日まで運用されてきている。この場合、環境アセスの対象は 13 事業あり、リニア工事も同法による環境アセスの対象事業に位置づけられている。

　開発事業者は、地域環境の特性および事業計画の内容等を踏まえ、環境に対し及ぼす影響を予見し、そのうち重要と思われるものを事業者自らが見極め、環境アセスの対象として環境要素・調査項目を選定する。その際、評価項目は環境アセスの対象となる開発事業の種類によって大きく異なることが一般的である。

　リニア工事に伴う発生土運搬に対する環境アセスも、運搬事業が自然環境に与える影響を、JR 東海が国の環境基準等をもとに調査及び評価し評価準備書として取りまとめ、村民及び村当局に発表している。公表された結果を見ると、JR 東海が自ら選定した環境要素・調査項目はいずれも国の環境基準を満たしており、地域環境への影響は見当たらない

と結論づけている。その結果、現行の工事計画通りに事業を進めること
が妥当であるとされている。

　しかしながら、問題は、国の環境アセスではリニア工事の発生土運搬
の影響が、阿智村の村道及び国道周辺の住民生活や観光産業に対してい
かなる影響をもたらすのか、さらに、阿智村を訪れる観光客の観光行動
に与える影響はどうなのか、など地域社会や地域経済への影響を一切調
査項目とせず評価の対象にも位置づけていない点である。

　また、後述するように、発生土運搬工事の代替案について、JR東海
は村道1-20号線を利用しない代替案に関し、村及び村議会の要請等を
受けた後に独自の調査を行ったとし、村及び村議会に対して調査結果と
JR東海の原案の妥当性を回答している。しかし、事業者が結論づける
前に、住民、阿智村及び村議会がJR東海によって検討された代替案を
協議する機会が保障されてこなかったことも問題といわざるを得ない。

　こうした経緯から、2015年4月、阿智村は、既述の通り、社会環境
アセスメント委員会を設置した。筆者は委員会の社会環境アセス責任者
として調査分析、影響予測、委員委嘱を受けた住民相互の協議促進、協
議を踏まえた地域政策の立案に取り組んだ。

　社会環境アセスメント委員会では、各種調査の結果を検討した上で、
村及び村議会の対応として、「(1) JR東海が予定している原案事業を無
条件で認める、(2) 生活や観光等への影響を考慮し、原案事業による影
響負荷をできるだけ軽減する措置を具体的に提示し、対策を講じること
を求める、(3) 生活や観光等へ深刻な影響を与えるとの予測に基づき、
これまで村や村議会がJR東海に求めてきたように代替事業を提示する
ことを条件に工事に関わり協議の場を設けていく、(4) JR東海による
如何なる運搬事業も、村及び村議会として許可すべきではない」の4点
のうちのいずれかに集約されると想定し作業を進めてきた。

　さらに、定量的及び定性的な調査を行うためには「スコーピング」、
すなわち「検討範囲の絞込み」が必要になると判断し、調査する項目の
選択と予測・評価を科学的に実施することを心掛け、取り組んできた。

　例えば、同じ道路を作る場合でも、自然が豊かな山間部を通る場合と

大気汚染の激しい都市部を通る場合とでは、社会環境アセスメントで評価する項目が違ってくることがある。したがって、地域の状況に応じた社会環境アセスメントを行うことが重要となる。

　同委員会では、以上の問題意識にしたがって、以下の通り、調査検討範囲の絞り込みを行った。

①2 時間方向別交通量調査 4 箇所、特異日、平常時各 1 回（7:00 〜 19:00）

②交差点流入速度調査 4 箇所、特異日、平常時各 1 回（7:00 〜 19:00）

③ビデオ調査 7 箇所、特異日、平常時各 1 回（7:00 〜 19:00）

④渋滞シミュレーションの作成（DVD）

⑤花桃の里ヒアリングアンケート調査、特異日 1 回（7:00 〜 17:00）

⑥昼神温泉アンケート調査、年 3 回（春、夏、秋）

⑦阿智村住民アンケート調査、7 月から全世帯の 16 歳以上の住民を対象に実施

⑧村道及び国道沿線の住民 20 人を対象にヒアリング調査を実施

⑨昼神温泉経営者 20 人を対象にヒアリング調査を実施

⑩国道沿線等事業者 10 人を対象にヒアリング調査を実施

　そこで、次節では、以上の調査にもとづき委員会協議に諮った社会環境影響予測の結果を示すことにする。

3　交通関係調査による影響

　交通関係調査とは、上記①から④までの調査を意味し、国道 256 号及び 153 号において実施した[*5]。

　今回の調査を通して、2015 年 5 月の特異日（5 月 3 日のゴールデンウィークの連休）には、交通量が平常時（7 月 14 日）の 1.5 倍（春日交差点）から 4.5 倍（園原インター線交差点）へと増加し、さらに阿智村の春のイベント会場「花桃の里」に近づくほど、平常時に比べ特異日の交通量が増えていることが明らかとなった。各調査地点ごとに見ても、花桃祭りという春の観光イベントが交通量の増加に著しく影響しているこ

とも判明した。

　ちなみに平常時では、5月の特異日の2割（中央自動車道園原インター交差点）から7割（春日交差点）程度の交通量にとどまり、春日交差点から園原インター交差点の間でみても、各交差点（3か所の調査地点）間で、約2000台〜3000台の交通量の減少がみられる。この平常時における交通量をもとに交差点の容量検討や単路部の混雑度（当該道路が計画時のとおりの交通量で利用されている状態を基準値「1.0」として定義したもの。この値が1.25を超えると、ピーク時を中心として道路が混雑する時間帯が急増する可能性が高いとされている）を算定すると、現況でも、また発生土運搬の大型ダンプが増える将来においても、交通処理上は支障がないとの結果を得た。

　ところが、上記の特異日には、交通量調査地点（春日交差点、国道256号・153号交差点、昼神温泉入口交差点）において、単路部の混雑度が1.0を超える区間が多く、混雑が生じていることが判明した。とくに温泉旅館や土産物店などが集積し観光客でにぎわう昼神温泉入口交差点では、混雑度が1.3〜1.4と高い数値を示していることに、特段の注意が必要であることも判明した。

　さらに、平日において大型ダンプが増えたとき、最も影響が大きいと思われる昼神温泉地区内の昼神温泉入口交差点と清内路地区内の園原インター交差点の交通量を検証した。その結果、現状の12時間で300台から500台ある大型車両に対して、工事開始後に発生する920台の大型ダンプを加えると、12時間では現況のおよそ2.5倍から3.5倍の大型車両が通行することになることも判明した。とくに、ピーク時間（8:00-9:00）については、昼神温泉入口交差点で、現況40台の大型車両に対して152台と3.8倍へ増加し、園原インター交差点でも現況25台が137台へと5.5倍に増加することも判明している。

　そこで、平日の時間帯によって両地区内の調査ポイントで大型車がどれほど増加するかを検証した。図11-2は、昼神温泉地区における全車両に対する大型車の割合を示す「大型車混入率」をあらわしている。昼神温泉入口交差点では、12時間で10.9%が28.1%へ、ピーク時では7.9

％が28.7％へと上昇するなど、全車両の3台に1台が大型車の通行で占められるまでになっている。図11-3は、清内路地区の「大型車混入率」の比較である。園原インター線交差点では、12時間で11.5％が43.2％となり、ピーク時では13.5％が49.8％へと大幅に上昇し、全車両の2台に1台が大型車の通行で占められることが判明した。

　今回の交通関係調査の結果をもとに、留意点を整理してみたい。まず、4月末から5月中旬までの約2週間で20万人以上が訪れる花桃祭りの期間中に工事を行うことは渋滞を増大させる重大な要因になるという点である。この渋滞は、観光客と大型車両との交通事故の発生を誘発させる原因ともなる。交通事故対策として、道路における安全施設の新たな追加整備が必要になるとともに、花桃祭りの期間中の工事を実施しない方向へ見直すことが必要となる。

　さらに、図11-2と図11-3で明らかにしたとおり、平常時の平日の場合、交通処理上は現況に対する影響が少ないとはいえ、平常時のピーク時における大型車混入率は著しく上昇することから、ピーク時を中心に大型ダンプによる排出土の運搬時間自体を見直すか、運搬時間の大幅短縮が必要となろう。とくに、宿泊観光客数が増加する土曜日において大型車両数の抑制は不可欠と考えなければならない。

　その上で、昼神温泉郷内を大型工事車両が通行することを想定して、観光客が多い昼神温泉入口交差点および中央自動車道園原インター線交差点への、安全施設（ガードレールやポール等）や信号機の新規設置は、交通安全上の対策として不可欠となろう。

　さらに、村道1-20号線では、大型車が通行する上で舗装厚や道路幅員、橋梁の強度や道路線形など、道路構造が耐えられるものなのか否か、問題を十分に検討しなくてはならない。物理的強度を伴わない道路利用は、重大な事故や災害をまねく危険性が予測されるからである。

（1）現況交通量

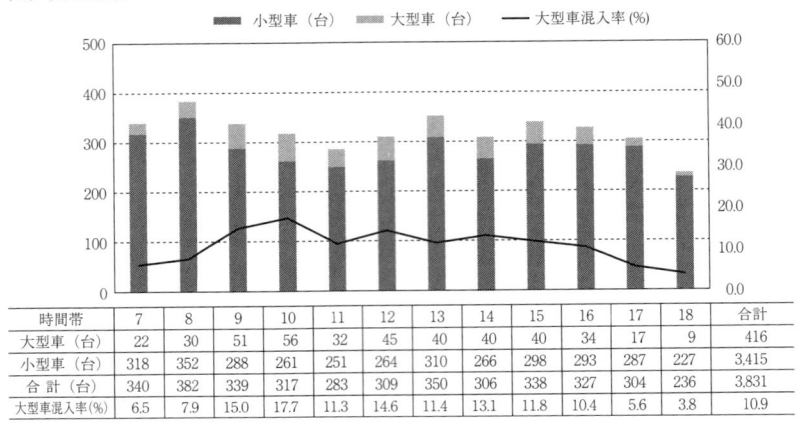

時間帯	7	8	9	10	11	12	13	14	15	16	17	18	合計
大型車（台）	22	30	51	56	32	45	40	40	40	34	17	9	416
小型車（台）	318	352	288	261	251	264	310	266	298	293	287	227	3,415
合計（台）	340	382	339	317	283	309	350	306	338	327	304	236	3,831
大型車混入率(%)	6.5	7.9	15.0	17.7	11.3	14.6	11.4	13.1	11.8	10.4	5.6	3.8	10.9

（2）工事用車両920台を追加

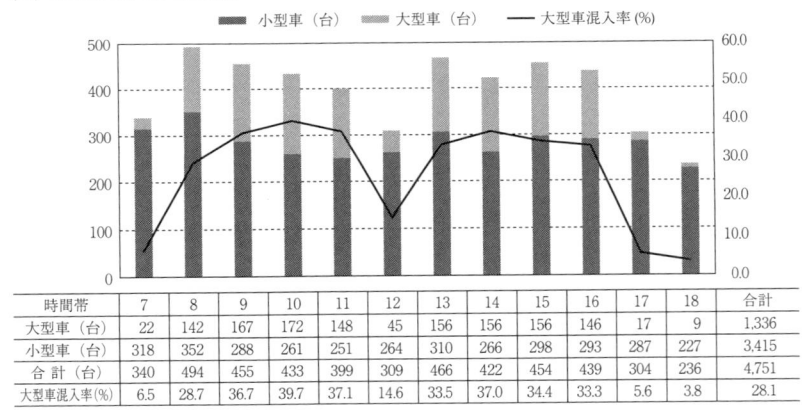

時間帯	7	8	9	10	11	12	13	14	15	16	17	18	合計
大型車（台）	22	142	167	172	148	45	156	156	156	146	17	9	1,336
小型車（台）	318	352	288	261	251	264	310	266	298	293	287	227	3,415
合計（台）	340	494	455	433	399	309	466	422	454	439	304	236	4,751
大型車混入率(%)	6.5	28.7	36.7	39.7	37.1	14.6	33.5	37.0	34.4	33.3	5.6	3.8	28.1

図 11-2　昼神温泉地区内の大型車混入率の比較

4　花桃の里アンケート調査の結果

1　直接ヒアリング

　阿智村が住民と協働で整備してきた春の観光交流拠点が、花桃の里である。この花桃の里におけるアンケート調査が、2節の⑤である*6。こ

（1）現況交通量

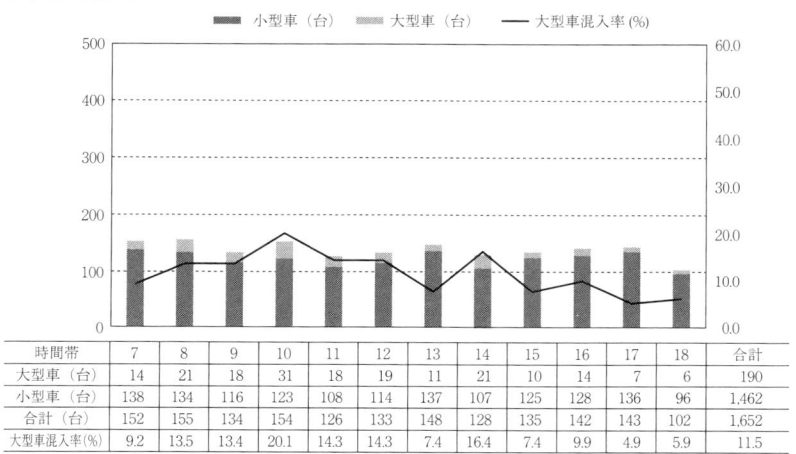

時間帯	7	8	9	10	11	12	13	14	15	16	17	18	合計
大型車（台）	14	21	18	31	18	19	11	21	10	14	7	6	190
小型車（台）	138	134	116	123	108	114	137	107	125	128	136	96	1,462
合計（台）	152	155	134	154	126	133	148	128	135	142	143	102	1,652
大型車混入率(%)	9.2	13.5	13.4	20.1	14.3	14.3	7.4	16.4	7.4	9.9	4.9	5.9	11.5

（2）工事用車両920台を追加

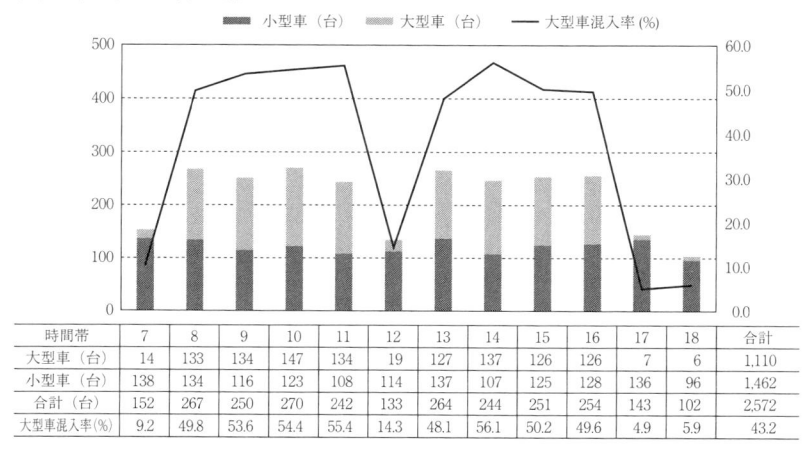

時間帯	7	8	9	10	11	12	13	14	15	16	17	18	合計
大型車（台）	14	133	134	147	134	19	127	137	126	126	7	6	1,110
小型車（台）	138	134	116	123	108	114	137	107	125	128	136	96	1,462
合計（台）	152	267	250	270	242	133	264	244	251	254	143	102	2,572
大型車混入率(%)	9.2	49.8	53.6	54.4	55.4	14.3	48.1	56.1	50.2	49.6	4.9	5.9	43.2

図11-3　清内路地区内の大型車混入率の比較

　の調査結果によれば、花桃の里を訪れる観光客の約8割が中部圏からとなっており、ほぼすべての人（97.6％）が自動車で訪れている。その中で、およそ73％の観光客が高速道路を利用している。

　阿智村内に入ってからの一般道の渋滞状況については、イベント時でも半数の人々が渋滞はほぼないと感じている一方で、4割が渋滞を感じ

ていると答えている。そのため、半数の観光客は道路状況に満足しているものの、約1割の観光客は不満を感じると答えている。

ヒアリング調査においては、「リニアが通ると自然がどうなるのか？自然を壊さないで欲しい」といった答えがいくつも見られたが、これに加えて、まだ工事が行われていない現状においてさえ、「渋滞しやすい」「道路がでこぼこしている」「歩道をつけて欲しい」といった道路状況に対する不満が挙げられていたことも指摘しておかなくてはならない。

2　昼神温泉宿泊客に対するアンケート調査（留め置き）

昼神温泉の宿泊客に対するアンケート調査（上記の⑥）によれば、春、夏、秋すべての季節で中部圏からの宿泊客が50％以上を占めており、交通手段は7割以上の宿泊客が自家用車で訪れている。このうち、平均で約5割の観光客が中央自動車道等を利用していることが明らかとなっている*7。先述の花桃の里の調査では、約7割が中央自動車道などを利用していたが、宿泊客の調査では2割ほど少ない結果となった。

阿智村内に入ってからの一般道の満足度や渋滞状況については、春、夏、秋を通しておよそ30％の人が「大変満足・満足・やや満足」と答えており、「渋滞・やや渋滞」と答えた人は1割未満と、花桃の里の調査時と比べて低い数字となっている。

昼神温泉への旅行の満足度を、春、夏、秋を通して85％以上が満足（大変満足・満足・やや満足）と答えており、90％以上の人が昼神温泉をふたたび訪れてみたいと回答している。リピーターとして訪れる宿泊客も半数以上を占めていることも判明した。

このような中、リニア工事による発生土運搬で、工事用の大型ダンプが頻繁に通行することになった場合の意見や感想等を聞いたところ、季節を通して「美しく静かなこのすばらしい環境を壊さないで欲しい」「せっかくの観光名所がダンプ等で景観が損なわれるとしたら残念」など環境や景観面の悪化を危ぶむ声、さらに「排ガス、ダンプの運転マナー、交通渋滞が心配」「土埃や騒音が心配」といった交通渋滞、騒音や振動、環境破壊、交通事故の増大などを心配する声が大変多く聞かれた。

　発生土運搬に伴い大型工事車両が通行することによる環境破壊や騒音振動、交通事故等の増大を懸念する声が多く聞かれる中、「阿智村に入ると季節の香りが漂い、空気が変わるように感じる」という回答がある。それだけに、これまで保全してきた温泉と自然の融和した地域環境を今後どのように維持していくのか、阿智村として JR 東海との協議は地域経済を維持発展させる観点からも極めて重要な課題となっている。

5　阿智村住民アンケート調査

　住民アンケート調査は、筆者が責任者となって阿智村の協力を得て実施した。対象は阿智村の全世帯である。そのうち 2015 年度中に 16 歳以上（2000 年 4 月 1 日以前の誕生者）になる居住者をアンケート調査の対象とし調査票を配布した（配布時〔平成 27 年 7 月 17 日〕の総人口 6729 人中、5679 人が対象）*8。

　調査方法は、2015 年 7 月中旬に村から各世帯への配布とし、各世帯の該当者から回答を得た。回答率は 59.8% と約 6 割の回答を得ることができ、住民の意思を把握する上で妥当な数値を得たと判断できる。

　この調査では、「①回答者自身の属性」「②居住環境について」「③リニア中央新幹線の開通について」「④リニア中央新幹線による発生土処理に関して」の 4 項目について尋ねているが、本章では、社会環境アセスメントの主たる目的である発生土運搬をめぐる住民の受け止め方に論点を絞り、調査結果を示す。

　図 11-4 は、発生土を運搬する大型ダンプが村の将来に与える影響を聞いている。その結果、回答者の約 8 割が「自然環境の破壊」「居住環境の悪化」「人口流出・減少」といった不安の声を挙げていることがわかる。

　図 11-5 は、大型ダンプが村道や国道を通過する際の住民の日常生活に及ぼす影響を聞いている。

　心配される点として「騒音・振動」「交通事故」「交通渋滞」「通勤通学への影響」で約 8 割を占めている。対策責任の主たる所在については

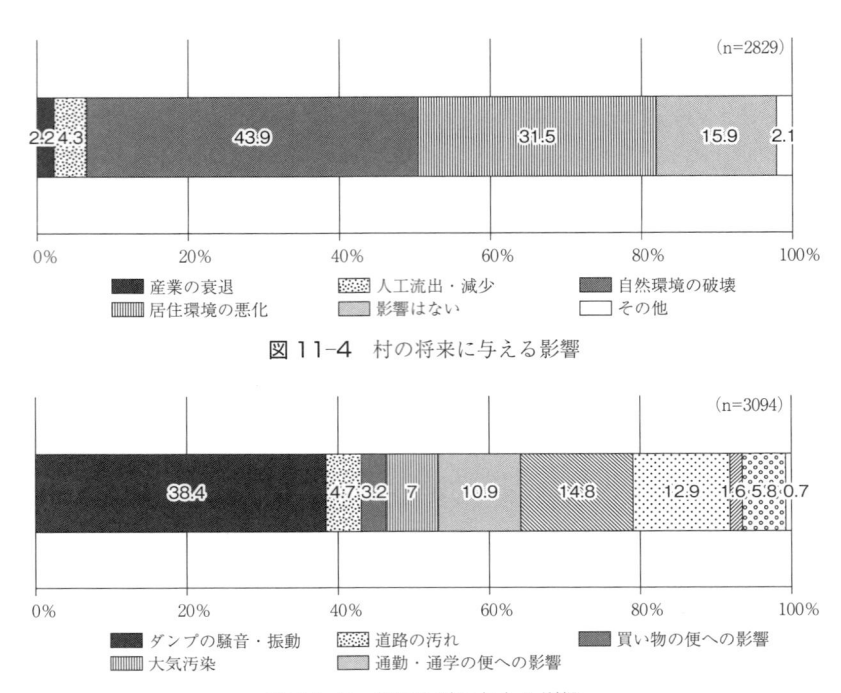

図11-4　村の将来に与える影響

図11-5　住民生活に与える影響

JR東海にあるとする回答が最も多い。

　表11-1は、村内を８地区に分けて、大型ダンプの通行で最も心配される影響を示したものである。村道1-20号線が通る清内路地区では、騒音・振動に特化されるほど不安を感じとる住民の割合が高いという結果が得られている。

　表11-2は、村内の８地区ごとに、大型ダンプの通行が村の将来に与える影響を見たものである。地区によっては、リニア工事による発生土の運搬が、豊かな自然環境や、成果を生みつつある少子化対策、農業振興策などに悪影響を与え、ひいては村全体の衰退に繋がる重大な問題として捉えている地区もある。そうした地区では、工事自体の中止を強く願う住民の割合も高い。

　阿智村住民のリニアに対する関心はさまざまである。しかし、共通す

る関心事は、リニア工事が今日まで阿智村が育んできた自然環境を破壊することなく、さらに地区振興協議会や自治会など地縁型住民組織が中心となって推し進めてきた地域自治とコミュニティ政策の成果を壊すことなく工事に着手できるのか、という点に他ならない。

　第二次安倍政権下で国家的プロジェクトとして明確に位置づけられたリニア工事とはいえ、そこに生活する住民の住環境や住民主体の地域づくりの成果を破壊してまで開発を進めることには、強い疑問が提示されている*9。

　リニア開通が、地域の経済に与える開発効果には期待が寄せられていることも事実である。しかし、リニア開通までの工事の影響で、村の住環境や住民自治の成果が失われたり、若者世代や移住定住者の流出を生むような事態が開発効果に勝ると考える住民はいない。この調査は、村及び村議会に対して、住民の不安が自身の財産や生活への侵害よりも、村の未来を失うことにあることを示す結果となった。住民の不安は、公益性の喪失につながることに集中していることが、調査結果から判明したといえる。

6　国道および村道の沿線住民ヒアリング調査

　国道および村道沿線に生活する住民へのヒアリング調査は、上記⑧に当たる。ヒアリング調査では、国道256号、153号を発生土運搬用の大型ダンプが通行することへの住民の意見と、村道を大型ダンプが通行することへの住民意見とに分けて調査結果を分析した。以下では、調査から得られた具体的な住民の見解を指摘する*10。

1　大型ダンプが「国道」を通行する場合の住民意見
1）高齢者と子どもの事故
　大型ダンプの通行でまず危惧されるのが交通事故の発生である。被害が心配されるのが高齢者と子どもである。道路を徒歩で利用する際に事故に巻き込まれることが心配されている。高齢者は、農作業で畑に出か

表 11-1 　ダンプの通行で最も心配される日常の暮らし

		全体	上中関	中関	駒場	伍和	智里東
回答数（人）	ダンプの騒音・振動	1188	93	105	280	269	178
	道路の汚れ	145	6	13	19	56	21
	買い物の便への影響	98	5	2	16	26	12
	大気汚染	218	12	19	48	56	25
	通勤・通学の便への影響	337	36	34	61	63	53
	交通事故の増加	459	40	45	104	125	55
	交通渋滞の増加	399	51	32	75	81	77
	観光業への影響	48	3	10	8	7	6
	心配はしていない	180	30	10	43	41	27
	その他	22	1	2	2	6	3
	合計	3094	277	272	656	730	457
構成比（％）	ダンプの騒音・振動	38.4	33.6	38.6	42.7	36.8	38.9
	道路の汚れ	4.7	2.2	4.8	2.9	7.7	4.6
	買い物の便への影響	3.2	1.8	0.7	2.4	3.6	2.6
	大気汚染	7	4.3	7	7.3	7.7	5.5
	通勤・通学の便への影響	10.9	13	12.5	9.3	8.6	11.6
	交通事故の増加	14.8	14.4	16.5	15.9	17.1	12
	交通渋滞の増加	12.9	18.4	11.8	11.4	11.1	16.8
	観光業への影響	1.6	1.1	3.7	1.2	1	1.3
	心配はしていない	5.8	10.8	3.7	6.6	5.6	5.9
	その他	0.7	0.4	0.7	0.3	0.8	0.7
	合計	100	100	100	100	100	100

注：太枠で示した清内路地区は、他地区に比べダンプによる暮らしへの影響が顕著である。
　とそれ以外の地区とで、住民感情に大きな相違があることに留意しなければならない。

表 11-2 　地区別に見た大型ダンプの通行等が村の将来に与える影響

		全体	上中関	中関	駒場	伍和	智里東
回答数（人）	産業の衰退	63	6	4	9	16	5
	人口流出・減少	122	11	7	24	18	17
	自然環境の破壊	1242	99	105	267	317	179
	居住環境の悪化	891	73	95	206	172	142
	影響はない	451	58	31	88	131	59
	その他	60	6	3	11	20	8
	合計	2829	253	245	605	674	410
構成比（％）	産業の衰退	2.2	2.4	1.6	1.5	2.4	1.2
	人口流出・減少	4.3	4.3	2.9	4	2.7	4.1
	自然環境の破壊	43.9	39.1	42.9	44.1	47	43.7
	居住環境の悪化	31.5	28.9	38.8	34	25.5	34.6
	影響はない	15.9	22.9	12.7	14.5	19.4	14.4
	その他	2.1	2.4	1.2	1.8	3	2
	合計	100	100	100	100	100	100

注：清内路地区は移住定住者が多い地区である。そのため人口流出を心配する声が相対的に

智里西	浪合	清内路	不明
36	68	136	23
7	15	4	4
9	12	10	6
12	25	19	2
23	27	34	6
10	37	38	5
23	25	26	9
3	4	6	1
10	7	6	6
1	1	5	1
134	221	284	63
26.9	30.8	47.9	36.5
5.2	6.8	1.4	6.3
6.7	5.4	3.5	9.5
9	11.3	6.7	3.2
17.2	12.2	12	9.5
7.5	16.7	13.4	7.9
17.2	11.3	9.2	14.3
2.2	1.8	2.1	1.6
7.5	3.2	2.1	9.5
0.7	0.5	1.8	1.6
100	100	100	100

阿智村内でもダンプの走行する地区

智里西	浪合	清内路	不明
11	3	8	1
4	11	27	3
53	93	113	16
33	58	96	16
18	36	16	14
5	3	3	1
124	204	263	51
8.9	1.5	3	2
3.2	5.4	10.3	5.9
42.7	45.6	43	31.4
26.6	28.4	36.5	31.4
14.5	17.6	6.1	27.5
4	1.5	1.1	2
100	100	100	100

極めて大きい。

ける際や通院等で利用するバスの乗降場まで歩道のない道路を歩くことが多い。

日頃から国道沿いを歩き、国道を横切る高齢者も多い。その際に、大型ダンプとの接触事故が起きるのではないかと心配されている。子ども（とくに児童生徒）は、通学時や学校授業での遠足、放課後遊びに出かける際に徒歩や自転車で国道沿いを通行する。そのため大型ダンプとの接触事故が心配されている。

2) 接触事故の原因

大型ダンプが原因となる事故として、(a) 視界不良・不注意による事故、(b) 山道のカーブでの事故、(c) サイドブレーキのかけ忘れによる事故、等が住民から多く指摘される事故である。このうち視界不良・不注意による事故は、車両同士や物損事故と同時に高齢者や子どもを巻き込む可能性が高く、重大事故に繋がる危険性が指摘されている。

国道256号には車道と明確に区分された歩道のない箇所がある。また、信号機が少なく国道を横切る生活習慣が高齢者などには定着している。こうした背景もあって、高齢者や子どもが被害者となる重大な事故の発生が危惧されている。

3) 冬季の事故

　阿智村では、冬場に雪が降り、路面の凍結が日常的に起こる。その際に起きるスリップ事故が増加すると考えられる。この点は住民共通の認識である。また、除雪作業では常に渋滞を伴う。大型ダンプの通行が始まると、除雪の時間帯や積雪量によって通行速度が落ち、渋滞が発生する可能性を高くする。大型ダンプや普通車が除雪車を追い越すことも頻発する。その際のスリップ事故や衝突事故の発生が危惧されている。

4) 行楽シーズンの深刻な交通渋滞

　普段から中央高速道路が通行止めになると国道へ車が流れ、渋滞が起こっている。行楽シーズンの交通渋滞は、住民が心配する道路問題の一つである。花桃や紅葉の時期になると、毎年渋滞が発生する。観光客が訪れる行楽シーズンに大型ダンプが走行すれば、渋滞はさらに大きくなり、渋滞時間も延び交通事故の原因ともなる。

　少なくとも、観光客が増える土日祝日は、大型ダンプの通行を許可するか否か、再検討しなければならない。花桃や紅葉は自然そのものを感じてもらう阿智村観光の大切な資源である。その季節は都会の観光客が非日常を感じるために村を訪れる季節である。村にとっては観光産業が潤い、村民の雇用や所得を守る重要な時期ともなる。村の地域経済にとって重要な季節・時期に、大型ダンプが走行することに住民の不安が高まっている。

5) 道路公害への不安

　国道沿線住民が危惧する生活環境破壊の要因として多いのが騒音・振動・粉塵・落下物による被害である。

　粉塵や落下物の飛散は、とくに女性から大きな不安要因として挙げられている。洗濯物への被害に繋がるからである。現在は屋外に干すことができる。しかし、砂が舞ったり空気が汚れたりすると、屋外へ干せなくなる。落下物が飛散した場合、後方の乗用車のフロントガラスの破損や砂汚れ等の被害も危惧されている。

　騒音に関しても、環境基準は法律で決めた平準値であり、それを守れば問題はないといえるであろうか。静寂な阿智村で住民が危惧する騒音

のレベルは、都市部よりも低いはずである。阿智村にあった基準を住民との協議で定め、行政がJR東海に基準の遵守を強く求めることが重要である。

6）人口減少の加速

　Ｉターンの人々は、都会にはない静けさや自然の豊かさを求め移住してきた人々である。ヒアリングでは、現状の自然が発生土運搬工事によって破壊されることは決して許されない問題であるとの声が寄せられている。求めているものがなくなってしまうのであれば、村への移住を見直すともいい、村の今後としては人口増加が見込めないだけでなく、人口流出を生み、人口減少を加速する要因ともなる。ヒアリングではＩターンで阿智村に移住してくる予定者が、リニア工事の話を聞いて村外へ移住したことも確認している。

　阿智村を離れ都会へ出て行く住民もいるが、阿智村へ移り住み、家庭を築く人々もいる。都会へ出てあらためて阿智村の良さに気づいた住民もいれば、自然を求めて移住してきた人々もいる。こうしたＵターンやＩターンがあるからこそ、集落の人口増加が見込める。しかし、工事の影響により移住者が減り、リニア工事を懸念し流出する個人や世帯が増えれば、村のコミュニティ活動や伝統文化も衰退していくはずである。

7）自然生態系の破壊

　自然豊かな阿智村には、村道沿いも多様な自然生態系が存在する。大小さまざまな動物が棲息する村道周辺では、「時には鳥獣駆除も必要であるが、都会では見られない動物もいる」とも言われている。10年間に及ぶ工事が、阿智村の財産でもある多様性に富む動植物の生態系を破壊しないかを心配する声が、村民や観光客から挙げられている。

　さらに、「村道付近のある民家の下に水源がありそれが枯渇してしまう」と指摘する住民は、清流と生活の接点が切断され、自然の恵みを感じることができない生活を心配する。その影響が、観光客が水汲みに訪れる「一番清水」（図11-1参照）や清流の生き物に及ぶことがないかを心配する声も多い。

8）高齢者や女性運転者への影響

大型ダンプ走行の合間を縫って運転しなくてはならず、運転を控えることで移動の自由が失われることを心配する声もある。

2　大型ダンプが「村道」を通行する影響
1）村道の利用は非現実的
　村道は、住民が住宅や畑へ行くために使用する生活道路の一部である。そのため、道幅も狭く、住民からは大型ダンプが通れるような強度設計がそもそもされていないとの指摘もある。現状では、工事車両の通行は危険であるし、拡幅工事や強度設計の強化を図っても安全性に問題が残ると考える住民が多い。
2）大型ダンプが通行可能な補強
　仮に大型ダンプが通行することになれば、対策をJR東海や行政と協議しなければならない。土の部分を重量に耐えられるようコンクリート舗装に代える作業や、道幅を広げすれ違いが可能な区間を協議の上で設定するなどの工事が必要不可欠となる。
3）荒廃する住民の日常生活環境
　村道沿いの住宅は古くから建っている民家も多く、老朽化が進んでいる。大型ダンプの振動で地盤が緩み、家屋が不安定となり、崩壊の危険を招くことも危惧されている。
　また、農作業中の大型ダンプなど工事車両の通行は、農作業に従事する高齢者にとって危険であり、通行量の増加で田畑へ通うことを遠慮し、離農する農業者が出て、結果として耕作放棄地を増やすことになることも危惧されている。

7　昼神温泉経営者および国道沿線事業者ヒアリング調査

　昼神温泉経営者および国道沿線事業者へのヒアリング調査は、上記⑨と⑩に当たる*11。
　現在の国道を大型ダンプが通行した場合、まず危惧されるのが交通事故のリスクである。とくに道路事情に疎い観光客が巻き込まれる事故が

心配されている。さらに、交通渋滞の発生により、観光客が昼神温泉の旅館との往来に要す時間が増え、来訪を敬遠する可能性が高まるのではないか。また、大型ダンプの通行で騒音や埃による不快感、美しい里山景観を堪能する機会を失い、昼神温泉郷のイメージ悪化を招くことが心配される。

大型ダンプの通行は、その台数の増加に伴い、排気ガスの増加・エンジン音・ブレーキ音・クラクションなどダンプ特有の騒音問題を生むとの指摘もある。その結果、不快感を覚える住民や観光客が確実に増加する。

交通渋滞や騒音は花桃や紅葉の行楽シーズンに経験しているが、これらは普通乗用車による問題である。行楽シーズンは普通乗用車に加えて大型ダンプが加わり、深刻な渋滞や特有の騒音、排気ガスなど自動車問題をもたらすことになるであろう。それが今後10年にわたり続くとしたら、観光客が昼神温泉郷を訪れなくなることは大いに想定される。

したがって、昼神温泉を通過する際は、大型ダンプの発生土運搬を管理するJR東海と阿智村及び村議会との間で、大型ダンプの運行管理をめぐる協定等を設けモニタリングする必要がある。

8　社会環境アセスに際し留意すべき事項
―村議会報告、清内路地区計画および清内路振興協議会中間答申―

1　村および村議会の要望との隔たり

既述の通り、阿智村及び阿智村議会は、JR東海が2013年10月2日、評価準備書の説明会を開催して以降、リニアの阿智村内建設工事に関し、長野県を通じてJR東海に対して種々の要望を行っている。

このうち、発生土の運搬に関するJR東海の考え方が村議会に対して届けられ、その内容が以下のとおり2015年11月の「あち議会だより、臨時号」（阿智村議会発行）に公表されている（通し番号は筆者が記入）。

　1）1-20号線については、ベルトコンベア案やトンネル案を検討したが、どれも現実的ではないため、地元住民の交通等を配慮しながら

現道を拡幅し、使う方向で考えていく。

2) 斜坑の位置については、他の箇所も探したがやはりなかった。そのため、この位置を変更する考えはない。

3) 発生土についてはJR東海が責任をもって処理するが、置き場については発生土を有効活用する観点から長野県に取りまとめを依頼する。その際、各市町村から提案された候補地を検討するかたちとなる。

4) 国道256号、153号の通行については、置き場が決まっていないので改良も含めていえない。

5) 隣接する南木曽町の発生土がどうなるかは決まっていない（阿智村内を通過し発生土を処理するか否か不明）。

6) 昼神温泉への影響は極力小さくしたいと考えている。しかし経済的補償は考えていない。

7) 環境影響評価書に記した対応措置以外の協定や覚書については、工事に関する運行計画や安全対策等の説明会を開き、中身を文書で残してほしいとの要望があれば対応する。

8) JR東海としては、地元の方々と話し合う機会を求めていく。

村議会では、以上の内容については、これまで阿智村及び村議会がJR東海に対して求めてきた要望を満たす内容とはいえないと結論づけている。なお、JR東海は、2015年12月15日村が主催した学習会でも進展なく、同様の内容を紹介するにとどまっている。

2　清内路地区計画及び清内路振興協議会の中間答申

筆者が社会環境アセスの分析をまとめる上で重視したのが、清内路地区計画及び清内路振興協議会の中間答申の内容である*12。大型ダンプの通行が計画されている村道1-20号線や国道256号を抱える清内路地区では、すでに住民と行政が協働で地域づくりの振興計画を策定し、その実現に向けて取り組んでいる。

阿智村では、第五次総合計画で「住民一人ひとりの人生の質を高める、

持続可能な村づくり」を基本理念に位置づけた。この持続可能な村づくりの条件が6点掲げられている。第一は、村を構成する「集落」が元気であること。第二は、経済が自立できていること。第三は、人口が維持されていること。第四は、財政が健全であること。第五は、土地の利用が計画されていること。第六は、安心・安全であること。これらは、現在の村づくりの基本方針と言い換えることができる。

　この基本方針に基づき、清内路地区では、清内路自治会の手によって、2013年度から村の第五次総合計画の後期5年間が始まることに合わせ、2017年度までの地区計画を策定した。そこでは、地区計画を実現していくための地域自治活動として、「これからも清内路に住み続けたい、自分の子どもや孫、そしてみんなが住みたいと感じる地域づくり」「一番清水や花桃をはじめ地域の宝を使って産業に結び付けていく地域づくり」「清内路に多くの人が訪れ、多くの人が移り住む地域づくり」などを社会目標に掲げ、実践を重ねている。

　とりわけ、「住み続けられる清内路地区をつくるための具体的な振興策」を地元主導で策定し答申することが村長から諮問されている。諮問を受けたのは自治会を含む清内路の多様な地域団体や個人からなる清内路振興協議会である。

　2015年12月、同協議会では「20年後を生きる子ども達のため」に、今後も住み続けられる清内路の実現に向け、①自給率の向上と600人の経済圏の具体化、②少子化に対する具体的な施策、③伝統野菜の振興、を取りまとめ、平成28年度事業予算に反映するよう村へ答申を行っている。そこでは、清内路地区の特徴を「Uターン率が高い」地区として紹介し、「幾世代もの家族が同居」して清内路地区の定住人口増加につなげる定住政策が掲げられている。

　こうした目標を達成するために、リニア工事に関して、「当地区にとっては今後住み続けられるかどうかを悩む家庭もある大きな課題です。また、（隣接の）南木曽町からの発生土運搬がなされれば工事車両は増えることとなります。工事期間中、また工事終了後も地域への影響や環境を十分に調査し、住民の声を真摯に受け止めていただきたいと思いま

す。」というリニア工事のあり方に対する要望が明示されている。

　人口減少が激しい阿智村でありながら、清内路地区では人口の増加の兆しが認められる。これは同振興協議会が、清内路の自然環境や生活文化環境をあらゆる世代の住民と協働しながら活かし、地区外から人々を引き寄せる魅力に高め、若い世代が子どもを産み育むことのできる地域社会のしくみを築いてきた証左でもある。

　JR東海は、清内路地区の自助や共助による熱心な地域自治活動の積み重ねとその成果を真摯に受け止め、リニア工事の考え方や新たな方法をめぐる住民との協議に着くことが求められている。したがって、今後の発生土の運搬など一連のリニア工事は、清内路地区と同様に集落振興を通じて阿智村全体の地域づくりを展望する各地区自治会や振興協議会等の多様な地域自治組織の意向を尊重し、集落単位の地区計画や振興計画に従って実施可能か否かを再検討することも求められている。

9　社会環境保全型地域政策の視座

　以上の調査結果の分析から、今後阿智村及び村議会は、次の11項目の具体的対策に関して、JR東海との間で協議すべきであることが判明した。これらは、社会環境保全型地域政策の視座としても重要である。

　第一に、先の①から⑩の社会環境アセスメント調査を通じて、これまで村及び村議会が県及びJR東海に対し示してきた発生土運搬で危惧される諸課題があらためて裏付けられることになった。そこで、今後は、発生土運搬に関わる諸課題を最小化する具体策が何より重要となる。その具体策をめぐる課題とは、①隣接する南木曽町の発生土運搬車両への対応（受け入れをしない方針の再確認）、②村内の発生土運搬においては村道1–20号線の利用以外の代替案の検討、③先の①と②によって、発生土運搬車輌それ自体を大幅に削減し、開発不利益の村内転嫁をなくすこと、等でありJR東海との間で協議すべき課題といえる。

　第二に、阿智村の春の一大イベントである花桃祭り期間中の工事の中止である。4月末から5月中旬までの約2週間で20万人以上が訪れる花

桃祭りの期間中に工事を行うことは、渋滞をさらに増大させる要因となる。また、この時期に大型ダンプが通行することは、観光客との交通事故発生の原因ともなる。そのため、花桃祭りの期間中は、発生土の運搬を中止するよう、JR 東海との間で協議を進めなければならない。

　第三に、阿智村の主要産業であり年間 70 万人の集客を誇る昼神温泉周辺での安全対策の徹底である。観光客が多い昼神温泉入口交差点については、安全施設（ガードレールやポール等）や信号機を新たに設置する必要がある。また、これ以外の道路においても同様の安全施設や、村道 1-20 号線の安全施設（ガードレールやカーブミラー等）の設置が不可欠である。とくに村道 1-20 号線については、仮に工事用大型車両が通行する場合、通行することが可能な舗装厚・道路幅員・橋梁の強度・道路線形等であるか否かを、JR 東海との協議・確認が不可欠となる。

　第四に、自然環境や景観の保護である。リニア工事による発生土運搬は、昼神温泉郷を訪れる観光客からも不安の声が挙げられている。工事用の大型ダンプが頻繁に通行することを心配し、「美しく静かなすばらしい環境を壊さないで欲しい」「せっかくの観光名所景観がダンプ等で損なわれるとしたら残念」など、自然環境や景観面の保護優先を求める観光客が多いことも調査で判明している。

　さらに「排ガス、運転マナー、交通渋滞が心配」「土埃や騒音が心配」などを指摘する声も多い。「昼神温泉、花桃、紅葉、星、スキー場」は、阿智村の雇用や所得を守り伸ばす上で重要な地域資源である。村に生活する人々に雇用機会を提供し、誇りをもたらす重要な公共財ともいえる。その自然環境や景観が損なわれ、昼神温泉郷の集客が低下することになれば、村外へ流出する若者や女性を増やし、村を消滅可能性の危機に直面させることにつながる。

　これでは、安倍政権が進めている地方創生にも逆行することにならないだろうか。JR 東海は、あらためて住民、地域団体、産業界、村行政、村議会などと協議を重ね、村の自然環境や景観を保護し、観光産業に活かし生活環境をまもるための実効力ある事業協定を再検討しなければならない。

　第五は、発生土運搬について代替計画を準備する必要性である。既存道路を大型ダンプが通行することによる自然環境、居住環境、地域経済等への悪影響を心配する住民が非常に多いことも、観光客と同様に調査から判明している。村で生活を続けたいと考える住民にとって評価の高い阿智村ならではの豊かな自然環境や、住民同士が助け合い暮らす共助の集落コミュニティ、その地域自治活動の成果である地区計画や振興計画は、阿智村の郷土力の源であり地方自治の礎でもあって軽視することは許されない。そうした前提に立った発生土の運搬方法を、現行計画以外の代替案を含め、村及び村議会がJR東海との間で丁寧に協議を重ねることが求められている。

　第六に、大型ダンプが村道や国道を通過する際の騒音や振動が、日常生活の破壊に繋がらないよう対策を講じるべきである。大型ダンプの交通問題の影響を心配する声も各種調査を通じ、数多く確認されている。この点は、大型ダンプなど工事関係者の業務全般を管理するJR東海側の責任がとくに大きい。すでに上記で度々述べてきたように、住民に対し丁寧な説明と対策を徹底し、対策の実効性を厳しく監督することを謳う生活環境保全のための協定を、村及び村議会がJR東海との間で締結することが望ましい。

　第七は、住民自治の成果である地域づくりを停滞させないことである。村道1-20号線や国道256号などを利用する住民の間で、発生土運搬用の大型ダンプの通行は大きな脅威と感じられ、不安をいだく住民も多い。JR東海に対しては、村内各地区間で異なる住民の不安や要望を丁寧に聞き、村内の各自治会が策定した地区計画や清内路及び浪合の振興協議会が策定した地域振興計画の内容を理解尊重し、計画の実践に支障を生んではならない。

　第八は、大型ダンプの通行で住民全般が強く危惧する交通事故対策の協議が急がれる。とくに被害が心配される高齢者や子どもを交通事故から守る具体的な対策が待たれている。交通事故から高齢者や子どもをいかに守るか、ガードレールや信号機の設置とともに、大型ダンプの通行時間帯に交通監視員を配置することも必要である。今後、具体的・個別

的な対策を村及び村議会は自治会や学校関係者の参加を得て検討し、JR東海の対策に反映させなければならない。なお、路面凍結や除雪作業時の交通渋滞が発生する冬季に、大型ダンプが関係した事故を心配する住民が多い。地域の事情を熟知した住民の指摘に応えることが、JR東海に対して強く求められている。

　第九は、村外から村内へ移住する人々を迎えるためにも、地域自治制度の充実を図るべきである。阿智村では自治会や地区振興協議会が中心となって、住民が住み続けたいと思える集落や地区の将来像を掲げ、地域自治活動を続け成果を生み出してきた。その成果は、村内の各地区で生まれ、I・Uターン者が移り住み、将来人口増加を期待できる状況にもある。阿智村の将来を考えた場合、村内分権型の地区計画や振興事業が、発生土運搬事業に対して優先されるべきものであることを条例化することも検討すべきである。

　第十は、道路事情に疎い観光客のための安全対策の強化が挙げられる。昼神温泉、花桃祭り、紅葉狩り、星、スキー場等の観光に訪れた人々が交通渋滞に巻き込まれたり、交通事故に遭うことは何としても避けなければならない。観光客が不快な経験をし、リピーターとならなくなれば、観光交流人口は減り、観光消費は低迷し、村の福祉や教育にも影響を生むことになる。そうした事態を回避するためにも、村及び村議会は大型ダンプの通行量全体を減らし、発生土を安全に処理するための新たな方法を、JR東海との間で協議することこそ不可欠といえる。

　第十一は、観光への影響対策である。とくに工事期間や日時の再検討を急がなくてはならないであろう。JR東海と社会環境アセスメント委員会が研究会を開催した折、JR東海から1）工事の休みは年末年始、盆休み、日曜日、2）工事時間は8時から18時まで、と説明があった。これは村の観光問題を踏まえ、本委員会が社会環境アセスの前提としていた土・日曜日と祝祭日の休工、工事時間8時から17時まで、とは異なるものである。さらに、調査結果からも、観光等への工事の影響は極めて大きいことから、JR東海案を住民や観光客の要望を反映させた委員会案へと見直すことが求められよう。

　既述の通り、今後リニア工事が着手されるならば、阿智村の住民生活、観光産業、自然環境等を損なわないことが絶対条件となる。その条件を満たすには、JR東海が発生土運搬に際し、村内各地区の振興に貢献してきた住民をはじめ自治会、振興協議会、観光事業者等の意向を理解尊重した事業計画を策定し、モニタリングを伴う監視体制を確立することが不可欠である。

　さて、社会環境アセスメントの役割は、JR東海から地域に対して情報開示がなく、地域自治機能が停滞する中で、住民自らが学習し、住民相互または行政との話し合いの機会を設け、自らの提案内容を固めるなど、住民自治を実践できるよう支援してきた点にもある。地元事業者に対しても自身の利害の範囲での要望にとどまることなく、村の未来を考えた代替案を提示するなど、発生土運搬を個人的利害を超え公共的課題として捉え直せるよう支援してきた点にある。

　その意味で、今回の社会環境アセスメントの意義は、阿智村の地域社会環境の変容を予測し、情報提供による住民協議、村および村議会との協議を促し、住民一人ひとりの住民自治能力の向上、集落・自治会・振興協議会などの地域自治機能の発現・向上を促す役割を果たしてきた点にあるともいえる。地域には開発不利益を批判することで終始したり、漠然とした開発利益に期待を寄せる余り、疑問を呈したり、学習し対案を出すことを批判する人々がいることも現実の一コマではあった。だが、それは社会環境アセスメントとそれに基づく地域政策の意義を、住民自治および地域自治の観点から再認識する場面でもあった。

　地域の住民や産業界が自らの利害を超え、地域の未来を語り合うために地域自治組織を活かし、社会環境アセスメントの成果をもとに発生土運搬事業をめぐる代替案を提案するなどの経験は、阿智村の社会目標に向けた自治力を醸成する契機ともなるにちがいない。村が取り組んだ社会環境アセスメントによって、地域の住民と産業が自治の主体として再生産されるべき重要性も明らかになった。そのためには能動的・科学的な学習と成果の共有、協議の日常性を行政は保障しなくてはならない。自然環境と社会環境を両立させた地域づくりが、現代社会において不可

欠であるならば、阿智村社会環境アセスメントは、現代の地域づくりにおけるこの基本原則を備えた意義ある地域政策であったといえる。

注

＊1　リニア中央新幹線は、東京都から山梨県甲府市付近、赤石山脈（南アルプス）中南部、長野県飯田市、岐阜県中津川市、名古屋市、奈良市付近を経由して大阪市までの約438kmを超電導磁気浮上式リニアモーターカーによって結ぶ新たな新幹線である。全国新幹線鉄道整備法に基づき、2011年5月に国土交通大臣が整備計画を決定し、建設・営業主体にJR東海を指名し、2014年10月、JR東海の工事実施計画（品川・名古屋間）が国土交通大臣に認可され、建設段階に入った。品川・名古屋間は2027年度開通をめざしている。

＊2　社会環境アセスメント委員会は阿智村村長の諮問機関と位置づけられ、2015年5月1日から2016年3月31日までを任期とし、16名が委員委嘱を受けた。委員構成は研究者が3名、知識経験者が2名、11名が村の自治会、自治協議会、昼神温泉経営者協会、交通弱者・観光関連事業者の代表、I・Uターンの新規移住者等である。会長は前村長の岡庭一雄氏であり、2016年2月4日の最終答申は岡庭会長名で行っている。筆者は副会長を務めた。

＊3　この定義は、阿智村社会アセスメント委員会の委員委嘱を受け、副会長として委員会協議に参加し、また協議のための影響調査、最終答申の原案作成を担当した筆者個人の理解であることをことわっておく。

＊4　阿智村村内の8つの自治会ごとの現在および将来の人口推計（2010年から2045年まで）が、阿智村の「阿智村人口ビジョン」（まち・ひと・しごと創生法）で示されている。8地区のうち人口増加見通しが認められるのが清内路地区であり、その理由が同地区の住民主体の移住促進策と清内路振興室を中心とする行政の連携支援によることが示されている。詳細は「阿智村人口ビジョン」14-15頁を参照のこと。

＊5　調査は阿智村出身で委員会の委員でもある實原恒禎氏が所属する株式会社タイム・エージェント（岐阜市）が担当した。その成果は、阿智村社会環境アセスメント委員会編「社会環境アセスメントに関する交通実態調査」（2015年10月）として発表されている。

＊6　本調査も、株式会社タイム・エージェントが担当し、その成果は阿智村社会環境アセスメント委員会編「観光地来訪者アンケート調査（花桃の里）報告書」（2015年10月）として報告されている。

＊7　この調査も、株式会社タイム・エージェントが担当し、阿智村社会環境アセスメント委員会編「昼神温泉来訪者アンケート調査」（2015年12月）として報告

されている。

＊8　愛知大学鈴木誠研究室「リニア中央新幹線工事車両が住民生活に及ぼす影響調査」2015年10月。なお、本調査の分析に際しては、委員会の委員も務めていただいた鈴木伴季氏（愛知大学三遠南信地域連携研究センター研究員）の協力を得ている。

＊9　2015年度に策定された戦後7番目の国土計画となり国土の基本構想に「対流促進型国土」形成を掲げる新国土形成計画（全国計画）は、太平洋側の東京圏、名古屋圏、大阪圏を一つの「スーパー・メガリージョン」と位置づけ、大都市圏間の対流促進を計画する。その戦略プロジェクトにリニア中央新幹線は位置づけられている。

＊10　ヒアリング調査では、沿道で生活する住民として30名の方々にご協力をいただき、筆者の研究室で学ぶ学生と梅田守彦中京大学教授の研究室の学生が複数のチームを結成し、各戸を訪問してヒアリング調査を行わせていただいた。その成果は、鈴木誠研究室「住民ヒアリング調査に基づく住民意見の分析とまとめ」2015年11月6日（社会環境アセスメント委員会報告資料）として委員会で報告している。

＊11　昼神温泉郷では各温泉旅館の経営者20名と観光関連事業者10名のご協力を得て、鈴木研究室と梅田守彦研究室の学生合同チームが各事業者を訪問しヒアリング調査を実施した。その成果は、鈴木誠研究室「昼神温泉経営者ヒアリング結果の概要と総括」2015年10月31日（社会環境アセスメント委員会報告資料）、阿智村社会環境アセスメント委員会編「平成27年8月実施・沿線事業者ヒアリング、昼神温泉旅館経営者ヒアリングにおいて出された意見」2015年11月、として委員会で報告している。

＊12　阿智村清内路自治会「一人ひとりの知恵と力を結集し、めざそう住み良い清内路―平成25-29年度清内路地区計画書―」、清内路振興協議会「心の文化『邑』清内路（中間答申）」2015年12月2日。

第12章

都市内分権と分散型地域自治による地域政策
―地域自治区改革の今日的意義を検証する―

　本章では、平成の大合併を機に導入された地域自治区制度の「進化」
の過程を検証し、地域政策の新たな方法としてとらえ、その意義を明ら
かにしたい。

　地域自治区制度を導入した自治体では、同制度を前提とした都市内分
権の推進、自治区内の各種住民組織間の連携、実質的には地域協議会の
地域代表機関化など、住民発意の地域政策を積極的に誘導し、成果を生
み出している。本章では、そこに至るまでの経緯を振り返りながら、自
治区改革の現代的意義と地域政策としての意義を、岐阜県恵那市の地域
自治区をモデル事例として取り上げ明らかにする。

　わが国の市町村は、政府による「平成の大合併」によって、約3300
あった市町村が約1700へと半減されたことは記憶に新しい*1。もっと
も、合併協議に参加した市町村が、すべて合併を果たしたかといえばそ
うではない。住民投票の結果を受け、合併協議を中止した自治体、歴史
ある伝統的な地域づくりの継続困難を理由に、法定合併協議会から離脱
した自治体も多い。

　しかし、合併への不安は、最終的には合併を遂げることになった市町
村の住民、議会、行政関係者からも指摘されてきた。例えば、隣接する
大都市に編入されることで企業誘致や宅地開発など経済的メリットに期
待が集まる一方で、合併後旧町村が周辺化し、行政サービスの削減縮小
が進むのではないか、その結果、長期的には地域社会全体の衰退が加速
するのではないか、という心配は、よく耳にした指摘である。

　市町村合併を大胆に進めたい当時の小泉純一郎自民党政権は、旧町村
の周辺化論を合併推進にとっての重大な「足かせ」と捉え、政府の諮問
機関である地方制度調査会に対して、この「足かせ」問題を払拭する新

地方自治制度の検討を諮問した。第 27 次地方制度調査会が最終答申に織り込む対策は、合併の「足かせ」を外し、市町村合併を大胆に推し進めるための決定打にしなければならなかったのである。当時の政府・総務省にとって、その目的に合致した最良の合併推進材料の一つが、本章で取り上げる「地域自治区」であった。

　地域自治区は、合併で「吸収される側」の旧町村住民が抱く不安や新市への要望を受けとめ、「足かせ」問題を解決するための合併対策であり、改正地方自治法では市町村の新たな内部組織と位置づけられた。

　合併特例法では、地域自治区以前に類似の組織として地域審議会制度を導入している。しかし、同制度は合併後 10 年を目安に廃止することが予定された時限措置である。また、市長の諮問がない限り、審議会を開催する必要がないなど、合併し周辺化による地域衰退を不安視する旧町村等の住民よりも、行政側の都合を優先する制度設計に留まっていたといえる *2。

　そのため、新市誕生後も、新市建設計画の進捗状況を住民に説明するなど行政側が必要と判断した機会を除いて、住民の要望で地域審議会を開催したり、住民要望を新市の市長や行政機関に出すなどの主体性が発揮される事例は限定的であったといえる。

　また、たとえ新市の市長等に要望を出したとしても、それに対して行政が回答する義務はなく、住民要望の「ガス抜き」制度というような批判が巻き起こる制度でもあった。

　地域自治区制度の場合も、地域審議会同様、市長等の諮問に対し答申することで新市の一体化を形成していくことが第一義的な義務として求められていた。しかし、地域自治区は地方自治法に明記され恒久的な基礎的自治体の一部として運用していくことができる新制度でもある。同制度を導入した新市では、地域自治区を「合併のための置き土産」に留めず、少子高齢化や人口減少などによる地域課題を、住民自らが考え対策を探っていく住民自治制度へと「進化」させてきた *3。

　本章では、地域自治区の質的な「進化」の内容や過程に着眼し、市町村行政を統廃合する合併論ではなく、住民自治の新たな制度化を通じた

市町村行政の質的転換論に立って考察する。この考察を通して、地域自治区の地域政策的意義を探る。

地域自治区の「進化」として最も注視すべき点は、合併後の時間の経過とともに、市長からの諮問の有無に関係なく、地域自治区内の地域協議会や関連住民団体の側から自発的な地域課題解決のための建議や報告、NPOや会社組織など多様な地域運営組織をスピンアウトさせ、住民自治の具現化を推し進めてきた点である。さらに、地域自治区が行政の内部機関であるという特徴を活かし、住民自治の観点に立って、行財政改革の協議参加や改革提言、地域防災計画の見直しや地区防災計画の策定など、多様な行政運営上の諸課題の解決に関わってきた点に、地域自治区の意義を見出すことができる。

しかしながら、地域自治区制度は、現在全国15の都市自治体が導入するにとどまるなど、新たな行政内組織としての限界論も指摘されている。ただし、それは地域自治区の制度的限界というよりも、自治体が自治基本条例等を制定し、自治体独自の都市内分権とコミュニティの制度化による住民自治の強化に向かっているからでもある。例えば、自治基本条例を制定し、同条例中に地域自治区と同類の役割を学区単位にもつ「まちづくり協議会」制度を導入する自治体が急増している。まちづくり協議会は、行政の内部組織や出先機関ではなく、自治会・町内会、民生児童委員、小中学校PTA、消防団、NPO法人など各種住民組織が連携し運営する自治型地域包括機関である*4。

本章では、以上の問題意識に従って、モデル事例として岐阜県恵那市の地域自治区を取り上げる。筆者は、同市が地域自治区制度を導入する以前から同制度の可能性を検討し、同制度を導入後、今日に至るまで、恵那市の地域自治区制度の運用や改革に携わる機会を得てきた。さらに、その経験を活かし、愛知県新城市が地域自治区制度を導入し運用する際も、直接間接、制度設計や運営に関わる機会を得てきた。

こうした経験も交えながら、本章では地域自治区が住民自治の強化を通じ、「行政の出先機関」から「住民の地域包括的自治機関」へと進化する諸条件を持つことを示す。そして、この諸条件を備えた地域自治区

こそ、地域の自治と自立にとって必要な地域政策であることにも言及する。

1　地域自治区とは何か

はじめに、地域自治区がどのような背景を持って誕生してきたかを簡潔に振り返っておこう。2001年11月、首相の諮問機関である第27次地方制度調査会が発足した。政府から同調査会に対し諮問された内容の一つが、先に述べた通り、市町村が合併特例法の期限である2006年3月末までに合併する場合、合併に対する住民の不安を払拭する具体的施策として何が必要であるかを答申することであった。

そこで、同調査会では、一定期間、旧市町村役場に一部であれ行政サービス機能を持たせ、旧市町村のまとまりを維持し、合併によって行政サービス全般が低下することへの住民不安を払拭する目的で、「地域自治組織」を自治体内に組み込む必要性に言及した。

その具体的姿は、第27次地方制度調査会の最終答申（2003年11月13日）「今後の地方自治制度のあり方に関する答申」で明らかとなる。答申では「基礎自治体内の一定の区域を単位とし、住民自治の強化や行政と住民との協働の推進などを目的とする組織として、地域自治組織を基礎自治体の判断によって設置できることとすべきである」との見解が、政府に対して報告された。

第27次地方制度調査会による最終答申を受けた政府では、早々地域自治組織の具体化に向けた作業を開始し、2004年5月19日改正合併関連3法（新合併特例法・改正合併特例法・改正地方自治法）の成立を経て、「地域自治区」という名称の地域自治制度の設置を可能にした。地域自治区は、合併後の設置期限を設けず、恒久的に運用が可能な行政の内部組織であり出先機関として事務局を設け職員を配置することを可能にした。事務局の多くは合併前の市町村から組織替えをした地域振興事務所等の内部に設けられ、地域自治区内に設置された地域協議会に対する市長の諮問伝達、地域協議会の建議や答申、その他協議会の自主的な

表12-1　地方自治法に基づく一般制度としての地域自治区

都道府県名	市町村名	方式	旧市町村数	合併期日	地域自治区数
北海道	せたな町	新設	3町	2005年9月1日	3
北海道	むかわ町	新設	2町	2006年3月27日	2
岩手県	宮古市	新設	1市1町1村	2005年6月6日	3
岩手県	宮古市	編入	1村	2010年1月1日	1
岩手県	花巻市	新設	1市3町	2006年1月1日	3
秋田県	大仙市	新設	1市6町1村	2005年3月22日	8
福島県	南相馬市	新設	1市2町	2006年1月1日	3
福島県	南会津町	新設	1町3村	2006年3月20日	4
新潟県	上越市	編入	1市6町7村	2005年1月1日	28
長野県	飯田市	編入	1市2村	2005年10月1日	20
長野県	伊那市	新設	7市1町1村	2006年3月31日	9
岐阜県	恵那市	新設	1市4町1村	2004年10月25日	13
愛知県	豊田市	編入	1市4町2村	2005年4月1日	12
愛知県	新城市	新設	1市4町1村	2005年10月1日	10
島根県	出雲市	新設	1市5町	2005年3月22日	7
宮崎県	宮崎市	編入	1市4町	2006年1月1日	22

注：2016年4月1日現在。15市町村148地域自治区が設置されている。
出所：総務省ウェブサイトより作成。

取り組み活動全般を支援するよう求められた。現在、地域自治区制度を導入し市内に設置を続ける市町村は全国で15市であり、表12-1はその一覧である。

地域自治区導入に至る過程

　合併市が地域自治区を導入した経緯を見ておこう。導入の経緯は自治体ごとに異なるため、本章では、岐阜県恵那市を事例に取り上げ検証する*5。

　恵那市における地域自治区導入をめぐる協議は、2004年4月の合併協定調印から同年10月25日の正式合併に至る間に、法定合併協議会に当たる恵那市・恵南町村合併協議会の場で行われてきた。2004年10月25日、1市5町村が合併して今日の恵那市が誕生したこと、さらに2004年11月改正地方自治法の成立を待って、同年12月議会で恵那市長が地域自治区条例を提案し、市議会での議決を経た後、2005年1月同条例が施行された。そして、同年4月改正地方自治法第202条5に基づき、

地域自治区に地域協議会が設置された。

　新恵那市では、合併当初、市内旧市町村（旧恵那市と恵南5カ町村）単位に六つの地域自治区を設置し、各地域自治区に一つの地域協議会を設置することから制度の運用を開始した。すなわち、旧恵那市内には、地域自治区条例に基づき八つの恵那地域自治区の支部（1954年の8カ町村合併による恵那市誕生以前の8町村に該当）を設け、旧恵南地域の5旧町村には各々一つの地域自治区を導入するなど、異なった設置方法を導入した。それは後述するように、地域自治区をめぐる旧恵那市と旧恵南5カ町村の住民や行政の捉え方の相違によるものである。

　ところが、旧恵那市内の8支部の扱いは地域自治区制度の導入から2年を待たずに、8支部の地域協議会委員の側からの強い要望によって変更に至る。2006年9月28日、8支部で構成された恵那地域協議会から恵那市長に対して「恵那地域自治区施策に関する建議書」が提出され、新たに「昭和29年の恵那市合併前の8カ町村それぞれに、地域自治区を独立して設置し、支部を廃止するよう条例を改正すること」が建議されたのである[6]。

　その結果、2007年4月1日、旧恵那市内の8支部は解消され、新たに8つの地域自治区を設置する答申が市長より下され、市内には13の地域自治区が誕生し今日に至っている。だが、この変更は単なる制度の変更ではなく、8支部が地域自治区を活用し、各々の地域課題と向き合い、解決に動き出す住民自治のシグナルであったのである[7]。

地域自治区導入の理由と地縁型住民組織の存在

　次に、恵那市において今日の地域自治区である地方自治法に基づく一般制度としての地域自治区が導入された主な理由を、恵那市・恵南町村合併協議会（以下、合併協議会と略す）議事録の分析および筆者によるヒアリング調査をもとに明らかにする[8]。

　恵那市が地域自治区の導入を決定したのは、2004年3月4日の法定合併協議会においてである。その決意として、旧恵那市との合併を決定した旧恵南5カ町村長から合併協議会に対して、地域自治区の構想段階の

名称に当たる「地域自治組織」の導入に向けた提案が出されている。この時期は、国会に地域自治区制度に係る法案（改正地方自治法、改正合併特例法）が出される以前であった。しかし、地域自治組織の提案に際し、旧恵南5カ町村長の口からは一様に「これからの地方は、合併して大きくなる新市だけでなく、小さな単位の地域活動をしっかりと取り組んでいくことが重要」との考えが語られていた。「新市誕生後の小さな単位」とは、紛れもなく旧恵南5カ町村を指している。そして、旧恵南5カ町村長から合併協議会事務局に対し、合併後は旧恵南5カ町村ごとに地域自治組織を導入すべきことを、合併協議会の議事録に残すことが強く求められたのである。

　その背景には、合併後の新市制度を協議する合併協議会の段階で地域自治組織の設置を決めなければ、恵南5カ町村がなくなる合併後では導入計画が覆され、恵南5カ町村時代の地域振興策やコミュニティ活動、そのための予算確保が保障されなくなるにちがいないとの危機感があった。その提案には「合併をしても、新市の一地区や周辺地区に押さえ込まれたり、地域づくりの予算を回されなくなるような事態は受け入れられない」という意思が貫かれていたともいえる。

　旧恵南5カ町村では、こうした危機感を背景に地域自治組織の設置を合併協議会に対して強く求めることになる。その際に要求の根拠として使われたのが、2004年11月1日の第27次地方制度調査会に対し提出された同制度会会長の西尾勝氏の私案「今後の基礎的自治体のあり方について」である。

　5カ町村長が重視した箇所とは、西尾私案にある「……基礎的自治体が規模拡大することを踏まえて、基礎的自治体内部における住民自治を確保する方策として、内部団体としての性格を持つ自治組織を基礎的自治体の判断で必要に応じて設置する……途を検討する必要がある」という指摘である。5カ町村は、この指摘をもとに合併協議会に対し、新市の内部団体として地域自治組織の設置を採択するよう強く求め、協議の結果、採択に至っている。

　合併協議会では新恵那市誕生後に地域自治組織を設置する方向で合意

が得られたが、地域自治組織の組織づくりを協議する段階に入ると、自治組織の運営は行政主導ではなく、地域の住民が声を上げられる組織にすべきであるとの見解が合併協議会委員の間で示されるようになる。その理由として、旧恵南5カ町村では区長会など地縁型住民組織による親睦活動やコミュニティ活動の経験を通して、住民や世帯の結束を強化し、区長会や自治会を通じて住民の多様な要望要求を行政に届けるなど住民自治の経験を有してきたからである。

　区長会などと同様、住民の多様な要望要求を新市にも確実に届け、合併後も新市の周辺地域となる旧恵南5カ町村において行政サービスの停滞を招かないようにするという自衛策が、地域自治組織の設置と運営をめぐる要求にも強く貫かれていたのである。

　全国の農山村地域に共通することであろうが、区長会など地縁の住民自治組織には集落単位で各戸・世帯が加入し、集落ごとに営農事業、祭礼、伝統芸能、敬老会など多様な共同生活事業を伝統的に管理運営してきた。この地域共同管理の活動に、新たに女性会、子ども会、民生児童委員、消防団、商工会や農協の青年部、NPO法人などが参画し、地域共同管理機能を住民自治の観点から高めてきた。こうした地域共同管理の経験が、旧恵南5カ町村にも根強く存在していたのである*9。

　各住民組織は、世帯や住民の要望要求を受けとめ地域課題の解決に着手してきた。それとともに、各集落を超えて全市的な規模の課題と考えられるものは、行政による地域課題の解決へと繋げ、各組織の自治機能と地域的公共性を高めてきたといえる。

　各住民組織を総合化した包括型住民自治組織の設置要求には、合併で遠のく本庁や先細りが予想される地域振興事務所に頼るのではなく、住民の要望要求や提案を直接新市の市長や本庁組織へ届けるパイプ役を設けなくてはならないという思惑もあったといえる。

　旧恵那市でも、昭和の合併まで独立した基礎的自治体（町村）であった8つの旧町村ごとに単位自治会・町内会とその連合組織である自治会連合会等が存在してきた。この自治連合会等が、8つの代表者の集まりを通じ、各世帯から出された多様な要望要求を行政に届け解決を図る役

割をはたしてきたのも事実である。それだけに、各自治連合会との違い
が不明確で、合併による行政合理化の最中に再び行政の内部組織である
地域自治組織を設置しようとする合併協議会の姿勢には、旧恵那市の側
から批判や消極的な声が合併協議会に寄せられていた。

　結局、合併後の地域振興をめぐる危機感の濃淡を放置したままでは合
併による新市誕生や合併後の新市建設計画の実行などに支障が出かねな
いとの不安が強く働き、新恵那市の一部地区となる旧恵南5カ町村の意
向を尊重する形で地域自治区制度を導入する前提に立った合併が行われ
たのである。

2　地域代表機関に向けての始動

　地縁型住民組織の代表である自治連合会は、地域の子どもや高齢者の
ための福祉事業をはじめ、営農事業、祭礼など地域を世帯・住民が協力
し管理する活動に貢献し、それゆえに住民の要望要求を確実に行政へと
届ける地域代表機関と認識されてきた[10]。

　そのため、地域自治区の導入以降も、地域協議会とは別に独自の地縁
事業を続け、市へ住民要望を届けるとともに、市担当課から予算を引き
出し、住民の要望要求を施設整備等へと結びつけるなど地域代表機能を
発揮してきた。

　既述の通り、恵那市では各地域に自治会・町内会、その連合組織、区
長会のような包括的な地縁組織が存在する。同時に、目的に合わせて住
民が世帯単位で地域活動に参加し、世帯相互の親睦を高め地域共同管理
に結び付けてきた。さらに、NPO法人や農事組合法人など民間非営利
の住民組織も誕生するようになる。地域自治区が導入されたことによっ
て、自治会・町内会、その連合組織や区長会の代表者は、地域自治区内
の地域協議会委員を兼ねる形で参加し、地域の各種住民組織の代表者が
1地域自治区に1組織の設置が許された「まちづくり実行組織」へと参
加していった[11]。

　地域の各住民組織は、地域協議会と連動した「まちづくり実行組織」

内の福祉・環境・教育・産業等の部会（または実行委員会）に分かれて
参加し、互いに協力しながら新たな地域的公共活動を企画し繰り広げて
きた。各部会等による地域活動は、その公共性から、5年間の地域計画
の策定と計画に反映すべき各種事業と連続性を保ち、全13地域自治区
に人口割と均等割りで配分された「地域づくり事業補助金」を活用し、
部会単位の地域活動に意欲的に取り組んできたのである。

　なお、当初の地域自治区は、住民の多様な要望要求を本庁に届ける機
能に重きを置く傾向が強かった。しかし、地域自治区の運営が13地区
で始まると、地域協議会の運営方法、地域づくり事業補助金の執行方法、
建議すべき事項の取扱い方、地域協議会と自治連合会や区長会との関係
性、住民の負担軽減の必要性など、新たな運営課題に対して能動的に向
き合い、13地域自治区が連携した活動を繰り広げるようになっていった。

　このプロセスは、13地域自治区内の地域協議会やまちづくり実行組
織に集う住民一人ひとりにとって「地域を自治する」試行錯誤の時期で
あったといえる。地域自治区とそれを構成する地域協議会やまちづくり
実行組織とは一体何をすべき組織なのか。行政の内部組織でありながら
住民自治のために活かすことができるという「一見矛盾した組織」をど
う扱えば地域を自治していけるのか。住民自身がこうした自問自答を繰
り返えす時期でもあったのである。

　この自問自答に答えを見出す端緒となったのが、2008年4月1日から
始動した恵那市地域自治区連絡協議会（連絡協議会と略す）の活動であ
る。13地域自治区では、恵那市地域自治区条例に基づき、地域自治区
相互の連絡調整機能を具現化するため、地域協議会の会長と副会長26
名からなる連絡協議会を設置した。地域協議会やまちづくり実行組織は、
この連絡協議会を通じ、互いに共通するさまざまな課題を話し合い、経
験交流を進め、専門家を交えた研修に取り組んできた。しかも、同協議
会は、行政の要請で活動するのではなく、住民委員独自の判断で協議議
題を決め運営していく広域的自治活動の一環でもあったのである。

　連絡協議会では、2012年度になると「地域自治区・地域協議会と自
治連合会との役割分担をめぐる協議」をはじめ、「地域協議会委員の選

出方法をめぐる協議」にも着手するが、いずれも13地域自治区単体では解決が困難な懸案事項であった。

　町内会・自治会や自治連合会、区長会の長は、13地域自治区の地域協議会委員として市長から選任されることが多く、その結果、既存の地縁型住民組織と地域協議会との関係性や役割の相違が不明確であるとの不満が強く、改善を求める意見が委員から出されていたことも背景にある。

　委員・役員として会議や活動へ参加することは、高齢の住民にとって大きな負担でもある。地縁型住民組織と地域協議会との役割分担をはじめ、各種委員の選出方法等を再検討することは、高齢化が進む地域の住民自治にとって共通の課題でもあったのである。

　協議の結果、2012年度以降、地域自治区連絡協議会と自治連合会の代表者、さらに行政の所管課の間での協議を踏まえ、連絡協議会と連合会の合同会議を新たに設置すること、すなわち「地域自治区制度検討プロジェクト会議」を新設し、両者の役割分担の明確化をはじめ、地域協議会の委員選任のための規約改正、委員選考のガイドラインを策定することが申し合わされた。

重層的な地域自治のための役割分担

「地域自治区制度検討プロジェクト会議」には、13地域自治区から地域協議会会長と副会長の26名が参加し、他方、自治連合会からは役員が20名参加して、地域自治のための協議が重ねられた。以下は、その協議結果である。

　すなわち、①2013年度からは情報共有の一環として、地域協議会長と自治連合会長の定期的な会合を年数回開催すること、②地域自治区連絡協議会は、会長・副会長職に自治連合会役員が兼務している事情もあり、自治連合会理事会を開催しない月に開催すること、③恵那市の各種審議会・委員会等への委員の選出は、市が自治連合会に求めてきた慣習を見直し、上記①の合同による会長会議を開催し、合議の上で選出すること、④自治連合会の役割は、住民が自治会・町内会に寄せる道路整備

や街路灯設置など1、2年で解決処理できそうな身近な地域課題を扱い、かつ行政に対して陳情・要望する役割とすること、⑤地域協議会の役割は、行政からの諮問に対する答申以外に、地域自治区エリア全体の課題で解決に3年以上を要すると予想される大型予算事業について審議し、行政に対して各地域自治区あるいは地域自治区連絡協議会として建議すること、などが決定された。

　ただ、実際の運用は、各々の地域協議会と自治連合会が協議を重ね運営できるよう「13地域13通り」の原則で柔軟に運用していくことも申し合わされた。

　このうち、③の案件は早々実行に移され、市企画部長名で市各課等の長に対して各種審議会等の委員選出希望がある場合には、①の合同による会長会議の事務局に当たる市まちづくり推進課に希望調書を提出することが義務づけられたのである。

　さらに、各種審議会等の委員選任手続きは自治連合会役員の選任だけでなく、一般住民を委員として選出する場合にも広げられた。これも①の会長会議から行政に対する強い要望であり、行政にとって都合の良い住民の選出に繋がるような恣意性を防ぐとともに多様な世代の多様な意見・経験を持つ住民が行政の審議会等へ参加し、多様な階層での住民自治の充実強化につなげていくことを意図した自治制度の改革でもあった。

3　地域自治区導入10年を経ての内発的改革

　2012年度に設置された地域自治区制度検討プロジェクト会議では、他にも地域協議会の委員候補を年齢や性別、地域活動の経験などの面で、偏りが少なく、住民の負担を軽減しながら自治を実現できるように、委員選任のためのガイドラインの策定を行うなど、精力的に作業を繰り広げてきた。

　その象徴的事業が、2015年度に開始された「地域自治区のあり方の改変」（新地域自治区と略す）と2016年度から導入された「活動支援制度の改変」である。そこで、この2点の制度改変の意義を住民自治の強

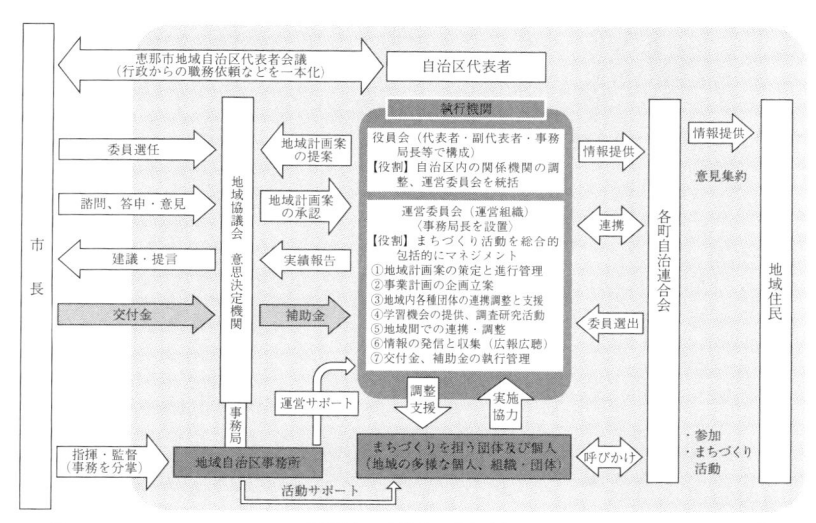

〈補助金・交付金の考え方〉
・これまで分野別に地域に交付されている補助金は、極力、地域自治区を通じて交付
・各地域自治区の運営委員会は、各種団体に対して①「地域計画の目標達成のために取り組む事業の経費」として支出、②地域の暮らしを守る（助ける）活動に取り組む経費や運営に対する人件費に活用

図 12-1　恵那市の地域自治区の組織図（2015 年 4 月導入）

出所：恵那市まちづくり推進課資料をもとに加工作成。なお、13 地区共通のこの組織図は
　　2018 年 12 月までとなっている。2019 年 1 月以降は、13 地区が各々の状況にあわせて地域
　　自治区組織を変え、運営を続けている。

化の視点から検証する。

新たな地域自治区の始動

　13 地域自治区は、5 年後を新地域自治区の制度完成の目標として、2016 年度から 2025 年度までの 10 年間に 13 地域が行う「第 2 次恵那市地域計画」の策定を当面の目標に据え、事業に着手した。図 12-1 は、新地域自治区が 5 年後に完成を目指す機構図である。

　基礎的自治体は地方自治法に基づき設置するが、住民が満足度を高め、住民や世帯が暮らし続けたいと願う都市へと発展するには、住民自身の地域活動や身近な生活単位の地域行政運営への直接参加を保障していく

ことが不可欠である。市議会による間接民主主義は市政全般の監視と進行に責任を持ち団体自治を担うものである。地域自治区による住民自治の強化を図ることで、両者は相互補完関係を築き、市政の課題に公民協働で取り組んでいくことが可能となる。

　それゆえ、新地域自治区は、その理念として「恵那市のまちづくりは、地域自治力の向上を目指し、市民と行政が対等な立場で情報を共有し、補完性の原理により、地域自治区が自らの力で考え活動するとともに、市民と行政及び市民相互の信頼、協力に基づいて協働により推進する」と謳う。

　この理念からも、恵那市では地域自治区を、行政の出先機関・内部組織という合併当初の位置づけではなく、住民自身の「自助」や、自治会・町内会・自治連合会及び各住民組織による「共助」を空間的に補完する地域代表機関へと進化発展させようとしてきたことが分かる。

　その証しが、さらに新地域自治区の目的にも示されている。この改革の目的は「地域内分権を進める」ことにあり、同時に「自治力の強化、自主自立による地域力の向上」や「役員の負担軽減」を図るに置かれることになった。しかも、この目的を達成するために、次の5つの観点から旧来の地域自治区を改革する必要を指摘した。すなわち、①地域自治区代表者を設置すること（自治力の強化）、②市の代表者会議を一本化すること（13地区に関わる政策協議の場の一元化）、③地域自治区に執行機関に当たる「運営委員会」を設置すること（自主自立による地域自治力の向上）、④まちづくり活動支援制度の方向性を確立すること（地域自治の財政的保障に基づく推進）、⑤各種審議会や委員会等のあて職を軽減すること（負担の軽減）、である*12。

　図12-1は、5つの改革ポイントのうち、①から③を表している。この図12-1の機能を整理した一覧が表12-2である。

4　まちづくり活動支援制度の進化と地域の自立化

　今回の新地域自治区への改変以前の旧地域自治区制度上で地域協議会

と連動し、まちづくりの執行機能を担当してきた「まちづくり実行組織」では、さまざまな部会や実行委員会を設け、市の地域づくり事業補助金を財源にして、多種多様な地域活動を繰り広げてきた。ところが、図12-1の新地域自治区へと移行したことで、多様な地域活動を展開してきた住民組織が結集する「まちづくり実行組織」は制度上解消されることになった。制度上は姿を消すことになるが、その実績から、13の新地域自治区上でどのように活かし、また改変するかは各地域自治区に任せられることになる。住民自治を強化する観点からこの判断は正しく、その結果、表12-2の⑮に記したような判断に基づき取り扱われることになった。

　ここで重要な点は、新制度への移行と旧来のまちづくり実行組織の制度上の解消によって、合併から今日まで地域活動を繰り広げてきた民間の各種住民組織までもが解散をしたわけではないという点である。地域自治区が行政の内部組織に終わることなく、自治会・町内会、自治連合会を補完する地域代表機関となって重層的な住民自治の充実に貢献できるようになったのは、地域課題の解決に取り組んできた各住民組織の存在がきわめて大きかったと言わなくてはならない。

　各住民組織は自らの活動財源を十分に持たないケースが多かったが、それだけに合併当初から各住民組織の活動を資金上保障してきた「地域づくり事業補助金」制度とその運用が果たした役割はきわめて大きなものがあったといえる。この補助金制度を少しふり返っておこう。この補助金を財源に利用しながら始動した地域住民組織は、その後、実績を重ねながら当初の任意団体から、財産を持ち非営利ではあるが収益事業を行えるNPO法人、農事組合法人や農業生産法人などへ姿を変えてきた。

　その過程で見られたものは、利益至上主義の事業経営ではなく、地域の高齢者や女性の雇用を拡大し、耕作放棄地で農業を再開し、歴史的街並みを観光交流空間へと衣替えさせるなど、社会性豊かな事業経営であった。その規模は年を追うごとに広がり、集落や市街地の事業から地域自治区全域へと広がり、さらに複数の地域自治区や全市域で取り組む事業へと広がりを見せてきた。

表 12-2　恵那市の地域自治区制度及び運営に関する考え方

①地域自治区の組織改編の主な理由

　地域自治区導入後 10 年が経過したものの、市役所内部および地域においても、地域自治区制度が浸透していない。そこで、同制度と役割を明確にして、地域自治力を高めることが必要である。そのために同制度に関連する組織の一部を見直した。

②地域自治力の定義

　自立した地域社会を目指して、住民自らが主体的に地域（13 地域自治区）の方向性を考え、地域全体で協力連携しながら、地域課題等の解決に取り組んでいける力を意味する。

③地域自治区代表者の専任方法

　地域協議会長、自治連合会長あるいは地域を代表する人の中から、地域の実情に応じて 13 地域自治区ごとの方法で選ぶ。任期は 2 年とするが再任は妨げない。

④ 13 地域ごとの地域協議会、自治連合会の扱い

　13 地域への依頼等は、市の窓口を一本化して行う。他方、地域自治区内の地域協議会や自治連合会は現状のまま存在し、各々の役割を担いながら連携もしつつ、各々の組織から 13 地域を運営していく。

⑤行政から地域自治区への職務依頼方法

　3 通りの方法をとる。（1）毎年行っている定期的な事項や報告事項、またはお知らせ的な内容は、担当者が振興事務所連絡会議にて説明し、振興事務所長を通じて地域自治区へ依頼する。依頼内容は、地域自治区代表者会議にて依頼事項の情報を共有する。（2）地域自治区に関することで、市全体で協議が必要と思われる事項や市全体で取り組む政策内容は、決定前に、地域自治区代表者会議で協議し、その後に地域自治区へ依頼する。（3）個別地域への情報提供や職務依頼は、振興事務所長を通じて、地域自治区代表者へ相談する。

⑥行政の各種審議会や委員会等のあて職の扱い

　極力、役員等の負担を減らすために、真に地域としての意見が必要な審議会、委員会等のみに、地域自治区代表者会議で協議のうえ、住民代表としての委員の選出を決定する。したがって、地域自治区代表者ばかりでなく、委員会等の性質に応じて適任者を選出する。

⑦地域自治区代表者会議の定義

　地域協議会連絡会議と恵那市自治連合会を発展的に解散し（ただし、各町自治連合会は存続）、新たに設置する各地域自治区代表者の集まりをいう。主な業務は、（1）市政全般にわたり、13 地域に関する政策協議や情報の共有を図る、（2）地域自治区間相互の連携や調整を行う、（3）地域自治区運営等に関する調査研究、（4）市行政からの依頼による各種審議会、委員会への委員選出の協議。会議の開催回数は、従前の機能を移行させるため、隔月開催程度が目安となる。

⑧地域自治区代表者の負担軽減方法

　地域自治区の全業務を代表者が一人で引き受ければ負担が増す。そこで、振興事務所長と調整し他者と役割分担するようにし、地域自治区を総括する上での負担を減らすようにする。

⑨地域自治区の役員会、運営委員会のメンバーの定義

　役員会とは、地域自治区の運営委員会を統括し、地域自治区内の関係機関（地域協議会、自治連合会、地域自治区事務所、まちづくり団体や住民等）の調整を図る。また、運営委員会とは、地域自治区の運営等に関し、中間支援的な組織としてまちづくり活動を総合的、包括的にマネジメントする。例えば、1）地域計画（案）の策定と進行管理、2）地域計画の目標を達成するための事業計画の企画立案、3）地域自治区内の各種まちづくり団体の連携や支援、4）学習機会の提供及びまちづくり活動の調査研究、5）地域自治区間の連携や調整、6）情報の収集と発信（広報公聴の役割）、6）交付金や補助金の執行管理、を担う。

⑩運営委員会の設置方法
　既に、地域自治区内を総合的、包括的にマネジメントするような組織がある場合は、新設せず、その組織を運営委員会に置き換え、⑨の例に記した業務を担っていくことの方が良い。

⑪役員会と運営委員会のメンバーの考え方
　役員会と運営委員会のメンバー構成に関しては規定を設けず、各地域自治区の裁量で規定を設け、役員・運営委員会の構成等について（人数を含め）決定する。

⑫地域協議会と運営委員会の構成員の重複
　地域協議会は行政の内部機関であるとともに地域自治区の意志決定を担い、地域自治区を監督していく機関である。他方、運営委員会は地域計画の策定管理やまちづくり活動の支援、事業予算の執行管理など地域自治区を運営していく機関である。監督者と執行者が同一人物であることは好ましくないが、地域によってはやむを得ない場合もある。

⑬地域自治区への各種補助金の流れ
　現在は、分野別に地域自治区（市の外郭団体や各支部を含む）に交付されている補助金は、今後はまとめて地域自治区の運営委員会へ交付されるように調整する。

⑭地域自治区創設時から交付されてきた地域づくり補助金の扱い
　補助金導入 10 年目の 2015 年度で終了し、2016 年度からは、地域自治区ごとの運営委員会に対して、新たな「まちづくり活動支援制度」（補助金型と交付金型）を導入し地域自治力の向上を図る。新支援制度では、地域計画の理念に基づく活動であることを前提に、地域協議会で認められた地域自治区内のすべての団体が対象となる。尚、新支援制度のうち補助金型は、市の審査委員会で認められた事業のみに交付する。

⑮従来、地域自治区内に 1 つ設けられてきた「まちづくり実行組織」の扱い
　地域自治区創設以来、部会や実行委員会を設け執行機関を担ってきた「まちづくり実行組織」は、新たに設けられた運営委員会に移行して同様の活動を続けるか、一旦解散するか、のいずれかを各地域自治区ごとに判断する。その際、「まちづくり実行組織」内の各部会は、独立して地域協議会が認めた地域活動団体となって活動を継続するか、他の地域活動団体と統合するか、または活動を終了することになる。

⑯振興事務所と運営委員会事務局の役割関係
　地域自治区の事務所は、各振興事務所となっている。そのため運営委員会の運営には積極的に関わり、活動をサポートする。ただし、運営委員会による補助金等の管理など会計的な業務は、行政機関であることから受け持つことは好ましくない。また、地域協議会が認めた各種地域活動団体の会計的な業務も同様に好ましくない。

出所：恵那市「平成 27 年度からの地域自治区のあり方」および恵那市担当部局へのヒアリング調査をもとに筆者作成。なお、⑨－⑩は、2019 年 1 月以降、13 地域自治区ごとの状況にあわせて柔軟に運用することができるようになった。

　事業の規模を広げることができた背景には、社会的事業を担う地域住民組織が非営利法人からさらに株式会社化し、投資を受け入れ、事業を通じ再投資活動を行い、資金循環を図りながら地域経済の自立化を目指してきたことがある。その上で、補助金など公的資金に依存しない自立した地域経済への転換が、地域自治区から始まりつつある。

　こうして、図12-1の地域自治区は、非営利な地域活動団体の成長とともに、それにとどまらず社会的企業の誕生や成長、それらを核とした

内発的な地域経済を形成する「社会的装置」として機能しつつある。新市内の特定地域の住民生活と経済活動を住民自らが共同管理する装置とでもいうことができる。

内発的な地域経済の萌芽を支援した基金

　すでに述べたように、恵那市では、地域自治区の活動支援策として、当初「地域づくり事業補助金制度」を設け、各地域自治区内の地域協議会の執行機関となった「まちづくり実行組織」が地域計画上の「地域で行う」事業を計画的に取り組んでいく財源に充ててきた。

　この補助金は、合併前に、隣接する中津川市、恵那市および恵那郡など13市町村の一部事務組合が積み立ててきた「ふるさと基金」に由来する。この基金10億円が、恵那市と恵南5カ町村の合併を機に、中津川市と新恵那市へ均等割りされることになり、新恵那市分の基金5億円が、13の地域自治区に対して均等割りと人口割に基づき分配され、10年間にわたり13地区のまちづくり事業に運用されてきたのである。

　しかし、この10年間の補助金制度の運用をめぐっては、市民の間からも否定的な意見が常に出されていた。その最たるものが「合併を機に誕生した13の地域自治区への資金のばら撒きに過ぎない」とか「安上がりな行政サービスに道をひらいたに過ぎない」などの批判である。この批判は、地域自治区を所管する行政部局や市長のみならず、地域協議会委員や、まちづくり実行組織に参加しこの予算を執行し地域活動に取り組んできた地域住民組織、住民にも容赦なく向けられてきた。

　しかし、こうした批判を契機に、地域自治区を内側から変えていくきっかけにしなくてはならないというのが、地域自治区に参加する住民の共通認識でもあった。

　はたして、どのように変えていくべきなのか。その検討が先の地域自治区制度検討プロジェクト会議で始まったころ、地域づくり事業補助金の交付期間である10年を前に、交付限度額を使い切る地域自治区が生まれる事態がおこる。

　この結果、同会議では「交付期間後の2015年度以降の地域自治区の

地域活動を財政的にどう保障すべきか」を最重要課題として取り扱うことになる。

すでに、地域自治区連絡協議会と行政の間での協議を通じ、2005 年度以降は合併特例債を発行して基金造成を図り、合併後 9 年間で発行限度額の 34.5 億円を積み立て、総額 35 億円を「地域振興基金」として設けることが合意されていた。

そこで、この地域振興基金を地域自治区の新たな財源とし、当面 2016 年度から新地域自治区の各運営委員会に対して交付することになったのである。この新支援制度の概要をまとめたものが表 12-3 である。

集落再生からはじまった地域自治区の地域経済

地域自治区の運用が市内 13 地区で始まり、10 年が経過するなかで最も大きな変化は、地域自治区内での地域住民組織の活動を通じ、地域経済の萌芽が形成されはじめた点である。その象徴的な事例として、中野方町 地域自治区を取り上げる。

図 12-2 は、旧地域自治区内で 10 年間、地域協議会の執行機関として中野方町内のまちづくりを推進してきたまちづくり実行組織「中野方まちづくり委員会」の機構図である。

この委員会は、地域協議会委員と町内各種団体の構成員を中心に組織され、棚田里山部会、伝統文化部会、健康福祉部会、観光振興部会、農業振興部会の 5 部会から組織されてきた。例えば、2010 年度は 5 部会が 16 事業を 346 万円の予算で着手している（申請額に対して 8 割交付のため、実際の交付額は 276 万 8000 円）。その成果は、次の 3 点に集約できる＊13。

第一は、各部会内で地元住民や住民組織が参加連携し、多様な社会的公益的な地域活動を生み出すことに成功してきた点である。

恵那市中野方町では、1999 年に日本の棚田百選に選ばれた坂折棚田（坂折地区面積：19ha、棚田面積：14.2ha、棚田枚数：整備前 468 枚が整備後 360 枚へ整備、棚田所有農家数：35 戸（不在農家 4 戸）、棚田の区画：平均約 3 アール）を再生活用する目的で、NPO 法人恵那市坂折

表 12-3　恵那市地域自治区まちづくり活動支援制度の概要

【趣旨】

地域自治区が自らの力で「自治」を推進していくために、「地域計画の趣旨」に基づき、地域資源を生かした魅力ある取り組みなどに対して支援し、地域自治力の向上を図る。

【地域計画の趣旨】

地域計画とは、自分たちが住んでいる地域が、子どもから大人まで、世代を超えた交流を生み出し、人が繋がることで、生き生きとした住みやすい魅力ある地域にすることを目的に、今後の地域ビジョンを掲げ、地域課題を解決し、地域活性化を図るための計画をいう。地域計画は、(1) 地域自治区単位で取り組む事業、(2) 同じ目的を持つ複数の地域自治区が協力し、スケールメリットを生かして取り組む事業、(3) 各地域自治区から市へ「全市的共通課題」として市全体で取り組む必要がある事業、の３部構成とする。尚、地域計画の期間は、2016 年度から 2025 年度までの 10 年間とする。

【対象事業】

地域計画の趣旨に基づき、計画に掲載された基本目標の達成に向けて取り組むソフト事業を対象とする。ただし、ソフト事業の目的を達成する上で必要なハード事業（活動拠点整備、備品機材の購入等）も審査を経て予算の範囲であれば認められる。

【交付対象】

各地域自治区の運営委員会

【金額】

全体予算枠は年間約 5000 万円とする。

(1) 内訳

(Ａ) 地域自治区ごとの取り組みに対する支援内容

　・3500 万円（交付金型 = 1755 万円、補助金型 = 1750 万円）

　・財源の考え方 = 合併特例債を発行し積み立てた「地域振興基金」35 億円の 1 ％相当額（利息相当分）

(Ｂ) 複数の地域自治区が連携した取り組みに対する支援内容

　・1500 万円（補助金型のみ）

　・財源の考え方 = 前制度の地域まちづくり補助金の残金、市民の寄付等からなる「まちづくり基金」

(2) 期間

交付期間は 2016 年度から 2020 年度までの５年間とし、検証した後に新たな支援制度への移行を検討する

【交付金型と補助金型の考え方】

(1) 交付金型の支援制度の特徴

2016 年度の全体予算額を年額 1755 万円とし、13 地域自治区に均等割（1 地域自治区 135 万円）で使途を自由とする交付金として助成する。ただし、主な対象事業としては(ａ) 地域課題に対応した事業（人口減少対策、地域福祉推進、防災防犯対策、地域環境保全等）の経費、(ｂ) 地域自治区長、運営委員会事務局長、事務補助職員等の人件費、を想定する。

(2) 補助金型の支援制度の特徴

2016 年度の全体予算を年額 3250 万円とし、地域課題の解決に向けて取り組む事業の費用を補助する。申請事業は優先順位を決めたうえで複数事業を申請できる。

(Ａ) 地域自治区単位での事業（13 地域自治区全体予算額は年額 1750 万円）

従来と異なり地域への配分枠はない。1 事業 50 万円を上限とする。審査を経て事業に係る決定予算を助成。例 = 空き家の活用、健康づくり、にぎわいの創出、伝統文化の継承など、役員会・運営委員会で検討する。

(Ｂ) 複数の地域自治区が連携した事業（13 地域自治区全体予算額は年間 1500 万円）

新たな助成制度であると同時に、地域への配分枠はない。1 事業 100 万円を上限とし、審査を経て決定予算を助成。例 = イベントの共同開催、観光交流情報の共同発信、観光交流事業の共同化など。

【今後の課題】
　恵那市全体のまちづくり支援制度は、上記の新制度を検証後、新たに導入する。また、本制度の導入までに行ってきた下記の支援制度に関して、終了または整理等の見直しを図る。
　①市内のＮＰＯ等を支援する「まちづくり市民活動助成制度」などは、業務を委託する恵那市まちづくり市民協会とともに見直しを進める。
　②恵那市地域の元気発信事業は、2015年度で３カ年の事業助成を終了する。
　③市から（外郭団体を通しての補助を含める）地域へ交付している補助金の整理を進める。また、旧恵南地域の５町村である岩村町、山岡町、明智町、串原町、上矢作町への地域包括補助金も段階的に縮減する。

注：2016年4月本格始動に際しての概要。
出所：恵那市「今後の地域自治区のあり方―5年後の姿―」および担当課へのヒアリング調査をもとに筆者作成。

棚田保存会が組織されている。その上で、同部会の中核事業体となって町内の他団体と連携を図りつつ、交流人口と収益事業の拡大、耕作放棄地の削減と棚田景観の再生、さらに集落から全国の個人・法人に向け棚田再生事業への参加と投資・再投資を導くことに成果を生んできている。

　第二は、実行組織内に農業・観光・福祉など複合的な収益事業に取り組む部会の設置に成功し、持続的な収益事業と再投資を通じ、雇用形成、地域福祉事業を新たに生み出してきた。その一つ、農業振興部会は、農業振興協議会・ＪＡ恵那北部支店・不動滝野菜の会（地場の農産物の集荷事業、直売事業、レストラン事業等を運営する女性住民組織）から構成される。この３団体目の不動滝野菜の会は、事業の拡大とともに農事組合法人として登記し、「地元野菜の販売、お食事処『味菜』の経営、野菜加工場の運用、学校給食の提供、休耕田を借りた野菜生産」など多角的事業を展開しながら、地元女性の雇用促進と家計所得の形成に貢献してきた。筆者がヒアリングした際でも、1990年の同会設立時は女性30名ほどで出資や事業部を立ち上げ、20年後の2010年現在では女性を中心に60名ほどが農産物の生産・販売に従事し、一人当たり年間30万円から100万円前後の収入を得られるまでに事業は安定化しつつあるとの報告も得た。

　第三は、健康福祉部会から高齢者の生活と自立を支える福祉ビジネスを立上げ、そのビジネスモデルを隣接する他地域自治区へも拡張することに成功させている点である。福祉NPO「NPO法人まめに暮らそまい

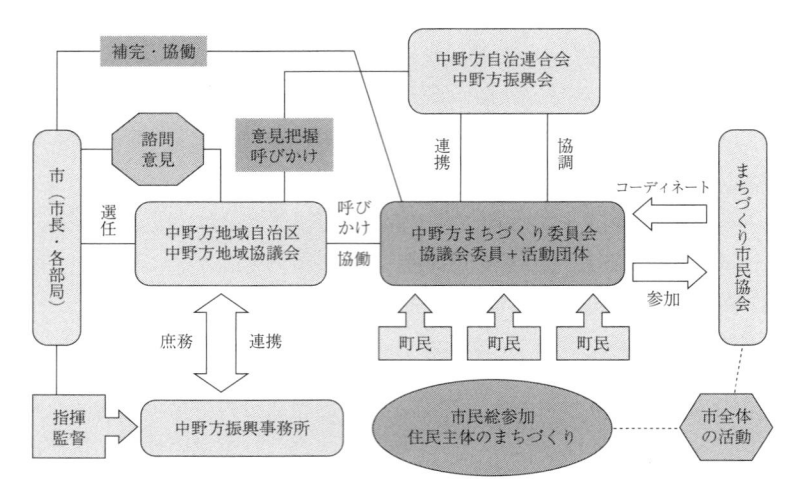

図12-2　中野方の実行組織「中野方まちづくり委員会」の仕組み
出所：恵那市まちづくり推進課資料。

会（正会員70名、賛助会員180名）」の代表的事業の一つに「おきもり」と呼ぶボランティア移送サービス事業がある。地元の中小企業8社や農業協同組合、社会福祉協議会等（2010年現在）の協力を得て、移送事業や家事補助など多様な地域福祉活動で地元の高齢者の移動を支え続けている。

　市の補助金交付に依存するだけでは、基金がなくなれば事業を続けることが困難になる。恵那市の各まちづくり実行組織では、自らが立てた5年間の地域計画に該当する事業とともに、それ以外に住民ニーズの高い地域活動の立ち上げにも取り組んできた。それらは各部会単位に類似活動する地域住民組織が協力して立ち上げ、地域内の個人・団体・法人から投資や人材を集め、収益性を考えながら事業の継続、取引の拡大、雇用の拡大と所得の安定化を図ってきたといえる。地域自治区が小さな地域経済の萌芽を形成し、さらに育てる腑卵器の役割を果たしてきたのである。

株式会社えな笠置山栗園の設立と意義

　この中野方町でも、既述の通り、2015年度から図12-1の地域自治区への切り替えが行われた。これを機に、さらに自立した地域経済の確立をめざし、運営委員会「中野方まちづくりネットワーク会議」が立ち上げられ、同会議の農業振興部門で、住民の出資による株式会社が新たに設立された。それが、2016年4月27日設立の「株式会社えな笠置山栗園」である。

　表12-4は、同栗園開発事業の概要である。同栗園は、2009年12月栗園開発の合意を取り付けて以降、2010年恵那市に対して栗園事業の要望と事業を重ね、2011年3月からは笠置山栗生産組合の事業化の目途をつけ、多彩な親睦事業を織り交ぜながら栗園の造成・植樹・植栽、組合員の拡大などに努めてきた。

　栗は収穫までに5年程を必要とする。そこで、収量が安定する時期を2023年頃と見込み、当面は運転資金の不足が生じることから資金調達面を重視し、株式会社化に向けて同会議や地域協議会で検討を重ねてきた。その結果、対外的な信用力の向上と事業運営責任を明確化しながら、事業運営の安定拡充をめざすことが必要であると判断され、2016年5月2日、2500万円の資本金、株主総数35名（2502株）で株式会社として栗園事業を開始するに至ったのである。

　図12-3は、同園の位置づけをクローズアップした中野方地域自治区の機構図である。さらに、表12-5が、株式会社えな笠置山栗園の事業計画と収支計画である。域外資本による町内での観光事業がとん挫し、放置された広大な土地を地場産品の生産と供給の場へ作り変えるなど公共的課題に取り組んできたことがわかる。2018年度には16ha、6588本もの栗の木が植栽されることで、広大な遊休地が栗園という恵那市の特産品開発産業へ生まれ変わろうとしている。

　地域自治区に集う町内住民を中心とした投資によって始まった栗園事業は、5年後の2020年度には生産量約21トンに至り、経営も黒字に転じる予定となっている。

　恵那市の特産「栗きんとん」等の原料は、市内各種事業者へと安定供

表 12-4　地域自治区が挑む社会的企業「笠置山栗園」

事業年度	事業概要
2009 年	・中野方町内のグリーンピア跡地利用検討会が栗園の開発を合意（12 月 16 日）
2010 年	・同検討会が市長にグリーンピア跡地の栗園化を要望（1 月 19 日） ・中野方町内に中野方栗生産準備委員会を設立（2 月 9 日） ・第 1 期栗園（恵那市単独事業）造成工事着手（10 月）
2011 年	・笠置山栗生産組合を設立（3 月 14 日） ・第 1 期―第 3 期栗園（恵那市単独事業）完成（同年 3 月から 2013 年 3 月、2.55ha）3 月の植樹祭等で 961 本を植栽
2012 年	
2013 年	・新たに岐阜県営事業によって全 16.2ha の栗園開発に着手（3 月）
2014 年	・県営第 1 期栗園（2.25ha）が完成（3 月） ・中野方小学校の新 1 年生親子、恵那農高生徒、一般市民、関係者など約 150 人が参加した植樹祭で約 900 本を植栽（4 月 5 日） ・同じネットワーク協議会内の棚地里山部会による坂折棚田田の神祭の支援をきっかけに同協議会内の他部会活動にも参加連携（5 月 31 日） ・笠置山栗園感謝祭開催し、市民交流を推進
2015 年	・笠置地域自治区、飯地地域自治区、中野方地域自治区からなる笠周 3 町の新 1 年生親子、恵那農高生徒、一般市民、関係者約 200 人が参加した植樹祭で約 2500 本を植栽 ・笠置山栗園収穫祭を開催し、市民交流を推進（10 月 3 日）
2016 年	・株式会社えな笠置山栗園設立（5 月 17 日）

注：2017 年以降、県営事業は事業費として 7922 万 9000 円が予定されている。
出所：株式会社えな笠置山栗園資料 2017 年 3 月より作成。

給され、地元企業との取引拡大を通じて利益を伸ばし、地元高校生や技能高齢者、女性の雇用形成など分配面を拡大しながら、地元からの株式投資を促すといった資本の地域内循環をめざしている。

5　地域自治区による産業自治政策の展望

　恵那市の新たな地域自治区のもとでは、複数の地域自治区が連携し、広域的な地域振興計画を策定し、広域型地域自治区ネットワーク事業への着手もはじまっている。住民の投資、事業経営および地域経済の持続的な発展を見込めるようになるにしたがい、行政の財政支援も充実し、公民の投資と地域内の生産・分配・支出が繰り返され経済活動を持続することが見通せるようになる。

誕生までの歩み

開発主体	開発面積 （ha）	圃場面積 （ha）	事業費 （千円）
市単独事業	1	0.65	21,614
	1.7	1.1	38,535
	1	0.8	12,000
県営事業	2.6	2.25	57,467
	7.1	6.15	93,806
		4.85	59,770
合計	19.9	16.16	766,358

2016年度から10年後をめどに始まった地域計画では、13地域自治区で同様に内発的な地域経済へとつなげる諸事業が着手されつつある。しかも、株式会社を立ち上げて地域経済振興に向かう地域自治区が他にも誕生するなど変化の兆しが表れ始めている。

ただし、今後、地域自治区を単位としながら内発的に地域経済の萌芽を育て自立化を促していくためには、投資・融資の資金調達、内部人材の育成や専門家の活用、地域資源・商品のブランディング化、消費市場とのネットワーク化など、多面的に事業経営の課題に取り組んでいくための地域経済政策が必要となる。そのヒントとなるのが、現在全国の市町村を中心として策定が進む地域経済振興基本条例・中小企業振興基本条例など自治体独自の地域産業政策である。

表12-6で紹介している愛知県新城市は、恵那市と同様に、地域自治区を導入した地方都市である。新城市では、この地域自治区を単位に、恵那市同様に自治区内の住民が出資し（新たに老齢年金受給者の協力を得てソーシャル・ビジネス支援ファンドを考案中）、就労の機会、既存地元産業との取引形成、資金の域内循環を推進する目的で、2015年度「新城市地域産業総合振興条例」を策定した。

同条例では、第7条の産業振興策の基本的方向として、「(1)事業者の自主的な努力を総合的に支援すること。(2)若者及び女性をはじめ、起業及び創業をする市民を支援すること。(3)地域の資源、技術、人材

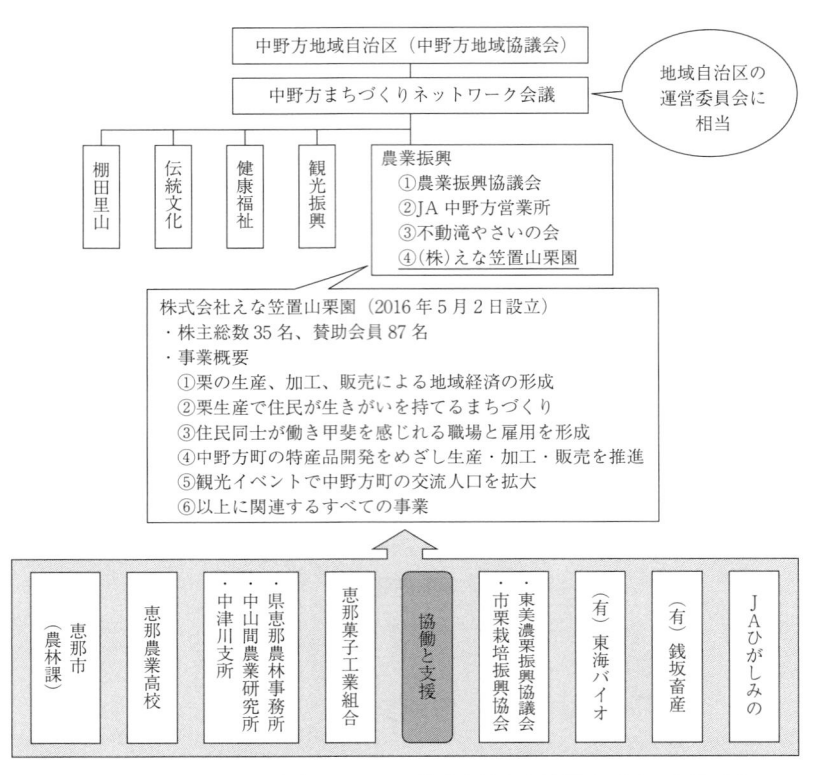

図12-3　中野方地域自治区における株式会社えな笠置山栗園の位置づけ
注・出所：表12-4と同じ。

等を活用した新たな産業を創出すること。」とあわせて「(4) 地域自治
区等において市民及び事業者が連携して産業活動を行う仕組みを創出す
ること。(5) 市内での消費、投資、取引等を通じて資本が循環する仕組
みを強化すること。」を明記している*14。

　従来は自治体内の他部課の成果（例えば自治基本条例や環境基本条例
など）が、産業振興策と繋げられ具体化されることはなかったといえる。
行政のタテ割りが、地域の市民団体による環境・福祉・観光・社会教育
などにかかわる地域活動の相互連関を分断してきたことも反省材料とし
ながら、同条例は、市民活動、地域福祉、防犯、防災、環境保全、社会

表 12-5　株式会社えな笠置山栗園の事業計画及び収支計画の概要

		2016 年	2017 年	2018 年	2019 年	2020 年
事業計画	面積（ha）	11	16	16	16	16
	栗木育成数（本）	4,604	6,588	6,588	6,588	6,588
	栗生産量（kg）	1,960	4,313	8,475	13,775	21,679
収支計画	収入（千円）					
	栗販売高	2,335	4,417	7,899	12,075	18,257
	その他収入	1,695	1,671	1,631	1,631	1,931
	合計	4,030	6,088	9,530	13,706	20,188
	支出（千円）					
	資材・機械等	3,356	4,491	5,330	5,879	6,586
	雇用労賃	4,062	5,329	6,737	8,573	10,649
	その他支出	565	758	1,084	1,498	2,123
	合計	7,983	10,578	13,152	15,950	19,358
	単年度収支	-3953	-4490	-3622	-2244	830

出所：株式会社えな笠置山栗園の資料をもとに加工作成。

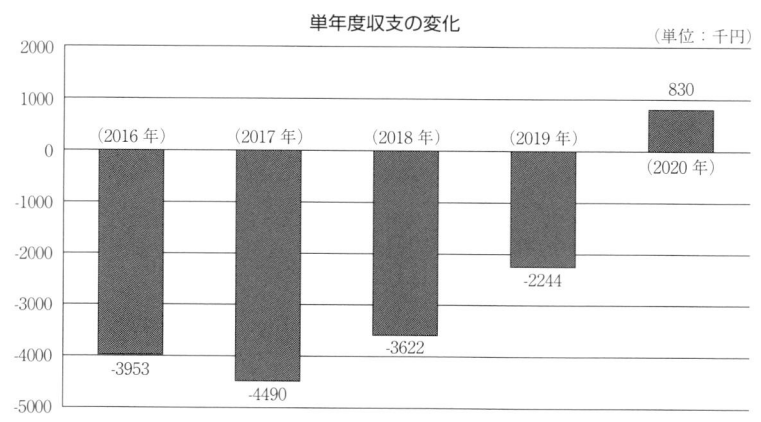

単年度収支の変化 （単位：千円）

出所：株式会社えな笠置山栗園の資料をもとに加工作成。

教育など多面的な地域活動をソーシャル・ビジネスとして起業・操業へと繋げていく地域産業政策の必要性を描いている。

　図 12-4 は、地域の生活や暮らしを守るために、集落などの地域で暮らす住民が中心となって協議組織を立ち上げ、その運営方針に基づき、地域課題の解決に向けた取り組みを持続的に実践する「地域運営組織」の事業展開図である。主に小学校区（旧小学校区も含む）の範囲で活動

表12-6　大規模合併後の主な地域自治区制度の概要

	上越市	恵那市	豊田市
面積	973.61㎢	504.19㎢	918.47㎢
人口	196,616 人	51,628 人	423,722 人
地縁組織	町内会	自治会	自治区（地区区長会）、地区コミュニティ会議
連合組織	町内会長連絡協議会	自治連合会	地区コミュニティ協議会
組織名	地域協議会	地域協議会	地域会議
施行期日	2005 年 1 月	2005 年 4 月	2005 年 10 月
委員数	12 人から 20 人まで	30 人以内	20 人以内
選任方法	個人の公募公選	自治連合会等の地域の公共団体、識見を有する者、公募等	区長会、地区コミュニティ会議、各種団体、公募等
設置数	28	13	28
予算的特徴	地域自治区ごとの配分予算内で、各団体に補助金交付	地域自治区ごとの配分枠内で運営委員会に対し交付金、補助金を交付	地域自治区ごとの配分枠七位でわくわく事業（補助金）、地域予算を運用業
関連条例	自治基本条例	地域自治区条例	まちづくり基本条例
	地域自治区条例		地域自治区条例
概要	2017 年 3 月 1 日現在	2017 年 2 月 1 日現在	2017 年 3 月 1 日現在

出所：各自治体ウェブサイトより作成。

　し、9 割ほどが法人格を持たない任意団体として運営されている。収入源は市町村からの補助金、構成員からの会費、公的施設（公民館等）の指定管理料、利用者からの利用料で賄われている。

　地域運営組織は民間組織であり、地域自治区の地域協議会が決めた方針に基づき地域的公益活動する市民団体にあたるものであろう。総務省など政府では、中山間地域など人口減少が加速する地域において、住民自らが地域運営組織の設立と運営に取り組むことを市町村と連携し支援する方針を示している[15]。

　恵那市や新城市のように、市町村が地域自治区制度条例を制定し、あらゆる住民の参加を得て地域自治区を運営していくことは、都市部、農村部を含め市内全域に地域運営組織の設立や運営を通じて住民自治を浸透させていこうとする行政責任の表れであると言い換えることができる。

　各地域自治区を基本単位に地域運営組織など住民自治的な市民団体が

新城市	
499k㎡	
47,889 人	
行政区	
地区	
地域協議会	
2013 年 4 月	
12 人から 27 人	
行政区、各種団体、公募等	
10	
地域自治区ごとの配分枠内で地域活動交付金、地域予算を運用	
自治基本条例	
地域自治区条例	
若者条例	
若者議会条例	
地域産業総合振興条例	
2017 年 3 月 1 日現在	

誕生し、就業の場となり、所得を生み、消費を導くなど地域経済が動き出していくには、新城市の事例で紹介したような仕組み、つまり地域自治区から地域経済を構築していくことを明文化し制度化した地域産業総合振興条例など自治体独自の地域政策が必要である。

　そのうえで、条例に基づき地域自治区内の産業支援の方針と方法を明示した推進計画（新城市の場合は「産業自治推進計画」と呼ぶ）の策定、その実行を監督助言する推進機関（新城市では「産業自治推進協議会」と呼ぶ）などの体制を構築することが必要不可欠である。

　地域産業が地域経済と地域自治の形成を牽引するという視点、つまり「産業自治による地域産業政策」は、行政責任に基づき住民自治と地域経済の両立を目指した地域自治区制度だからこそ可能な地域政策であると言い換えることもできる。

6　産業自治のインキュベート機能

　表12-1で紹介したように、平成の大合併を契機に地域自治区を導入した基礎的自治体は現在15市である。数からみれば合併市の中でも極めて稀な自治制度であろう。

　ただ、いずれの自治体も、全市域に地域自治区を導入し、都市内分権や行財政改革など行政課題への住民参加に対して積極的に取り組んでいる。それぞれの自治体では、住民の生活要求を満たすためのサービス事業体の開発や運営を、自治区単位および隣接自治区が連携して取り組めるよう支援する制度の導入にも着手している。

　その速度は自治区内の人口や年齢、産業構造や道路交通事情などの違いが影響し、多種多様ではある。そうであっても、市内全域に地域自治

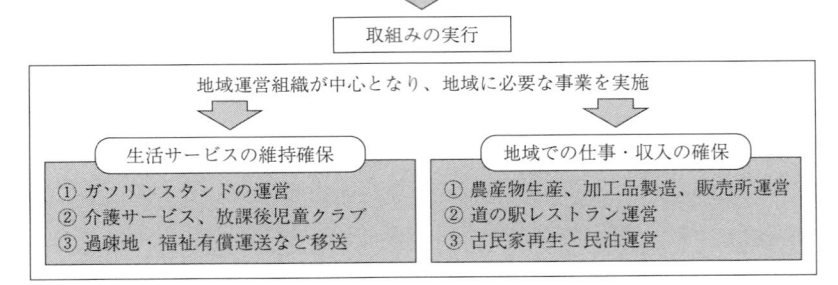

図 12-4　地域運営組織の設立と事業の方向

出所：地域課題解決のための地域運営組織に関する有識者会議「地域の課題解決を目指す地域運営組織・最終報告」2016 年 12 月 13 日、をもとに作成。

区を設けたことによって、自治区内の各所で、住民相互が協力できることへの取り組みに留まらない、「すべきこと」への挑戦が始まっている。地域住民自らが当事者意識を高め、行政と協働しながら、地域自治区内の生活課題を発見し、その解決とともに地域の未来を描き実現に向けて動き出そうとしている。そのなかでも、生活要求を満たすための生産活動、家計収入に貢献する所得形成、暮らしに必要な物品・サービスの消費といった資本の循環構造が形成されつつもある。

　地域経済の形成が進むことで、さらに多様な住民ニーズを受け止め、事業化を通して持続的・能動的な地域社会をつくろうとする民意も形成されてくる。恵那市では地域防災計画を見直し、新たに 13 の地域自治区に対して「地区防災計画」の策定を諮問した。その諮問を受けた地域

協議会や運用委員会では、13 地域自治区ごとに独自の地区防災計画の策定を答申し着手した。各地域自治区では、地域の住民、企業、行政の協働を促し、発災直後から全住民の命を守るために必要な防災訓練や受援訓練を、自治区内の自主防災会や自治会、各種住民団体と協議し策定して、実施に移している。同様な例は、子育て支援活動、若者支援、観光・環境再生など幅広い分野へと拡大しつつある。

　こうした方向は、地域自体の自立的発展を意味する。地域自治区の現代的意義とは、以上の通り、持続的な地域づくりのための住民意識の向上、各種の住民組織の包括化、地域包括的自治組織としての法人化・自立化、全市的な規模での自律的な地域経済を形成していく社会的装置として機能しつつある点にある。

注

*1　1999 年 4 月 1 日から 2016 年 3 月 31 日までに 649 件の市町村合併が行われ、市町村数は同期間に 3232 市町村から 1718 市町村へと 47％減少した。平成の大合併期間（1999 年度から 2006 年度）で見ると、市町村は 3232 から 1821 へ減少している。市が 670 から 777 へ増加したのに対して、町は 1994 から 846 へ、村は 568 から 198 へと大幅に減少した。この結果、2006 年度末には栃木、石川、福井、静岡、三重、滋賀、奈良、山口、香川、高知、佐賀、長崎の各県で村が姿を消した（2016 年度末も同じ）。市町村合併は人口数の少ない町村自治体を減らす形で中部から西日本にかけて積極的に行われたことが分かる。

*2　2000 年に導入された地域審議会は 2004 年度に地域自治区が導入されるまでの間、合併市町村に設けられたものの、10 年以内に解散されたものも多くあった。また、市内すべてではなく一部の審議会を解散したケースもある。しかし、市町村の事情により 10 年を過ぎても設置を続ける合併市町村も存在し、その数は 2016 年 4 月 1 日現在 40 市町村（110 審議会）にも及ぶ。なお、設置を続ける市町村でも全市内設置、一部設置などに分かれる傾向がある。

*3　地域自治区を導入した自治体のうち、静岡県浜松市では、2005 年 7 月の合併時に地方自治法に基づく地域自治区を設置した。しかし、同市は、2007 年 4 月の政令指定都市移行に伴い、行政区に区協議会を設置したことにより、西・北・天竜区で区協議会と地域協議会の 2 層構造になり、複雑化した地域自治の仕組みが分かりにくいと判断されたこと、また、地域協議会の大きな役割であった「合併時の未調整事務事業の調整」が概ね終了したことを理由に、2012 年 3 月末

をもって地域自治区を廃止している。こうしたケースは極めて稀であり、2016年4月1日現在、地方自治法に基づく一般制度としての地域自治区が15市町村（148自治区）、合併特例法に基づく時限設置の地域自治区が12市町村（26自治区）設置されている。なお、恵那市は2018年度末をもって住民発意に基づき、地方自治法上の地域自治区を「卒業」し、地域自治区条例に基づく市独自の地域自治区（民間組織）の運用をはじめている。これは住民自治、地域自治の進化であり、注目すべき試みでもある。

＊4　地域自治区に類似した名称の概念に「地域運営組織」がある。同組織に関する定義は総務省と内閣府とで異なるが、ほぼ共通する基本要素は、①行政上の組織ではなく、法的には民間組織に属する、②経済活動を含む地域の共同事業を行う、③一定の区域を基礎とした組織、である点にある。地方創生戦略では「小さな拠点」形成をめざす主体と期待され、地縁組織を中心に多様な住民組織が一定の地域内で連携し将来像を策定し、地域課題の解決と地域の維持に必要な事業に取り組んでいる。同組織の策定に向けた手引きも作成されており、詳しくは「地域の課題解決を目指す地域運営組織、最終報告」2016年12月13日を参照されたい。

＊5　地域自治区は、住民自治の度合いからすると、住民が代表組織を選挙し法人格と課税権を持つ「近隣政府」と伝統的な地縁組織である「町内会」の中間に位置づけられる。その実態は、導入の経緯をはじめ制度における住民代表機関の決定の拘束力、活用できる予算の自由度、行政（本庁や振興事務所）の対応等に大きな違いがある。地域自治区を導入した15市町村のうち上越市、宮崎市、恵那市の自治区導入から運用までを比較研究したものとして、西村茂編（2011）『住民がつくる地域自治組織・コミュニティ』自治体研究社、を参照のこと。

＊6　恵那地域協議会「恵那地域自治区施策に関する建議書」2006年9月28日、に詳しい。

＊7　恵那地域協議会「恵那地域自治区施策に関する建議書」2008年3月26日、および、鈴木誠「恵那市地域自治区における住民自治活動の評価と展望」162-167頁、西村茂編（2011）『住民がつくる地域自治組織・コミュニティ』自治体研究社、を参照のこと。

＊8　この内容の詳細は、コミュニティ政策学会第11回大会のシンポジウム「地域自治を促すコミュニティ政策とは何か－地域自治区の実態から考える」で筆者が報告している。コミュニティ政策学会編（2013）『コミュニティ政策11』を参照されたい。

＊9　町内会など日本国内のどこにでも存在する伝統的な地縁組織は、その連合組織とともに近隣から小中学校区程度の範囲における住民の社会的共同生活基盤を会費、行政の補助金、寄付等を財源に自ら整備し管理運営してきた。その起源、

展開過程、評価に関しては、中田實（1993）『地域共同管理の社会学』東信堂がある。

*10　町内会・自治会やその連合組織は、世帯の人口規模が大きく退職世代の多かった 90 年代頃までは世帯加盟数も多く、相当数の住民の意思を反映した運営がなされてきたことから、市町村行政はこれら地縁組織を地域代表機関として扱ってきた。また、地方自治法に謳う認可地縁団体として一定地域内の財産を管理運営する組織もあり、地域代表性を持つことに異論は少なかった。しかし、町内会等への加入率が低下するとともに、多様な住民ニーズを掌握し活動することが困難になる組織が増える今日、地域代表機関をどう扱うかは、自治体と住民組織が協議を重ねる中で、柔軟に取り扱う必要性も生まれている。

*11　恵那市では、まちづくり実行組織を、①地域自治区（地域協議会）が一つ設置することを認めた住民及び住民団体を包括する組織、②地域の多様な主体である自治会・自治会連合会、NPO 等が結集し、公共サービスを提供する組織、③地域づくり事業補助金の支給対象であり地域計画を実施する組織、④地域自治区ごとに規約に基づき運営され、複数の部会や実行委員会を持って活動する、等を特徴としてきた。

*12　恵那市まちづくり推進課（当時）資料「平成 27 年度からの地域自治区のあり方」を参照。

*13　鈴木誠「恵那市地域自治区における住民自治活動の評価と展望」177-182 頁、西村茂、前掲書を参照のこと。

*14　愛知県新城市は愛知県内の都市で唯一消滅可能性を指摘された中山間地域に位置する都市である。したがって、地域産業総合振興条例の策定に際して、地域自治区はコミュニティビジネスを起業する対象と位置づけ、収益性を持った社会的企業活動を促す空間とも位置づけた。その方向性をめざし、筆者が代表を務め産業自治推進計画も策定した。なお、地域産業総合振興条例の意義に関しては、鈴木誠「産業政策」47-64 頁、愛知大学中部地方産業研究所編（2016）『東三河の経済と社会』を参照されたい。

*15　地域の課題解決のための地域運営組織に関する有識者会議「地域の課題解決を目指す地域運組織—その量的拡大と質的向上に向けて—、最終報告」2016 年 12 月 13 日。

おわりに

包摂する社会と意義

　2014年9月、日本学術会議が発表した提言書「いまこそ『包摂する社会』の基盤づくり」は、本書の副題とも重なる「包摂社会」の意義と実現のための方策を示している。包摂社会の実現が急がれる理由について、学術会議の提言は、次のように紹介する[*1]。

　第一に、今後労働力人口の減少が不可避な中で、国民一人ひとりがかけがえのない存在になっていくからだとする。労働力人口というと就労し賃金を得る従業者と捉える傾向が一般的である。経営者や資本家に従属し、賃金の対価として労働力を交換する労働者と言い換えられることが多い。

　しかし、現代社会では資本・賃労働関係下の労働者だけでなく、さまざまな方法で労働力を自己と社会の安定や維持のために供給する人々や組織が存在する。例えば、私たちの周囲を見渡せば、家庭や地域での育児活動、高齢者介護や家族のダブルケアを支援する福祉活動、災害や事件・事故で被災した人々が共同で過ごせるコミュニティを再生する地域共同活動、資本の論理で衰退した都心や農山村を協同の論理で再建する投資活動、などが散見される。

　こうした労働や労働力は、生活の社会化問題であるとして、低賃金労働や無償労働の扱いを受けることもある。しかし、私たちが安定した日常生活を送り、家族を支え、経済活動を維持する上で、社会的に無視できない労働であり、人間社会が機能するうえで必要不可欠な労働力である。こうしたさまざまな労働力・能力を備えた人々が、社会参加することによって、社会は維持されている。

　したがって、人々がさまざまな状況で社会参加の機会を得て、社会を

維持するには、各々が得てきた経験や各々に備わる能力を発揮できる環境整備を急ぐことが必要である。市場交換に適さない労働の担い手と扱われ、また自らもそう考え、社会参加の機会を見逃してきた女性・高齢者、家族の介護や育児を抱える女性、障害や疾病を抱える人々、日本語利用が不自由な外国籍市民等は、一般に「社会的弱者」と一言でまとめられてきた。

　しかし、こうした人々は、その多様で固有な経験を通じ、貴重な情報・技能・技術・知識・ネットワークなど資源を有する人々でもある。そうした理解に立ち、すべての人が、社会参加を通じて自らの潜在的能力に気づき、能力を発揮する機会を得て、地域経済社会の仕組みを変えていく担い手となれるような環境整備が急がれる。

　第二に、ワーキング・プア（働いていても所得が貧困基準以下）や長時間労働など労働の「質」の問題を改善することが、上記の社会参加を通じ、社会の構想、社会の仕組みを変えていくことになるからである。ワーキング・プアや長時間労働は、わが国の重大な就業問題として共通認識を得るまでになっている。しかも、問題は働き方の問題に留まらず、人々を家庭的・社会的に孤立させ、自壊（自殺）に向かわせることもある。ワーキング・プアや長時間労働は、地域社会と関わるゆとりや志を人々から奪い、地域の文化活動や福祉活動、環境活動などさまざまな地域共同管理の仕組みや機能を失わせていく。その結果、自身と地域に対して災害・犯罪・事故の接近を許し、被災や被害から回復・復興するためのレジリエンス（自助力・共助力）も喪失させていく。

　ワーキング・プアや長時間労働によるこの「人間の疎外」ともいえる状態を、提言は「社会的排除」と言い換える。阿部彩らの調査によれば、社会的排除は、①食糧・衣類・医療など基本ニーズの欠如、②家庭用の耐久消費財などの欠如、③医療福祉サービスからの排除など、8つの次元と50項目の欠如に基づき補足できる[*2]。

　この社会的排除の概念が、従来の貧困概念と異なるのは、個人の所得や資源の絶対的不足を問題視することに留まらない点にある。平時や非常時において命に関わる情報、住宅、医療など、人間らしい生活を営む

権利が失われ、地域コミュニティや公的福祉の機会とも断絶せざるを得ない状況に追いやられていくことで、今日では誰もが社会的排除の対象になっていく。

　われわれが暮らす現代は、少子高齢化、単独世帯の増加、生涯未婚者の急増や離婚の増加など生活様式の多様化、そして非正規雇用の増加といった現象が顕在化した社会と総称されている。しかも、こうした社会現象は今後一層先鋭化していくであろう。

　社会的排除を内包したままの現代社会では、生活格差の拡大、生活困窮者の増加、貧困の世代間連鎖、コミュニティや家族の絆の弱体化と社会的孤立等が顕在化し、再生産されていく。既述のとおり、こうした状況を迎える人々は、経済的に困窮する個人や世帯だけでなく、経済的には何ら困ることのない人々を含むこともある。人々は、困窮や孤独の度を強くするにしたがい、それらに端を発する疾病・障害、借金、無縁化、引きこもり、児童虐待、家庭内暴力等を複合的に経験する可能性を高めていく。その結果、心身の疲弊を抱え、人間らしい生き方を放棄し、家族や社会に危害を与えるといった事態をまねくこともある。

　労働の「質」に潜む諸問題に直面する人々は、日々の生活に不安を持ち、ストレスを抱え、ゆとりのない生活状況下に置かれている。もはや自助だけでは事態を回復させることが困難な場合が多い。それゆえに、「自分を変えること」「変えるために働くこと」「働き収入を得ること」のみを強調する政府の労働政策のもとでは事態の改善に至らないことが多い。むしろ、貧困や先の諸問題を生み続けてきた雇用就業政策、社会参加の機会のない公的制度など、仕組みを作る側の総合的な改善こそが急がれる。つまり、社会的排除に対する社会政策（社会的包摂政策）が急がれるのである。

　したがって、現代社会における地域政策の使命や方法を総合的に見直し、めざす先に描く社会目標とは、学術会議の提言書が問いかける「包摂する社会」の実現にあるともいえる。

　グローバル経済下での地域経済の危機、災害や犯罪など社会的なリスク下での生活やコミュニティの危機は、われわれに貧困や社会的孤立を

もたらしてきた。そして、現代は、大部分の人々が貧困や社会的孤立など社会的排除の対象となる時代でもある。世代を超えて見るならばすべての人々が直面する可能性のある危機が、この社会的排除である。

　だれも社会的排除の対象に陥ることなく、また、陥った場合でも、できるだけ早く人間的な共同生活を回復できる地域社会の仕組みを、地域政策を通じ構築しなくてはならない。個々人にとって、さらに地域社会として、レジリエントな状態や社会を確立することが、現代の地域政策課題でもあるのである。

　本書では、こうした問題意識をもって、わが国の政府による地域政策の批判的検証と、新たな時代の地域政策の使命や方法を検討してきたともいえる。

包摂社会を拓く地域政策の諸条件

　本書は、3部12章からなる。そこでは、地域政策の新たな潮流、新たな枠組みの先に描くべき社会目標を「分権と自治が拓く包摂社会」と仮定し、包摂社会の実現に向けて重要と思われる地域政策の主体、使命、方法について考察を重ねてきた。

　第1部と第2部では、戦後日本の政府主導による地域政策の全体像と政策の矛盾、その矛盾が地域社会でどのように表出してきたかを詳しく検討してきた。その検討を通じて、地域の開発や社会目標を資本の投資戦略やグローバル経済との協調に盲目的に委ねてきた戦後復興期、高度成長期、そしてグローバル経済下の政府・地方自治体の地域政策に対し問題提起を行ってきた。

　だが、政策批判に終わるだけであれば、主権者である私たちもまた、戦後憲法で保障された地方自治を活かせなかった者として、より一層厳しい自己批判を求められるに違いない。人口減少社会の今日、さらにグローバル経済に席巻される現代社会において、地域政策の意義はどこにあるのか、地域政策の目標や方法はどうあるべきなのか、そして私たち市民の役割や責務とは何か。戦後地域政策の来歴を総括しながら、本書の中で、こうした問いかけを重ねてきた。

　自らへの問いかけに対する仮の答えは、日々発表される膨大な政府審議会等の答申書や民間シンクタンクの報告書の中には見出すことはできなかったように思われる。むしろ、経済成長が雇用や所得、消費を通じ豊かな暮らしを導く機会と説得され、次世代に誇れる社会資本の整った都市を実現するチャンスだとも説かれながら、巨大開発の前で苦悩する人々や地域産業の担い手、人々の立場に立って苦悩する行政職員と過ごす中で、見出せてきたように思う。

　一人の市民として公共的利益が何であるかを考え、重層的な地域ごとに固有の課題を解決し、地域の未来に責任ある政策を打ち立て行動していくには、中央集権的な法制度、地方財政制度の改革が急がれることは言うまでもない。それと同時に、持続的な地域政策、自律的な地域政策のためには、地域自治組織の起業・運転に必要な資金の調達、社会的な投資の促進、地域自治のためのマーケティング、地域金融条件の整備（各都市の金融協会との連携）、地域内人材育成や地域外専門人材の活用など、地域経済を自律的・能動的・持続的に再生産していく制度・政策開発も試行しなくてはならない。こうした課題は、今後、「地域政策学」をめざした実践的な政策研究を通じて明らかにすべき課題でもある。

　本書では、地域という概念を、さまざまな階層の人々が生活圏を交差させながら親交・親睦を深め、その地域において共同生活課題を認識し合い、改善解決の過程を通じ、新たな共同生活社会を能動的に構築していくための基礎的・自治的空間であると捉えてきた。

　人々の中には地域の中で共同生活課題と向き合うことに無関心な人々が多いのも事実である。しかし、地域の共同生活課題と向き合う人々の中に、自らを変えることを第一義的に求める政府の要請・政策の範囲に留まるのではなく、能動的に地域の自治組織へと参加し、社会教育、都市農村交流、異業種交流などを通じて自らの潜在的能力に気づく人々が生まれ、地域政策の主体形成が起きてきたことも想起しておきたい。

　この自治的・能動的な人々が実践経験を重ね、さらに地域に根づいた地域産業の経営者やその団体、自治体との協働を重ねながら、地域社会の諸課題を生み出してきた諸制度・政策の改革・見直しと、社会目標と

する地域社会の形成に着手してきたのである。その一つひとつは、集落・自治会・町内会などの近隣社会を基本に、小中学校区、旧町村、地域自治区、それらが複数連なるエリアなど、多様で重層的な単位の地域で繰り広げられてきた。さまざまなレベルの地域課題が、課題解決とそのための権限や財源の地域内移譲を基礎的自治体に迫ってきた。その権限や財源の地域内移譲のために自治基本条例とその下で多様な地域政策条例が自治事務として制定されてきた。

　地域では自律した近隣自治組織が次第に誕生し、個人と地域産業による責任ある社会的投資・再投資、地域経済循環の仕組みを通じ、地域課題の改善解決を導き、自治的な集落・学区など社会と組織を形成しつつある。

　その意味で、都市内分権と分権地域における住民自治・地域自治・産業自治という三つの重層的な自治政策の結合と運用を図ることが、さまざまな地域課題に直面する現代において包摂社会を形成していくための地域政策的条件でもあるといえよう。

　本書の多くは、筆者がすでに発表した研究成果を基本に構成している。既発表著作の利用にご理解いただいた出版社には深く感謝申し上げる。その中でも第7章、第8章及び第10章は、発表してから随分な歳月を経ている。しかし、原則として内容を変えることなく、表現方法などに最小限手を加えた上で掲載することにした。

　このうち第7章の論文は、名古屋南部臨海工業地帯で発生した大気汚染が原因で、気管支喘息等に苦しむ多数の公害患者が提訴した名古屋南部大気汚染訴訟の共同不法行為立証資料として名古屋地方裁判所に提出された論文である。一部資料を割愛したものの本文内容には極力手を加えずに掲載した。

　同様に、第8章と第10章も、原文に近い形で掲載した。両論文は、名古屋大学名誉教授・愛知大学教授で陸水学の権威・西條八束先生のご指導を得て、海洋物理学、海洋生態学、農業科学などの自然科学系研究者と初めて共同研究・政策研究に取り組んだ成果の一部である。

　弁護士や自然科学系研究者と共同で取り組んだ調査及び研究は、地域の諸課題や原因を、階層構造の特性を踏まえながら専門横断的・総合的に実証分析し、政策提言と実際の政策形成へ導く意義や方法を学ぶ貴重な機会となった。同時に、今日に至る筆者の研究方法の原点となった成果でもある。そうした意味から、成果の一部を本文に掲載することにした。

　さて、一冊の著書としてまとめることができたのは、岡田知弘・京都大学教授によるご指導と励ましのおかげである。本書の構想は、筆者が前任校時代、京都大学大学院経済学研究科へ私学研修員として迎えていただいた際に着手したものである。心臓疾患による長期入院から職場復帰したものの、研究教育への意欲が高まらない状況を改善し、本書を構想できたのは、日本地域経済学会会長として大所高所からご指導くださった岡田知弘先生のおかげである。

　今では、先生の研究室を巣立ち日本地域経済学会理事としても活躍する若手研究者の皆さんをはじめ、同学会の中村剛治郎先生をはじめとする顧問の先生方、常任理事、理事の皆様に学びの機会を数多くいただき、ようやく本書を取りまとめる段階を迎えることができた。ご指導や励ましをいただいた皆様にこの場を借りて深く感謝申し上げたい。

　さらに、筆者が学生時代からご指導を得てきた遠藤三郎・愛知大学名誉教授にも感謝申し上げたい。筆者が日本地域経済学会理事長に就任すること、さらに母校に新設された愛知大学地域政策学部に着任することを報告した際、先生からは祝いの詞とともに著名な画家として活躍しているご子息が描かれた絵画をお贈りいただいた。今もその絵を観るたびに先生のお人柄を思い起こし、励みにしている。先生には、この機会を通じ、感謝申し上げるとともに、健康の回復をお祈り申し上げたい。

　本書の第2部と第3部は、地方自治体職員をはじめ中小企業家・同団体、地域住民の皆さんとともに、実際の地域課題にかかわる実態調査や新たな地域産業政策及びコミュニティ政策などの立案・制度化・執行に関わりながら執筆した論文からなる。そのため、論文にまとめ、発表するまでに数年の年月を要すなど多くの時間を費やさざるを得なかった。

おわりに

　そのような中で、研究・教育・学会活動のバランスと体調管理を図りながら、著書としてまとめることができたのは、上記の方々に加え、コミュニティ政策学会初代会長の中田實先生、名古屋あおぞら裁判原告団の伊藤栄氏をはじめとする弁護団の皆様、金沢大学の碇山洋先生、市原あかね先生、佐無田光先生、岐阜経済大学の堀冨士夫先生、菊本舞先生、京都大学大学院博士課程の小川尚紀さん、愛知大学地域政策学部の岩崎正弥学部長をはじめとする諸先生など、皆様によるご支援のおかげである。

　また、妻の一美、長男の泰と新しい家族（宏実と海翔）、長女の萌音にも、この場を借りて感謝したい。

　最後に、このたびの出版に際して、多くの労をとっていただいた自治体研究社の深田悦子様、寺山浩司様には、文末ながら心から感謝申し上げます。

　なお、本書は、愛知大学出版助成金をいただき刊行した。大学に対しても感謝したい。

注

＊1　日本学術会議社会学委員会・経済学委員会合同、包摂的社会政策に関する多角的検討分科会「提言、いまこそ『包摂する社会』の基盤づくりを」2014年9月8日。

＊2　阿部彩「現代日本の社会的排除の現状」福原宏幸編（2007）『社会的排除／包摂と社会政策』法律文化社、120-150頁。

初出一覧

[第1部]
・第1章〜第4章：「地域政策論の課題と方法」岐阜経済大学地域経済研究所
　『地域経済』第29集、2010年3月（第3章は大幅に加筆修正）。
[第2部]
・第5章〜第6章：「戦後日本の国土計画・地域開発政策」岡田知宏、川瀬光義、
　鈴木誠、富樫幸一（2016）『第4版　国際化時代の地域経済学』有斐閣（大
　幅に加筆修正）。
・第7章：「重化学工業化時代の大都市沿岸開発─桑原幹根愛知県政の名古屋
　南部重化学工業化政策を素材として─」『岐阜経済大学論集』第28巻第1号、
　1994年7月。
・第8章：「水産王国の変貌」西條八束監修（1997）『とりもどそう豊かな海
　三河湾─「環境保全型開発」批判─』八千代出版。
[第3部]
・第9章：「経済のグローバル化と自治体の地域産業政策」愛知大学地域政策
　学センター『地域政策学ジャーナル』第2巻第2号、2013年3月（一部加筆
　修正）。
・第10章：「三河湾の漁業を再生するために」西條八束監修（1997）『とりも
　どそう豊かな海　三河湾─「環境保全型開発」批判─』八千代出版（加筆修
　正）。
・第11章：「開発不利益と地域自治政策─長野県阿智村社会環境アセスメント
　の事例─」愛知大学地域政策学センター『地域政策学ジャーナル』第6巻第
　1号、2016年7月（一部加筆修正）。
・第12章：書下ろし。

参考文献

- 淡路剛久監修、寺西俊一／西村幸夫編（2006）『地域再生の環境学』東京大学出版会。
- 愛知県議会事務局（1983）『愛知県議会史、第 10 巻』愛知県科学教育センター。
- 愛知県議会事務局（1986）『愛知県議会史、第 11 巻』愛知県科学教育センター。
- 愛知県企業庁（1993）『愛知県営水道・工業用水道三十年史』愛知県企業庁。
- 愛知用水公団（1968）『愛知用水史』愛知用水公団。
- 愛知県漁業協同組合連合会編（1955）『愛知の海苔』愛知県漁業協同組合連合会。
- 荒川章二（2009）『豊かさへの渇望』小学館。
- 青山裕晃・今尾和正・鈴木輝明（1996）「干潟域の水質浄化機能」『月刊海洋28』。
- 井上恭介（2015）『里海資本主義—日本社会は「共生の原理」で動く—』角川書店。
- 碇山洋・佐無田光・菊本舞編著（2007）『北陸地域経済学—歴史と社会から理解する地域経済—』日本経済評論社。
- 碇山洋（2007）『環境からみる私たちの社会』聖母の騎士社。
- 碇山洋（2012）『異彩を放つ石川の百年企業—永続的発展の秘訣を探る—』能登印刷出版部。
- 磯村英一（1969）『日本のメガロポリス』日本経済新聞社。
- 市野和夫（2007）『持続可能な社会を求めて』岩田書院。
- 池田浩「上越市における地域協議会の実際と可能性」西村茂編（2011）『住民がつくる地域自治組織・コミュニティ』自治体研究社。
- 飯島伸子（1979）『改訂、公害・災害・職業病年表』公害対策技術同友会。
- 和泉雄三（1973）『港湾行政』成山堂書店。
- 伊藤維年・中野元・田中利彦・鈴木茂（1995）『検証・日本のテクノポリス政策』日本評論社。
- 伊藤維年（1998）『テクノポリス政策の研究』日本評論社。
- 伊藤正昭（1997）『地域産業論』学文社。

参考文献

・石田頼房（1987）『日本近代都市計画の百年』自治体研究社。
・石田頼房（2004）『日本近代都市計画の展開』自治体研究社。
・石川栄耀（1942）『国土計画―生活圏の設計―』河出書房。
・石井素介（2007）『国土保全の思想―日本の国土利用はこれでよいのか―』古今書院。
・今村奈良臣・神内義人（1988）『新海洋時代の漁業』農山漁村文化協会。
・一般財団法人日本開発構想研究所（2013年6月）「下河辺淳アーカイブス『戦後国土計画関連資料』」Vol.9。
・一般社団法人日本立地センター（2014年3月）「平成25年度地域経済産業活性化対策調査―産業立地政策の変遷と産業用地の整備状況に係る調査―」。
・飯沼一省（1927）『都市計画の理論と法制』良書普及会。
・飯沼一省（1969）『都市の理念』都市計画法制50年・新法施行記念事業委員会。
・五十嵐敬喜・野口和雄・池上修一（1996）『美の条例―いきづく町をつくる―』学芸出版社。
・五十嵐敬喜（2002）『美しい都市をつくる権利』学芸出版社。
・一般社団法人日本立地センター（2014年3月）「平成25年度地域経済産業活性化対策調査―産業立地政策の変遷と産業用地の整備状況に係る調査―」。
・伊勢湾研究会編（1995）『伊勢・三河湾再生のシナリオ』八千代出版。
・池田浩「上越市における地域協議会の実際と可能性」西村茂・自治体問題研究所編（2011）『住民がつくる地域自治組織・コミュニティ』自治体研究社。
・宇都宮浄人（2015）『地域再生の戦略―「交通まちづくり」というアプローチ―』筑摩書店。
・遠藤宏一（1985）『地域開発の財政学』大月書店。
・遠藤宏一（1999）『現代地域政策論』大月書店。
・大沢真理編著（2011）『社会的経済が拓く未来―危機の時代に「包摂する社会」を求めて―』ミネルヴァ書房。
・大友詔雄（2012）『自然エネルギーが生み出す地域の雇用』自治体研究社。
・大沼盛男・池田均・小田清（1982）『地域開発政策の課題』大明堂。
・大野輝之、レイコ・ハベ・エバンズ（1994）『都市開発を考える―アメリカと日本―』岩波書店。
・岡田知弘（1989）『日本資本主義と農村開発』法律文化社。
・岡田知弘（2005）『地域づくりの経済学入門―地域内再投資論―』自治体研

究社。

・岡庭一雄・岡田知弘（2007）『協働がひらく村の未来——有機農業の里・阿智——』自治体研究社。

・岡田知弘編著（2011）『中小企業振興条例で地域をつくる』自治体研究社。

・岡田知弘・秋山いつき（2016）『災害の時代に立ち向かう——中小企業家と自治体の役割——』自治体研究社。

・岡田知弘・川瀬光義・鈴木誠・富樫幸一（2016）『第4版　国際化時代の地域経済学』有斐閣。

・小田清（2000）『地域開発政策と持続的発展』日本経済評論社。

・小田清（2013）『地域問題をどう解決するのか——地域開発政策概論——』日本経済評論社。

・川名英之（1991）『総合開発』緑風出版。

・川上征雄（2008）『国土計画の変遷——効率と衡平の計画思想——』鹿島出版社。

・川村健一・小門裕幸（1996）『サステイナブル・コミュニティ』学芸出版社。

・加瀬和俊（1988）『沿岸漁業の担い手と後継者』成山堂。

・環境法政策研究会編（2011）『環境影響評価——その意義と課題——』商事法務。

・環境省総合環境政策局（2013）『計画段階環境配慮書の考え方と実務』成山堂書店。

・上久保敏（2008）『評伝・日本の経済思想　下村治』日本経済評論社。

・加藤邦興・河野通博編著（1988）『阪神工業地帯』法律文化社。

・環境政策研究会編（2012）『地域環境政策』ミネルヴァ書房。

・木下繁喜・多田欣一（2017）『東日本大震災、住田町の後方支援』はる書房。

・橘川武郎（2013）『日本のエネルギー問題』NTT出版。

・企画院・内田源兵衛他（1947）『事変新法令の解説』。

・（財）協同組合経営研究所編（1992）『協同組合間提携の理解と実践』全国協同出版。

・木幡牧（1994）『漁業の理解と実態』成山堂書店。

・北見俊郎（1975）『港湾総論』成山堂書店。

・桑原幹根（1974）『世紀に生きる』政経社。

・桑原幹根（1979）『桑原幹根回顧録　知事30年』毎日新聞社。

・倉田和四生（1994）『都市コミュニティ論』法律文化社。

・建設省（1983年7月）『規制緩和策による都市再開発の促進方策』（社）日本プロジェクト産業協議会編（1984）「公共的事業分野への民間活力導入方

策」（経済企画庁の受託調査研究）。
・経済地理学会編（1992）『経済地理学の成果と課題』大明堂。
・小松裕（2009）『日本の歴史14 「いのち」と帝国日本』小学館。
・国土計画協会（1963）『日本の国土総合開発計画』東洋経済新報社。
・コミュニティ政策学会編（2013）「特集・地域自治を促すコミュニティ政策とは何か」『コミュニティ政策11』東信堂。
・コミュニティ政策学会編（2015）「特集・コミュニティ政策と地方議会」『コミュニティ政策13』東信堂。
・酒井三郎（1992）『昭和研究会—ある知識人集団の軌跡—』中公文庫。
・佐藤竺（1965）『日本の地域開発』未来社。
・佐藤誠（1990）『リゾート列島』岩波書店。
・佐藤正之（1988）『京浜メガテクノポリスの形成—東京圏一極集中のメカニズム—』日本評論社。
・笹川肇・布施良之「『農業がひかりかがやくまち』をめざす—新潟県上越市農政の骨格—」中嶋信編著（2011）『自治体農政の新展開』自治体研究社。
・西條八束編（1984）『内湾の環境科学 上巻—三河湾・伊勢湾の研究を中心として—』倍風館。
・西條八束編（1984）『内湾の環境科学 下巻—三河湾・伊勢湾の研究を中心として—』倍風館。
・坂本忠次（1986）『現代地方自治財政論』青木書店。
・城山三郎（1994）『創意に生きる—中京財界史—』文藝春秋。
・神野直彦編著（2004）『自立した地域経済のデザイン—生産と生活の公共空間—』有斐閣。
・JAPIC研究会編著（1986）『JAPICの野望—民活版「列島改造」のゆくえ—』新日本出版社。
・自治体問題研究所編（1979）『自治体問題講座5—国土・都市・農村と地域開発—』自治体研究社。
・島恭彦（1970）『戦後民主主義の検証』筑摩書房。
・島恭彦（1976）『地域の政治と経済』自治体研究社。
・島恭彦著作集編集委員会（1993）『地域論』有斐閣。
・重森暁（1988）『現代地方自治の財政理論』有斐閣。
・重森暁（1992）『分権社会の政治経済学—産業自治と生活者民主主義—』青木書店。

・重森暁（2001）『分権社会の政策と財政―地域の世紀へ―』桜井書店。

・重森暁・遠州尋美編（1993）『都市再生の政治経済学―日米都市の比較研究―』東洋経済新報社。

・嶋津暉之（1993）『水問題原論』北斗出版。

・下村治（2009）『日本経済成長論』中公クラシックス。

・下河辺淳（1994）『戦後国土計画への証言』日本経済評論社。

・新日本製鐵社史編纂委員会（1984）『躍進（総合史）―新日本製鐵株式会銑鋼一貫銑鋼一貫 20 年史―』。

・新日本製鐵社史編纂委員会（1984）『躍進（部門史）―新日本製鐵株式会社、名古屋製鉄所銑鋼一貫 20 年史―』。

・島津康夫（1997）『市民からの環境アセスメント―参加と実践のみち―』日本放送出版協会。

・柴田德衛（1967）『現代都市論』東京大学出版会。

・酉水孜郎編（1975）『資料・国土計画』大明堂。

・酉水孜郎（1975）『国土計画の経過と課題』大明堂。

・須田寛（2014）『東海道新幹線 50 年』交通新聞社。

・鈴木誠（1988）「現代港湾経営における企業性と公共性」『都市問題』東京市政調査会。

・鈴木誠・谷口尚（2006）『めざせ！日本一美しい村―世界遺産の村の自治と自立の設計図―』自治体研究社。

・鈴木誠（1988）「大都市港湾経営の近代化と地域行財政の再編成に関する一考察」『港湾研究　第 10 号』日本港湾経済学会中部部会。

・鈴木誠「伊勢湾台風からの教訓」中部の環境を考える会編『環境と開発』1989 年。

・鈴木誠「第一次大戦前における大都市港湾開発と都市財政政策（2）」『岐阜経済大学論集』第 26 号第 4 号、1993 年 3 月。

・鈴木誠「『沿岸域管理』の思想と海上空港建設」遠藤宏一・森靖雄・山田明編（1993）『国際化への空港構想』大月書店。

・鈴木誠「伊勢湾沿岸域開発と地方自治」日本地方自治学会編（1995）『現代の分権化』敬文堂。

・鈴木誠「愛知県における沿岸漁業協同組合の漁業後継者参入実態調査」1996 年。

・鈴木誠「現代地域開発政策と環境問題」日本科学者会議公害環境問題研究委

参考文献

員会編（1996）『21世紀型企業の環境保全戦略―企業・行政・消費者のパートナーシップ―』水曜社。

・鈴木誠「漁業振興から沿岸コミュニティの発展へ」東海自治体問題研究所編（1998）『自立と共生の地域産業』自治体研究社。

・鈴木誠「地域産業政策の基本視点」東海自治体問題研究所編（1998）『自立と共生の地域産業』自治体研究社。

・鈴木誠「水産王国の変貌」西條八束監修・三河湾研究会編（1999）編『改訂版　とりもどそう豊かな海　三河湾―環境保全型開発批判―』八千代出版。

・鈴木誠（2006）「高山市・恵那市の地域自治組織」『地域自治組織と住民自治』自治体研究社。

・鈴木誠「市町村合併後のコミュニティ活動と合併評価」岐阜経済大学地域経済研究所編（2009）『地域経済』第28集、2009年3月。

・鈴木誠「恵那市地域自治区における住民自治活動の評価と展望」西村茂・自治体問題研究所編（2011）『住民がつくる地域自治組織・コミュニティ』自治体研究社。

・鈴木輝明「三河湾の環境」三河港海洋利用研究会編（1995）『三河湾の生きものと自然』愛知県沿岸漁業振興研究会編（1996）「愛知県の沿岸漁場環境を改善するために」。

・関一（1936）『都市政策の理論と実際』三省堂。

・先端産業将来構想研究会（1984）『テクノポリス』都市文化社。

・祖田修（1984）『西ドイツの地域計画』大明堂。

・祖田修（1997）『都市と農村の結合』大明堂。

・総合政策研究会（土屋清監修）（1965）『地域開発と大都市問題』ダイヤモンド社。

・総合研究開発機構（1996）「戦後国土政策の検証―政策担当者からの証言を中心に―（上）」NIRA RESEARCH REPORT NO.950071。

・総合研究開発機構（1996）「戦後国土政策の検証―政策担当者からの証言を中心に―（下）」NIRA RESEARCH REPORT NO.950072。

・武田公子（2011）『地域戦略と自治体行財政』世界思想社。

・高原一隆（2008）『ネットワークの地域経済学―小さな会社のネットワークが地域をつくる―』法律文化社。

・田中角栄（1972）『日本列島改造論』日刊工業新聞社。

・田尻宗昭編（1988）『提言、東京湾の保全と再生』日本評論社。

・玉野井芳郎（1979）『地域主義の思想』農山漁村文化協会。

・玉野和志・三本松政之編（2006）『地域社会学講座3　地域社会のガバナンス』東信堂。

・大同製鋼株式会社（1967）『大同製鋼50年史』。

・田代洋一・萩原伸次郎・金澤史男編（2011）『現代の経済政策　第4版』有斐閣。

・中部電力社史編纂委員会（1971）『中部電力20年史』。

・知多町会行政機構研究特別委員会（1970）『市制への歩み』。

・中日新聞社経済部（2014）『時流の先へ―中部財界ものがたり―』中日新聞社。

・辻中豊、ロバート・ペッカネン、山本英弘（2014）『現代市民社会叢書1　現代日本の自治会・町内会』木鐸社。

・通商産業省、通商産業政策史編纂委員会（1991）『通商産業政策史　第2巻―戦後復興期（1）―』経済産業調査会。

・通商産業省、通商産業政策史編纂委員会（1991）『通商産業政策史　第9巻―高度成長期（2）―』経済産業調査会。

・通商産業省、通商産業政策史編纂委員会（1991）『通商産業政策史　第10巻―高度成長期（3）―』経済産業調査会。

・都留重人（1972）『公害の政治経済学』東京大学出版会。

・東邦瓦斯株式会社社史編纂委員会（1972）『東邦瓦斯50年史』。

・東海銀行株式会社（1982）『続　東海銀行史』。

・東レ株式会社社史編纂委員会（1977）『東レ50年史』。

・東洋レーヨン株式会社（1962）『東洋レーヨン35年の歩み』。

・東海市史編纂委員会（1990）『東海市史　通史編』。

・東海市（1970）『東海市―上野町、横須賀町2町合併の記録―』。

・中田實（1993）『地域共同管理の社会学』東信堂。

・中田實（2017）『新版　地域分権時代の町内会・自治会』自治体研究社。

・中村剛治郎（2004）『地域政治経済学』有斐閣。

・中村剛治郎編（2008）『基本ケースで学ぶ地域経済学』有斐閣。

・中村宗悦（2008）『評伝・日本の経済思想、後藤文夫』日本経済評論社。

・中村忠一（1966）『コンビナートと地域社会』東洋経済新報社。

・中島他（2009）『都市計画家・石川栄耀―都市探究の軌跡―』鹿島出版会。

・内藤垣中（1982）『あすの中部を―中経連30年の歩み―』中部経済新聞社。

参考文献

・名古屋港管理組合史編纂委員会編（1984）『名古屋港管理組合 30 年史』。
・名古屋港史編纂委員会（1990）『名古屋港史　港勢編』。
・成田龍一編（1993）『近代日本の軌跡 9、都市と民衆』吉川弘文堂。
・長尾義三・藤井敬宏・北上慶智「港・ウォーターフロントと環境」日本港湾経済学会編（1991）『港・ウォーターフロントの研究』成山堂書店。
・長尾義三・横内憲久監修、水環境創造研究会編著（1997）『ミティゲーションと第 3 の国土空間づくり』共立出版。
・新潟日報報道部（1990）『東京都湯沢町』潮出版社。
・日本地域開発センター編（1965）『日本の地域開発』東洋経済新報社。
・日本経済新聞社編（1988）『東京プロブレム―日本経済の巨大迷路―』日本経済新聞社。
・西山夘三編・関西グループ（1972）『国土の構想― 21 世紀の設計―』勁草書房。
・西山夘三（1990）『まちづくりの構想』都市文化社。
・西堀喜久夫（2008）『現代都市政策と地方財政―都市公営事業からコミュニティ共同事業への発展―』桜井書店。
・野原敏雄（1980）『日本資本主義と地域経済』大月書店。
・林雄二郎・渡辺徳二編著（1971）『日本の化学工業　第 3 版』岩波書店。
・橋本禮治郎（2014）『リニア新幹線―巨大プロジェクトの真実―』集英社。
・原科幸彦編集（2007）『環境計画・政策研究の展開―持続可能な社会づくりへの合意形成―』岩波書店。
・原科幸彦（2011）『環境アセスメントとは何か』岩波書店。
・濱田武士（2013）『漁業と震災』みすず書房。
・濱田武士（2014）『日本漁業の真実』筑摩書房。
・蓮見音彦・安原茂（1982）『地域生活の復権』有斐閣。
・広原盛明編著（2001）『開発主義神戸の思想と経営』日本経済評論社。
・広原盛明他（2002）『現代のまちづくりと地域社会の変革』学芸出版社。
・平野敏行（1992）『漁場環境容量』恒星社厚生閣。
・藤田武夫（1976）『現代日本地方財政史（上巻）』日本評論社。
・藤田武夫（1978）『現代日本地方財政史（中巻）』日本評論社。
・藤田武夫（1984）『現代日本地方財政史（下巻）』日本評論社。
・藤井信幸（2004）『地域開発の来歴―太平洋ベルト地帯構想の成立―』日本経済評論社。

・福武直（1965）『地域開発の構想と現実Ⅰ』東京大学出版会。
・福武直（1965）『地域開発の構想と現実Ⅱ』東京大学出版会。
・福武直（1965）『地域開発の構想と現実Ⅲ』東京大学出版会。
・福田徳三（山中茂樹、井上琢知編）（2012）『復刻版、復興経済の原理及若干問題』関西学院大学出版会。
・福原宏幸編著（2008）『社会的排除／包摂と社会政策』法律文化社。
・富士製鉄株式会社社史編纂委員会（1981）『炎とともに』。
・穂積亮次（2016）『自治する日本—地域起点の民主主義—』萌書房。
・星野通保・総合研究開発機構（2003）『政治としての経済計画』日本経済評論社。
・本間義人（1993）『国土計画の思想—全国総合開発計画の30年—』日本経済評論社。
・本間義人（1996）『土木国家の思想—都市論の系譜—』日本経済評論社。
・丸山真人・杉浦克己・柴田徳太郎（2001）『多元的経済社会の構想』日本評論社。
・松下圭一（1971）『シビル・ミニマムの思想』東京大学出版会。
・松原宏編（2003）『先進国経済の地域構造』東京大学出版会。
・松原宏（2006）『経済地理学—立地・地域・都市の理論—』東京大学出版会。
・松浦茂樹（2000）『戦前の国土整備政策』日本経済評論社。
・丸山博編著（2006）『内発的発展と地域社会の可能性—徳島県木頭村の開発と住民自治—』法律文化社。
・増田正・友岡邦之・片岡美喜・金光寛之編著（2011）『地域政策学辞典』勁草書房。
・三菱総合研究所・大八木智一編（1991）『リゾート事業戦略』清文社。
・宮本憲一（1967）『社会資本論』有斐閣。
・宮本憲一（1973）『地域開発はこれでよいか』岩波書店。
・宮本憲一編（1977）『講座・地域開発と自治体　大都市とコンビナート・大阪』筑摩書房。
・宮本憲一編著（1990）『地域経済学』有斐閣。
・宮本憲一（1991）『日本の環境政策』大月書店。
・宮本憲一（2005）『日本の地方自治　その歴史と未来』自治体研究社。
・宮本憲一（2007）『新版・環境経済学』岩波書店。
・宮本太郎（2013）『社会的包摂の政治学』ミネルヴァ書房。

参考文献

・南区（名古屋市）公害病患者と家族の会編（2009）『南区の公害史（総論編・地域別編・分野別編・資料編・年表編）』東海共同印刷。
・海の博物館編・三重県漁業協同組合連合会（2005）『伊勢湾は豊かな漁場だった』風媒社。
・民活プロジェクト研究会（1987）『民間活力の導入』大成出版社。
・民活基本問題研究会編（1992）『民活プロジェクトの新展開』通商産業調査会。
・三菱総合研究所・大八木智一編（1991）『リゾート事業戦略』清文社。
・村田喜代治（1979）『地域開発と社会的費用』東洋経済新報社。
・森滝健一郎（2003）『河川水利秩序と水資源開発』大明堂。
・森地茂・国土の未来研究会編著（2005）『国土の未来―アジアの時代における国土整備プラン―』日本経済新聞社。
・山本正雄編（1976）『日本の工業地帯』岩波書店。
・矢田俊文（1982）『産業配置と地域構造』大明堂。
・矢田俊文（1995）『国土政策と地域政策―21世紀の国土政策を模索する―』大明堂。
・山田浩之編（2002）『地域経済学入門』有斐閣。
・山田顕「グローカル展開に活路を見出す大田区モノづくり産業」伊藤正直、藤井史朗（2011）『グローバル化・金融危機・地域再生』日本経済評論社。
・山崎幹根（2006）『国土開発の時代―戦後北海道をめぐる自治と統治―』東京大学出版会。
・山崎仁朗編著（2014）『日本コミュニティ政策の検証―自治体内分権と地域自治へ向けて―』東信堂。
・山川充夫（2013）『原災地復興の経済地理学』桜井書店。
・山本民次・古谷研編（2007）『閉鎖性海域の環境再生』恒星社厚生閣。
・吉田秀夫（1940）『国土計画論』河出書房。
・吉田克己（2002）『四日市公害』柏書房。
・四日市公害記録写真集編集委員会（1992）『四日市郊外記録写真集―四日市公害訴訟判決（7.24.1972）20年記念―』日本写真印刷株式会社。
・連合軍総司令部・経済安定本部資源調査会訳（1949）『日本の天然資源―包括的な調査―』。
・婁小波（2013）『海業の時代―漁村活性化に向けた地域の挑戦―』農文協。
・若槻禮次郎（1988）『明治・大正・昭和政界秘史―古風庵回顧録―』講談社。

- Anthony Giddens (1999). *Runaway World*. London. Profile Books.Ltd. 佐和隆光訳（2001）『暴走する世界―グローバリーゼーションは何をどう変えるのか―』ダイヤモンド社。

- Armstrong, H. and Taylor, J (2000). *Regional Economics and Policy*. Oxford. Blackwell Publshing Ltd. 佐々木公明監訳（2005）『地域経済学と地域政策（改訂版)』流通経済大学出版会。

- Andrew Zolli & Ann Marie Healy (2012). *Resilience: Why Things Bounce Back*. New York. Simon & Schuster.Inc. 須川綾子訳（2013）『レジリエンス 復活力―あらゆるシステムの破綻と回復を分けるものは何か―』ダイヤモンド社。

- DanielP. Aldrich (2012). *Building Resiliencs: Social Capital in Post-Disaster Recovery*. Chicago. The University of Chicago Press. 石田祐、藤澤由和訳（2015）『災害復興におけるソーシャル・キャピタルの役割とは何か―』ミネルヴァ書房。

- David Vogel (2005). *The Potential and Limits of Corporate Social Responsibility*. Washigton, D. C. The Brookings Institution. 小松由紀子、村上美智子、田村勝省（2007）『企業の社会的責任（CSR）の徹底研究』一灯舎。

- David E. Lilienthal (1953). *TVA: Democracy on the March*. New York. Harper & Row Publishers. 和田小六、和田昭充訳（1979）『TVA―総合開発の歴史的実験―』岩波書店。

- David Korten (2006). *The Great Turning: From Empire to Earth Community*. California. Berrett-Koehler Publishers. Inc. 田村勝省訳（2009）『大転換―帝国から地球共同体へ―』一灯舎。

- John. Kenneth Galbraith (1958). *The Affluent Society*. Boston. Houghton Mifflin Harcourt. 鈴木哲太郎訳（1960）『ゆたかな社会』岩波書店。

- Gerard Delanty (2003). *Community*. London. Routledge. 山之内靖、伊藤茂訳（2006）『コミュニティ―グローバル化と社会理論の変容』NTT 出版。

- Hirschman, A. O. (1958). *The Strategy of Economic Development*. London. Yale University Press. 浅田四郎訳（1961）『経済発展の戦略』巌松堂出版。

- Holland, S (1976). *Capital versus the Regions*. London. Macmillan and Co. 仁連孝明・佐々木雅幸監訳（1982）『現代資本主義と地域』法律文化社。

- Jacobs, J (1984). *Cities and the Wealth of Nations*. Toronto. Random House. Inc. 中村達也・谷口文子訳（1968）『都市の経済学』TBS ブリタニカ．

参考文献

- Lawrence J. Vale and Thomas J. Campanella (2005). *The Resilient City: How Modan Cityies Recover From Disaster*. London. Oxford University Press. 山崎義人、田中正人、田口太郎、室崎千重訳（2014）『リジリエント・シティー現代都市はいかに災害から回復するのか？』クリエイツかもがわ。
- E. J. Mishan (1969). *Growth: The Price We Pay*. London. Staples Press. 都留重人監訳（1971）『経済成長の代価』岩波書店。
- Myrdal, G (1957). *Economic Theory and Under-developed Regions*. London. Gerald Duckworth. 小原敬士訳（1957）『経済理論と低開発地域』東洋経済新報社。
- R. M. Maclver (1924). *Community: A Sociological Study; Being an Ateempt to Set Out the Nature and Fundamental Laws of Social Life*. London. Macmillan and Co. 中久郎、松本通晴監訳（1977）『コミュニティー社会学的研究：社会生活の性質と基本法則に関する一試論』ミネルヴァ書房。
- Naomi Klein (2007). *The Shock Doctrine: The Rise of Disaster Capitalism*. New York. Henry Holt and Company, Inc. 幾島幸子、村上由見子訳（2011）『ショック・ドクトリン―惨事便乗型資本主義の正体を暴く― 上・下』岩波書店。
- Scott, A. J (2001). *Global City-Regions: Trends, Theory, Policy*. London. Oxford University Press. 坂本秀和訳（2004）『グローバル・シティ・リージョンズ―グローバル都市地域への理論と政策―』ダイヤモンド社。
- K. William Kapp (1970). *Environmental Disruption and Social Costs*. New York. Kyklos. 柴田徳衛、鈴木正俊訳（1975）『環境破壊と社会的費用』岩波書店。
- William K. Tabb (1982). *The Long Default: New York City and the Urban Fiscal Crisis*. New York. Monthly Review Press. 宮本憲一、横田茂、佐々木雅幸監訳（1985）『ニューヨーク市の機器と変貌―その政治経済学的考察―』法律文化社。
- William A. Robson (1976). *Welfare State and Welfare Society*. London. George Allen & Unwin Ltd. 辻清明、星野信也訳（1980）『福祉国家と福祉社会』東京大学出版会。
- The World Bank (2000). *The Quality of Growth*. Washinton. D. C. Oxford University Press. 小浜裕久、織井啓介、冨田陽子訳（2002）『経済成長の

「質」』東洋経済新報社。

- Allen J. Scott and Gioacchino Garofoli (2007). *Development on the Ground: Clusters, networks and regions in emerging economies.* London. Routledge.
- Alessandro Balducci, Valeria Fedeli and Francesco Curci (2017). *Post-Metropolitan Territories: Looking for a New Urbanity.* London. Routledge.
- David Bell and Mark Jayne. (2006). *Small Cities: Urban experience beyond the metropolis.* Londen. Routlege.
- Eric C. Jones, A. J. Faas (2017). *Social Network Analysis of Disaster Response, Recovery, and Adaptation.* Oxford. Butterworth-Heinemann.
- Frank Moulaert, Flavia Martinelli, Sara Gonzalez. (2010) *Can Neighbourhoods Save the City? : Community development and social innovation.* London.Routledge.
- Harald Kleinschmidt (2006). *Migration, Regional Integration and Human Security.* Hampshire. Ashgate.
- Harvey Armstrong and Jim Taylor (1999). *The Economics of Regional Policy.* Cheltenham. Edward Elgar.
- Hidebrand Frey and Paul Yaneske (2007). *Visions of Sustainability: Cities and Regions.* London. Taylor & Francis.
- Ian Smith, Eileen Lepine and Marilyn Taylor (2007). *Disadvantaged by Where you live? : Neighbourhood governance in contemporary urban policy.* Bristol. The Policy Press (University of Bristol).
- James E. Rowe (2009). *Theories of Local Economics Development.* Surrey. Ashgate.
- Jamie Gough and Aram Eisenschitz with Andrew McCulloch (2006). *Spaces of Social Exclusion.* London Routledge.
- Jonathan Jones, Colin Wren (2006). *Roreign Direct Investment and the Regional Economy.* Hampshire. Ashgate.
- Jon Pierre (1995). *Urban and Regional Policy.* Aldershot. Edward Elgar.
- Manohar S. Oawar. (2010) *Community Development in Asia and the Pacific.* London. Routledge.
- Margaret Ledwith (1997). *Community Development: A critical approach.* The Policy Press (University of Bristol).

· Margery Austin Turner, Howad Wial and Harold Wolman (2008). *Urban and Regional Policy and its Effects*. Washington, D. C. Brookings Institution Press.
· Manas Chatterji, Yang Kaizhong (1997). *Regional Developing Countries*. London. Macmillan Press Ltd.
· Nan Lin & Bonnie H. Erickson (2008). *Social Capital: An International Research Program*. New York. Oxford University Press.
· Niles Hansen, Kenneth J. Button and Peter Nijkamp (1996), *Regional Policy and Regional Integration*, Cheltenham, UK, Edward Elgar.
· OECD (1996). *Regional Problems and Policies in Japan*. Paris. OECD Publications.
· Peter J. Katzenstein and Takashi Shiraishi (2006). *Beyond Japan: The Dynamics of East Asian Regionalism*. New York. Cornell University Press.
· Philip Cooke, Dafna Schwartz (2007). *Creative Regions*. London. Routledge.
· Roberta Capello, Peter Nijkamp Gerard Pepping (1999). *Sustainable Cities and Energy Policies*. Berlin. Springer.
· Robert W. Wassmer (2000). *Reading in Urban Economics: Issues and Public Policy*. Massachusetts. Blackwell Publishers Ltd.
· Susan M. Christopherson (2016). *Approaches to Economic Geography: Towards a Geographical Political Economy*. London. Routledge.
· Uwe Blien and Gunhter Maier (2008). *The Economics of Reginal Clusters*. Cheltenham. Edward Elgar.

索　引

な　行

は　行

ま　行

［著者］

鈴木 誠（すずき・まこと）

1960 年、愛知県安城市生まれ。愛知大学地域政策学部教授。
1989 年 3 月、愛知大学大学院経済学研究科博士課程満期退学。
その後、岐阜経済大学経済学部専任講師、助教授、教授を経て、2011 年 4 月、
愛知大学地域政策学部教授、現在に至る。
この間、日本地域経済学会理事長（2011 〜 17 年、現在常任理事）、コミュニ
ティ政策学会理事（2000 年〜現在）を務める。
専攻：地域産業政策、コミュニティ政策

主な著作

『国際化時代の地域経済学（第 4 版）』（共著）有斐閣、2016 年
『住民がつくる地域自治組織・コミュニティ』（共著）自治体研究社、2011 年
『基本ケースで学ぶ地域経済学』（共著）有斐閣、2008 年
『地域自治組織と住民自治』（共著）自治体研究社、2006 年
『めざせ！日本一美しい村　世界遺産の村の自治と自立の設計図』（共著）自治
　　体研究社、2006 年
『地域ルネッサンスとネットワーク』（共著）ミネルヴァ書房、2005 年
『大学と地域のまちづくり宣言』（単著）自治体研究社、2004 年
『とりもどそう豊かな海　三河湾—「環境保全型開発」批判—』（共著）八千代
　　出版、1997 年　他

戦後日本の地域政策と新たな潮流
　—分権と自治が拓く包摂社会—

2019 年 3 月 30 日　初版第 1 刷発行

　　　　　　　　著　者　鈴木　誠

　　　　　　　　発行者　長平　弘

　　　　　　　　発行所　㈱自治体研究社
　　　　　　　　　　　〒 162-8512 新宿区矢来町 123 矢来ビル 4 F
　　　　　　　　　　　TEL:03-3235-5941／FAX:03-3235-5933
　　　　　　　　　　　http://www.jichiken.jp/
　　　　　　　　　　　E-Mail:info@jichiken.jp

ISBN978-4-88037-692-9 C3036　　　　　　　　印刷・製本／中央精版印刷株式会社
　　　　　　　　　　　　　　　　　　　　　　　デザイン／アルファ・デザイン